선으로 읽는 달마

禪으로 읽는 달마

達摩

김태완 번역 및 설법

침묵의 향기

| 머리말 |

달마는 말했다.

"염불을 열심히 하면 염불 때문에 생기는 결과를 얻을 수 있고, 경전을 열심히 외우면 총명해지는 결과를 얻을 수 있고, 계율을 잘 지키면 천당에 태어나는 결과를 얻을 수 있고, 남에게 많이 베풀면 좋은 복을 많이 얻는 결과를 얻을 수 있다. 그렇지만 이렇게 해서 결코 부처가 되지는 못한다."

그렇다면 어떻게 해야 부처가 될까?

밥 먹지 않으면서 밥 먹고
물 마시지 않으면서 물 마시고
보지 않으면서 보고
듣지 않으면서 듣고
말하지 않으면서 말하고
걷지 않으면서 걸을 수 있겠는가?
그러면 부처가 된다.
그렇게 할 수 없다면
이 책을 읽어 보라.

*이 설법은 2014년 6월부터 11월까지 행해진 것이며, 녹취는 곽규숙 보살님이 수고 하셨습니다. 총 42시간 가운데 23시간까지입니다.

| 목차 |

1. 모두가 한 마음...11
2. 마음이 바로 부처...35
3. 붙잡을 수 없다...60
4. 부처는 어디에?...83
5. 밖에서 찾지 마라...107
6. 선지식을 찾아라...130
7. 깨달아야 한다...152
8. 스승에게 의지하라...175
9. 견성 못한 마귀...199
10. 중생의 본성이 불성이다...224
11. 견성성불...249
12. 부처는 부처가 아니다...274
13. 부처는 일 없는 사람...299
14. 견성해야 한다...323

15. 마음은 드러나 있다…345

16. 신령스레 통한다…369

17. 어리석은 중생…389

18. 바탕은 하나다…411

19. 모두가 지혜다…432

20. 자기 마음이 부처다…455

21. 마음을 깨달으면 될 뿐…477

22. 부처에게 절하지 마라…498

23. 진실로 깨닫고자 한다면…520

김태완 선원장 설법 시리즈 9

禪으로 읽는 달마

達摩

김태완 번역 및 설법

만약 자기의 마음이 바로 부처임을 안다면, 마음 밖에서 부처를 찾지 않을 것이니, 부처가 부처를 헤아리지는 않는다. 마음을 가지고 부처를 찾는다면 부처를 알지 못한다. 밖에서 부처를 찾기만 하면, 모두 자기 마음이 바로 부처임을 알지 못하는 것이다. 또한 부처를 가지고 부처에게 절할 수는 없으며, 마음을 가지고 부처를 생각할 수도 없다.

1.
모두가 한 마음

오늘부터는 달마어록 가운데 달마혈맥론입니다. 첫 번째 시간입니다.

삼계가 뒤섞여 일어나지만, 함께 한 마음으로 돌아간다.
앞부처와 뒷부처가 마음을 가지고 마음에 전하고 문자를 세우지 않는다.
묻는다.
"만약 문자를 세우지 않는다면, 무엇으로 마음을 삼습니까?"
답한다.
"그대가 나에게 묻는 것이 곧 그대의 마음이고, 내가 그대에게 답하는 것이 곧 나의 마음이다.
나에게 만약 마음이 없다면 어떻게 그대에게 답할 수 있겠으며, 그대에게 만약 마음이 없다면 어떻게 나에게 물을 수 있겠느냐?
나에게 묻는 것이 곧 그대의 마음이니, 시작 없는 아득한 과거로부터 움직이고 행동하는 것이 언제든지 어디서든지 모두가 그대의 본래 마음이고 모두가 그대의 본래 부처다."

삼계가 뒤섞여 일어나지만 모두 함께 한 마음으로 돌아간다……
삼계라는 말의 뜻을 굳이 알 필요는 없습니다. 왜냐하면 우리가 여기에서 확인하고자 하는 것은 말뜻이 아니고 근본자리, 실상이라 할까 근원이라 할까 근본자리라 할까, 이것을 확인하고자 하는 것이지, 말뜻을 이해하려고 하는 것은 아닙니다. 그러면 이 근본자리라는 것은 삼계라 하든 마음이라 하든 그런 이름과는 상관없이 바로 지금 이 자리입니다. 이거거든요. 여기서는 말을 해도 좋고, 말을 하지 않아도 좋고, 마음이라 해도 좋고, 삼계라 해도 좋고, 아무 상관이 없습니다. 이 일이거든, 이 일 하나! 이 자리가 곧장 딱 분명해져서 여기서 이렇게 헤아리고 분별하는 그런 망상이 한번 쉬어져 버리면, 원래 항상 우리는 이 일 하나밖에 없습니다.

우리가 시끄럽게 쫓아다니고 헤매 다니고 이리저리 헤아리고 하는 것은, 이 자리를 확인하지 못했기 때문이죠. 그래서 자꾸 뭘 알려고 하고 분별하려고 하는 이런 폐단이 생기는 겁니다. 지금 이 자리, 이 일은 뭘 알고 모르고 하는 문제하고는 아무 상관이 없고, 우리 모두에게 항상 갖추어져 있고, 항상 있는 자리이고, 어디를 가든지 언제든지 늘 변함이 없는 겁니다. 이거 하나, 이 일 하나! 이게 한번 확인되면 이거냐 저거냐 따지는 망상이 확 쉬어져 버리는데, 더 이상 따질 것도 없고 헤아릴 것도 없고 언제든지 이 일 하나뿐입니다. 그래서 이것이 확인이 되어야 하고, 여기에 통해야 하는 겁니다. 이것밖에 없습니다.

이걸 뭐 마음이라 하든 법이라 하든 도라 하든 뭐라고 부르든, 똥막대기라 하든 잣나무라 하든 죽비라 하든 이름이야 아무 상관이 없습니다. 어떤 이름을 가지고 어떻게 부르더라도 이 자리가 달라지는 것도 아니고 이 일이 어떻게 되는 건 아니니까요. 여기서 이런 이름, 저런 이름, 이런 생각, 저런 생각, 마음이니 도니 하는 생각도 하는데, 이것은 원래 아무 이름이 없습니다. 여기다 방편으로 이름을 '마음'이다 '도(道)'다 붙이지만 그건 방편으로 붙인 가짜 이름이고, 원래 여기에는 이름 붙일 수 있는 그런 물건이 없습니다. 마음이라는 말도 역시 하나의 방편의 말이니까 그 말에 속으면 안 됩니다.

우리가 이름을 붙일 때에는, 어떤 이름이 있으면 그 이름에 해당하는 뭔가가 있어야 합니다. 근데 여기에는 그렇게 마음이라고 분별할 수 있는 뭐가 없습니다. 왜? 이건 항상 똑같으니까 언제 어디서든지 어떻게 달라질 수는 없으니까요. '배고프니까 밥 먹자.' '목마르니까 물 마시자.' '오늘은 몇 월 며칠이다.' '시계가 몇 시 몇 분이다.' '오늘은 날이 정말 덥구나!' '내일은 비가 와서 좀 시원할 것인가?' 이런저런 생각을 하고 말을 하는 바로 이거거든요. 생각이 있고 말이 있는 것이 아니고 바로 이 일이란 말이에요, 이 일 하나. 여기서 이런 생각도 하고 저런 생각도 하고, 이런 말도 하고 저런 말도 하는 거죠. 모든 말과 모든 생각과 모든 일이 단지 이 하나의 일입니다. 이 하나의 일이 분명해져 버리면, 저절로 망상이 쉬어지는 겁니다. 이거 외에 다른 일은 없으니까요.

삼계가 뒤섞여 일어난다…… 삼계는 우리 눈앞에 일어나는 세계, 불교에서는 욕계, 색계, 무색계, 이렇게 말하지만 이건 불교에서 이름을 만든 거죠. 우리가 경험하는 모든 일, 온갖 일은 그냥 복잡하게 일어나죠. 어떤 일이 있더라도 여기서 전부 한 개의 마음으로 다 돌아간다 이 말인데, 어떤 일이 일어나더라도 단지 이 한 개의 일이다 이 말입니다. 이런저런 어떤 여러 가지 복잡한 일이 일어나더라도 단지 이 하나일 뿐이다. 이걸 이렇게 표현한 것이죠.

삼계가 뒤섞여 일어나지만 함께 한 마음으로 돌아간다.

그래서 이 일은 마음이라고 하는 어떤 물건이 옆에 있어서 보고 못 보고 하는 그런 문제가 아니고, 항상 이렇게, 이렇게 우리가 뭘 하든지 간에 그냥 하는 바로 이겁니다. 따로 있는 게 아니에요. 뭘 하든지 간에, 시간을 보면 시간을 보는 게 이것이고, 생각을 하면 생각하는 게 이것이고, 말하면 말하는 게 이것이고, 움직이면 움직이는 게 이것이고, 이 자리, 이 일이지 딴 일이 있는 게 아니거든요. 이 한 개의 일이다 이 말이죠.

그런데 이게 분명하지 못하면, 이것은 듣는 것도 아니고 말하는 것도 아니고 마음이라고 하는 뭔가가 따로 있는 게 아니냐? 그렇게 하면 그건 오해고 망상입니다. 따로 없습니다. 따로 있다면 그건 분별을 할 수가 있겠죠. 이게 마음이다 하고 분별할 수가 있는 거 아닙니까? 그런데 따로 없단 말이죠. 따로 없으니까 언제든지 바로 이 일이고, 뭐 그냥 이 자리고, 이 한 개의 일이죠.

그래서 "마음이 뭡니까?" 물으면 "차 한 잔 해라!" 한단 말예요. "마음이 뭡니까?" 그러면 "아, 오늘 날씨가 정말 덥구나!" 그러거든요. 이게 따로 있는 게 아니라니까요. "마음이 뭐냐?" "날씨가 참 덥다!" 날씨 얘기를 하고 있는 게 아닙니다. 마음이 뭐냐 물었기 때문에 이렇게 드러내고 보여 드리는 거지. 지적을 해 드리는 거죠. 그래서 "마음이 뭡니까?" 하면 "날씨 참 덥다!" "햇볕이 참 뜨겁다!" 이거지, 다른 게 있는 게 아니거든요.

우리가 "마음이 뭡니까?" 하면 (손가락을 세우며) 손가락을 이렇게 세울 수도 있고, (책상을 두드리며) 책상을 두드리기도 하고, 이 일이지 다른 게 있는 게 아닙니다. 이거거든요, 단지 이 하나의 일입니다. 그런데 여기에 생각이 들어와서 '뭘 어떻게 하는 게 마음이다'…… 예를 들어서 '두드리는 게 마음이다' '생각하는 게 마음이다' '말하는 게 마음이다' 이렇게 생각을 해 버리면 그건 마음이 아니고 생각입니다. 망상이죠. 그러니까 망상이냐 실상이냐 하는 것은 미묘한 차이밖에 없어요. 종이 한 장 차이라고 할 수 있는데, 생각으로 이해를 해 버리면 아무리 이해를 해도 그건 망상입니다.

그런데 이해가 아니고 이해하는 것도 아니고 아는 것도 아닌데, 그냥 이것뿐이에요. 뭘 하든지 항상 이렇게, 그러니까 스스로가 한 번 이게 확인이 되면 죽었던 사람이 살아난 것 같은 그런…… 비유를 하면 그런 일이 일어나거든요.

그러니까 스스로가 알죠. '아! 이것뿐이구나!' '뭘 하든지 단지 이 일 하나구나!' 그래서 이게 밝아지면 과거, 현재, 미래, 이쪽, 저쪽, 그런 여러 가지가 차별이 되지 않고, 그냥 차별이 없다 할 수 있습니다. 그냥 하나다 할 수 있는 거죠. 차별이 없고 그냥 이 일 하나다! 뭐 온갖 일이 단지 이 한 개의 일이다! 그렇게 할 수 있고 어쨌든 지금 이 일이라, 당장에 눈앞에 있는 일이고 항상 우리가 이 자리에 있습니다. 나라고 할 게 없습니다. 여기서 나라고 하는 생각을 일으키는 거지, 나라고 할 게 없고, 여기서 나라는 생각도 하고 사람이라는 생각도 하고 부처라는 생각도 하고 중생이라는 생각도 하고 그렇게 하는 겁니다. 생각은 진실한 게 아니죠. 진실한 건 모양 없는 이게 진실한 거죠.

여기서 모든 생각을 하고 모든 말을 하니까 생각이나 말이 진실한 게 아니라, 이거 하나가 진실하다 이 말이죠. 이거 하나가 진실한 거죠. 그러니까 이것뿐이에요. 여기에 한번 통달이 되면, 삼계가 뒤섞여 일어나지만 모두 하나의 마음으로 돌아간다…… 이런 말을 할 수 있는데, 모두가 허접한 방편의 말이라는 걸 알아요. 왜냐? 삼계가 따로 있고 한 개의 마음이 따로 있는 게 아닌데, 이렇게 말하니까 방편이란 말이죠.

말로는 삼계라는 뭐가 있고, 또 마음이 있는데, 삼계가 다 마음으로 귀결이 된다…… 이렇게 들리잖아요. 진실은 그런 게 아니죠. 삼계도 이름이고 마음도 이름이에요. 그냥 이 하나뿐입니다. 여기서 삼계, 삼라만상, 욕계, 색계, 무색계, 하늘, 땅, 온갖 그런 생각도 하고 말도 하고 하는 것이고, 여기서 마음이라 하기도 하고 돌아간다 하기도 하죠. 그러나 여기에는 아무것도 없어요. 삼계가 따로 없고, 마음이라는 게 따로 없고 돌아가는 일이 따로 없죠. 그냥 이 하나뿐인 거죠.

이것이 어쨌든 이렇게 명확해져 버리면, 항상 그냥 이 한 개이지 아무 특별한 것이 없습니다. 뭘 하든지 간에 그냥 이것뿐인 거죠. 그래서 항상 아무 일도 없고 한 물건도 없어서 장애 될 게 없어요. 늘 이 일이니까. 뭐라 할 게 아무것도 없으니까. 늘 걸림이 없고 허공처럼 머무는 데가 없고 따질 게 없죠. 이 하나인데 방편으로 이런저런 얘기를 한 겁니다.

앞부처와 뒷부처가 마음을 가지고 마음에 전하고 문자를 세우지 않는다.

불교경전을 보면 문자가 굉장히 많잖아요? 문자를 가지고 이걸 전해 주려고 하는 게 불교라고 한다면, 문자란 단지 방편에 불과한데, 우리는 오히려 문자에 오염이 되어서, 방편인 문자에 파묻혀 가지고 그 방편이 가르치고자 하는 진실을 못 보는 문제가 생기죠. 그러니까 애초부터 문자를 세우지 말자, 세우지 말고 이걸 바로 가리키자 해서 나온 게 '선(禪)'이고, 이 '선'을 달마가 전해 준 것이라고 합니다.

"도가 뭡니까?" 하면 부처님은 온갖 설명을 했습니다. 그렇지만 선에서는 "도가 뭐냐?" "깨달음이 뭐냐?" 이렇게 물으면 설명을 하는 게 아니고 "차 한 잔 해라." "오늘 날씨 덥다." 이렇게 하는 거죠. 이게 바로 선이죠. 그냥 이대로 우리 앞에 드러나 있는 이대로! 이건 항상 모든 사람에게 이렇게 드러나 있습니다. 숨지 않고 이렇게! 우리 모두 앞에 드러나 있는 이것을 그냥 가리켜 드리는 겁니다. "깨달음이 뭡니까?" "오늘 날이 덥다." "시원한 물 한 잔 해라!" 그냥 이렇게 드러나 있는 것을 가리켜 드리죠. 모양 없이 분별 없이 그대로 가리켜 드리는데, 분별로써 모양으로써 받아들이면 안 맞는 거죠. 통할 수가 없죠. 통할 때에는 "깨달음이 뭡니까?" "오늘 날씨가 참 덥습니다." 그냥 이렇게 통해야지, 무슨 이해를 하거나 분별을 하거나 헤아리거나 하면 그건 통하는 게 아니죠. 그냥 그대로 드러내서 보여 드리는데 그냥 그대로 통해야지, 이것을 이해를 하거나 생각을 하면 그건 통할 수가 없는 겁니다.

이심전심(以心傳心)이라는 것은 생각하지 않고 통한다는 말이거든요. "도가 뭡니까?" "이겁니다." 이렇게 생각 없이 통해야 하는 겁니다. "도가 뭡니까?" "죽비다." 그냥 이대로 이것이거든요. 누구에게든지 있는 이 하나입니다. 통하려면 이렇게 곧장 통해야죠. 그래서 단도직입이라고 합니다. 단도직입! 통하려면 주저하지 말고 헤아리지 말고 곧장 바로 통해야지 생각을 하면 안 돼요. 헤아려서 잡으려고 하거나 알려고 하거나 하면 벌써 하늘과 땅만큼 멀어져 버립니다. 그냥 이것인데, 이것이란 말이에요.

앞부처와 뒷부처가 마음을 가지고 마음을 전하고 문자를 세우지 않는다.

문자를 세우지 않는다는 것은 말을 하지 않는다는 뜻이 아닙니다. 말을 하되 말하는 게 아니다 이 말이에요. "깨달음이 뭡니까?"

"차 한 잔 해라." 이건 말하는 게 아니에요. 말을 하는데 말을 하는 게 아니라니까요, 이게! "깨달음이 뭡니까?" "뜰 앞의 잣나무다." 이게 말하는 게 아닙니다. 말이라고 알아듣는다면 이건 백퍼센트 망상입니다.

말을 하는데 말하는 게 아니니까, 그냥 이거를 (법상을 두드리며) 이렇게 자꾸 이렇게 가리키고 이거를 보여 드리는 거거든요. 이걸 가리키고 이걸 보여 드리는 거지 다른 게 없습니다. 이렇게 손을 흔들고 손가락을 세우지만, 손가락을 세우고 손을 흔드는 게 아닙니다. 뭔가 가리켜 드리는 게 있는 겁니다. 모든 사람에게 드러나 있는, 모든 사람이 갖추고 있는 것을 이렇게 가리켜 드리고 있는 겁니다. (손가락을 세우며) 손가락을 가리키는 게 아닙니다. 그렇게 되면 모두가 망상이 되는 겁니다. 우리 모든 사람이 이렇게 갖추고 있고 모두가 가지고 있는 이것 하나를 가리켜 드리는 거죠.

그러니까 통할 때에는 불가사의하게 통하는 겁니다. 이해를 하는 게 아니라 그냥 저절로 뚫어지는 겁니다. 뚫어져서 즉시 아무 일이 없으면서, 결국 '아! 이것뿐이구나' 하는, '뭘 하든지 간에 항상 이 일이 이렇게 있는 건데, 이걸 내버려 두고 엉뚱한 생각을, 엉뚱한 걸 찾아왔는가'…… 그런 생각이 들고 그렇게 됩니다.

"마음을 가지고 마음을 전하고, 모든 것이 마음 하나에 돌아간다" 하는데 마음이라는 글자에도 속으면 안 됩니다. 마음이라는 말도 역시 방편의 말입니다. 금방 태어난 어린아이가 '나는 마음을 가지고 있다' 이렇게 합니까? 마음이라는 것도 우리가 배운 말이에요. 이건 배울 수가 없는 것이고, 배우지 않고 본래 갖추고 있는 게 우리 살림살이라고 하는 이거거든요. 그러니까 마음이라는 말은 그냥 우리가 배운 거잖아요. 듣고 배운 말에 신경 쓸 필요는 전혀 없습니다. 거기엔 진실함이란 없으니까요.

(법상을 두드리며) 듣지도 않고 배우지도 않은 것, 그건 이것 하나뿐이죠. 이 일 하나뿐인 거죠. 이것이 어쨌든 분명해져야 합니다. 그래야 이게 자기 본래 살림살이고, 저절로 그렇게 밝혀지는 거지, 듣고 보고 알고 그것은 전부 밖에서 들어온 것이니까 자기 것이 아닙니다. 밖에서 들어온 것은 전부 헛것입니다 헛것!

묻는다.
"만약 문자를 세우지 않는다면 무엇을 마음으로 삼습니까?"

문자를 세우지 않는다면 무엇을 마음이라고 하느냐…… 그러니까 "무엇을"이 하는 게 바로 지금 이것인데, "무엇이 마음이다"라고 하면 그건 생각입니다. 그건 문자를 세운 것이고 망상입니다. "무엇이 마음입니까?" 이러면, "무엇이" 여기서 끝이 나 버려야 합니다. 여기서 그만 찾을 것도 없고, 내가 마음을 찾았다 그런 것도 망상입니다. 마음이라는 게 따로 없는데 무엇을 찾아요? 본래 잃어버린 적이 없는데……. 찾았다 하는 것은 안 맞는 겁니다. 잃어버린 적이 없는데 찾기는 뭘 찾아요? 그러니까 '마음을 찾았다', '이런 게 마음이다' 하는 것은 그냥 생각입니다.

이것이 한번 확인되면 원래부터 가지고 있는 것이고, '원래부터'라는 말조차도 사실은 안 맞죠. 왜냐 '원래부터'라는 말이 사실 여기서 나오는 것이니까요. '원래부터 가지고 있다'는 말조차도 여기서 나온 말이잖아요?

"무엇이 마음입니까?" 이러면 묻는 사람이 망상하는 겁니다. "무엇이 마음이다"라고 말할 수가 없어요. 그렇게 한다면 그건 생각이죠. "무엇이"라는 한마디만 해도 벌써 백퍼센트 이 일밖에 없는 거 잖아요? 백퍼센트 딱 드러나 버린 것이거든요.

무엇이 마음입니까? "무엇이"가 지금 이 한 개 일이고, 백퍼센트 항상 드러나 있잖아요? 이것뿐이거든요. 이렇게 항상 백퍼센트 늘 드러나 있어요. 어쩌면 이것은 늘 드러나 있기 때문에 우리가 오히려 무시하고 있는 것인지도 몰라요.

이것에 대해서는 걱정할 필요가 없는 겁니다. 전혀 아무 상관 안 해도, 항상 아무 문제 없이 딱 갖추어져 있으니까요. 그렇지만 이렇게 늘 드러나 있는 이것이 확실히 밝혀져야, 쉬지 못하고 밖으로 자꾸 뭘 찾고 구하는 마음이 쉬어집니다. 그전에는 안 쉬어져요. 번뇌의 다른 이름은 갈애라고 해요, 갈애. 목마를 '갈' 자를 써요. 목말라하면서 애착, 좋아하는 것을 찾아 헤매는 것이 번뇌라는 말이에요. 그런 일이 쉬어지지 않으면 인생이라는 것이 계속 뭔가를 구하고 찾고 그렇게 하다가 끝이 나는 거죠. 쉴 수가 없단 말이죠.

이것이 확인이 되어야, 이것이 확실히 확인이 되어야 찾고 헤매는 일이 저절로 쉬어져 버려요. 찾고 헤매는 일이 저절로 쉬어져 버럽니다. 왜? 이게 전부니까, 이게 다니까, 여기서 모든 일이 다 일어나고 이 이상도 없고 이 이하도 없으니까, 저절로 할 일이 없어져 버리고 찾고 헤매는 일이 그만 쉬어지는 겁니다. 그래서 갈애가 사라진다고 하는 겁니다.

이 일이거든요! 딴 데 있는 게 아니고 늘 이렇게, 늘 있는 게 바로 이것이란 말이에요. 이 일이거든, 바로 지금 이 일. 뭐라고 말할 것도 없어요. 바로 이 일이니까, 바로 이것이니까. 등불이 눈앞에 환하게 켜져 있는데 그 앞에서 눈을 감고 잠을 자면 안 된단 말이에요. 이것이거든요. 바로 이것!

뭐 사실 이건 말할 게 없어요. 그래서 부 대사는 《금강경》 강의를 해 달라니까, 법상에 올라가서 주장자를 들고는 법상을 한번 쾅 내리치고 내려가 버렸다고 하죠. (법상을 두드리며) 그냥 이것뿐인데요 뭘. 구지 스님은 평생 손가락만 들었다고 하죠. (손가락을 세우며) 그냥 이것뿐이니까요! 다른 일이 없거든요. 바로 이 일이고, 바로 이것뿐이니까, 이게 전부거든요. 우리 모든 사람에게는 단지 이 일 하나뿐입니다. 이렇게 명백하게 다 드러나 있죠. 활짝 깨어 있어야 된다고 말하지만, 우리는 원래 항상 깨어 있습니다. 깨어 있으면서도 우리 스스로가 눈을 감고 있는 겁니다. 이 일이거든요, 이 일! 이렇게 명확한데도 이게 확 와닿지가 않아요. 참 희한하죠?

만약 문자를 세우지 않는다면…… 이런 말 저런 말이 사실 허접한 말이에요. 말 한마디 할 것도 없어요. 모두가 다 이건데, 무슨 말을 해요? 이런 말 저런 말, 전부 쓸데없는 말이에요. 팔만대장경이 모두 쓸데없는 소리죠. 모든 사람에게 언제든지 딱 드러나 있는 이것뿐인데. 여기서 스물네 시간을 살고 있는 겁니다. 여기서 온 우주 삼천대천세계를 다 보고·듣고·느끼고·알고 하는 거죠. 이 일 하나뿐입니다, 이 일 하나뿐!

이 일이라 하지만, 이 일이라는 것을 분별하거나 알려고 하면 벌써 어긋난 겁니다. 분별하고 알려고 하면 벌써 어긋나 버렸어요. "이겁니다" 하면 그냥 이거지, 아무 이유가 없어요. 그냥 이것으로써 확 통해서 온 천지가 밝아져 버려야 해요. 이거 하나예요. 이것을 따져서 '아, 이런 것이다' 하고, '그것이 뭐냐?' '왜 그런 거냐?' '어떻게 된 거냐?' 자꾸 이렇게 하는 게 우리 중생의 버릇입니다. 그런데 여기에는 그런 게 없어요. 아무 무엇이랄 것이 없습니다. 그냥 이거, 이거예요. 이것뿐이에요. 누구에게나 다 이것뿐인 거죠! 다 이 일이죠. 여기에 부처니 깨달음이니 반야니 도니 쓸데없는 이름을 붙이는 거죠. 다 쓸데없는 거예요.

그래서 마조 스님이 그랬잖아요? "도는 닦을 게 없다. 다만 오염되지만 마라." "뭐가 오염되는 겁니까?" 그랬더니 "부처니 도니 깨달음이니, 하는 그게 다 오염이다. 부처니 도니 깨달음이니 반야니, 그런 게 다 오염되는 거다." 그냥 이 일 하나뿐이잖아요? 이렇게 명백한 일이고, 아주 명백한 거죠. 이렇게 명백하고 분명한데, 너무나도 명백하고 당연한데, 이것을 내버려 두고 생각을 가지고 이런 게 있고 저런 게 있고, 반야가 어떻고 보리가 어떻고, 아라한이 어떻다고 망상을 합니다. 쓸데없는 망상을 해요.

아라한이 어떻고…… 아라한과, 독각승, 성문, 연각, 보살, 부처, 이게 뭡니까? 전부가 이름일 뿐입니다. 어떤 이름이든지 지금 여기서 다 나타나고 사라지고 하는 것이잖아요? 여기에는 변함이 없잖아요, 변함이! 어떤 이름을 말하든 말하지 않든 아무 상관이 없어요. 그냥 이 일이거든요, 이 일! 이렇게 분명한 일인데, 여기서 눈이 확 뜨이고, 확 통하면 되는데…… 이것만 확인되면 됩니다. 이걸 가리켜 주기 위해서 쥐어박기도 하고, 코를 비틀기도 하고, 차를 먹이기도 하고, 똥막대기라는 말도 하고, 잣나무라는 말도 하고, 수미산이라고도 하고…… 무슨 말을 하더라도 말을 하는 게 아닙니다. 그냥 곧장 이것을 드러내서 가리켜 드리는 것이지, 말을 하는 게 아니에요. 이걸 확인시켜 드리는 것이죠, 이 일 하나를!

모든 사람에게는 단지 이 일 하나밖에 없습니다. 이 한 개 일은 절대로 변할 수도 없고 달라질 수도 없어요. 이 한 개의 일밖에 없습니다. 여기는 유일하게 망상이 없습니다. 항상 아무 모양이 없으니까, 분별할 일이 없으니까 망상이 일어날 일이 없어요. 그런데 이것을 놓쳐 버리면 생각을 하게 된다 이거예요. 그렇게 되면 백퍼센트 망상입니다. 이걸 놓쳐 버리면 생각을 하게 돼요. 생각을 하게 되면 모두가 망상입니다.

"만약 문자를 세우지 않는다면 무엇으로 마음을 삼습니까?"
답한다.
"그대가 나에게 묻는 것이 그대의 마음이고, 내가 그대에게 답하는 것이 내 마음이다."

이것도 방편입니다. 방편의 말이죠. 사실은 내 마음이 있고 네 마음이 있고 하는 식으로 분별되는 것이 아닙니다. 내 마음이다, 네 마음이다 하는 자체가 생각으로 하는 말이잖아요? 여기에 무슨 내 마음이 있고 네 마음이 있습니까? 여기에는 한마디 말을 붙일 수가 없습니다. 한마디 말도 여기에는 붙일 수가 없어요. 내 마음이 어디 있고, 네 마음이 어디 있어요? 내 마음, 네 마음이 우리 생각이잖아요. '그대의 마음이다.' 이것이 바로 생각이고 말이잖아요? '나의 마음이다' 하든 '그대의 마음이다' 하든 여기에 뭐가 다른 게 있습니까? 다른 게 아무것도 없어요. 아무것도 다른 게 없습니다. '나의 마음이다.' '그대의 마음이다.' 여기서 달라질 게 뭐가 있습니까?

말을 따라가니까 '아, 내 마음은 나에게 있고, 그대 마음은 그대에게 있다.' 이렇게 생각합니다. 생각으로 분별을 하니까 망상이죠, 망상! 그러니까 '나한테 묻는 것이 그대의 마음이고, 답하는 게 내 마음이다.' 이것은 방편으로 하는 소리인데, 방편으로 하는 말을 오해하면 안 되는 겁니다. 여기에서 저는 방편보다 (손을 흔들며) 이것을 바로 가리켜 드리려고 하는 겁니다. 손가락을 쓰지 않고 달을 가리키려고 하는 게 사실은 우리의 '선(禪)'입니다. 손가락으로 달을 가리키니까, 달은 안 보고 손가락만 자꾸 보고 있는 게 우리의 폐단이기 때문입니다.

"도가 뭡니까?"

(손을 흔들며) "이겁니다."

손을 흔드는 게 도가 아니고, 지금 이 우주에 유일하게, 모든 사람에게 유일하게 지금 바로 이것 하나만 있을 뿐입니다. 우리 모든 사람은 모두 똑같습니다. 이 일 하나만 있을 뿐입니다. 여기에 뭐가 또 있습니까? 여기에 또렷하게, 아주 역력하고 분명하게 드러나 있는 것은 이것 하나밖에 없습니다. 생각이 필요 없는 일이고 너무나 명백한 일이죠. 그냥 이것뿐입니다. 이것이 분명하지 않으니까 생각이 필요한 거예요. 뭐든 알고 분별해야 되니까! 그런데 이것이 분명하면 생각이 필요 없어요. 생각을 하면 이것은 오히려 어긋납니다. 생각을 하면 오염이 되어 버리는 겁니다.

그러니까 이 일 하나! '도대체 저게 뭐지?' 하는 바로 이거예요. 여기에 딱 드러나 있는데, '도대체 뭘 가지고 저렇게 손을 흔들고 잣나무니 똥막대기라 하지?' 바로 딱 드러나 있잖아요, 이렇게! '뭘 가지고 저렇게 하지?' 이게 바로 딱 드러나 있잖아요! 그런데 본인 스스로 '뭘 가지고 저렇게 하지?' 하는 그 생각 속에 갇혀 있단 말입니다. 그게 참 묘한 거죠. '뭘 가지고 저렇게 하지?' 하고 생각하는 바로 거기에, '뭘 가지고 저렇게 하지?'가 바로 이건데, '뭘 가지고 저렇게 하지?' 이거죠, 이거! 이건데 이 속에 있으면서 '뭘 가지고 저렇게 하지?'라는 생각 속에 빠져서 딱 갇혀 버린 겁니다. 참 희한한 일이죠.

이게 알고 보면 "세수하다 코 만지는 일이다." 옛날 누가 이 말을 했다고 하는데, 세수하면 코는 자동적으로 만지게 되어 있죠. 세수할 때 코를 안 씻나요? 세수하다 코 만지기다…… 이것은 이렇게 백퍼센트 드러나 있죠. 이것 하나밖에 없으니까! 그러니까 물속에서 물을 찾는다는 그런 이상한 말을 하는 겁니다. 물속에서 왜 물을 찾아요? 이상한 말이잖아요. 그런데 그런 이상한 말을 하는 겁니다. 물속에서 왜 물을 찾아요? 지금 이렇게 명백하게 드러나 있는데, 여기서 '모르겠다' 하니까 물속에서 물을 찾는 거죠. 이렇게 명백하게 조금도 숨겨져 있지 않고, 이렇게 명확하게 드러나 있는데도, '도대체 뭘 가지고 저러나?' 하고 있으니까 물속에서 물을 찾는 거죠.

이것 하나만 진실할 뿐이고, 다른 것은 모두 가짜다, 헛것이다, 허망하다, 그런 얘기를 하죠. 왜 그런 얘기를 하냐면, 항상 이것만 명확하게 드러나 있을 뿐이기 때문입니다. 그럼 다른 것은 뭐냐 하면, 이 속에서 다른 생각을 하고 있는 거예요.

등불을 가지고 등불을 찾는 사람, 이렇게 말할 수도 있고 대낮에 햇볕이 쨍쨍 내리쬐는 그 가운데서 '어둡다. 빛이 어디 있는가?'라고 말하고 있는 사람하고 똑같다 그 말이죠. 이렇게 명백하게 드러나 있는 겁니다. 하지만 생각이 개입되지 않고 딱 계합이 되어야 하는 겁니다. 그래야 명백해지는 겁니다. 생각이 개입을 해 버리면, 물속에서 물을 찾았다고 하는 거죠. 망상이 되어 버립니다.

사실 마음은 찾을 필요도 없습니다. 그렇잖아요? "삼계가 모두 마음으로 돌아간다"고 했는데, 여기 마음 아닌 게 아무것도 없습니다. 전부 백퍼센트가 다 마음이라서 찾을 필요가 없는 게 마음이지, 찾으면 그건 자기 마음이 아니죠. 자기 마음을 자기가 찾을 이유가 어디에 있습니까? 찾을 필요가 없어요. 항상 이렇게 드러나 있는데.

그런데도 찾아야 한다 하고 찾는 이유는 뭐냐 하면, 항상 이렇게 드러나 있고, 이 속에 있고, 이 일 하나뿐인데도, 딴 생각을 하고 있단 말이에요. '마음이라는 게 어디에 있는가?' 하고 망상을 하고 있단 말이죠. 사실상 찾을 필요가 전혀 없는 겁니다. 지금 이것뿐이니까요. 이것밖에 다른 마음이 없단 말이에요. 이건 너무나 명백한 일인데, 마음을 가지고 마음을 찾는다는 게 자기 몸뚱이를 가지고 자기 몸을 찾는다는 그 말하고도 같은 말입니다. 내 몸이 어디 있는가, 하면서 마구 찾아다닌다고요. 지금 우리가 모두 그런 상황이에요.

얼핏 보면 굉장히 어리석은 것 같지만, 망상 때문에 그런 일이 벌어지는 거죠. 내 몸을 가지고 '내 몸이 어디 있지?' 하고 찾아다녀요. 마음을 가지고 마음을 찾고 있는 우리 상황과 똑같은 겁니다. (법상을 두드리며) 이 일 하나뿐이라고요. 이 일 하나. 다른 일이 있지 않고 이 일 하나밖에 없어요. 하여튼 이게 한 번만 딱 확인되어 버리면 되는데…….

나에게 만약 마음이 없다면 어떻게 그대에게 답할 수 있겠으며, 그대에게 만약 마음이 없다면 어떻게 나에게 물을 수 있겠느냐?

그러니까 이렇게 명확하게 드러나 있고 항상 쓰고 있고 백퍼센트 갖추고 있는데도 '내 마음이 어디 있지?' 하고 헤맨다 그 말이에요. 참 묘한 일이죠, 이게. 사실 법을 아는 사람 입장에서 보면, 이 법을 가리키는 사람은 모두 쓸데없는 짓을 하고 있는 것입니다. 쓸데없는 짓이지만 안 할 수가 없어요. "법이 뭐냐?" "뜰 앞의 잣나무다!" 정말 쓸데없는 짓입니다. 이미 백퍼센트 다 드러나 있는데, "뜰 앞의 잣나무다" 하는 말까지 하니까 쓸데없는 짓이죠.

지금 이렇게 분명하지 않습니까? 이것이 진실이죠. 이 하나가 진실한 거예요. 이렇게 분명하지 않습니까? (손을 흔들며) 이걸 못 보는 사람이, 자고 있는 사람은 못 볼지 모르겠는데, 못 보는 사람이 없잖아요? 자는 사람은 이 소리라도 (법상을 두드리며) 듣겠지! (손을 흔들며) 이걸 못 보는 사람이 없잖아요. 이게 다 드러나 있는 거예요. 손을 보라는 게 아니에요. 이렇게 다 드러나 있잖아요? 누구에게든지 백퍼센트 드러나 있잖아요? 손을 보여 드리는 게 아닙니다. 모든 사람에게 백퍼센트 드러나 있습니다. 절대로 사라지지도 않고, 스물네 시간 항상 이렇게 딱 드러나 있습니다. (손을 흔들며) 이렇게 백퍼센트 확실하게 드러나 있는 것은 이것밖에 없어요. 이 하나!

그런데 이걸 손을 흔드는 것이라고 분별해 버리면 전혀 안 맞는 얘기가 되는 겁니다. 우리 모두에게, 모든 사람에게 이 마음이라는 물건이 다 갖추어져 있어서 이렇게 활동하고 있습니다. 이렇게 활짝 깨어 있다고요.

그러니까 이것 하나를 확인시켜 드리려고 하는 거죠. 내 마음, 네 마음 하고 분별할 것이 없어요. 이것 하나가 명백한 것이니까요. 그런데 이것이 명백하지 못하다 하는 것은 생각 속에서 꿈을 꾸고 있기 때문에 그런 겁니다. 생각은 꿈입니다, 꿈! 《능엄경》에 분명히 나와 있습니다. 《능엄경》에 보면 그런 구절이 딱 있어요. "잘 때의 꿈이 깨어 있을 때의 생각이고, 깨어 있을 때의 생각이 잘 때의 꿈이다." 우리가 생각한다는 것은 꿈꾸는 거예요. 헛것이다 이 말이에요. 생각하라는 게 아니고, 그냥 바로 이것! 이게 분명한 거죠.

나에게 만약 마음이 없다면 어떻게 그대에게 답할 수 있겠으며, 그대에게 만약 마음이 없다면 어떻게 나에게 물을 수 있겠느냐? 나에게 묻는 것이 곧 그대의 마음이고 내가 답하는 것이 곧 내 마음이니, 시작 없는 아득한 과거로부터 움직이고 행동하는 것이 언제든지 어디서든지 모두가 그대의 본래 마음이고 모두가 그대의 본래 부처다.

이것이 분명하면 구름이 흘러가고, 하늘이 푸르고, 태양이 빛나고, 바람이 불고, 빗방울이 떨어지고, 꽃이 피고, 풀잎이 흔들리고, 나뭇잎이 떨어지고, 새싹이 나고, 물이 흐르고, 바위가 있고, 온갖 무생물이나 삼라만상, 사람이 말을 하고, 춥기도 하고, 덥기도 하고, 우리가 경험할 수 있는 모든 것이 여기서 벗어난 게 하나도 없습니다. 전부가 다 이것입니다. 모든 것이 여기서 벗어난 게 전혀 없어요. 전부 이것이고 여기서 나타난 것이지, 벗어난 게 어디에 있습니까? 그래서 "만법이 하나로 돌아간다"고 하는 겁니다. 전부가 이 하나이기 때문이죠. 이렇게 명백한 것이고, (법상을 두드리며) 바로 이것이거든요. 하여튼 이것은 하나가 딱 되어야 합니다. 뭐라고 표현을 못하겠는데, 하나가 딱 되면 뭘 하든지 다 이것이죠. 저절로 다른 것이 없어요.

　마음이니 도(道)니 이런 생각을 싹 잊어버리게 되고, 이것은 항상 똑같은 겁니다. 그러나 이게 잘 안 되는 이유가, '나'라는 생각을 하고, '내 마음'이라는 생각을 하고, 자꾸 '나'라는 뭔가 따로 있는 것 같고, '내 마음'이라는 것이 따로 있는 것 같기 때문이에요. 하지만 "나" 하는 것도 여기서 생각을 하는 것이고, "내 마음" 하는 것도 전부 이것입니다. 여기서 그런 생각을 하는 거죠. (손을 흔들며) "나"라고 하는 것도 이것이고, "내 마음" 하는 것도 이것이고, 이것 하나예요. 내가 따로 있고 내 마음이 따로 있고 하면, 그건 망상이죠. 따로 없습니다. 이렇게 명백한 것이잖아요?

　그래서 "무정물의 설법을 들어야 한다"고 옛 스님들이 방편을 쓰고는 했는데, 무정물, 돌이나 바위나 구름이나 바람의 설법을 들을 줄 알아야 된다고 했단 말이에요. 왜냐? 다 이것이니까, 모든 것이 이 하나이니까요! 이렇게 명백한 것인데도, 이게 이상하게 잘 안 돼요. 여기에 딱 계합을 하는 일 외에는 다른 길이 없습니다. 이게 딱 계합이 되어 버리면, 모두가 똑같이 이 하나입니다. 내 마음, 네 마음, 그런 것이 없습니다. 내 마음이 어디 있고 네 마음이 어디 있어요? 모두가 말이고 생각이지, 아무것도 없습니다. 내 마음 네 마음이라는 게 어디 있습니까? 다 방편의 말입니다. 그런데 우리는 "내 마음" 하면서 집착을 하고 망상을 쥐고 있는 겁니다.

　"본래 한 물건도 없고 허공과 같다"고 불교에서 항상 얘기를 하고 있잖아요? 본래 한 물건도 없고 허공처럼 깨끗하다, 아무것도 없디고 항상 이야기하잖아요? 그런데 "내 마음이 아파 죽겠다" "마음이 아프다"고 말해요. 묘한 일이죠, 정말! 마음이 아프다. 참 희한한 일입니다. 어째서 마음이 아프다는 현상이 벌어지는지 그게 참, 그것이 참 희한하단 말예요. 어째서 마음이 아프다는 현상이 벌어지는지.

나에게 묻는 것이 곧 그대의 마음이니, 시작 없는 아득한…… 하여튼 내 마음이라는 그 감옥에서 제발 빠져나와야 합니다. 내 마음이라고 하는 얼음 덩어리가 싹 녹아서 사라져 버려야 해요. 망상입니다, 망상! 백퍼센트 망상입니다. 내 마음이라는 게 어디 있습니까? 우리 중생에게는 내 마음이라는 게 있기 때문에 거기서 온갖 번뇌가 다 일어나거든요. 그래서 인생을 굉장히 힘들고 괴롭게 사는 사람들이 수도 없이 많습니다. 허깨비, 아무것도 없는데 자기가 착각을 해서 집착을 하고 있는 겁니다. 아무 일이 없는데, 그냥 이것일 뿐인데, 그 망상병, 허깨비병이 나아야 합니다. 그것은 일종의 어둠이거든요. 이것은 밝음이고. 비유를 하자면 그렇습니다.

이 밝음이 뚜렷해져야 그런 망상병인 어둠이 싹 사라져 버립니다. 아무 일이 없어요. 마음이라고 하는 것은 망상병입니다. 전부 망상이에요. 심층이니 표층이니, 심층의식이 있고 무의식이 있다고 하는데, 그건 전부 망상입니다, 망상!

모두 망상을 가지고 망상을 말하는 것이고, 이것이 딱 분명해지면 아무 그런 게 없어요. 그냥 아주 밝은 허공과 같아요. 밝지만 아무것도 없어요. 아무것도 없고 그냥 밝은 허공이에요. 말하자면 그렇게 표현할 수도 있는 겁니다.

(법상을 두드리며) 이 하나입니다. 바로 지금 이것입니다. 모든 사람에게 똑같고, 이것은 없는 사람이 없어요. 똑같이 다 같이 이것을 가지고 있습니다. 모든 사람에게 본질은 다만 이것 하나다 이 말입니다.

시작 없는 아득한 과거로부터 움직이고 행동하는 것이 언제든지 어디서든지 모두가 그대의 본래 마음이고 모두가 그대의 본래 부처다.

마음을 부처라는 이름으로 부르기도 합니다. 부처라 하든 마음이라 하든 모두 헛된 이름이고, 어차피 이 한 개입니다. 이렇게 명백한데 이 명백한 것을 내버려 두고 딴 것을 찾으니까 그게 문제예요. 이것은 모든 사람 앞에 항상 명백하게 드러나 있습니다. 스물네 시간 동안 명백히 드러나 있어요. 우리의 육체는 잘 수도 있고 깰 수도 있겠지만, 이건 자고 깨고 하는 게 아니에요. 이것이 항상 이렇게 분명한데, 이것은 바로 딱 가리키는 것 외에는 사실은 방법이 없는 겁니다. 이것을 설명을 하고 이해시키고 그런 게 바로 꿈인데, 꿈속에서 깨어 있는 것을 말해 봐야 그건 꿈입니다. 꿈속에서 꿈 깨는 꿈을 꾼다, 그런 말을 하잖아요. 말로 하면 그런 겁니다.

그래서 이것은 바로 이거거든요! 누구든지 바로 지금 이것뿐이잖아요. 이렇게 바로 드러내서 딱 지적해 드리는 바로 이것뿐이니까요. 이것 외에 또 뭐가 있습니까? 이 하나가 명백할 뿐인 거죠. 언제든지 이것 하나가 명백할 뿐입니다. 아무 다른 것이 없습니다. (법상을 두드리며) 이것 하나예요!

딱! 딱! 딱! (죽비 소리)

2.
마음이 바로 부처

달마혈맥론 두 번째 시간입니다.

마음이 바로 부처라는 말 역시 그와 같다.
이 마음을 제외하고 얻을 수 있는 다른 부처는 결코 없으며, 이 마음을 떠나 밖에서 깨달음과 열반을 찾을 수는 절대로 없다.
스스로의 본성은 진실하여 원인도 아니고, 결과도 아니다.
법(法)은 곧 마음이라는 뜻이다.
스스로의 마음이 바로 깨달음이며 스스로의 마음이 바로 열반이니, 마음 밖에서 부처와 깨달음을 얻을 수 있다고 말할 수는 없다.

마음이 바로 부처라는 말 역시 그와 같다…… 마음이라는 말은 일상생활 속에서도 굉장히 많이 사용하죠. "내 마음이 어떻다." "그 사람 마음이 어떻다." 이런 식으로 말이죠. 그런데 우리가 일상생활 속에서 쓰는 마음이라는 말은 어떤 모습을 말하는 겁니다. "내 마음이 어떻다" 하는 것이 어떤 모습이죠. "그 사람 마음이 어떻다" 하면 모습을 그리는 거죠. 그러나 우리가 여기서 "마음이 부처다"라고 말할 때는 어떤 모습을 말하는 것이 아닙니다. "마음이 곧 부처다"라고 말할 때는 모습을 그리는 것이 아니고, "바로 지금 이것이다"라는 말과 같은데, 말하자면 지금 이렇게 활동을 하고 온갖 일들이 여기서 나타나는…… 뭐 이렇게 말할 수도 있는데, 그러나 이런 말도 결국 그림을 그리는 거죠. 그래서 이런 말도 역시 좋지 않습니다.

사실상 "마음이 곧 부처다"라고 할 때는, 이 마음이라는 것은 알 수 없는 거예요. 알 수가 없습니다. 그림을 그려서 나타낼 수가 없습니다. 알 수는 없으나, 이것이 항상 이렇게 나타나 있고 드러나 있기 때문에 깨달을 수는 있어요. 깨달아서 확인할 수는 있는 겁니다. 하지만 알 수는 없어요. 알면 그림이 되어서 가짜가 됩니다.

"마음이 곧 부처다"라고 할 때 이 마음이라는 것을 알 수는 없지만, 항상 이렇게 나타나 있고 드러나 있기 때문에 이것을 깨달아서 늘 이렇게 확실하고 분명해질 수는 있습니다. 그러나 여기에 대해서 알 수는 없어요.

"마음이 곧 부처다"라고 할 때 마음이라는 말이나 부처라는 말은 알 수 없는 이것인데, 또 이것에는 반야니 진여니 불성이니 보리니 여래장이니 등등 여러 가지 이름을 붙이기도 하죠. 그러나 그 이름들은 사실 알 수 없는 이것 하나를 부르기 위한 방편의 가짜 이름입니다.

알 수가 없습니다. 알 수는 없지만 깨달을 수는 있다 해서 '깨달음'이라 하지, '안다'라고 하지는 않죠. 아는 것은 분별하는 일이고 망상이에요. '깨달아야 한다'라고 하는 이유가, 이것은 아는 것이 아니기 때문입니다. 알 수는 없지만, 항상 이렇게 드러나 있고 나타나 있기 때문에 한번 확인을 하면 이것은 의심할 수 없는 겁니다. 항상 이 일이고, 이 자리니까요.

"반야는 알 수 없는 것이다"라는 구절은 경전에도 많이 등장하는 말입니다. 그렇기 때문에 여기에 대해서 알려고 하면 맞지가 않고, 알 수는 없으나 이렇게 분명한 일이다, 그 말입니다. 그래서 이것을 가리킬 때는 이렇게 가리킵니다. "마음이 뭐냐?" 하면 손가락을 세우기도 하고, "마음이 뭐냐?" 하면 법상을 치기도 하고, "마음이 뭐냐?" 하면 주장자를 휘두르기도 하고, "마음이 뭐냐?" 하면 "차 한 잔 해라" 하기도 하고…… 이렇게 명백히 드러나 있는 겁니다.

"마음이 뭐냐?" 하면 "잣나무"라 하기도 하고 "마음이 뭐냐?" 하면 "똥막대기"라 하기도 하는 것이, 이걸 가리키는 겁니다. 이걸 드러내서 보여 드리는 거죠. 그래서 이것은 아는 게 아니고 깨닫는다는 표현을 쓰는 거죠. 왜냐하면 이것은 머리로 분별해서 아는 게 아니니까요.

또는 체험한다 하기도 하고, 증득(證得), 증험(證驗)한다 하기도 하죠. 증(證)이라는 말은 체험이라는 뜻입니다. 증험, 증득, 체험 모두 같은 말입니다. 한번 확인이 되고 분명해지는 거죠. 알려고 하면 오히려 망상에 떨어집니다. 알 수는 없지만 이렇게 분명합니다. 알 수는 없지만 이렇게 분명한 것, 이것이 우리가 "마음이 부처다"라고 할 때의 바로 이 마음입니다. 그러기 때문에 이름을 '마음', '부처' 하고 말하지만, 사실 그 이름은 아무 의미가 없습니다. 그런 이름들은 이것 하나를 가리키기 위한 방편일 뿐이니까요.

이것은 한번 확인이 되면 언제든지, 어디서든지, 곧장 이 일입니다. 밥을 먹든지, 물을 마시든지, 책을 읽든지, 이야기를 하든지, 왔다 갔다 산책을 하든지, 일을 하든지, 잠을 자든지, 옷을 입든지, 하루 스물네 시간 이 일 아닌 게 없습니다. 단지 이 일 하나가 있을 뿐이죠. 알 수도 없고, 이름 붙일 수도 없고, 이해할 수도 없지만, 언제든지 이렇게 명백한 거죠.

그러므로 "마음이 곧 부처다" 할 때, 이 마음은 알 수 있는 게 아니고, 알면 안 됩니다. 안다는 것은 곧 망상한다는 뜻입니다. 알음알이는 모두 망상입니다. 아는 것이 아니고 (손가락을 들며) 바로 지금 이것입니다. 아는 게 아니고 (손을 흔들며) 지금 이것입니다. 이것을 이렇게 가리키는 것은 이렇게밖에 할 수 없기 때문입니다. 모든 사람에게 확연히 실현되어 있는 것이고 언제나 드러나 있는 것이지만, 가리킬 때에는 이렇게밖에 할 수가 없습니다.

'이해'는 눈앞에서 직접 체험하는 것이 아니라, 머릿속에서 그림을 그리고 있는 거니까 모두가 가짜예요. 그러나 우리의 이 마음이라는 것은 머릿속에서 그려지는 그림이 아니고, 지금 이렇게 드러나 활동하는 것입니다. 그러므로 직지인심(直指人心)이라고 하잖아요? 그냥 곧장 가리켜서 드러내고, 바로 통하는 거예요. 여기에 통하면 망상이 없어요. 그냥 명백하죠. 아무것도 아는 것은 없어요. 아는 것은 모두 망상이에요. 마음에 대해서, 법에 대해서, 도에 대해서 안다고 하면 모두 망상입니다. 아는 게 아니라, 이렇게 생생하고 명백하고 분명한 것이고, 모든 일이 이것 하나입니다.

옛날 선사들은 이것을 '낙처(落處)'라고 했죠. '낙처'란 모든 일이 여기로 귀결되는 마지막 귀결점이라는 뜻이에요. 모든 일이 여기서 벗어난 적이 없으니까요. 설사 망상을 하더라도 여기서 벗어나서 하는 것은 아닙니다. 여기서 망상도 하는 것이죠. 이것을 확인하고 보면 망상하는 것이 본래 자기 마음인 겁니다. 그래서 "망상이 곧 실상이다"라고도 하는 겁니다.

(손을 흔들며) 이겁니다! 알면 안 됩니다. 몰라야 하는 겁니다. 모르되 분명해서 의심이 없어야 합니다. 분명하면 의심이 생길 수가 없습니다. 명백하니까요. 이해하고 알고 있는 그런 개념이나 상(相)…… '안다'는 것을 《반야경》식으로 표현하면 상(相)이거든요. 《반야심경》이나 《금강경》처럼 반야 계통의 경에서는 '상'이라는 말을 많이 씁니다. "상을 가지면 보살이 될 수 없다" "상으로는 부처를 볼 수 없다"라는 말을 많이 합니다. 상(相)은 상(想)이라고도 쓰는데, 상(想)이라는 한자를 풀이하면 '분별하다' '안다'라는 뜻입니다. 그러니까 개념이죠. 머릿속에서 그림을 그리는 거죠. 상(想) 자는 모양 상(相) 자에 밑에 마음 심(心) 자가 붙어 있는 거잖아요? 그러니까 마음속에 그린 그림이다, 그런 뜻이에요. 개념이고 망상이라는 뜻이죠. 상(想)을 그려서는 안 되는 것이고, (손을 흔들며) 이것이 이렇게 분명해져야 하는 겁니다. 이것 하나가.

문제는 상(想)이 아닌 이것이 어떻게 분명해지느냐 하는 것입니다. 그것을 우리는 마음을 깨닫는다고 하죠. 마음이 분명해지면 이것 외에 다른 부처는 없다고도 하죠. 부처는 곧 깨달음 아닙니까? 부처라는 말은 깨달음이라는 말이거든요. 이것이 분명하면 이것 외에 다른 깨달음은 없습니다. (손가락을 들며) 이것을 일러서 마음이라 하고, 이것이 명백하면 이것이 바로 깨달음입니다.

부처라는 말은 불(佛) 즉 깨달음이라는 말입니다. 불(佛)이라는 말은 산스크리트 어를 음역한 것이고, 그것을 한자로 옮긴 것이 각(覺)이라는 뜻인데, 각은 깨달음이라는 뜻입니다.

이런 문자를 우리가 굳이 알 필요는 없고, 어쨌든 (손을 흔들며) 지금 바로 이것입니다. 알 수가 없고 분별할 수도 없지만, 이렇게 명백한 바로 이것입니다. 알 수가 없고 이해할 수는 없지만 (손을 흔들며) 이렇게 명백한 것이죠. 이것이 분명해지는 겁니다. 이것이 분명해져야 할 뿐, 아무 다른 일은 없습니다. 이것이 한번 와닿으면 다른 특별한 일 없이, 하는 일마다 이 하나의 일이라는 것이 명백할 뿐인 겁니다. 그래서 항상 '깨어 있다'고 하는 거죠. 삼라만상 무엇을 보더라도 모두 여기서 나타나는 일이니까요. 이 일이거든요. 이 일이 증명되는 겁니다.

그러니까 "눈에 들어오는 것마다 모두 깨달음이다"라는 말도 하는 겁니다. 눈에 들어오는 것뿐만 아니라, 귀에 들리는 것마다, 생각하는 것마다, 보고 · 듣고 · 느끼고 · 아는 게 모두 깨달음 아닌 게 없다고 할 수도 있게 된다는 말입니다. 이것이 분명하면 이 일뿐이지, 다른 특별한 것이 없습니다. 우리가 보통 내 마음이 어떻고 네 마음이 어떻고 하는 그런 것은 모두가 머릿속에서 그린 망상이고 그림입니다. 불교에서 "마음이 곧 부처다"라고 할 때, 마음이란 그와는 다르죠.

이 일 하나예요. 누구든지 체험해서 확인하면 '이것은 정말 의심할 수 없는 것이구나' '이 이상 다른 일이 있을 수 없구나' 하는 게 저절로 명백해지는 겁니다. 여기서 온갖 활동을 다 하는 거예요. 일상생활도 하고, 학문 활동, 예술 활동, 문학 활동, 과학 활동 등 온갖 활동을 다 하는 거죠, 여기서. 그래서 이것 하나가 언제든지 진실하죠. 변함없이 언제나 이 일이죠. 이걸 일러서 '마음'이다, '부처'다, '대기대용'이다, '진여'다, '보리'다, 라고 하기도 하죠. 아무튼 여러 가지 방편의 이름을 붙이는 겁니다.

이것을 요즘 식으로 말하면 "자기 삶이다"라고 할 수도 있고, "살아 있음이다", "존재다", "현상이다"라고 말할 수도 있어요. 현상이 곧 본질입니다. 현상을 떠나서 본질이 있는 것은 아닙니다. "우주 그 자체다"라고 할 수도 있습니다. 우주 속에 나타나는 하나하나가 전부 여기서 나타나는 일이니까요. 여기에서 벗어난 일은 없으므로 "우주 그 자체다"라고 할 수 있어요. (손가락을 들며) 이것이, 이 일이 분명해지는 거지 다른 게 없습니다. 우리는 의식 속에서 여러 가지 많은 경험을 하므로, 심리학에서는 여러 가지 의식에 대한 얘기를 많이 하잖아요? 무의식이라는 말도 하고, 이런저런 얘길 하는데, 우리가 여기에 초점이 딱 들어맞으면 마음이라는 것에는 그런 여러 가지가 있지 않습니다. 의식세계가 있고 무의식세계가 있고 심층의 식세계가 있고 그렇지 않아요. 전부가 똑같습니다. 이것 하나예요, 하나!

그럼 그러한 것들은 뭐냐? 여러 가지 의식, 다양한 의식들 그런 것은 뭐냐? 그것은 모두가 망상입니다. 우리는 그런 망상에 사로잡혀서, 이런 것도 있고 저런 것도 있는 것처럼 착각을 하는 겁니다. 꿈입니다. 꿈과 같아요. 꿈은 깨기 전에는 그게 꿈인 줄 모르죠. 이런 일도 있고 저런 일도 있구나 하다가 문득 깨고 나면 아무 일도 없는데, 이게 그런 것과 같습니다.

(손을 흔들며) 이 하나의 일입니다. 단지 이 하나입니다. 아무런 이런저런 일이 없습니다. 단지 이것 하나입니다. 뭘 하든지 간에 이 하나일 뿐입니다. 이걸 마음이라 하기도 하고, 부처라 하기도 하고, 대기대용 즉 큰 엔진이 작용한다고 하기도 하고, 여러 가지 방편의 말을 합니다. 그러나 방편의 말은 다 내버려 두고 실제, 이 실제, (손을 흔들며) 우리 각자의 이 진실! 실제에는 방편의 말이나 이해가 전혀 필요가 없어요. 전혀 필요가 없는 거죠.

우리의 몸을 비유로 들 수도 있는데, 예를 들어 우리가 몸의 각 기관에 대해서 팔, 다리, 사지라든지, 오장육부라든지, 근육이나 뼈, 신경 등 여러 가지 기관에 대해서 지식으로 배워 알 수가 있잖아요. 그런데 지식으로 아는 것과 달리 우리는 실제 자기 몸을 가지고 달리기도 하고, 걷기도 하고, 누워서 자기도 하고, 일어나기도 하고, 음식을 먹기도 하고, 물을 마시기도 하는 등, 몸속의 기관들이 어떻게 작용하는지를 모르면서도 몸을 자유자재로 쓰고 있잖아요. 아무 문제 없이 몸을 자유자재로 쓰고 있다는 사실 하나는 분명하거든요. 예를 들어 지금 팔을 움직이는데, 이두박근은 어떻게 되고, 삼두박근은 어떻게 되고, 신경은 어떻게 되고, 이런 것을 알고 쓰는 게 아니잖아요? 사실 아무것도 모르거든요. 아무것도 모르지만 자유롭게 쓴다고요. 마음대로, 하고 싶은 대로 쓰고 있습니다. 몸을 쓸 때 몸에 대한 지식은 사실 알 필요가 없어요.

마음도 똑같은 겁니다. 굳이 뭘 알아야 되는 것은 아니라는 말입니다. 알 필요가 없는 거예요. (손을 흔들며) 그냥 바로 이 일이에요, 이 일 하나! 마음이 어떻다고 안다는 것이 오히려 엉터리죠. 몸이야 눈에 보이는 물질이 있으니까 안다 모른다 그럴 수 있지만, 마음이라는 것은 그런 게 없는데 안다고 하면 엉터리예요, 엉터리. 망상인 겁니다, 망상!

몸은 물질이 있으니까 움직이는 형태를 알 수 있어요. 운동선수들이 근육을 어떻게 단련하느냐 하는 것은, 근육의 형태를 보고 딱 맞춰서 운동할 수 있어요. 모양이 있으니까 가능하죠. 그러나 마음은 그런 모양이 없단 말이죠. 아무런 모양이 없으니까 어떻게 할 수 있는 게 없어요. 분별할 수 없으니 할 수 있는 운동 같은 게 없어요. 우리가 분별해서 아는 것은 마음이 아니라 의식이죠, 의식. 의식의 어떤 부분을 그렇게 훈련할 수는 있는데, 그것이 이른바 명상이고 수행이라고 하는 겁니다.

그러나 깨달음이라고 하는 것은 그런 게 아니에요. 의식의 어떤 부분을 반복적으로 훈련시키는 그런 게 아닙니다. 깨달음이라는 것은 그런 게 아니고, 그냥 하나뿐인 마음을 깨닫는 겁니다. "이 우주는 한 개의 마음이다"라고 하듯이 그냥 이 하나, (법상을 두드리며) 이 하나가 분명해지는 거예요. 생각할 필요가 없는 것이죠. 생각을 하면 오히려 안 맞습니다. (법상을 두드리며) 생각할 필요 없이 이렇게 명백하고 분명한 겁니다.

생각을 하면 어긋나요. 생각할 필요 없이 그냥 이 하나예요, 이 일 하나! 그러니까 "도가 뭐냐?" "똥막대기다." 이 말은 아무 생각 없이 하는 말이에요. 생각하라는 말이 아닙니다. 아무 생각이 없이 그대로 이렇게 보여 주는 거죠. "똥막대기다." "잣나무다." "벽돌이다." "나무토막이다." 그냥 아무 생각 없이. "개에게는 불성이 없다"도 마찬가집니다. 생각을 하는 것이 아니고 (손을 흔들며) 단지 이것을 이렇게 드러내죠. 이것은 살아 있죠. 늘 이렇게 드러나 있어서 생생하게 살아 있는 겁니다. (법상을 두드리며) 이걸 그냥 이렇게 드러낼 뿐인 겁니다.

이러다가 문득 한번 감이 오면 생각할 필요가 없어지죠. 생각할 필요 없이 저절로 이것이 명백해지고 분명해져서 딴 일이 없는 거예요. 이것이 분명하다고 해서 생각을 못하는 것은 아닙니다. 무슨 생각이든지 하고 싶은 대로 다 할 수는 있습니다. 그러나 아무리 생각하더라도 더 이상 생각의 노예가 되지는 않죠. 생각에 사로잡히지는 않는단 말이죠.

마음이 바로 부처라는 말 역시 그와 같다.
이 마음을 제외하고 얻을 수 있는 다른 부처는 결코 없으며, 이 마음을 떠나 밖에서 깨달음과 열반을 찾을 수는 절대로 없다.

깨달음이라 하든, 열반이라 하든, 마음이라 하든, 부처라 하든, 모두가 이름이고 그림입니다. 그런 그림을 그리면, 열반도 있고, 깨달음도 있고, 해탈도 있고, 부처도 있어서 모두 다른 일이 있는 것 같지만, (법상을 두드리며) 진실은 오직 이것 하나입니다.

비유해서 말하면, 열반이니 해탈이니 부처니 마음이니 깨달음이니 하는 것은 달을 가리키는 제각각의 손가락들입니다. 제각각의 손가락은 얼마든지 많지만, 그 모든 손가락이 가리키는 달은 하나뿐인 겁니다. 말이라는 것은 이렇게 모두가 손가락입니다. 그래서 방편이라고 하죠. 경전에 나오는 모든 말 한마디 한마디가 전부 손가락이고, 그 손가락이 가리키는 달은 딱 하나뿐입니다. (법상을 두드리며) 이것 하나뿐이에요.

(손가락을 들며) 이것 하나뿐입니다. 이것을 가리키려고 그런 여러 가지 이름을 방편으로 세워서 말하는 거죠. 그렇기 때문에 어느 손가락을 통해서든, '달'이라고 하는 이 하나에 딱 통달하면 (법상을 두드리며) 그냥 이것뿐인 거예요.

진실은 이것 하나밖에 없죠. 진실은 단지 이것 하나뿐입니다. 공이니 색이니 하는 여러 가지 말에 끄달릴 필요가 없어요. (손을 흔들며) 이 하나의 진실! (법상을 두드리며) 이것이 우리의 근본이고, 평소 우리의 살림살이입니다. 평소의 살림살이라는 말은 우리가 평소에 이것 하나 가지고 살아간다는 말이에요.

"우리의 평소 살림살이다." 옛날부터 항상 그렇게 말했어요. "우리는 평소에 이것 하나 가지고 산다" 그랬거든요. 이것 하나! (손을 흔들며) 이것 하나가 분명하면 돼요. 이것뿐이에요. 어떻게 말하고 어떻게 가리키더라도, 진실은 단지 이것뿐이에요. 이 하나뿐입니다. 그래서 이 하나에 통하면 더 이상 궁금한 것이 없어요. 여기서 모든 일이 다 일어나는 거니까요.

이 마음을 제외하고 얻을 수 있는 다른 부처는 결코 없으며, 이 마음을 떠나 밖에서 깨달음과 열반을 찾을 수는 절대로 없다. 스스로의 본성은 진실하여 원인도 아니고 결과도 아니다.

이것을 본성이라고도 합니다. 본심이라고도 하고, 본성이라고도 하고, 불성이라고도 하고, 본분사, 본각이라고도 하지요. 이름이야 뜻을 분별하여 짓는 것이니까, 얼마든지 지어낼 수가 있죠. 그러나 어떤 이름을 말하더라도 이름은 입에서 나오는 순간 사라지는 헛된 것이잖아요?

그럼 진실은 뭐냐? (손가락을 들며) 진실은 이거죠. 본분사, 본각, 본성, 본심, 이름이 어떻게 바뀌더라도 (법상을 두드리며) 이 진실이 바뀌는 것은 아니에요. 이 진실 하나를 가리키려고 본심, 본각, 본분사, 본래면목, 똥막대기, 수미산, 방하착, '강아지한테는 불성이 없다'는 등으로 말합니다. 뭐라고 말하든지 간에 이게 어떻게 달라지는 게 있습니까? (법상을 두드리며) 이것이 달라지는 것은 아니잖아요? 이것은 항상 분명하다고요. 여기서 온갖 말을 하는 거예요. 여기서 온갖 방편의 말을 하는 거죠. 방편의 말이란 순간에 사라져 버리니까 헛된 것이지만, (법상을 두드리며) 이것은 변함이 없죠. (손을 흔들며) 항상 변함없는 진실이잖아요, 이것은!

말은 입에서 나오는 순간에 사라지고, 생각도 나타나는 순간에 사라지고 또 다음 순간에 다른 생각이 일어나죠. 말도 입에서 나오는 순간에 어디로 가 버렸는지 없잖아요? 그러나 이것 하나는 항상 그대로예요. 항상 그대로 분명하잖아요? 변하는 게 아니잖아요? 이것은 나타나거나 사라지는 일이 없죠. 오고 가는 게 아니라는 말이에요. 오고 가는 게 아니고, 나오고 들어가는 게 아니에요. 생기고 사라지는 게 아닙니다. 이것은!

스스로의 본성은 진실하여 원인도 아니고 결과도 아니다…… 원인은 시작이고 결과는 끝인데, 시작도 아니고 끝도 아니다 이 말이에요. 원인과 결과가 될 수 없어요. 세속 일에는 원인과 결과라는 것이 분별되죠. 밥을 많이 먹으면 배가 부르죠. 원인과 결과가 분별되죠. 세속일은 그렇습니다. 그러나 (손가락을 세우며) 이것은 밥을 많이 먹는 것도 이것이고, 배가 부른 것도 이거예요. 여기에는 원인도 결과도 없어요. 항상 똑같은 거예요. 그래서 이것을 여여하다고 합니다. 늘 똑같거든요. 변함이 없다고 해서 이것을 일러 방편으로 여여(如如), '같을 여' 자를 반복해서 쓰고 있죠.

이 공부는 어려운 게 아닙니다. 우리는 '깨달음'이라고 하면, 굉장히 고차원적이고 심오한 수행을 거쳐서 온갖 희한한…… 영화 같은 데 보면 그런 게 나오잖아요? 1단계, 2단계, 3단계, 4단계로 단계별로 관문을 나눠서 몇 관문을 통과한 뒤에, 어디를 올라가서 최종적으로 어디를 간다는 식으로 그렇게 착각을 하는데, 이것은 사실 그런 게 아니에요. 알고 보면 이미 누구나 다 깨달아 있습니다. 누구든지 이 마음이 살아 있다는 말이에요. 누구에게든 마음은 완전하게 다 갖추어져 있는 겁니다. 우리가 단지 이것을 깨닫지 못하고 살고 있는 것이 문제죠. 이것을 깨닫지 못하고 살고 있다 이거예요.

깨닫지 못하니까 엉뚱한 생각을 하게 되고, 엉뚱한 데 관심이 있고, 엉뚱한 데 사로잡혀 있어요. 그래서 망상이라고 하는 겁니다. 이걸 한번 깨달으면 그 즉시로 "아, 이 자리구나!" 하고 저절로 확인이 됩니다. 그러나 확인이 되어도 생소하고 낯선 것이기 때문에 익숙해질 필요는 있습니다. 그렇지만 우리한테 없는 것을 찾는 것은 아니에요. 태어날 때부터 항상 갖추어져 있는 것을 한번 확인하는 겁니다. 그래서 마음이라 하죠. 마음이란 우리가 태어날 때부터 죽을 때까지 항상 갖추어져 있는 거잖아요? 그래서 여기에 마음이라는 이름을 붙인 거예요.

방편으로는 또 법신(法身)이라 하여 몸이라는 이름을 붙이기도 하죠. 몸은 몸인데 육신이 아니라 법신이라 하죠. 평생 변함없는 몸은 육신이 아니죠. 육신은 변하기 때문에, 변함없는 마음에는 법신이라는 이름을 씁니다. 육신은 늘 변하여 생로병사를 겪어 가는 거지만, 마음인 법신은 그렇지 않죠. 마음은 변함이 없으므로 육신이라 하지 않고 일부러 법신이라 이름 붙였습니다.

요컨대 법신이라 하든 마음이라 하든 우리에게 늘 있는 겁니다. 이것 하나가 살아 있는 거예요. 이게 근원이고 근본이거든요. 이게 근본이고 근원이에요. 이것이 육체를 알고, 몸을 움직이기도 하고, 또 생각을 하기도 하고, 이것이 느낌이나 감정을 알기도 하는 거죠. 그러면서도 이것은 육체도 아니고 생각도 아니고, 느낌, 감정 그런 것이 아닙니다. (법상을 두드리며) 전혀 그런 게 아니고, 바로 지금 이건데.

우리가 지금까지 알고 있었던 것은 뭡니까? 육체나 느낌이나 생각이나 감정이나 기분이나 의식이나 이런 것을 알고 있죠? 그러나 그런 것은 분별해서 아는 겁니다. 생각을 하든, 느낌을 가지든, 보고 듣고 하든, 이런 식으로. 그러나 이 마음이라고 하는 것은 분별되는 게 아니라는 말이에요. 분별되는 게 아니니 깨달아야 된다고 하잖아요? 이 점이 어려운 점이죠. 이 점이 어렵단 말이에요. 분별되는 어떤 기분의 상태나 어떤 의식의 상태 같은 것을 깨달음이라고 한다면, 깨달음은 어렵지 않습니다. 그런 어떤 의식 상태나 기분을 잘 조성하면 되니까요. 그런데 깨달음은 그런 게 아니에요.

이 공부의 역사에서 그런 식의 오해도 가끔씩 있었습니다. 어떤 의식의 상태를 조성해 놓고 그것이 곧 깨달음이라는 식의 주장들이 가끔씩 있었는데, 그때마다 눈 밝은 사람들이 "그건 외도다!" 하고 비판해서 결국 바로잡긴 했지만, 왕왕 그런 주장들이 있었습니다. 예를 들어 묵조선 같은 경우가 그런 것인데, 깨달음의 상태를 일러 "묵묵히 비춘다" "신령스레 알아서 어둡지 않다" "활짝 깨어 있으면서도 고요하다" "텅 비었으면서도 묘하게 있다" "텅 비고 고요하면서도 신령스레 안다" 하는 등으로 주장을 하죠. 그런 사람들은 자신들이 스스로 어떤 의식의 상태를 만들어 놓고 그게 깨달음이라고 하는 거죠. 절대 그렇지 않습니다. 그런 것은 전부 그려 놓은 그림이에요. 모두가 가짜라고요. 조성해 놓은 겁니다.

(손을 흔들며) 이건 그런 게 아니에요. 이것은 절대 그림이 될 수가 없습니다. 조성될 수가 없어요. 사람이 태어날 때부터 본래 그렇게 있는 겁니다. 본래 완전한 겁니다. 날 때부터. 그래서 《기신론》에서는 본각(本覺)이라 했어요. "본래 다 깨달아 있다." 본래 다 완전히 갖추어져 있는 것이기 때문이죠. 비록 본각이지만 우리가 잊어버리고 있으니까, 시각(始覺), 지금 비로소 다시 한 번 더 깨달아야 해요. 그리고 본분(本分), 타고난 거지만, 신훈(新熏), 다시 깨달은 거기에 익숙해져야 해요. 이렇기 때문에 방편으로 본각, 시각, 본분, 신훈, 이런 말들을 하는 겁니다.

(법상을 두드리며) 그러니까 이것이에요, 이 하나입니다. 이것이거든요. 단지 이 하나이지만, 지금까지 세상을 살면서 분별했던 그 버릇으로는 여기에 절대로 들어맞지 않습니다. 깨달을 수가 없어요. 그러므로 묘한 일이고 불가사의하다고 하죠. 알 수 없는 묘한 경험을 통해서 이것이 이렇게 딱 한 번 와닿는단 말이죠. (법상을 두드리며) 그 다음에 여기에 익숙해지면 되는 거예요. 그러면 다른 일이 없어요. 이 하나를 석가모니 부처님이 말한 겁니다. 이것 하나예요.

스스로의 본성은 진실하여 원인도 아니고 결과도 아니다…… 원인에 의해서 주어지는 결과도 아니고, 어떤 결과의 원인이 되는 것도 아닙니다. 경전에도 나와 있듯이 법은 비인비과(非因非果)예요. 원인도 아니고 결과도 아니라고 하죠. 분별하는 세계인 세간(世間)의 일은 인과법입니다. 인과응보라 그러듯이. 그러나 출세간(出世間)의 일인 이 법은 분별되는 것이 아니기 때문에, 앞도 아니고 뒤도 아니어서 앞뒤가 없습니다. 앞도 아니고 뒤도 아닌데 어떻게 원인 결과가 있을 수 있겠어요? 여기에는 그런 분별이 없어요. 앞이라 할 때도 이것이고, 뒤라 할 때도 이거예요. 앞도 아니고 뒤도 아닙니다. 그냥 이건데, 여기에 무슨 앞이 있고 뒤가 있어요? 이것이 앞이라 말하고 뒤라 말하고, 원인이라 분별하고 결과라 분별한단 말이에요. 그러나 이것은 그 무엇도 아니에요. 그 무엇도 아니지만 이것이 모든 분별을 다 하는 겁니다. 이것이 모든 분별을 다 하지만 이것은 전혀 분별되지 않아요. (손가락을 흔들며) 그냥 이것이에요, 이것!

하여튼 이것이 생생하게 확인되고 체험되어서 (손을 흔들며) 이것이 분명해져야 해요. 초점이 딱 들어맞아야 하는 겁니다. 이것 외에는 없어요. 이것이 딱 들어맞으면 아무 일이 없습니다. 생각이나 기분이나 감정이나 어떤 그런 것에 지배를 받아서 휘둘리고 하는 일이, 여기에 딱 들어맞아서 이것이 분명해지면 그런 것은 없어요.

그래서 구경(究竟)이라 그래요. 나머지가 없다는 말입니다. 이것이 분명하면, 이것이 모든 것을 조복시킬 수가 있어요. 이 힘만 확실하게 얻으면 어떤 느낌이나 생각이나 감정이나 어떤 일도 이 힘으로 조복이 돼요. 그래서 이것을 일러 금강왕보검이라고도 합니다. 뭐든지 끊어 버릴 수 있는 칼이라 해서 이런 이름을 붙인 거죠. 그렇기 때문에 이것이 확실해지면 수처작주(隨處作主)라고 하기도 하는데, 어디를 가든지 경계의 지배를 받지 않는다는 말이에요. 주인 노릇한다는 것은 상대방의 지배를 받지 않는다는 말입니다. 상대란 경계를 말하죠. 우리 마음속의 마귀들, 생각, 느낌, 욕망, 의식, 이 모든 것이 마귀들이거든요. 이런 경계에 지배를 받지 않는다는 말이에요.

공부를 해 보면 끝까지 끈질기게 조복이 잘 안 되는 게 두 가지 인데, 생각과 기분입니다. 생각이라는 놈도 쉽사리 조복이 잘 안 돼요. 미세하게 계속 남아서 모르는 사이에 생각에 끌려가 버려요. 그게 버릇이거든요. 기분은 더 끈질기게 남아서 좋은 기분이나 나쁜 기분에 굉장히 많이 흔들리죠. 이런 것들이 참 조복이 잘 안 됩니다. 그러나 꾸준히 공부를 해서 더욱 분명해지면 그런 것도 모두 조복이 됩니다. 이런 마귀들을 모두 항복시킬 수가 있습니다.

자기 생각에 자기가 속지 않게 되고, 자기 기분이 어떻게 일어나더라고 휩쓸리지 않게 됩니다. 늘 아무 일이 없습니다. 아무 일이 없어요. 그런 힘을 얻지 못하면 공부한 보람이 없죠. 오래오래 공부를 해야 그런 힘을 얻을 수 있습니다.

법(法)은 곧 마음이라는 뜻이다…… 법이라 하든, 마음이라 하든, 부처라 하든, 이름이 다를 뿐이지 모두가 똑같은 겁니다.

스스로의 마음이 바로 깨달음이며 스스로의 마음이 바로 열반이니, 마음 밖에서 부처와 깨달음을 얻을 수 있다고 말할 수는 없

다.

 이것을 일러서 깨달음이라 하든 열반이라 하든 여기에 통달이 되면, 이것이 분명해지고 이것이 유일하게 진실이고 그 나머지 다른 것은 없어요. (법상을 두드리며) 이것 하나가 진실이 되면 더 이상 장애가 될 일은 없어요. 더 이상 할 일이 없다는 말이에요.
 《육조단경》에 보면 "이것 하나만 진실할 뿐 나머지는 모두가 헛것이다"라고 말하는데, 이것은 어려운 말입니다. 쉽사리 공감할 수 없어요. 그만큼 이것이 명확해져야 하거든요. 오직 이 하나가 진실할 뿐 나머지는 헛것이다. 이것만이 진실하다. (손을 흔들며) 이것뿐이니까요. 하여튼 공부를 하면 할수록 '아! 정말 이것뿐이구나. 다른 일이 없구나!' 하고 강렬하게 생생하게 더 확실하게, 의심이 더 사라지고 명백하게 됩니다. 저절로 그렇게 돼요, 저절로.
 원래 이것뿐인데, 다만 우리 범부 중생이 딴 생각을 자꾸 하는 거거든요. 이것이 명확해질수록 딴 생각을 안 하게 돼요. 엉뚱한 상상을 안 한다고요. 사람들은 일상적으로 망상하는 것이 버릇인데, 그것이 재미가 있거든요. 사회에서는 일반적으로 상상력이라 하잖아요? 상상력이라는 것은 망상이거든요. 재미있잖아요? 상상력이라는 게. 온갖 상상, 공상을 해 보는 것이 재미있잖아요? 그래서 온갖 신화도 나오고, 요즘 영화 같은 데 보면 상상력이 엄청나게 나오죠. 모두가 상상력이잖아요? 영화니 소설이니 예술 활동도 그렇고, 과학도 따지고 보면 상상력이 모두 동원되어 있고요.

이 마음공부 속에도 그런 상상력을 동원해서 온갖 것을 제시하고 있는 그런 사람들도 있어요. 그런데 아무리 상상력이 재미가 있고, 그림 그리는 게 신난다고 하더라도 그것은 그냥 망상일 뿐인 겁니다. 진실이 아니에요. 진실이라는 것은 아무런 상상력이 필요 없는 거예요. 상상력하고는 아무 상관이 없는 것이고, 공기나 땅처럼 너무나 당연한 일이에요. 너무나 당연하고, 너무나 평범하고, 아무 재미도 없고, 어찌 보면 재미없는 재미가 있겠죠. 물맛이라는 게 그렇잖아요? 사이다나 콜라는 맛이 있잖아요? 그런데 맹물은 아무 맛이 없어요. 그러나 사이다, 콜라를 먹고 살 수는 없습니다. 반드시 물을 먹어야 해요.

이것이 그런 겁니다. 짜릿한 맛 같은 것은 없어요. 재미는 없어요. 그렇지만 이것이야말로 우리 생명의 근원입니다. 모든 그런 상상과 망상이 쉬어지는 자리죠. (손가락을 들며) 이것뿐입니다. 아무 상상할 필요가 없고, 망상할 필요가 없는 겁니다.

마음공부를 하는 사람들도 희한한 상상을 많이 합니다. 과거로 돌아가고 미래로 나아가고 우주 끝까지 가고 하는 상상력을 발휘해서 신통이라는 이름을 붙이는데, 사실은 모두가 망상입니다.

(법상을 두드리며) 여기에는 전혀 그런 것이 없어요. 도(道)를 '다반사(茶飯事)' '밥 먹고 차 마시는 일이다'라고 말하죠. 평소에 늘 하는 일이 바로 이 일이다, 그 말이에요. 그러니까 진리란 평소에 늘 하는 일이 진리지, 어쩌다가 한 번씩 오는 것은 진리가 아닙니다. 그것은 망상일 뿐이에요. 늘 나타나 있는 것이 진리인 겁니다. 평소 일상생

활 속에 늘 나타나 있고, 늘 변함없이 근본, 근원이 되는 게 진리죠. 무슨 특별한 능력을 얻는 게 아니에요. 그러기 때문에 이것을 진리라고 하는 겁니다.

(법상을 두드리며) 이것입니다. 어려울 것은 없습니다. 무슨 특별한 것도 없고요. 그러나 우리가 이걸 확인해 본 적이 없고, 이걸 어떻게 확인하는 줄도 모르니까, 이런 점이 힘들죠. 힘들더라도 관심을 갖고 꾸준히 접하면, 불가능한 것이 아닙니다. 지금 나 자신의 존재를, 내 삶을 내가 확인하는 건데, 이게 왜 어렵겠습니까? 불가능한 게 아니라는 말이에요. 누구든지 할 수 있는 일이죠.

삶이라는 말로 표현하더라도, 이것을 확인해야 진짜 삶이죠. 그 전에는 삶이 곧 '고(苦)'예요. 왜? 힘드니까요. 매일매일 먹고사는 것이 걱정이고 힘드니까요. 사회 돌아가는 것, 정치 돌아가는 것, 경제 돌아가는 것, 마음에 드는 것은 하나도 없고 늘 걱정스럽죠. 그런데 여기에는 그런 일이 없어요. 아무 걱정할 일도 문제될 것도 없습니다.

하여튼 (법상을 두드리며) 이것이에요. 이 하나일 뿐입니다. 아무 다른 게 없습니다. (손가락을 세우며) 바로 지금 이것, 이것을 일러서 부처니 깨달음이니 본성이니, 이름을 그렇게 붙이는 거예요. 그 이름 역시 이것이 붙이는 거죠. 따로 있는 게 아니고. 오직 진실한 것은 이것 하나뿐입니다. 모든 이름은 허망하지만 그 허망한 이름이 가리키는 진실은 바로 이것 하나입니다. (법상을 두드리며) 이것 하나뿐입니다. 이 하나를 가리키는 겁니다. 공안이니 화두니 하는 것도 모두 이걸 가리키기 위한 방편의 말입니다. 그 무슨 특별한 알 수 없는 진리가 들어 있는 것이 아니에요. 진리는 이미 우리 각자가 다 갖추고 있는 겁니다. 그래서 마음이라 하잖아요? 마음이 곧 부처라는 말이죠. 진리는 모든 사람이 각자 날 때부터 다 갖추고 있는 거예요.

부처님 말씀 속에 진리가 있는 것이 아니고, 조사의 말씀 속에 진리가 있는 게 아니고, 공안 화두 속에 진리가 있는 게 아니에요. 모든 사람 스스로가 날 때부터 완전하게 갖추고 있습니다. 우리는 이것 하나 갖고 평생을 살아가기 때문에, 이것은 절대로 줄어들지 않는 우리의 살림살이입니다. 줄어들거나 소모되지 않는 살림살이예요. 이걸 항상 이렇게! 당장 언제든지! 한순간도 이것 없이 사는 순간은 없습니다. 한순간도 여기서 벗어나지를 않는다고요. (법상을 두드리며) 그러니까 이것을 한번 확인하면 돼요. 이것 하나만 확인하면 영원히 먹고 살 수 있는 살림살이가 확보되는 겁니다. 이것 하나뿐입니다.

스스로의 마음이 바로 깨달음이며, 스스로의 마음이 바로 열반이니 마음 밖에서 부처의 깨달음을 얻을 수 있다고 말하지 마라. 부처의 깨달음이 모두 어디에 있겠느냐?

따로 있지 않다 이 말입니다. 그러니까 무언가를 찾아서 계룡산도 가고, 지리산도 가고, 히말라야도 가고, 중국도 가고, 인도도 가고, 이런 사람들은 스스로 어리석음을 증명하는 겁니다. 나를 찾아 가는 여행이라고 많이들 말하죠. 그런데 나를 찾아 어디로 여행을 갈 거예요? 나를 찾아 가는 여행을 어디로 가야 됩니까? 어디로 간다고 하면 그건 헤매고 있는 거잖아요? "나를 찾아 떠납니다!" 해서 물어보면 "중국 간다" "인도 간다" "미얀마 간다"고 해요. 미얀마에 나를 떼 놓고 와서 다시 찾으러 가는 겁니까? 그러니까 그게 바로 어리석음이에요.

태어날 때부터 죽을 때까지 절대로 나를 버리고 살 수가 없는 겁니다. 태어날 때부터 절대로 변하지 않는 거예요. 항상 이것 하나 가지고 살고 있어요. 늘 이것 하나를 가지고 살고 있고 늘 이것 하나뿐인데도, 이걸 깨닫지 못하니까 그런 망상을 하는 거죠. '뭐가 있는가?' 하고 망상을 하고 있는 거잖아요?

그래서 어떤 사람들은 지금 네가 살고 있는 그대로를 긍정하라는 가르침을 펴는데, 이것이 긍정하라고 해서 긍정이 되느냐 하면, 잘 안 됩니다. 그게 문제죠. '내가 지금 살고 있는 이대로가 완전하다 하니까, 완전하니까 긍정하고 받아들여야지' 하고 생각한다고 해서 긍정이 되느냐고요? 이건 생각으로 되는 게 아닙니다. 생각으로 할 수 있는 일이 아니에요. 반드시 생각이 끊어지고 이 자리가 딱 나와야 해요. (손을 흔들며) 이게 딱 나오면 긍정하거나 부정할 필요도 없이 저절로 이것뿐이에요. '지금 내 삶이 완전하다' 하는 그런 생각을 안 합니다.

그런 말은 전부가 방편으로 하는 말이지, 그런 진실이 있는 건 아니에요. 이것을 체험하면 그런 말을 할 필요가 없어져요. 저절로 걸음걸음이, 순간순간이, 숨을 쉴 때마다, 눈을 깜빡일 때마다, 한순간도 다른 일이 없이 딱 이 일인데, 이것 하나밖에 없는데, 무엇을 긍정하고 부정하고 하겠습니까?

(법상을 두드리며) 그러니까 이거예요. 이게 한번 실감이 되어야 되고, 체험을 해 봐야 하는 겁니다. 이 길 외에는 다른 길이 없어요. 체험을 하면 자기 살림살이가 딱 나와서 원래 이것밖에 없음이 분명해지고 다른 일이 없거든요. 이 공부 자체는 사실 어려운 게 없어요. 우리 스스로가 늘 가지고 있는 것을 확인하는 것이기 때문에 어려운 것은 없는데, 지금까지 살아오면서 분별하고 이해하고 알고 했던 그런 세속의 방식으로 확인을 하려고 하니까 어려운 겁니다.

그런 방식이 아니고, 체험, 깨달음, 이런 게 한 번 있어야 하는 겁니다. 이건 불가사의한 일이고 전혀 알 수가 없는 일이지만, 명백한 겁니다. 머리로 아는 명백함이 아니고, 머리로는 모르지만 이렇게 분명합니다. 깨달음이란 이런 거예요. 머리로 아는 것은 전혀 없어요. 하지만 이렇게 명백하다고요. 말하자면 머리에 박혀 있던 눈이 온 우주에 다 박혀 있게 돼요. 머릿속 알음알이에 딱 박혀서 "이 뭐꼬?" 하고 분별하던 눈이, 거기에 머물지 않고 온 천지, 모든 것에 눈이 다 있게 되는 겁니다.

(손가락을 흔들며) 아는 게 아니고 바로 이 하나예요. 이 일 하나! 이렇게 명백한 일이에요, 명백한 일! 전혀 이해나 알음알이는 없습니다. 알면 오히려 어두워집니다. 알지 못하지만 이렇게 명백한 겁니

다. 그래서 이런 말도 있잖아요? "부처가 이해를 하면 중생이 되고, 중생이 깨달으면 부처가 된다." 중생이 깨달으면 부처가 돼요. 그런데 부처가 알음알이로 이해를 하면 중생이 되는 겁니다. 《무문관》이라는 책에서 무문혜개 선사가 한 말입니다. 그럴듯한 말이죠.

(법상을 두드리며) 이것이 분명해져야 해요. 온 천지가 다만 이 하나의 일이에요. 우주 전체가 법신불이라 하잖아요? "우주 전체가 비로자나불의 법신이다." 이런 말도 하죠. 우주 전체가 이 하나다. 이 하나의 일이다. 이 하나(법상을 두드리며)예요. 이해할 것은 아무것도 없습니다.

딱! 딱! 딱! (죽비 소리)

3.
붙잡을 수 없다

달마혈맥론 세 번째 시간입니다.

비유하자면 사람이 손으로 허공을 붙잡으려는 것과 같으니 붙잡을 수가 있겠는가?
허공은 다만 이름일 뿐이고, 모양이 없어서 가질 수도 없고 버릴 수도 없다.
허공을 붙잡을 수 없는 것처럼, 이 마음을 없애고 밖에서 부처를 찾을 수는 결코 없다.
부처란 스스로의 마음이 만들어 내는 것인데, 어떻게 이 마음을 떠나서 따로 부처를 찾을 것인가?

비유하자면 사람이 손으로 허공을 붙잡으려는 것과 같으니 붙잡을 수가 있겠는가?…… 이 일은 "불법을 얻는다" "깨달음을 얻는다" "법을 안다" "본래면목을 붙잡는다" 이런 표현을 하기는 해요. 하지만 그것은 표현이 그럴 뿐이고, 마치 사물처럼 "죽비를 얻는다" "죽비를 안다" "죽비를 붙잡는다"는 식으로 이렇게 말할 수는 없습니다. 왜냐하면 이것은 대상이 아니거든요. (손가락을 들며) 원래부터 있는 이 일이거든요. 말하자면 우리가 사물을 붙잡거나 놓거나 할 수는 있지만, 사물을 붙잡을 때나 놓을 때나 이것은 전혀 다른 일이 아니죠. 이것은 전혀 달라지는 게 아닙니다. (손을 흔들며) 바로 지금 이 일이니까, 바로 이 일이니까. 언제든지 우리는 이 자리에 있고, 이 한 개의 일입니다.

그래서 "하늘이 푸르고 흰 구름이 떠 있다" 이렇게 말하는 건데, "하늘이 푸르고 흰 구름이 떠 있다"가 바로 이 일입니다. 우리가 분별을 좇아가면 '하늘이 위에 있고, 흰 구름이 떠 있구나' 하고 생각하게 되는데, 법을 가리킬 때에는 그렇게 생각을 해선 안 되죠. 왜냐하면 법은 "법이 뭡니까?" 이렇게 물었는데, "하늘이 푸르고 흰 구름이 떠 있다" 이렇게 답을 한단 말이에요. "하늘이 푸르고 흰 구름이 떠 있다"가 바로 이것인데, 하늘을 따라가고 흰 구름을 따라가면, 이미 이것을 놓친 겁니다. 하늘은 알 수 있고 흰 구름도 볼 수 있고 알 수 있죠. 그러나 법은 알 수 없습니다. 알고 모르고의 문제가 아니죠. (법상을 두드리며) 바로 지금 이것입니다! 뭘 가리키는지는 알 수가 없고, 단지 지금 이것입니다! 이렇게 가리켜 드리는데, 여기서 자기가 한번 체험을 하면, 들어맞으면, 언제나 다른 일이 없습니다. (손을 흔들며) 뭘 어떻게 하든지 이 하나가 있을 뿐이죠. 이 하나가 진실할 뿐이에요.

이것이 하늘이 어떻고, 땅이 어떻고, 구름이 어떻고, 바람이 어떻고, 하고 분별해 말하는 겁니다. 이것은 항상 변함없이 이것이고, '구름이다' '바람이다' 하는 것은 생각하고 분별한 결과이지 진실한 게 아닙니다. (손가락을 들며) 이것 하나가 진실인 거죠. 하늘이 어떻고, 구름이 어떻고, 바람이 어떻고 할 때에, 이섯이 진실인 것이지, 하늘, 바람, 구름이 진실한 건 아니에요. (법상을 두드리며) 이 일이 진실한 거죠, 이 일 하나가!

그렇기 때문에 이것은 하늘을 알고 구름을 분별하고 바람을 느끼고 하는 것처럼 그렇게 알 수 있는 게 아니에요. 보고·듣고·알고·느끼고 할 수 있는 게 아닙니다. 알 수도 없고, 분별할 수도 없죠. 그래서 '계합을 한다' '깨닫는다' '체험을 한다' 이렇게 다른 표현을 쓰는데, 이 표현도 무슨 말인지 이해할 수는 없고, 하여튼 자기가 여기에 한번 직접 통해 봐야, 경험을 해 봐야 알 수 있는 것이죠. 이것을 표현하는 말이 수도 없이 많지만, 그 말들은 모두 방편의 말일 뿐입니다. 진실은 무슨 말을 하느냐 안 하느냐의 문제가 아니고, 지금 이거란 말이에요. (손을 흔들며) 이것 하나!

여기서 "허공을 손으로 붙잡으려는 것과 같다." 이 표현은 사실 그렇게 좋은 표현은 아닙니다. 이 표현대로 할 것 같으면, 마치 마음이라는 것이 허공처럼 온 천지에 퍼져 있다는 개념을 가질 수가 있어요. 개념은 헛된 것입니다. 어떤 것이든 개념이 생기면 그건 망상입니다. 불교에서 허공이라는 표현을 많이 쓰죠? 공(空)이라고 표현하는데, 이 공(空)은 우리가 흔히 알고 있듯이 '우주에 두루 퍼져 있는 허공'이라는 개념적인 의미하고는 전혀 다른 뜻입니다.

볼 수도 없고, 들을 수도 없고, 알 수도 없어서 표현할 길이 없으니까 허공이라는 말을 쓰는데, 그렇다고 우리가 알고 있는 이 우주의 허공을 말하는 것은 전혀 아닙니다. 그러니까 그런 개념을 가지면 얼토당토않은 망상입니다. 이것을 또 뭐라고도 합니까? 티끌 하나 위에 온 우주를 다 포함하고 있다. 이런 말을 하잖아요? 그러면 이 우주의 허공이라는 것과는 안 맞죠. 티끌 하나 속에 온 우주의 공(空)이 다 들어 있습니까? 그게 안 맞는 거예요. 그러니까 생각을 하면 안 맞아요. 생각을 해서는 안 되고 어쨌든, (법상을 두드리며) 이거 하나! 이것뿐인 겁니다.

분별할 수가 없고, 알 수가 없고, 생각할 수도 없지만, 이것을 한번 확인하면 여전히 아는 것은 없지만, 자기 스스로가 바로 이겁니다. 자기라고 할 것도 없어요. 자기라고 하는 그것조차도 여기서 일어나는 생각이니까요. 자기라고 하는 생각도 여기서 일으키는 생각에 불과한 겁니다.

이 하나가 이렇게 진실일 뿐이죠. 하여튼 이게 한번 이렇게 체험되어야 하는데, 생각으로는 아무리 정교하고 세밀하게 그림을 잘 그려도 전부 망상입니다. 《노자》에 "대교약졸(大巧若拙)"이라는 말이 있어요. "가장 정교한 것은 마치 서투른 것처럼 보인다." 이것은 실제 이렇게 확인해 보면 '정밀하다'는 느낌이 없고 (손을 흔들며) 그냥 이거예요. 말하자면 정밀하게 머리를 써야 될 일이 없다는 말이에요. 그냥 바로 이거예요. 아주 평범하고 당연한 일이거든요. 평범하고 당연한 일이죠. 평범하고 당연한데, 이게 한번 확인되지 못하면 아무리 정밀하고 정교하게 그림을 그려도 안 맞는 겁니다.

손으로 허공을 붙잡으려는 것과 같으니 붙잡을 수가 있겠는가?

이것은 볼 수가 없고 잡을 수가 없고 어떤 사물이라고 할 수가 없기 때문에 공(空)이라는 이름을 쓴 건데, 우리가 알고 있는 이 허공하고는 전혀 다른 겁니다. 그렇게 생각하면 절대 안 됩니다. 그렇게 생각하면 망상입니다. 공이라는 이름 자체가 방편이니까, 그것이 무슨 뜻이냐 하는 것은 아무 의미가 없어요.

이것을 가리키려고 '공(空)'이라 하기도 하고, '마음'이라 하기도 하고, '법'이라 하기도 하고, '본래면목'이라 하기도 하고, '진여'라 하기도 하죠. 이름이야 아무리 얘기해도 어떤 이름이 진실한 것은 아니고, 진실한 것은 다만 이것 하나입니다. 어떤 이름이든지 그것은 아무 의미가 없어요. '똥막대기'라 할 수도 있고, '잣나무'라 할 수도 있거든요. 꼭 '부처'니 '공(空)'이니 해야 하는 것은 아니에요. 꼭 '마음'이니 '법'이니 해야 할 것은 아니고, "막대기다" "호떡이다" 이렇게도 말하잖아요? 얼마든지 그렇게 말할 수 있는 겁니다. 이름 자체는 아무 의미가 없으니까요. 애초부터 이름은 이것에 대해서는 아무런 의미가 없어요.

진실은 지금 이렇게 생생하고 분명하게 드러나 있는데, 이름으로 이것을 말한다는 것은 어떤 이름이든지 아무 상관이 없단 말이에요. 진실은 이렇게 언제든지 한순간도 빠짐이 없고 멈춤이 없이 이렇게 우리 모두에게 항상 드러나 있습니다.

(법상을 두드리며) 이것을 우리의 근본이고 본질이라고 하는 거죠. 이것 하나가 진실인데, 애초에 이름은 없지만, 뭐라고 이름을 붙이든지, 방편으로 그렇게 부르는 거니까, 어떤 이름을 붙이든지 아무

상관이 없습니다. (손을 흔들며) 이렇게 지금 모든 사람에게 분명하게 드러나 있습니다.

사람도 하나의 상(相)입니다. 우리는 "나는 사람이다" 하지만 '사람'이라는 자체가 하나의 개념이다 이 말이에요. 《금강경》에 분명히 나오잖아요? '아상(我相),' '인상(人相),' 사람이라는 상(相)이란 말이에요. 개념이에요. '나'다 하는 것도 개념이죠. 상(相)이란 개념이라는 뜻이거든요. 생각이라는 말입니다. '사람'이다 하는 것도 생각이에요. 생각이 아닌 것은 유일하게 (손가락을 세우며) 이것 하나거든요. 이것은 생각이 아니라는 말이죠. 이것은 이름이나 의미가 아니라 곧장 이것이죠. 아무런 이름도, 의미도, 모습도 없어요.

이 하나의 일입니다. 아주 명백한 것이에요. 다만 이것을 가리켜 드리는 겁니다. 꼭 말을 해야 하는 것도 아니죠. 그래서 주장자를 들기도 하고, 죽비를 치기도 하고, 차를 마시기도 하고, 한 대 쥐어박기도 하고, 꽃을 가리키고, 하늘을 가리키고…… 말을 해야 이것을 가리키는 것은 아닙니다. 언제든지 이 하나가 드러나 있는데, 이것을 굳이 "마음이다" "부처다" 하고 말해야 하는 건 아니란 말이죠. (손가락을 흔들며) 바로 이건데……. 차라리 이름을 안 붙이는 게 좋죠.

구지 스님은 평생 손가락만 세웠다고 하죠. 이름을 안 붙이고 (손가락을 들며) 이렇게. 이름을 붙이면 우리는 이름을 따라서 상(相)을 만들어 버리니까 좋지 않죠. 그래서 옛날부터 "입을 열면 어긋난다"라는 말도 했습니다. 그렇지만 이게 한번 분명하면 입을 여는 것 자체가 따로 있는 것이 아니므로, 입을 열고 말을 하고 생각을 하는 것 자체가 이 일이거든요. 이것을 떠나서 일어나는 일은 이 세상에 아무것도 없습니다.

"도가 뭐냐?" "하늘은 푸른데 흰 구름은 흘러간다." 왜 이런 얘길 하느냐? (손가락을 세우며) 이걸 가리키는 거거든요. 이걸 떠나서 하늘이 푸른 것도 아니고, 이걸 떠나서 흰 구름이 흘러가는 것도 아니에요. 이걸 벗어나는 일은 이 세상에 없습니다. 그러니까 이것을 가리키기 위해서 하늘이니 땅이니 나무니, 강아지가 어떻고, 개에게 불성이 있니 없니, 이 모두가 아무 뜻이 없고 (손가락을 흔들며) 단지 이것을 이렇게 가리키고 이것을 드러내고 있는 겁니다. "개에게 불성이 없다." 아무 뜻이 없는 거예요. 이걸 드러내고 이걸 가리키는 거죠. 이것을 허공이라 하잖아요? 모양이 없고 뜻이 없고 개념이 없습니다. 개념이니 뜻이니 하는 것은 머릿속에 그리는 그림이에요. 이것에는 그림이 없어요. 바로 이것이에요. 이것 하나. (법상을 두드리며) 이것입니다.

어려울 것 없고 쉬울 것도 없어요. 어렵다 쉽다 하는 것도 생각이니까요. 이것은 생각해서는 안 되는 일이에요. 생각으로는 통할 수가 없어요. 생각이 아니죠. 그래서 이심전심이라 하잖아요? 마음에서 마음으로 통하는 것이지, 생각으로는 안 통해요. 어렵다거나 쉽다는 말이 여기는 있을 수가 없지요. 어렵다, 쉽다 하는 것은 생각이잖아요? 어렵다 쉽다 가깝다 멀다 좋다 나쁘다, 이런 말은 여기에 해당이 안 됩니다. 말은 다 생각이죠. 이것은 이렇게 (법상을 똑똑 두드리며) 명백한 겁니다. 분명하고 명백하단 말이에요.

이 세상에는 사실 유일하게 이 하나가 있는 겁니다. 살아서 활동하고 깨어 있다고 말할 수 있는 것은 유일하게 이 하나입니다. 이 하나가 살아 있고 깨어 있고 활동하고 있는 겁니다. 그래서 이것을 활구라고 합니다. 방편으로 활구(活句), 사구(死句)라고 말하거든요. 말을 뜻으로 이해하면 죽은 말이 되어서 사구(死句)라고 하지요.

"죽은 말이 되느냐?" "살아 있는 말이 되느냐?" 하고 옛날에 그런 방편을 썼습니다. 우리가 머릿속으로 이해하고 그리는 것은 모두가 죽은 말입니다. 망상이니까요. 살아 있는 말은 아무 뜻이 없어요. 한마디 한마디가 바로 살아 있는 이 법인 것이지, 아무 뜻이 없어요. 한마디 한마디가 바로 지금 이 일이라고요, 이 일!

바로 지금 이 일이니까, 명백하게 살아 있는 일이다 이 말입니다. 이것을 활구라고 하는 거예요. 세속에서 쓰는 말은 다 죽은 말이죠. 왜냐하면 말을 할 때 전부 생각과 개념으로 말을 하니까 다 죽은 말이에요. 그러나 이 법을 나타내는 말은 모두가 활구입니다. 살아 있는 겁니다. 그러므로 "개에게는 불성이 없다." 이걸 뜻으로 생각하면 그건 죽은 말입니다. 사구(死句)죠.

"강아지에게는 불성이 없다." "강아지" 할 때 벌써 법(法)이 다 드러났거든요. 불성이 있니 없니 할 것조차도 없어요. (손을 흔들며) "강아지"가 이건데, 이미 벌써 다 드러나 버렸어요. 다 확인이 됐다고요. 활구(活句)는 이처럼 첫마디에서 마지막 마디까지가 전부 똑같은 겁니다. 아무 뜻이 없고, 다만 이 한 개, 이 하나의 일입니다. 첫마디에서 마지막 마디까지가 다만 이 한 개 일입니다. 이겁니다. (똑똑똑 법상을 두드리며) 이것밖에 없습니다.

할 말도 없고, 이해할 것도 없고, (법상을 두드리며) "이겁니다." 여기에 통하면 통하는 것이고 안 통하면 막혀서 깜깜한 것이고, 그런 거지 달리 다른 일은 없어요. 이것은 이해가 아니거든요. 통하거나 막혀 있거나 둘 중의 하나입니다. 막혀 있으면 깜깜한 거고, 통하면 바로 이것뿐인 거죠. 60~70퍼센트는 알 것 같은데 나머지는 아직 모르겠다는 것은 전부 생각으로 하는 소리입니다. 아무 뜻이 없는데 무슨 60~70퍼센트가 있어요, 여기에? 허공이 60~70퍼센트는 알 것 같은데 나머지는 모르겠다, 하는 게 말이 되는 소립니까? 그것은 모두가 생각으로 하는 소립니다.

비유하자면 사람이 손으로 허공을 붙잡으려는 것과 같으니 붙잡을 수가 있겠는가?…… 선택하여 취하거나 버릴 수 있는 게 아닙니다. 분별할 수 있는 게 아닙니다. (법상을 두드리며) 이거니까, 지금 바로 이거니까, 알거나 이해할 게 전혀 없단 말이에요. 그냥 이건데, 바로 지금 이 일인데. (손을 흔들며) 그런데 이렇게 하면 자꾸 생각으로 헤아려서, '지금 이렇게 동작을 하는 이건가?'라고 막연하게 생각을 하면 안 되고, 반드시 통 밑이 쑥 빠지듯이 시원하게 확 통해야 합니다. 꽉 막혀 있다가 통한다고요. 그렇게 통해야 하는 것이지, 의식으로 '지금 내가 이렇게 손발을 움직이고 느끼고 하는 이건가?' 하고 헤아리면, 의식에 붙어사는 도깨비라고 합니다. 그런 게 아니에요.

(손을 흔들며) 제가 이렇게 하는 것은 자극을 받아서 한번 통해 보라고 방편으로 이렇게 하는 것이지, 손을 흔드는 것이 곧 진실이라서 손을 흔드는 것은 아닙니다. 이것도 방편이죠. 이런 것을 통해서 저절로 한번 와닿아야 해요. 방편이란, 손을 들든지 말을 하든지 죽비를 치든지 뭘 하든지, 가만히 있어도 방편이 되기도 하지만, 그래도 가만히 있는 것보다는 움직이는 게 자극을 좀 더 줄 수 있으니까 이런 방편을 쓰는 거죠.

허공은 다만 이름일 뿐이고, 모양이 없어서 가질 수도 없고 버릴 수도 없다.

법(法)이라는 게 그렇습니다. 법(法)이라는 이름 자체가 방편일 뿐이고, 그렇기 때문에 이름만 있고 그 이름에 대한 어떤 대상이 없다 이겁니다. 그래서 이걸 방편이라고 해요. 이름이 있고 이름에 해당되는 대상이 있으면 그건 방편이 아니죠. 그건 분명히 이름 나름의 뜻을 가지고 있잖아요? '죽비' 그러면 이 죽비라는 대상이 있잖아요? 죽비라는 이름이 있고 죽비라는 이름이 가리키는 대상이 있어서, 잡거나 분별할 수 있다면 그 이름은 방편의 말이 아닙니다. 그 이름은 분명하게 사물을 가리키는 이름이죠.

그러나 법(法)이라는 말, 마음이라는 말, 부처라는 말, 깨달음이라는 말, 이것은 대상이 없어요. 대상이 없으니까 이름만 있는 거예요. 대상은 없고 이름만 있는데, 여기에 통해서 우리 스스로 한번 확인을 해 보면 "아! 이것을 가리키려고, 이름 붙일 수 없고 분별할 수 없는 이걸 가리키려고 방편으로 이런 이름을 쓰는구나" 하고 이해가 됩니다. 방편이란 말을 많이 쓰지만, 이 방편도 법(法)을 깨달아야, 즉 달을 봐야 손가락이 방편인 줄 안다 이 말이에요. 법을 체험해야 "아! 모든 말이 방편이구나. 경전의 말이 모두 방편이구나" 하고 알지, 달을 보기 전에는 손가락밖에 못 보는데 그게 방편인지 아닌지 어떻게 알아요? 달을 봐야 손가락이 방편인 것을 아는 겁니다. '아! 저게 손가락이었구나' 하고요. "방편이다. 방편이다"라고 계속 말씀을 드리지만, '모든 말이 다 방편이구나!' 하고 진실로 자기가 확인을 하려면 여기에 한번 통달이 돼야 하는 겁니다.

세속에서는 말이라는 게 다 뜻이 있으니 단순히 헛것이 아닙니다. 세속에서의 말이란 허망한 게 아니죠. 나름의 뜻이 있고 뭔가 의미가 있어서 우리가 그것을 가지고 서로 소통을 하니까요. 세속의 말은 허망하지 않습니다. 그러나 법을 가리키는 말은 '도' '법' '마음' '진여' '반야' 이 전부가 허망한 이름입니다. 허망한 이름, 말하자면 전혀 아무런 진실함이 없어요. 그러면 진실함은 어디에 있느냐? (손을 흔들며) 여기에! 언제든지 이렇게 갖추어져 있는, (손가락을 세우며) 이게 유일한 진실인 겁니다. 이것을 가리키려고 하는 거거든요. 진여라는 말이나 부처라는 말에는 아무 진실함이 없어요.

우리 각자에게 평소에 항상 살아 있는 이것 하나가 진실한 거죠. 이름에는 아무 진실함이 없어요. 이게 진실한 거죠. (법상을 두드리며) 진실은 우리 각자가 완전하게 갖추고 있는 이 하나입니다. 어떤 이름이든지 그 이름이 뭐가 진실합니까? 이것 하나를 가리키려고 만든 이름이죠. 그렇지만 세속에서의 이름은 그 나름의 진실함이 있습니다. 사과와 배가 있는데, "배를 가져오너라" 했는데 사과를 가져오면 안 되잖아요? 분명히 진실함이 있죠. 뜻도 있고요.

그러나 이 법(法)을 가리킬 때는 그런 게 없습니다. '진여'가 다르고 '반야'가 다르고 '마음'이 다르고 '부처'가 다르고, 이런 게 아닙니다. '똥막대기'가 다르고 '잣나무'가 다르고, 이런 게 아니에요. 모든 이름은 단지 이것 하나를 가리키고 있을 뿐입니다. 비유를 들면 하늘에 달이 하나 있는데, 천(千) 사람이 가리키면 천(千) 개의 손가락이 있고, 만(萬) 사람이 가리키면 만(萬) 개의 손가락이 있는데, 손가락이 만 개가 되든 천 개가 되든, 가리키는 달은 하나입니다. 손가락은 아무 의미가 없어요.

이것을 가리켜 '공(空)'이라 하든, '색(色)'이라 하든, '진여'라 하든, '부처'라 하든, '대승'이라 하든, '소승'이라 하든, '똥막대기'라 하든, '잣나무'라 하든, '삼이 서 근'이라 하든, 아무 상관이 없는 겁니다. 이름은 아무 상관이 없어요. (손을 흔들며) 이 하나, 이 진실 하나를 가리키고 있을 뿐이니까요. 그래서 방편의 이름은 전부가 가짜예요, 가명(假名)! 가짜 이름이죠. (법상을 두드리며) 이 하나를 가리키고 이 하나를 드러내고 있는 겁니다.

하여튼 이름을 따라서 마음은 이런 거고 부처는 이런 거고 진여는 이런 거고 이렇게 따로따로, 마치 세간에서 사물의 이름을 따로따로 붙이듯이 이해를 한다면, 그것은 부처님 말씀을 전부 마귀의 말로 만드는 겁니다. 부처님 말씀은 단지 이것 하나를 가리키고 있는 건데, 따로따로 차별을 만들어 버리면 부처님 말씀을 전부 마귀의 말로 만드는 거예요.

이름은 헛것이니까 이름에 신경 쓸 필요는 없고, (손을 흔들며) 이 일 하나예요. 진실은 이렇게 모든 사람에게 드러나 있고, 우리는 이것을 항상 스물네 시간 언제나 부족함 없이 완전하게 실현하고 있고 쓰고 있습니다. 스물네 시간, 모든 사람이 깨달았든 못 깨달았든 이 한 개를 쓰고 있는 겁니다. 이것을 확인하면 깨달았다 하고, 이것을 확인하지 못하면 못 깨달았다 하는 거예요. 법이 없는 건 아니에요. 중생이든 부처든 똑같은 것을 가지고 살고 있는 겁니다. 그런데 이것을 깨닫느냐, 못 깨닫느냐에 따라 그 사람의 삶이 확 달라지는 거죠.

이것을 확인하면 번뇌에서 벗어난 편안한 삶을 사는 것이고, 이걸 확인하지 못하면 계속 망상 속에서 헤매는 겁니다. 바로 그 차이예요. 그런데 그 차이는 엄청나게 삶의 질을 다르게 합니다. 이것은 모든 사람이 늘 가지고 있는 거고 못 깨닫는다고 사라지는 건 아니에요. 평생 동안 이것 하나 갖고 사는 거니까요. 그렇지만 진짜 삶을 살려면 한번 깨달아서 확인을 해야 한다 이 말이에요. 그렇지 않으면 우리는 번뇌 속에서 힘들게 살아야 하죠.

허공을 붙잡을 수 없는 것처럼 이 마음을 없애고, 밖에서 부처를 찾을 수는 결코 없다…… 우리는 '부처님'이라고 하면 뭔지 모르지만 멀리 있는 느낌이 들죠. '부처님' 하면 보통 사람이 아니라 우리랑은 좀 다른 별종의 사람 같죠? 우리가 그렇게 교육을 받아 왔잖아요? '하느님' 하면 뭔지 모르지만 저 하늘 끝에 있을 것 같고, 이 땅에 없을 것 같은…… 우리는 항상 그렇게 교육을 받아 왔잖아요? '신선' 하면 '학을 타고 왔다 갔다 하는 구름 위에서 사는 사람' 이런 식의 개념을 가지고 있죠. 그러므로 '아! 이 부처라는 말은 좋은 방편이 못 되는구나' 해서 우리 선(禪)에서는 '부처라는 말은 버리고 마음이라는 말로 바꾸자'라고 한 겁니다. 그러니까 "부처가 뭐냐?" "마음이 바로 부처다"라고 하는 거죠. 이건 근거 없이 하는 말이 아닙니다.

불교의 교리를 공부해 보면 알겠지만, 불교는 기본적으로 마음을 깨닫는 겁니다. 석가모니부터가 그랬고, 마음을 깨달으면 부처라고 했죠. 그 마음은 우리 모든 사람이 똑같이 갖고 있는 이 마음입니다.

불교에서 애초부터 마음이라는 말을 쓰긴 썼어요. 쓰긴 썼는데, 마음이라는 말 대신에 '깨달은 자'라고 해서 부처라는 이름을 쓰게 되면서부터 느낌이 좀 멀어졌어요. '마음' 하면 모두가 자기 마음이니까 멀리 있는 느낌이 없잖아요? 어차피 자기의 마음을 깨치는 건데 굳이 부처니 진여니 반야니, 그렇게 멀리 있는 느낌을 주는 어려운 이름을 쓸 필요가 있을까 해서 마음이라는 이름을 즐겨 쓰자, 이렇게 된 거죠. 그러므로 진여라 하든, 부처라 하든, 반야라 하든, 불성이라 하든, 마음이라 하든, 똑같은 것을 가리키고 있는 겁니다. 멀리 있고 가까이 있고 그런 게 아니고, 모든 사람에게 다 갖추어져 있는 (손을 흔들며) 이 하나를 가리키는 거죠.

그러니까 부처님은 저기 앉아 있고, 나는 여기 앉아 있는 게 아닙니다. "부처님께 귀의합니다"라는 말도 방편이지만, 그렇게 좋은 방편이 아니에요. 왜냐하면 '내가 부처님께 귀의한다' 하는 것은 나와 부처를 둘로, 다르게 볼 수 있기 때문이에요.

귀의라는 말은 자기 자신의 본래 모습에서 우리가 빠져나와서 망상 속에서 헤매다가, 이제 다시 나의 본래 모습으로 돌아가자, 그게 귀의거든요. 돌아가서 거기에 의지하자, 그게 귀의(歸依)란 말이에요. 그런데 우리는 그런 걸 모르고, '부처님은 저기 있고, 나는 여기 있다' '내가 부처님한테 가서 귀의해야지'라고 잘못된 관념을 가지게 됐다 이 말이에요. 부처와 내가 따로 있는 것처럼 말이에요. 그렇게 되면 귀의라는 말이 안 맞아요. 부처가 저기 있고 내가 여기 있는데 어떻게 귀의가 돼요? 이쪽에서 저쪽으로 가서 의지하는 거죠. 귀(歸)라는 것은 본래 자리로 돌아간다는 뜻이에요. 그래서 귀가(歸家)라 하잖아요? 자기 집으로 돌아간다 해서. 또 자기 고향으로 돌아간다 해서 귀향(歸鄉)이라 하잖아요?

부처님께 귀의한다는 말은 저기 있는 부처님께 귀의하는 게 아니고, 자기의 마음, 자기의 타고난 본래의 자리로 되돌아가서 의지한다는 말이에요. 그런 뜻으로 애초에 쓰였는데, 우리는 그렇게 생각하지 않는 게 문제란 말이에요. 그렇게 생각하지 않고, 부처는 저기 있고 나는 여기 있고, 이런 잘못된 생각을 하고 있습니다. 전부 망상하고 있는 겁니다.

또 '불법승 삼귀의'라고 하는데, 그것도 불법승이 저기 있고 나는 여기 있고 이런 식으로 분리하여 생각을 합니다. 법이 뭐예요? 법은 자기 마음이에요. 심법(心法)이라고요. '불(佛)'은 자기의 본래면목이에요. '승(僧)'도 결국 일승법(一乘法)에서는 자기의 본래면목이지 따로 있는 게 아니에요. 뭘 찾아가는 게 아니란 말입니다. 귀의라는 말 자체가, 다른 데를 찾아가는 게 아니고 본래 자기의 자리로 되돌아온다는 말이에요. 그런 뜻으로 애초에 방편의 말을 한 건데, 우리는 엉뚱한 생각을 하고 있는 겁니다. 그러니 모두가 망상이죠. 모두가 망상하고 있다 이 말이에요.

'삼귀의(三歸依)'는 자기 본래면목으로 되돌아온다는 뜻이에요. 자기가 다 가지고 있는 겁니다. 고향에서 태어나 죽을 때까지 고향이 바뀝니까? 안 바뀌어요. 생각은 바뀝니다. 감정도 바뀌고 모든 게 다 바뀌지만, 마음은 안 바뀌어요. 바뀌지 않는 이 하나로 돌아온다 해서 '삼귀의'라고 합니다. 본래의 자리로 되돌아오는 거니까 귀의한다고 표현하는 겁니다. 깨달음이고 해탈이죠.

(법상을 두드리며) 이 하나죠. 단지 돌아갈 곳은 이 하나뿐입니다. 오직 이것 하나뿐입니다. 여기로 돌아오는 겁니다. 이것을 우리는 마음이라 하고, 본성이라 하고, 본래면목이라 하는데, 돌아가서 의지할 곳은 이것 하나뿐입니다. 이것 하나뿐!

이것을 한번 확인하면 알 수가 있어요. 결국 "아! 이것밖에 없구나" 하고. 안팎이 없어요. 갈 데도 없어요. 바깥이 있어야 가지. 안팎이 없고 다만 이 하나뿐입니다! 지금 모두는 단지 이 하나입니다. 귀의라는 것도 방편의 말이니까 버려두고, (법상을 두드리며) 그냥 이것이다! 바로 이것이다! 이 하나다! 이것이 한번 이렇게, 이게 한번 확실해지면 온 우주가 똑같아요. 이 하나예요. 이 하나! 전부가 똑같은 하나예요.

이 일입니다. 이 일 하나! 하여튼 여기에 통달을 해야 비로소 생각으로부터 자유가 있고, 생각으로 알 필요 없이 모든 게 명백해져요. 생각으로 알고서 명백해지는 것은 망상입니다. 아무것도 아는 것은 없는데, 이렇게 분명합니다. 손 한 번 움직이고, 발 한 번 움직이고, 눈 한 번 깜박이고, 숨 한 번 쉬고, 하늘을 보고, 땅을 보고, 모든 곳에서, 이런 생각 저런 생각을 하고, 이런 말 저런 말을 하고, 모든 경우에 이 하나가 항상 명백하고 분명하다, 이거예요. 이것뿐입니다! 티끌 하나를 보더라도, 우주 전체에서 확인하는 것과 티끌 하나에서 확인하는 것이 똑같은 겁니다. 티끌 하나에서 이것을 확인하나, 우주 전체 어디에서 확인하나 똑같은 거예요. 그래서 티끌에서 우주 전체를 본다고 하는 거죠. 하여튼 이 일! (법상을 두드리며) 이 하나! 이것이 분명해져야 해요. 아무 다른 것이 없어요.

부처란 스스로의 마음이 만들어 내는 이름인데, 어떻게 이 마음을 떠나서 따로 부처를 찾을 것이냐?

부처가 뭐예요? 지금 "부처님!" 하고 말하잖아요? 여기서 부처를 만들어 내는 거지, 어디에 또 부처가 있습니까? 마음이라는 이름이 그래도 제일 효과가 좋아요. "우리 각자의 마음이 바로 이것이다."

"마음이 뭐냐?" "바로 이거다." (법상을 두드리며) 이것이 바로 마음입니다. 이것이 모든 사람의 마음입니다.

(법상을 두드리며) 그렇지만 여기에 탁 통할 때에는 마음이라는 이름조차도 잊어버려야 해요. 왜냐? 마음이라는 이름을 갖고 있으면 그것 또한 개념이고 망상이잖아요? 결국 여기에 통하면 마음이라는 이름조차도, 즉 달을 보면 손가락은 잊어버리라고 하잖아요? 마음이라는 이름조차도, 이것을, 이 자리를 확인하게 되면 아무런 의미가 없는 겁니다. 오로지 진실은 이 하나뿐이니까요.

허공을 붙잡을 수 없는 것처럼 이 마음을 없애고, 밖에서 부처를 찾을 수는 결코 없다. 부처라는 것은 스스로의 마음이 만들어 내는 이름인데, 어떻게 이 마음을 떠나서 따로 부처를 찾을 것이냐? 앞부처와 뒷부처가 다만 이 마음을 말할 뿐이다.

부처라는 말은 붓다(Buddha)라는 산스크리트 어의 음을 따라서, 불타(佛陀)라고 부르다가 우리나라에서는 부처라고 발음을 하게 됐죠. 붓다는 깨달은 사람이라는 뜻이에요. 깨달은 자를 의미합니다. 그런데 뭘 깨달았느냐? 마음을 깨달았다고 하지만, 사실상 이 말도 방편의 말이고, 안 맞는 말입니다. 왜? 진실로 이것을 깨달으면 마음이라고 이름 붙일 만한 무엇이 없어요. 깨달음이라고 이름 붙일 만한 어떤 것이 따로 없어요. 그냥 온갖 일들이 똑같이 언제든지 지금 이 하나일 뿐입니다. 마음이라는 게 있으면, 반대로 마음 아닌 게 있잖아요? 깨달음이라는 게 있으면, 반대로 깨달음 아닌 게 있잖아요? 이렇게 둘로 나뉘면 그건 생각이에요. 분별이란 말이에요. 마음이라는 이름으로, 깨달음이라는 이름으로 가리키고자 하는 것은 그런 분별이 아닙니다.

그래서 깨달음이니 마음이니 하는 말조차도 결국 가명(假名), 헛된 방편의 이름입니다. 진실로 이것이 분명하면 이것이라는 말조차도 물론 방편이고, 다만 모든 일이 다 똑같아요. 다 똑같지, 다른 이름이 없고 다른 일이 없어요. 이 하나뿐인 거죠. 이 자리에 다가올수록 생각이 접근할 수가 없고, 이 자리에 딱 들어오면 여기는 헤아리고 분별할 일이 전혀 없어요. 그냥 저절로 온갖 일들이, 삼라만상이 전부 법(法)을 다 나타내고 드러낸다는 식으로 마지못해 표현을 하는 거죠. 삼라만상이 전부 마음을 다 드러내고 있다고 마지못해서 억지로 말을 하는 겁니다.

앞부처와 뒷부처가 다만 이 마음을 말할 뿐이다.
마음이 곧 부처이고, 부처가 곧 마음이다. 마음 밖에 부처가 없고 부처 밖에 마음이 없다.

중국에 선(禪)을 전했다고 하는 달마로부터 부처라는 말 대신에 마음이라는 말을 방편으로, 부처라는 이름을 방편으로 쓰는 대신에 마음이라는 이름을 방편으로 사용하는 겁니다. 왜냐? 마음이 우리에게 좀 더 가깝게 느껴지니까. 부처라 하면 좀 멀리 느껴지고, 마음이라 하면 좀 가깝게 느껴지죠. 그래서 부처라는 말 대신에 마음이라는 말을 강조합니다. 마음이라 해도 역시 방편입니다. 마음이라는 이름조차도 결국 (법상을 두드리며) 이것 하나! 이 하나를 가리키기 위한 방편일 뿐인 거죠. 이걸, 이것을 가리키기 위한 손가락일 뿐이다 이 말이에요. 방편의 이름일 뿐인 거죠.

진실은 부처라 하든 똥막대기라 하든 아무 상관이 없습니다. 부처라 하든, 똥막대기라 하든, 손가락을 한번 세우든, 법상을 치든, 진실을 이렇게 가리키는 거니까요. (손을 흔들며) 이거거든요. 진실을 이렇게 가리킬 뿐이죠. 여기서 한번 통하면 그냥 저절로 다 밝혀지는 거고, 저절로 온 하늘과 땅이 전부 이 하나의 일이 드러나는 거고, 이것이 바로 마음이고 이것이 바로 부처죠. 여기서 통하지 못하면 꽉 막히는 거죠. 알 수가 없습니다. 알 수가 없고 막혀 있어도 사실은 이 하나뿐입니다. 이 하나! 여기서 확실하게 한번 체험을 해야 하는 겁니다. 통해야 하는 거예요.

마음이 곧 부처이고, 부처가 곧 마음이다. 마음 밖에 부처 없고, 부처 밖에 마음 없다.
만약 마음 밖에 부처가 있다고 한다면, 도대체 부처가 어디에 있는가?

이 세상은 한 개 마음입니다. 마음 밖에 세상 없고, 세상 밖에 마음 없어요. 우리는 평소에 '내 마음' 이러면, '저 기둥이 아니고 친정

79

도 아니고 내 몸도 아니고 그냥 내 마음이라는 게 따로 있다' 이렇게 막연하게 알고 있죠. '마음'이라 하면, '죽비도 아니고, 마이크도 아니고, 시계도 아니고, 책상도 아니고, 하늘도 아니고, 땅도 아닌 마음이 있기는 있다' 이렇게 알고 있잖아요? 그건 망상입니다.

"마음이 곧 부처다" 할 때는, 그런 마음이 아닙니다. 그걸 가리키는 것이 아니에요. "마음이 곧 부처다" 할 때는 부처인 이 마음! "마음이 곧 부처다" 하는 이 마음! 이것은 모양이 없으니 분별되는 마음이 아닙니다. 그런 게 아니고, "이게 죽비구나!" 바로 이거예요. "이게 죽비구나." "차를 한 잔 한다." "하늘을 보고 땅을 봐." 바로 이거거든요. "하늘은 푸르고 땅에는 온갖 녹음이 우거졌구나." 바로 이거죠. "꽃이 피어 있어." "바람이 불어." "빗방울이 떨어져." 이 전부가 마음입니다. 따로 마음이라는 게 없어요. "빗방울이 떨어져." 이게 마음인 거고, "꽃이 예쁘게 피어 있어." 이게 마음인 거죠. "푸른 하늘에 흰 구름이 흘러가." 이게 마음인 거예요. "여기 나무로 만든 법상이 있고, 대나무로 만든 새카만 죽비가 있어." 이게 마음인 거죠. 이거거든요.

마음은 따로 없어요. 이 죽비를 떠나서, 법상을 떠나서, 시계를 떠나서, 잣나무를 떠나서, 똥막대기를 떠나서, 따로 마음은 없습니다. 그래서 이 마음을 물을 때 "똥막대기다." "잣나무다." "죽비다." "시계다." 이렇게 말하는 겁니다. 이걸 떠나서 따로 마음이라는 것은 없어요. 만약 따로 마음을 분리해서 죽비도 아니고, 하늘도 아니고, 땅도 아니고, 몸도 아니고, '어떤 깨끗하고 청정한 마음'이라는 게 구슬처럼 따로 있다고 한다면, 그건 그냥 착각이고 망상입니다. 그런 건 없습니다.

그런 느낌을 갖고 있으면 망상이에요, 망상. 여기서 "마음이 곧 부처다" 할 때는 이 세계가 바로 한 개의 마음인 겁니다. 이런 말도 있죠. 삼계유심(三界唯心)…… 이 우주가 한 개의 마음이다. 일체유심조(一切唯心造)…… 모든 것은 마음이 만드는 것이다. 그러니까 법상이 마음이고 시계가 마음이에요. (법상을 두드리며) 이것 한 개를 가리키는 겁니다. 이것 하나를!

이것은 말로써 이해할 수도 없고 설명할 수도 없어요. 제가 이렇게 말씀드리는 것도 전부 방편입니다. 오로지 스스로가 여기에 한 번 통해야 하는 겁니다. 이것에 통달이 되면 설법은 자기 입으로 하는 게 아니고, 탁자가 설법을 하고, 기둥이 설법을 하고, 천장이 설법을 하고, 형광등이 설법을 하고, 방바닥이 설법을 하는 거예요. 삼라만상이 전부 설법을 한다고요. 이것 하나를 드러낸다, 그 말입니다. 설법이 뭡니까? 마음 하나를 가리키는 게 설법인데, 삼라만상 사물사물이 전부 마음을 드러내는 겁니다. 이걸 딱 이렇게 가리키고 있으니까. 이걸 확인하면 그렇게 되는 거예요.

그러지 않고 '내 마음'이라고 분별하면, '나'라고 하는 것부터가 벌써 망상인데, '나'라는 망상에 '마음'이라는 망상이 또 붙어 있는 겁니다. '나'라고 하는 게 망상이라는 건 《금강경》에서 분명히 말했잖아요? '아상(我相).' 이건 망상입니다. '나'라고 하는 생각, '아상'이란 '나'라고 하는 생각이거든요. 그건 망상이에요. '나'라고 하는 생각부터

가 망상인데, '내 마음'이라면 망상 위에 또 망상이지. 그러니까 '내 마음'이라고 말을 하는 건 망상을 하고 있는 겁니다. '내 마음'이라는 게 있는 게 아니고, (법상을 두드리며) 모든 것이 똑같은 이 일이에요, 똑같은 이 일. 이 하나의 일이에요, 이 하나의 일. 모든 것이 다만 이 한 개의 일이에요.

마음이 곧 부처이고 부처가 곧 마음이다, 마음 밖에 부처 없고 부처 밖에 마음 없다…… 마음이라는 이름, 부처라는 이름을 생각할 것도 없고, (손가락을 세우며) 진실은 바로 지금 이겁니다. 이것! 항상 이렇게 모든 사람에게 드러나 있어서 이것은 전혀 달라질 수가 없어요. 하여튼 (손을 흔들며) 여기에 한번 이렇게 분명히 통달이 되면, 안목도 생기고 점차점차 이 법에 익숙해지게 되고 법을 보는 안목도 밝아질 겁니다.

이겁니다! 여기에서 한번 통하고, 이게 분명해져야 해요. 머리로 헤아려서 아는 것은 전부 망상입니다. 아는 게 아니고, 알 필요 없이 이렇게 명백하고, 알 필요 없이 또렷하다, 그 말이에요. 알 필요 없이 분명하죠. 아무것도 모르지만 이렇게 진실한 겁니다. (법상을 두드리며) 아무것도 알 필요가 없고 아무것도 모르면서 이렇게 진실하고 분명한 거지. 이 하나예요, 이 하나! 이 하나뿐입니다!

딱! 딱! 딱! (죽비 소리)

4.
부처는 어디에?

달마혈맥론 네 번째 시간입니다.

만약 마음 밖에 부처가 있다고 한다면, 부처는 어디에 있는가?
마음 밖에 이미 부처가 없는데, 왜 부처라는 견해를 일으켜서 서로 속이고 속는가?
본래 마음을 깨닫지 못하면 저 무정물에게 사로잡혀서 자유로울 수 없다.
만약 믿지 않는다면, 스스로를 속일 뿐 이익이 없다.
부처에게는 허물이나 근심이 없는데, 중생이 거꾸로 되어 있다.
깨닫지 못하고 알지 못해도 자기 마음이 바로 부처다.

만약 마음 밖에 부처가 있다고 한다면, 부처는 어디에 있는가?⋯⋯ 마음이다, 부처다 이런 말을 하는데, 이건 이름입니다. 부처라 하든 마음이라 하든 시계라 하든 죽비라 하든 하늘이라 하든 땅이라 하든, 모든 이름은 우리가 만들어 낸 이름이니까 아무런 진실함이 없습니다. 어떤 이름을 말하고, 무슨 말을 하더라도, 부처라 하든 하늘이라 하든 땅이라 하든 (손을 흔들며) 진실은 바로 지금 이겁니다. 부처라 하든 마음이라 하든, 마음이 진실한 게 아니고 부처가 진실한 게 아니고 하늘이 진실한 게 아니고 땅이 진실한 게 아닙니다. 하늘이라 할 때도, 땅이라 할 때도, 부처라 할 때도, 마음이라 할 때도, 지금 이것, 이것 하나가 유일하게 진실한 겁니다.

이름이야 부처라 하든 똥막대기라 하든 무슨 상관이 있겠습니까? 그건 아무 상관이 없어요. 어차피 그건 우리가 만들어 낸 생각을 말하는 거니까. 그런데 어떤 생각을 하든, 말을 하든, 뭘 만들어 내든, 뭐가 있느냐? 무슨 이름이냐? 무슨 소리냐? 그런 게 문제가 아니고, 지금 바로 이것! (손을 흔들며) 부처! 마음! 하늘! 땅! 맞냐, 틀리냐! 진짜냐, 가짜냐! 지금 이것이란 말이죠. 이것은 분별할 수 없죠. 분별할 수는 없지만 이렇게 분명합니다. 알 수 없습니다. 알 수는 없지만 이렇게 명확한 것이죠. 이것은 우리가 어떻게 할 수가 없어요. 손을 댈 수가 없어요. 긍정할 수도 없고 부정할 수도 없죠. 이것은 긍정, 부정의 대상이 아닙니다. 좋아하거나 싫어할 수도 없어요.

무슨 말을 하든지, 무슨 생각을 하든지, 무언가를 좋아하든지 싫어하든지, 어떤 일을 긍정을 하든지 부정을 하든지, 그런 분별과 차별을 따라가 버리면 이것을 놓치는 겁니다. 이것을 놓쳐 버리고 말을 따라가는 것이고, 생각을 따라가는 것이고, 사물을 따라가는 것이거든요. 생각 따라가고, 말 따라가고, 사물 따라가면, 그건 망상입니다.

하늘을 보고 "하늘이다" 할 때에도, 사실은 (손을 흔들며) 이것이지요. "땅이다" 할 때에도, (손을 흔들며) 이것이죠. "부처님!" 할 때, "부처님!"이 이거죠. 마음이라는 물건이 있는 게 아니고, "마음이다" 이거지 이거! 이것이 진실한 거죠. 이것은 어떻게 손을 댈 수가 있는 게 아니란 말이죠. 하여튼 이것이 한번 이렇게 확실하게 와닿아야, 이게 한번 분명해져야 생각과 말에 속지 않을 수 있습니다. 생각에 속고 말에 속아서 끄달려 다니는 게 우리 중생의 망상입니다.

(법상을 두드리며) 이것! (손을 흔들며) 지금 이것 하나가 분명할 뿐! 모든 사람은 바로 지금 이것 하나입니다. 다른 것이 없습니다. 이 하나가 언제나 변함없이 명백할 뿐인데, 이것은 우리가 한 번도 확인한 적이 없단 말이죠. 늘 '무슨 말이냐?' 하고 말 따라가고 '무슨 생각이냐?' 하고 생각만 따라서 가 버리니까요. 옛날 스님들이 비판하기를 "바깥으로만 쫓아다니고 자기가 서 있는 발밑을 보지는 못한다"는 말을 항상 했거든요. 자기가 서 있는 발밑을 보지 못하고, 매양 바깥으로만 쫓아다니는 것이 중생이란 말이에요.

(손을 흔들며) 이것이에요, 이것! 자기가 서 있는 발밑이 뭐냐? 바로 지금 이것이거든. 이 한 개입니다. 이 하나! 누구든지 여기서 전혀 벗어나지를 않습니다. 누구든지 한 번도, 단 한 순간도 여기서 벗어날 수가 없습니다. 여기서 생각도 하고, 말도 하고, 보기도 하고, 듣기도 하고, 모든 일이 여기서 다 일어나거든요. 그러니까 이것을, 이것 하나를 가리켜 드리는 것입니다. 법이라는 게 여러 가지, 이런 법 저런 법이 있는 게 아니에요.

모든 사람이 늘 이 자리에 있는데, 다만 (법상을 두드리며) 이걸, 우리가 이걸 이렇게 확인을 못하고, 이것에 계합을 못하고, 이것을 깨닫지 못하기 때문에, '마음이라는 게 어니에 있지?' '부처가 뭐냐?' 하면서 망상 속을 헤매고 있는 겁니다. 그게 생각이거든요. '마음이 어디 있고, 부처가 뭐냐?' 그러면 그게 바로 생각이죠. 이미 망상 속에 있는 겁니다.

(손가락을 세우며) 이것이에요. 이것에 한번 확 통하면, 부처라 하든, 마음이라 하든, 똥막대기라 하든, 잣나무라 하든, 하늘이라 하든, 땅이라 하든, 시계라 하든, 죽비라 하든, 전혀 다른 일이 아닙니다. 항상 이 하나의 일일 뿐입니다. 항상 같아요. 늘 똑같다고 해서 "여여(如如)하다"고 하는 거죠. 이것을 알 수는 없습니다. 생각할 수도 없고, 보여 줄 수도 없어요. 그러나 이렇게 확인은 될 수 있습니다. 통할 수가 있다고요. 통하는 것을 계합한다고 하는데, 생각이 끊어지고 이것에 이렇게 확 통해서, 이것이 이렇게 명백해지는 거죠. 이 하나가! 아무것도 이해하는 것도 없고 아는 것도 없지만, 이렇게 분명한 겁니다. 이렇게 분명하고 명백한 일이죠. 이것만 분명해지면 모든 망상과 온갖 일들이 여기서 일시에 다 쉬어져 버리고 사라져 버려요. 그러면 아무 일이 없어요.

이게 부처님의 법약(法藥)이라고 하는 겁니다. 한순간에 모든 번뇌가 적멸해 버린다 이거예요. 아무 일이 없거든요. 이 일밖에 없으니까요. (법상을 두드리며) 바로 지금 이것뿐이란 말이에요. 이것을 가리키려고 팔만대장경에서 별의별 말을 다 하는 것이고, 선사들이 고함을 지르기도 하고, 주장자를 휘두르기도 하고, "수미산"이니 "방하착"이니 "삼 서 근"이니 "동산이 물 위로 간다"는 둥 별의별 얘기를 다 하는 겁니다. 이것 하나를 가리키고, 이것 하나를 이렇게 계속 드러내어서 여기에 통하라고 하는 짓이지, 다른 뜻은 없습니다.

진실은 언제든지 이 하나뿐이기 때문에, 오직 이 하나가 진실하고 나머지 모든 것은 헛것이에요. 허망한 겁니다. 나머지라고 할 것도 사실 없죠. 이게 분명해지면, 보고·듣고·알고 하는 게 전부 이것이니까, 남아 있는 다른 일이 없어요. 모든 일이 단지 이 한 개의 일, 이 하나의 일이란 말이죠. (손을 흔들며) 지금 이것! 언제든지 이 하나밖에 없어요. 부처니 깨달음이니 진여니 도(道)니 할 것도 없고, 눈길을 돌리고, 숨을 쉬고, 손가락을 꼼지락거리고, 머리를 흔들고, 지금 이것이지 무슨 또 다른 일이 있습니까?

항상 온 우주에 이 하나가 이렇게 딱 드러나 있고, 뭘 하든지 이 하나뿐인데, 자기 생각에 속고 자기 감정·느낌·기분에 그만 속으니까, 이런 기분도 있고, 이런 생각도 있고, 이런 감정도 있고, 이런 느낌도 있다는 망상 속에 빠져들어 가는 겁니다. 그런 것 전부가 꿈인 겁니다. "육진경계가 다 꿈과 같다"라는 말이 있지요. 이 하나예요. 지금 진실은 다만 이 하나뿐이잖아요? 지금 여기에 뭐가 또 있습니까? 뭐가 있냐고요?

모든 분이 똑같이 이것인데, 자기 스스로가 바로 이것이고, 이걸 드러내고 있고, 여기서 벗어나지 않는데도, 모르는 겁니다. 그래서 이런 이야기가 있죠. "촛불은 자기를 비추지 못하고, 눈은 자기를 보지 못한다." 옛날부터 그런 얘길 했습니다. 우리가 그런 꼴이에요. 촛불은 다른 건 다 비추는데 자기를 비추지 못하고, 눈은 다른 것은 다 보는데 자기는 못 본다⋯⋯ 우리가 지금 그런 꼴이다 이 말에요.

모든 걸 다 비추는 게 촛불이고, 모든 걸 다 보는 게 눈인데도, 자기는 못 보고 자기는 비추지 못한다. 그렇지만 우리가 자기 눈을 아는데, 직접 봐서 자기 눈을 아는 건 아니잖아요? 그런 것처럼 촛불이 자기를 비추어서 자기가 촛불인 줄 아는 것은 아니에요.

그러니까 이것은 불가사의해서 이해할 수는 없지만, 반드시 이렇게 확인이 된다고요. 통한다 이 말이에요. 확인이 되고 통하면 이게 명백해요. 자기 눈을 가지고 자기 눈을 못 본다고 하지만, 삼라만상을 볼 때에는 자기 눈에 아무 이상이 없다는 것이 명백한 사실이잖아요? 어떤 의심이 생길 수가 없잖아요? 꼭 눈을 직접 봐야 자기 눈이 있는 줄 압니까? 꽃을 보고, 나무를 보고, 하늘을 보고, 땅을 보면, 내 눈이 멀쩡하구나 하고 분명하잖아요? 명백한 사실이잖아요?

눈을 그렇게 확인하듯이 이것도 마찬가지예요. 이렇게 분명하잖아요? 헤아리고 분별하고 손으로 잡아야 분명한가요? 이렇게 명백하고 분명하단 말이에요. (법상을 두드리며) 하여튼 이것이 한번 이렇게 분명하게 와닿아야 합니다. 아무 다른 일이 없어요.

만약 마음 밖에 부처가 있다고 한다면, 부처는 어디에 있느냐?

여기서 부처라는 것은 깨달음이라는 말입니다. 마음 밖에 깨달음이 있다고 한다면 깨달음이 어디에 있겠느냐? 마음이 곧 깨달음이고 깨달음이 곧 마음이다. 마음이 곧 부처고, 부처가 곧 마음이다.

부처는 무슨 사물을 가리키는 게 아닙니다. 우리는 '부처'라면 '사람 모양을 하고 2,500년 전에 살다가 돌아가신 석가모니'라는 관념을 가지고 있죠. 그러나 대승불교와 선에서 부처님은 그런 사람을 가리키는 게 아니고, 우리 각자 자기의 마음, 자기 본래면목, 자기 살림살이, 자기에게 이렇게 변함없이 늘 갖추어져 있는 이 하나의 진실, 이것을 가리키는 거거든요. 이것을 가리키려고 부처, 진여, 본래면목, 마음 등 여러 가지 이름을 붙이는 겁니다.

 방편으로 그런 이름을 붙이는 거죠. 진실에는 이름이 없죠. 왜? 항상 이렇게 분명하니까! 항상 이렇게 명백하니까! 여기에 무슨 이름이 필요해요? 이름이라는 것은 분별을 하기 위해 붙이는 거죠. 예를 들어 "죽비." 죽비라는 것을 이해했다 하면, "죽비가 이런 거구나. 죽비가 여기 있구나." 그러다가 죽비가 안 보이면, "죽비가 안 보이네." 이름은 이렇게 분별할 것이 필요해서 붙이는 겁니다. 하지만 이것은 분별할 수가 없고, 절대로 대상이 될 수가 없는 겁니다. 그래서 이것은 이름이 필요 없어요. 대상이 될 수가 없거든요. 놓았다, 잡았다 할 수 있는 게 아니란 말이에요. 잃어버릴 수 있는 게 아닌 겁니다. 이건 사실 이름이 필요 없어요. 그러니까 여기에 관한 이름은 전부 방편의 이름이라 하는 겁니다. 가짜 이름이다 이 말이에요. 필요 없는 이름이다 이 말이에요. 이것에는 이름이 굳이 필요 없는 거거든요. 언제든지 어디서든지 이렇게 분명하니까요.

 이걸 일러서 자기 자신이라 할 수도 있거든요. 자기 자신이라는 말도 이름인데, 이런 이름도 방편으로 말하는 거지 실제로는 필요가 없잖아요? 남의 이름을 부를 때는 "아무개 씨"라고 하지만, 자기 이름을 굳이 자기가 부를 필요는 없지요. 자기 이름을 말할 때에는 남에게 말할 때에 필요한 거죠. 그런 것처럼 이것은 이렇게 우리 각자 스스로에게 항상 명백하고 분명해서, 절대로 왔다 갔다 하는 게 아니고, 잡았다 놓았다, 잃었다 찾았다 하는 게 아니거든요. 한결같이 항상, 스물네 시간, 삼백육십 일, 백 년이 변함없이 이렇게 분명한 건데, 여기에 무슨 이름이 필요해요? 이름은 필요 없는 거죠.

그러나 이것을 아직 확인하지 못한 사람은 이것을 남의 일처럼 여기니까 이름을 붙여 주는 겁니다. "마음이다." "부처다." "본래면목이다." "본성이다." 그러니까 방편이란 말이죠. 자기가 이걸 확인하면 그런 이름은 필요가 없어요. 아무 이름도 필요가 없죠. 왜? 항상 이것 자체인데, 자기 스스로가 바로 이것 자체인데, 언제든지 이렇게 명백한 일인데, 여기에 무슨 이름이 필요하냐 말입니다. 이름은 필요 없어요. 그러니까 여기에 관한 이름은 전부가 방편입니다. (손을 흔들며) 이것만, 이것 하나만 분명하면 되는 거지 다른 것은 없습니다.

만약 마음 밖에 부처가 있다고 한다면 부처는 어디에 있느냐?
마음 밖에 이미 부처가 없는데 왜 부처라는 견해를 일으켜서 서로 속이고 속느냐?

그러니까 부처, 진여, 반야, 불성, 이런 이름들은 방편이란 말이요. 진실한 것이 아니라는 말입니다. 불교에서 "마음이 곧 부처다"라고 할 때에는 '몸도 있고 마음도 있지' 이런 식으로 망상을 합니다. 몸과 분리된 그런 의미에서의 마음을 가리키는 게 아닙니다.《반야심경》에서는 색 · 수 · 상 · 행 · 식의 오온이 모두 공(空)이라고 하죠. 색(色)도 공이고, 수(受)도 공이고, 상(想)도 공이고, 행(行)도 공이고, 식(識)도 공이라고 하듯이, 육체든 정신이든 똑같이 이 하나의 일입니다. 색은 육체를 가리킵니다. 수상행식은 우리가 알고 있는 정신이에요. 느낌, 생각, 욕망, 감정, 의식, 이런 거니까. 이게 전부 공(空)이라고 그랬잖아요. 그런 것처럼 (법상을 두드리며) 우리가 여기서 마음이라 할 때는 이것을 가리키는 거예요. 이름이 마음이고, 이름이 공이지 다 똑같은 것을 가리키려고 하는 겁니다. 이름이 공이고, 이름이 마음이지, 그것은 방편으로 이런저런 이름을 붙이는 거니까, 이름에 상관할 필요는 없어요.

모두 이것을 (법상을 두드리며) 가리키는 겁니다. 그런데 우리는 '공'이라 하면 '우주 허공'이라는 객관적인 대상을 생각하려고 하거든요. 그것은 망상입니다. 이것은 절대로 객관이 될 수가 없어요. 주관과 객관이 나눠질 수가 없어요, 이것은. 이름이 비록 공이지만 방편의 이름이고, '우주 허공'이라는 텅 빈 허공, 이런 식으로 객관화될 수 없는 겁니다. 만약 그렇게 객관적으로 관념이 생기고 견해가 생기면, 그건 전부 망상입니다.

마음을 공이라고 하는 거예요. 이름을 '마음'이라 하지만, 마음은 물질이나 육체처럼 그런 어떤 객관적인 대상이 될 수가 없어요. 주관과 객관의 구분도 여기에서는 일어날 수가 없는 겁니다. 그냥 바로 이거예요. (법상을 세게 두드리며) 그냥 바로 이거예요, 이것! 그래서 이것을 불이법(不二法)이라고 한다고요. 나눠질 수 없다고 해서, 둘로 나눠지질 못하는 거라고 해서. (법상을 계속 두드리며) 그냥 바로 이것이다! 둘로 나눠질 수 없는 것! 그냥 이거란 말예요.

여기에 통하려면 불이법이라는 말조차 잊어버려야 해요. "이것이다!" "이것뿐이잖아!"에서 자기도 모르게 통해야 하는 거예요. 그래서 《유마경》에서는 불가사의해탈법문이라 하는 겁니다. 불가사의! (손을 흔들며) 알 수 없이 그냥 바로 이거다! 탁 통해 버리면 이게 명백하거든요. 분명하단 말이에요. 이것뿐이지, 여기에 뭐가 있어요? 해가 뜨고, 구름이 왔다 갔다 하고, 바람이 불고, 빗방울이 떨어지고, 꽃이 피고, 새싹이 나오고, 나뭇가지가 흔들리고…… 전부가 이 일입니다.

보고, 듣고, 알고, 느끼고…… 전부가 이 일이에요. 여기서 벗어나는 게 아무것도 없습니다. 그래서 "만법이 이리로 돌아온다"라는 거예요. 이 일이에요, 지금 이 일! (법상을 두드리며) 이렇게 분명하다고요. 이렇게 명백하잖아요! 이걸 자꾸 생각하니까 엉뚱하게 따로 있는 것처럼 망상을 하죠. 생각하면 절대 안 돼요. 생각할 게 뭐 있어요, 여기에? "도가 뭡니까?" (법상을 두드리며) "이겁니다." 생각할 게 뭐 있습니까? "도가 뭡니까?" "잣나무다." 뭘 생각할 게 있어요, 여기에?

이렇게 분명하고 생생하게! 마치 이것은 우리 모든 사람을 전깃줄로 연결해 놓고 스위치를 탁 올리는 것과 같아요. 즉시 똑같이 전기가 탁 통하잖아요. 그런 것과 같이 모든 사람에게 이것 하나밖에 없는 겁니다. 다 똑같아요. 딴 일이 있는 게 아니에요. 여기에 못 통하니까 각자 자기 나름으로 생각하고, 느끼고, 어떤 기분에 젖어들고, 육체에 대해서 이리저리 헤아리고, 그런 온갖 망상을 다 하고 있는 거거든요. 그런데 여기에 탁 통해 버리면 원융무애라고 해요. 모든 망상이 하나가 되어 버립니다. 하나로 돌아와서 (법상을 두드리며) 단지 이 한 개 일일 뿐입니다. 다만 이 일뿐이에요. 이렇게 명백하고 항상 분명하고 사물사물 위에 삼라만상 위에 드러나 있는 것은 딱 이것밖에 없거든요. 그러니까 이걸 "장미꽃은 붉고 백합꽃은 희다"라고 말하는 거거든요. 모든 사물 위에 이 하나가 분명하단 말이에요, 이 하나가!

본래 마음을 깨닫지 못하면 저 무정물에게 사로잡혀서 자유로울 수 없다.

무정물이라기보다도 대상, 자기가 만들어 낸 대상입니다. 자기가 일으킨 분별, 거기에 속아서 얽매여 버린단 말입니다. 망상도 남이 일으킨 게 아닙니다. 모두 자기가 일으킨 거거든요. 그래서 망상과 실상이 똑같은 하나입니다. 생각을 일으키고, 보고, 듣고, 느끼고, 생각하고, 행동하고…… 전부 똑같이 여기에서 일어나는 똑같은 일인데, 스스로가 분별하고 헤아려서 이 생각은 어떻고, 저 생각은 어떻고, 이것은 어떤 느낌이고, 저선 어떤 느낌이고, 이건 어떤 행동이고, 저건 어떤 행동이고, 하면서 따라가 버립니다. 그렇게 따라가 버리면 물속에 있으면서도 물을 잃어버리고 자기 집에 있으면서도 자기 집을 잃어버린다는 말과 같게 되는 겁니다.

이것을 벗어날 수는 없어요, 아무리 망상을 일으켜도. 비유적으로 말하면 아무리 물결이 일어나도 물을 벗어날 수 없는 것처럼, 아무리 온갖 망상이 일어나도 망상이 이 진실을 벗어날 수는 없습니다. 자기가 일으킨 망상에 자기가 속아서 이리저리 끌려다니는 거죠. 그러니까 따지고 생각할 것도 없고, '이 한 개의 진실이 뭐냐?' 여기에만 관심이 있으면 됩니다. 여기에만 관심이 있으면, 계속해서 (법상을 두드리며) "바로 이겁니다!" "바로 이겁니다!" "다른 게 없다, 바로 이것뿐이다!" 이렇게 계속 지적을 하고 가리켜 드리니까, 여기서 한번 탁 통해서 꿈꾸다가 문득 꿈을 확 깨는 사람처럼, 잠에서 문득 눈을 확 떠서 잠을 깬 사람처럼 이게 와닿는 겁니다. 그러면 늘 이거죠. 원래 잃어버린 적이 없었죠. 원래 남의 일이 아니에요. 원래 자기 일이거든요. 원래 자기 마음이지 남의 마음이 아니에요. 원래 남의 일이 아니고 원래 바깥의 일이 아니에요. 항상 바로 지금 이것이지, 이것 하나!

그러니까 이걸 드러내고 가리켜 드리는 겁니다. 이것밖에 없습니다. 다른 법은 없어요. 이것밖에 없어요. 통하면 온갖 망상이 다 쉬어져서 즉시 아무 일이 없고, 명백해서 속는 일이 없죠.

본래 마음을 깨닫지 못하면 저 무정물에게 사로잡혀서 자유로울 수 없다…… 무정물에게 사로잡힌다고 하기보다는 결국 자기가 일으킨 망상에, 자기가 일으킨 생각, 감정, 느낌, 보고, 듣는 것에 그만 사로잡혀 버린다 이거예요.

만약에 믿지 않는다면 스스로를 속일 뿐 이익이 없다.

여기에 대한 참된 믿음이 생기면 의심이 사라지는데, 그러려면 이것을 한번 체험하는 길 외에는 다른 길이 없습니다. (손을 흔들며) 이게 분명해지지 않으면, 이게 확인되지 않으면, 아무리 가리키는 사람의 말을 믿는다고 해도 자기가 직접 확인을 못한 입장이니까, 의심이 완전히 없어지지는 않습니다. 의심이 완전히 사라져서 진실로 믿음만 남아 있으려면, 자기 살림살이인 '이것'이 한번 확인되어야 합니다. 한번 와닿아야 합니다. 그러면 의심을 하려 해도 할 수가 없어요. 왜? 의심을 하려고 생각을 일으켜서 '이게 도대체 마음이 맞나?' 이렇게 하면 '이게 도대체 맞는가?' 하는 그 한마디 한마디, 한순간 한순간이 곧 이것의 증명이 되는데, 의심이 생기려야 생길 수가 없는 겁니다.

그렇기 때문에 모든 의심이 다 사라져 버립니다. 이렇게도 표현할 수가 있죠. "삼라만상이, 사물사물이 이 법 하나를 증명해 주고 있는데 어디를 봐야 의심이 생길까?" 의심이 생길 수가 없는 거예요. 이건 이렇게 분명한 거거든요. 그런데 이게 확인이 안 되면 남의 일처럼 도대체 알 수가 없어요. 희한한 일이죠. 이게 자기 일인데도, 자기 자신인데도 불구하고 말이죠. 이것이 이렇게 명백한데도 온 세상이 이렇게 명백한데도, 이게 통하지 않으면 깜깜해요. 희한하죠, 진짜로! 이게 한번 통하지 못하면 캄캄하단 말이죠. 막 헤매고 있어요.

(법상을 두드리며) 이것 이상 더 명백한 일은 없습니다. 눈에 보이는 게 이것 때문에 분명한 겁니다, 이것 때문에! 귀에 들리는 소리가 분명한 것은 이것 때문에 분명한 거예요. 이것을 세계의 근원이라 하잖아요? 만법의 근원이고, 만물의 근원이라고. 우리가 보고·듣고·만지고·맛보고·냄새 맡고 하는 게 명백한 것 아니에요? 그게 명백한 이유는 이것 때문에 명백한 거지. 여기서 보고·듣고·만지고·냄새 맡고·맛보고·부딪쳐 보고 하는 거니까. 이것 때문에 명백한 것이지, 이게 없으면 전부다 망상이죠. (손을 흔들며) 이렇게 명백한 거거든요, 이렇게!

만약에 믿지 않는다면 스스로를 속일 뿐 이익이 없다.
부처에게는 허물이나 근심이 없는데 중생이 거꾸로 되어 있다.

우리는 늘 이것 속에서 살면서도 거꾸로 되어 있다고 하는 게 뭐예요? 보는 게 바로 이건데 이것은 내버려 두고 보이는 모양을 따라가 버리고, 듣는 게 이건데 이것은 내버리고 들리는 소리를 따라가 버리고, 생각하는 게 이건데 이건 내버리고 생각을 따라가 버려요. 그래서 거꾸로 되어 있다고 하는 겁니다. 보는 게 바로 이거잖아요? 뭘 본다는 게 이거고, 뭘 생각한다는 게 이건데, 이건 내버려 두고

'뭐가 보이냐?' 하고 보이는 모양을 따라가 버리고, '뭐가 들리냐?' 하고 들리는 소리를 따라가 버리고, 그래서 거꾸로 되어 있는 겁니다. 전도중생이에요. 전도중생!

　중생은 항상 사물을 쫓아다니고, 부처는 온갖 사물이 자기에게로 돌아온다고 하죠. 자기를 쫓아온다 이겁니다. 중생은 온갖 사물을 따라다니고 부처는 모든 사물이 자기에게로 돌아온다고요. 왜? (손가락을 흔들며) 이거니까. 이 일이니까! 이렇게 분명한 온갖 일들이 다만 이 한 개 일이니까! (법상을 두드리며) 그래서 다른 게 없습니다. 이게 이렇게 명백한 일이고, 가장 분명하고 의심이 있을 수가 없는 일입니다. 이것은 항상 변하지 않는 일이죠. 어쨌든 이것이 확인되지 않으면 우리는 영원히 자기 집을 찾지 못하고 자기 고향에 돌아가지 못하는 사람이 됩니다. 반드시 확인이 되어야 해요.

　우리가 디엔에이(DNA)를 아무리 연구하고 염색체니 뭐니 연구해서 그 안에 있는 온갖 미세한 조직들을 다 파악한다고 해도, 근원은 (손을 흔들며) 이건데, 이게 파악이 안 되면 항상 바깥으로만 돌아다니는 겁니다. 늘 헤매 다니는 거라. 집으로 돌아와서 편안하게 안정이 돼야 하는데, 나그네 신세를 벗어나지 못한다 이 말이에요. 벗어나지를 못해요. 집으로 돌아와서 안정이 되려면 반드시 (법상을 두드리며) 이 일이, 이게 분명해져야 해요. 그러면 아무 일이 없어요. 이것뿐이에요. 여기에서 더 이상 찾을 건 없습니다. 이것을 찾은 뒤에는 생물을 해도 좋고, 물리를 해도 좋고, 화학을 해도 좋고, 뭘 해도 헤매지 않아서 좋아요. (법상을 두드리며) 여기서 다 하는 일이니까요.

사실 물질세계라는 것은 결국 우리의 삶에서 별 의미가 없습니다. 의학을 열심히 연구해서 200살 살면 뭐해요? 이것을 모르고는 20년 살기도 힘든데, 200살 살면 뭐합니까? 2년 동안 번뇌 속에 사는 것도 힘든 일인데, 200살 살면 뭐하고 2,000년 살면 뭐합니까? 왜 그런 엉뚱한 생각을 하는지 이해가 안 돼요. 2년을 살아도, 아니 단 이틀을 살아도 더 이상 원하는 게 없고, 더 이상 찾을 게 없고, 지금 당장 죽어도 바랄 게 없는 그런 삶이 아니라면 2,000년 살면 뭐해요? 왜 엉뚱한 짓을 하고 있는지 모르겠어요. (법상을 두드리며) 이게 근원이에요, 근본! 이게 얻어지지 않으면 우리 인생은 끝이 안 나는 거고 해결이 안 되는 겁니다.

**부처에게는 허물이나 근심이 없는데 중생은 거꾸로 되어 있다.
깨닫지 못하고 알지 못해도 자기 마음이 바로 부처다.**

자기가 일으킨 망상에 자기가 끄달려 다니고, 자기가 꾼 꿈에 속는 것이 번뇌입니다. 꿈을 꾸고 망상 속에 있어도 결국 자기가 일으킨 일입니다. 그게 어디 다른 데서 오는 건 아니에요. 결국 이 한 개 마음뿐입니다. 바로 여기서 일어나는 일이죠. 모든 사람이 색깔도 보고, 소리도 듣고, 냄새도 맡고, 춥다 덥다 느끼기도 하고, 생각도 하고, 말도 하고, 모두가 다 똑같아요, 살아가는 것은. 같은 세계를 산다 이겁니다. 같은 세계를 사는데, 삶이 번뇌망상이 되느냐, 아니면 아무 일이 없는 편안한 삶이 되느냐 하는 것은 자기에게 달린 문제예요. 번뇌망상이 되느냐 진실이 되느냐 하는 것은 자기에게 달렸어요.

모든 사람의 삶이 사실은 별 차이가 없습니다. 옷 입고 살고, 밥 먹고 살고, 잠자고, 똥 누고, 오줌 누고, 다 똑같아요. 뭐가 다를 게 있습니까? 다 생각하고 말하고 그런 거지. 다 똑같아요, 사는 건. 근데 삶이 망상번뇌가 될지 아무 일이 없는 자유롭고 편안한 삶이 될지는 자기 스스로에게 달린 문제예요. 그러니까 마음은 하나다 이 말이에요. 모두가 여기서 일어나는 일입니다. 여기서 각자 똑같이 행동하고, 똑같이 보고, 똑같이 느끼고, 똑같이 듣고, 똑같이 생각하는 겁니다.

온도가 5도, 4도 정도면 다 춥다고 합니다. 5도, 4도에서 덥다고 하는 사람은 없죠. 28도 30도에서 춥다고 하는 사람은 없습니다. 그리되면 다 덥다고 하죠. 하루 이틀 굶었는데 배부르다 하는 사람 없죠. 누구든지 다 똑같아요. 빨간 장미를 보고 빨간 장미라 하죠. 정상적인 사람이라면 다 똑같아요. 결국 똑같은 세상을 사는 겁니다. 그런데 어떤 사람에게는 이 세상이 지옥이죠. 지옥이 어디 땅 밑에 있는 게 아닙니다. 매일매일 순간순간의 삶이 편하지가 않다 이 말이에요. 뭔가 모르지만 계속 불편하고, 불안하고, 불만족스럽고, '사는 게 이게 아닌데……' 하는 느낌이 항상 있죠. 그런데 어떤 사람에게는 그런 불만이나 불평이나 불안감이 전혀 없어요. 아무런 문제를 느낄 수가 없어요. 아무 일이 없어요. 그건 오로지 자기한테 달린 문제죠. (법상을 두드리며) 이것이 이렇게 한번 와닿으면……

지구가 영원할 것 같습니까? 언제 어떻게 될지 모릅니다. 그러니까 우리가 환경을 좋게 하자, 과학을 발달시켜서 미래의 재앙에 대비를 하자 하는 거죠. 다 좋지요. 그렇지만 그것만 갖고는 해결이 안 됩니다. 결국 문제가 생기고 망가져요. 지금이 우리에게 기회입니다. 우리가 인간으로 태어나서 생각할 줄 알고, 지금 이렇게 살아 있다는 것 자체가 기회입니다. '지금 당장 지구가 멸망해도 좋다.' 그런 만족감을 얻을 수 있고, 문제를 해결할 수 있는 기회가 우리에게 있단 말이에요. 지금이 기회라고요. (법상을 두드리며) 여기에 통하면, 이게 이렇게 분명해지면 '당장 무슨 일이 일어나도 좋다' '아무 미련이 없다'고 하게 됩니다. 지금 우리에게 있는 기회를 미루지 마세요. '이번 생(生)에는 안 되겠고 다음 생(生)에나 깨달아 봐야지'라고 생각한다면, 이런 사람은 스스로 기회를 내버리는 어리석은 사람입니다.

육체도 아플 때 병원에 가야 낫지 기회를 놓치면 치료가 안 돼요. 아프다 하면 얼른 조치를 취해야 될 것 아녜요? '지금 좀 기다렸다 다음에 공부하지 뭐.' 이러면 기회가 안 올지도 모릅니다. (손을 흔들며) 지금이 기회예요. 이런저런 망상 하지 말고, 바로 여기서 딱 끝이 나야 해요.

(손을 흔들며) 진실은 항상 바로 이렇게 있습니다. 진실은 이렇게 항상 우리 앞에 있어요. 언제나 한번 알아줄까 하고 늘 기다리고 있다고요. 지금이 기회입니다. (법상을 두드리며) 다른 게 아니고 지금 이것이에요. 다른 생각 할 필요가 없어요. 지금 이거거든! (법상을 두드리며) 이거예요. 아무 다른 게 없습니다.

만약 자기의 마음이 바로 부처임을 안다면 마음 밖에서 부처를 찾지 않을 것이니, 부처가 부처를 헤아리지는 않는다.

바깥에 있는 게 아니에요. (손을 흔들며) 따로 있는 게 아닙니다. 바로 이거죠. 이것만 이렇게 분명해지면 헤아릴 필요가 없어요. 언제든 어떤 일이 일어나더라도 바로 이것이니까. 어떤 일이 일어나고 어떤 상황이 벌어져도 이 일이거든요. 다른 일이 없습니다.

이 일이 딱 분명해지면 스물네 시간이 전혀 다른 일이 없어요. 스물네 시간 동안 온갖 상황이 다 벌어지는데, 속아서 끄달려 가 버리면 여러 가지 일이 달라지겠지만, 어떤 상황이 벌어지더라도 속지 않아요. (법상을 두드리며) 이 자리가 이렇게, 이 일이 이렇게 딱 분명해지면, 다른 일이 없어요. 언제든지 똑같아요. 언제든지 이것 하나밖에 없습니다. (법상을 두드리며) 언제나 똑같아요.

어떤 상황이 일어나더라도 그냥 이거거든요. 이것 하나! (법상을 두드리며) 달리 가리킬 게 없습니다. 다만 이 하나를 이렇게 가리켜 드리니, 어쨌든 이것이 한번 딱 분명해져야 해요. 딱 통하면, 여기서 깨어나는 겁니다. (손가락을 세우며) 잠을 깨고 이게 분명해지는 거예요. 그러면 뭘 하든지 이렇게 분명하게 항상 이것이고 항상 이 자리거든요. 다른 일이 없습니다.

(법상을 두드리며) 누구든지 항상 이 자리에 있습니다. 그래서 우리가 이것을 자기의 본래면목이라 하는 거고, 평소의 자기 살림살이라 하고, 자기가 태어날 때부터 가지고 있는 본성이라 하는 겁니다.

왜? (손을 흔들며) 항상 바로 이거니까. 언제나 무슨 생각을 하고 있든지, 뭘 보고 있든지, 무슨 행동을 하고 있든지, 바로 지금 이거거든요. 바로 이 일, 이거라고요! (법상을 두드리며) 여기에 통하려면 생각 없이 통해야 명백해지는데, 생각을 하면 생각이 눈앞을 가려 버려요. 그러면 이 자리에 있으면서도 이게 안 보여요. 그래서 생각이 문제라는 거거든요.

생각과는 관계없이 (법상을 두드리며) 이게 명백해져야 하는데도, 우리는 생각이라는 놈을 통해서 이것을 알려고 하거든요. 그것이 우리 중생의 버릇입니다. 생각을 통하지 않고 이것이 명백해져야 장애가 안 생기는데, 생각이라는 놈을 통해서 알려고 하니까 안 되는 겁니다. 그런데 그게 우리가 세상을 살아온 지금까지의 버릇이란 말이죠. 그러니까 이 쉬운 일이 어려운 겁니다. 생각을 먼저 보게 되면, 이것은 안 보입니다. 생각에 가로막혀 버리면, 이것은 안 보여요. 이것은 생각을 하느냐, 안 하느냐 하고는 아무 관계가 없습니다. (법상을 두드리며) 생각을 해도 이거고, 안 해도 이거니까요. 우리가 먼저 생각을 통해서 알려고 하니까, 안 된다 이거예요.

(손을 흔들며) 생각을 통하지 않고 이렇게 분명해져야 합니다. 그러면 생각을 하든 안 하든 명백한 것이고, 눈을 뜨고 있든 감고 있든 분명한 거고, 말을 하든 안 하든 분명한 겁니다. (법상을 두드리며) 생각을 통하지 않고 이게 분명해져야 해요, 이렇게! 그러나 우리가 생각을 가지고, 생각을 통해서 이것을 알려고 하는 그 버릇이 참 안 없어져요. 그 버릇이 습관처럼 발동을 하니까, 계속 생각에 가려서

이게 희미한 거예요. 생각만 눈앞에서 자꾸 또렷하게 드러나죠. 그렇게 되면 이것은 희미하죠. 생각은 망상입니다.

 (법상을 두드리며) 이 일이 생각을 통하지 않고 이렇게, 생각을 통하지 않고 이렇게 와닿아서 이렇게 분명해야 합니다. 바로 이건데 무슨 생각을 할 게 있냐고요? 이 법은 생각을 가지고 헤아리면 절대로 볼 수 없다고 늘 말하잖아요? 화두도 이 하나를 가리키는 거거든요. 화두는 절대 생각을 해선 안 돼요. "동산이 물 위를 간다." 분명하게 이 하나를 딱 가리키고 있어요. '동산이 어떻게 물 위로 가지?' 이렇게 생각하면 벌써 망상 속에서 헤매고 있는 거예요.

 어떤 화두도 마찬가지입니다. "개에게는 불성이 없다." 이렇게 분명히 드러내고 있어요. '왜 개한테는 불성이 없다 했지?' 이러면 벌써 망상 속에서 깜깜하게 헤매고 있는 거예요. 생각으로는 절대로 알 수 없습니다. 생각은 망상이에요. 망상 속에서는 진실이 드러나지 않아요. 그런데 이 진실이 한번 딱 분명하면, 생각을 해도 더 이상 망상이 아닙니다. 생각 자체가 바로 이것이기 때문에 생각이 망상이 안 돼요. 이걸 모르면, 여기에 통하지 못하면, 이게 밝지 못하면, 색깔, 소리, 냄새, 맛, 이게 전부 망상이지만, 여기에 딱 통하면 그것들이 전부 진실입니다. 색깔을 봐도 이것이고, 소리를 들어도 이것이고, 맛을 봐도 이것이고, 냄새를 맡아도 이거예요.

 여기에 분명히 통해야 해요. 여기에 통해야 비로소 온 세상이 망상이 안 되는 겁니다. 여기에 통하지 못하면 온 천지가 다 망상이죠.

마음을 가지고 부처를 찾는다면 부처를 알지 못한다.

부처가 곧 마음인데, 마음을 가지고 마음을 찾으니까 부처를 찾을 수 없죠. 눈을 가지고 눈을 보려니까 눈을 볼 수가 없지요. 마음을 가지고 마음을 찾으니 마음을 찾을 수 없습니다. 왜? 마음은 둘로 나누어지지 않으니까요. 두 개가 안 되거든요. 둘이 없습니다. 자기 눈으로 자기 눈은 안 보입니다. 그러니까 눈을 가지고 눈을 본다는 것은 망상이죠. 마음을 가지고 마음을 찾는다는 게 망상이란 말이에요.

(법상을 두드리며) 이 하나예요. 바로 이것! 여기서 분별과 생각 없이 그냥 명백하게 한번 저절로 확 통하면, 그냥 이것뿐이지요. 저절로 이렇게 의심이 사라지고 와닿는단 말이에요. 이것이 분명해지는 거죠. 하여튼 생각할 것은 없습니다. 이렇게 분명하고 명백한 이것은 생각할 것이 전혀 없어요. (손을 흔들며) 바로 이건데 여기에 생각할 게 뭐가 있어요? 생각할 건 없어요. 이렇게 분명하고 명백한 겁니다!

이것이 한 번만 딱 확인되면 찾을 필요가 없어져요. 가만히 있어도 저절로 온갖 일들이 다 이 일이에요. 사물사물 위에서 확인이 되는 것은 이것 하나밖에 없어요. 이것이 이렇게 확실하고 명백해져야 힘이 생겨서 망상에 안 속지, 이게 명백하고 확실해지지 않고 생각으로 이해를 해서 '그래. 우리가 보고, 듣고, 느끼고, 아는 게 다 마음이지' 이런 식으로 이해를 해서 '이게 다 마음이구나' 한다면 그것 자체가 생각이기 때문에 생각할 동안에는 내가 법을 아는 것 같은데, 문득 다른 생각이 일어나면 놓쳐 버려요. 그건 전부 가짜예요. 가짜 공부인 겁니다. 그렇게 하면 안 돼요. 그건 가짜고 망상 공부입니다.

이해를 하면 안 되고, 이치를 가지고 있으면 안 됩니다. 명백해서 (손가락을 세우며) 이게 저절로 이렇게 확실해서, 이게 이렇게 힘을 딱 가지고 항상 이렇게 드러나서 분별하든 안 하든 관계없이, (법상을 두드리며) 이렇게 분명해야 하는 겁니다. 찾든 안 찾든 이렇게 항상 명백해야 하는 거지, 이치를 이해해서 '그래 세상이 다 한 개의 마음이고, 보고·듣고·느끼고·아는 게 다 한 개의 마음이니까 항상 마음 한 개뿐이지' 이런 이해라면 누구든지 쉽게 할 수 있는 거죠. 이건 깨달음이 아닙니다. 망상이에요. 그런 이해를 깨달음이라고 착각하면, 그런 사람은 구제가 안 돼요. 가짜를 진짜라고 붙잡고 있으니까 구제를 할 수가 없습니다.

불가사의라서 알 수가 없고, 원리원칙 같은 것도 없습니다. 이치도 없고, 알 수가 없고, 이해할 수가 없지만, (손을 흔들며) 이렇게 분명하단 말예요. 알 수도 없고 이해할 수도 없지만 이렇게 분명해지는 것, 이것을 "통한다"고 하고, "계합한다"고 하고 "체험한다"고 하는 거거든요. 아무런 이해도 없고, 아무것도 아는 게 없어요. (법상을 두드리며) 그러나 이렇게 분명한 겁니다. 순간순간 이렇게 분명하단 말이에요. 이것이 이렇게 분명해져야 해요. (법상을 두드리며) 이게 분명해져야 해요. 저절로. 이렇게 분명하고 명백해져야 하는 겁니다.

딱! 딱! 딱! (죽비 소리)

5.
밖에서 찾지 마라

달마혈맥론 다섯 번째 시간입니다.

밖에서만 부처를 찾는 사람은 모두 자기 마음이 바로 부처임을 알지 못하는 것이다.
또한 부처를 가지고 부처에게 절할 수는 없으며, 마음을 가지고 부처를 생각할 수도 없다.
부처는 경(經)을 외우지도 않고 부처는 계(戒)를 지키지도 않고 또 부처는 계(戒)를 범하지도 않는다. 부처에게는 지키고 범함이 없으며, 선(善)도 악(惡)도 짓지 않는다.

다시 보죠.

밖에서만 부처를 찾는 사람은 모두 자기 마음이 바로 부처임을 알지 못하는 것이다······ "마음이 바로 부처다." 이런 얘기를 하는데, 이것도 역시 말이죠, 말. "마음이 바로 부처다." 이 말을 말로 보면 일반적인 말과 똑같은 말이니까 아무 특별함이 없습니다. 그러나 여기서 "부처다" "마음이다" 이렇게 말할 때, 어떤 이름도 아니고, 어떤 느낌이나 생각도 아니고, 지금 "부처다" "마음이다" 바로 이것! 이것은 어떤 이름이나 느낌이나 생각이나 그런 게 아닙니다. 우리가 알 수 있는 게 아니에요. 알 수는 없지만 "부처다" 할 때나 "마음이다" 할 때나 이렇게 명백하죠. 너무나 명백하여 명백하다는 말도 필요 없어요. 왜냐? 이것밖에 없으니까요. 진실은 이것뿐이니까요.

(손을 흔들며) 이것이 진실이죠. "마음이 부처다"라는 말은 누구든지 할 수 있는 말이고, 부처와 마음은 그냥 이름일 뿐입니다. 그러니까 말에 따라 생각을 하는 것은 아무런 진실함이 없고, 지금 마음이라 하든지 부처라 하든지 진실은 '이것' 밖에 없죠. 이 하나밖에 없어요. 이게 한번 통달이 되어야만 마음이라 하든, 부처라 하든, 죽비라 하든, 하늘이라 하든, 땅이라 하든, 언제든지 여기에 다른 일이 없습니다. 그냥 항상 이것 하나죠. 이 한 개의 일이죠.

(법상을 두드리며) 여기서 우리는 마음, 부처, 불교, 대승, 소승 등 온갖 말을 하지만, (법상을 두드리며) 이것은 그런 무엇이 아닙니다. 그런 이름이 붙을 수 있는 게 아니죠. 이름이 붙을 수 없는 이 하나! 이것만이 유일하게 진실한 겁니다. 이것 하나죠. 이 하나!

여기서 우리가 온갖 이름을 말하죠. 대승, 소승, 마음, 부처, 여래, 보살…… 그러나 이것에는 어떤 이름도 없어요. 어떤 이름이든지 다 이것이지만, 이것은 아무 이름이 아닙니다. 어떤 생각이든지 이것이지만 이것은 어떤 생각도 아니고, 어떤 느낌이든지 다 이것이지만 이것은 아무 느낌이 아닙니다. 어떤 말이든지 다 이것이지만 이것은 아무 말이 아닙니다. 우리가 보고·듣고·느끼고·알고 하는 것은 진실하지 않습니다. 왜냐? 그것은 지나가 버리는 거잖아요? 흘러가 버리는 거고, 순간순간 바뀌어 가는 거니까 진실한 건 아니죠. 그런데 이것은 모든 게 바뀌더라도, 바뀌는 그 자리에 바로 이게 있어요.

(손을 흔들며) 바로 이거다! 바로 이것이다! 이것은 이렇게 바로 딱 드러내고, 지적해 드릴 수밖에 없어요. 이것 하나가 유일하게 진실이라고 하는 것은, 이것을 확인해 보면 왜 그렇게 말하는지 알 수 있습니다. 세상이 있고, 내가 있고, 생각도 하고, 말도 하고, 움직이기도 하는 게 전부 이 일이죠. (법상을 두드리며) 이 하나의 일이거든요. 여기서 다 일어나는 일입니다.

우리는 이런 생각을 일으켰다가 버리고, 저런 생각을 일으켰다가 버리죠. 그런데 이것은 이런 생각이 일어나든 그 생각이 없어지든, 저런 생각이 일어나든 또 그것이 없어지든, 다만 언제나 이것이죠. 항상 이 일이에요! 어떤 생각이나 말이 생겨날 때도 이 일이고, 없어질 때도 이 일이고, 항상 이 일이지, 이 일 하나! 여기서 마음이 어떻고 부처가 어떻고 하는 거죠. 마음이라는 게 있는 게 아닙니다. 당연히 부처가 있는 게 아니고, 여기서 마음이라는 말도 하고 부처라는 생각도 하고 그렇게 하지만, 마음이니 부처니 하는 그런 생각이나 말은 그냥 일어났다가 그 순간에 없어져 버리는 허망한 거죠. 마음도 허망하고 부처도 허망하고 다 허망한 거고, 허망하지 않은 유일한 일은 (손을 흔들며) 이 일 하나죠. 이 일 하나밖에 없죠. 언제나 이 일이 이렇게 분명한 거고, 하늘과 땅에 명백하게 드러나 있는 것은 단지 이 일 하나밖에 없습니다.

밖에서만 부처를 찾는다고 했는데, 바깥이다 안이다 하는 것도 말입니다. "밖이다"라고 말할 때 말이 진실한 게 아니고 (손을 흔들며)

바로 이것이죠. "안이다" 하는데, '안'이라는 이름도 우리가 생각하고 분별하여 만들어 낸 말이죠. 그러나 이것은 바깥이라 할 때도 그냥 지금 이 일이고, 안이라 할 때도 이것이지 딴 일이 있지 않습니다. (손을 흔들며) 여기서 "밖이다" "안이다" 하는 말이 나오는 거지만, 말이란 실체가 없어요. 이것이 진실한, 유일한 진실이고 말은 실체가 없습니다. 생각도 마찬가지죠. 생각의 실체가 어디 있습니까? (손을 흔들며) '이것'은 우리가 어떻게 할 수가 없는 겁니다. 좋을 때나, 나쁠 때나, 슬플 때나, 기쁠 때나, 알 때나, 모를 때나, 항상 이 한 개의 일이 이렇게 늘 있을 뿐이거든요. 이 하나의 일이 있을 뿐이죠. 이게 늘 이렇게 드러나 있는 거죠. 뭘 안다 할 때도 이 일이고, 모른다 할 때도 이 일이죠.

이것 하나가 유일하게 근원이라면 근원이고 진실이라면 진실인데, 하여튼 이게 이렇게 명백해져야 되고, 이것 외에는 다 허망한 겁니다. 다 여기서 만들어서 "부처다" "깨달음이다" "도(道)다" "마음이다" "본래면목이다" "자기 본성이다"라고 하는 겁니다. 그런데 그런 게 어디 있어요? 이렇게 본성이라는 말을 하고, 생각을 하고, 부처라는 생각을 하고, 도라는 말을 하고, 이렇게 하는 거거든요. 딴 일이 있는 게 아니에요. 이 하나가 있을 뿐이라, 이 하나가!

의심이 생길 수가 없는 진실은 딱 이것 하나밖에 없습니다. 그 다음 나머지는 전부 생겼다가 사라지고 하기 때문에 다 의심스러워요. 다 헛것이다 이 말이에요. 딱 이 하나만이 유일하게 의심이 생길 수가 없어요. 생겼다 사라지는 게 아니니까. 생기지도 않고 사라지지도 않고 바로 지금 이거니까. (법상을 두드리며) 바로 지금 단지 이 하나다!

이것은 모든 사람에게 항상 이렇게 드러나 있습니다. 나타나 있는 겁니다. 왜냐하면 지금 이렇게 보고, 듣고, 느끼고, 움직이죠. 사람이 살아 있다고 하는 것은 지금 이것이 분명하다는 뜻이에요. 이것이 이렇게 드러나 있단 말이에요. (법상을 두드리며) 바로 지금 이것이다. 이게 근본이다. 이것 하나가 분명해지면, 눈앞에 있는 세계라는 게 전부 이것이거든요. 이게 근본이죠. 여기서 하늘이다, 땅이다, 산이다, 강이다, 세상이다, 달이다, 지구다 하는 거예요. (손을 흔들며) 유일한 이 하나의 진실이 이렇게 분명해지는 겁니다. 마음이니 부처니 하는 것은 이것을 가리키려고 방편으로 이름을 만든 겁니다.

밖에서만 부처를 찾는 사람은 모두 자기 마음이 바로 부처임을 알지 못하는 것이다.

이 말은 '내 마음이라는 게 있고 그게 바로 부처다' 이런 식으로 이해되죠? 그렇게 이해하면 망상입니다. 내 마음이라는 게 있다고 하지만, 내 마음이 어디 있습니까? 내 마음이라는 게 있다고 그러잖아요? 마음이라는 게 있다고 하죠. 그런데 마음이 어디 있어요? 부처라는 게 있다고 하지만, "부처님!" 하면 "부처님!" 이거지, (손을 흔들며) 여기에 부처님이 어디 있어요?

이것이 이렇게 (손을 계속 흔들며) 이것 하나만 딱 진실인데도 우리가 여기에 계합이 안 되니까, 마음이라는 뭐가 있는 것 같고, 부처라는 뭐가 있는 것 같죠. 뭔가 모르지만 그런 게 따로 있는 것 같은 그런 망상 속에서 벗어나지 못하는 겁니다. 사실 아무것도 따로 있는 것은 없어요. 진실은 그냥 단지 이것 하나입니다. (법상을 두드리며) 이 하나! 이것 하나! 여기서 "마음이다" "부처다" 이런 소리를 해도 마음이 진실하고 부처가 진실한 게 아니고, "마·음·이·다" 이게 진실한 거고, "부·처·다" 이게 진실한 거죠. 마음이 진실하고 부처가 진실한 게 아닙니다.

"깨달음" 이러지만 깨달음이 어디 있어요? "깨·달·음." 이 일 하나가 있을 뿐이에요. "깨달았다?" "깨·달·았·다." 이 하나가 있을 뿐이죠. 이것이 유일하게 진실한 일이죠. 여기서 깨달음이 어떻고 마음이 어떻고 그런 말을 하는데, 그런 말을 따라서 헤아리면 다 망상이 되어 버립니다.

또 생각을 일으키는 사람은 '그러니까 지금 이것을 가리켜서 마음이라고 이름 붙이는 게 아니냐?' 이렇게 생각할 수가 있거든요? "마음이 아니라 바로 이겁니다!" 이렇게 하면, 생각을 하는 사람들은 '아, 그러니까 이거다 하는 이걸 일러서 마음이라고 하는 것 아니냐?'고 생각을 합니다. 그건 생각이잖아요? 그렇게 생각을 하니까 이게 안 되는 겁니다.

"마음이 뭡니까?" (손가락을 세우며) "이겁니다!" 여기에는 어떤 생각도 들어올 수가 없어요. (손을 흔들며) 그냥 이거죠. 그런데 생각하는 사람은 '그러니까 지금 마음, 이겁니다, 하는 이걸 일러서 마음이라고 하잖아!' 하고 생각을 해 버려요. 그건 망상이란 말이에요. 생각을 하면 안 돼요. 이건 생각이 아니에요. 생각을 해 버리면 다 망상이에요.

(손을 흔들며) 이것이 명백해진다는 것은, 생각을 하고 이해를 하는 게 아닙니다. 우리는 생각 속에서 뭐든 이해하려고 하는 그 습관이 너무 두꺼워서 거기에서 벗어나지를 못해요. 그게 우리에게 가장 큰 장애물입니다. "도가 뭡니까?" "뜰 앞의 잣나무!" 여기에 무슨 생각을 하라는 게 아니에요. (손을 흔들며) 그냥 이걸 딱 가리키는 건데, '뜰 앞의 잣나무라고 말하는 이게 도(道)인가?' 하고 생각을 한단 말이에요. 그러니까 자꾸 물속에서 물을 찾는다 그 말입니다. 마음을 가지고 자꾸 마음을 찾는 망상이 생기는 거예요.

"도가 뭐냐?" "뜰 앞의 잣나무!" 이렇게 그냥 확 통해 버리면 이것뿐인데, 아무것도 생각할 것 없어요. 보고 듣고 하는 온 세상 모든 일이 똑같이 (법상을 두드리며) 이 한 개의 일입니다. 아무 다른 일이 없어요. 그런데 이게 명백하지 못하면 '아, 그래, 뜰 앞의 잣나무라고 지금 말하고 있는 것, 말하고 있는 것. 이걸 마음이라고 하는구나. 도라고 하는구나!' 이런 식으로 생각을 해 버리는 겁니다. 그러니 물속에서 물을 찾는 망상을 하고 있는 거라고 말하는 거죠..

그게 아주 작은 차이인 것 같지만, 엄청난 차이입니다. 그냥 확 통해서 모든 사물사물이 전부 저절로 이 일이어서 생각할 필요가 없는 것과, 생각으로써 이해를 하여 '그래, 하늘과 땅이 전부 이 일 하나지. 이 한 개의 마음이지'라고 생각하는 것과는 얼핏 보면 별 차이가 없는 것 같지만, 하늘과 땅만큼 차이가 있습니다. 그건 전혀 다릅니다. 한계를 넘어서야 한다니까요. 생각으로 이해하는 것은 자기 생각의 테두리를 못 벗어난 겁니다. 자기 의식의 벽을 깨고 나오지 못한 거예요. 반드시 생각이 확 깨져서 생각하는 것이 아니라 저절로 통해야 합니다. 마음이라는 게 있다면 사물사물 위에, 온 우주의 삼라만상 하나하나 위에 다 드러나 있는 거지, 내가 아는 게 아닙니다. 그렇게 하면 안 돼요.

그러니까 털끝만큼 차이가 나도 하늘과 땅만큼 벌어진다고 하는 겁니다. 그런데 그런 사람이 있어요. 설법을 들으면 다 이해가 되는데 내면에서는 아무런 변화를 경험하지 못하는 사람이 있습니다. 전혀 달라진 게 없다 이거예요. 그건 설법을 것을 전부 생각으로 이해해서 '다 알겠다'라고 하지만, 그게 자기 망상인 줄 모르고, 그게 자기의 의식이요 생각인 줄 모르고, '이제 다 알겠다'라고 하는 겁니다. 그러면 실질적으로 공부를 한 효과가 전혀 없죠. 그저 알음알이만 잔뜩 가지고 있는 거죠.

그래서는 자기 삶에 아무 도움이 안 돼요. 그런 경우들을 가끔씩 볼 수 있습니다. 아주 안타까운 경우죠. "그게 바로 당신 생각이잖아. 그건 당신이 알고 있는 거잖아. 그건 깨달은 게 아니고 알고 있는 거잖아!" 하고 지적을 했을 때, 자기가 충격을 한번 받고 '아, 그래 이게 내 생각이구나' 하고 포기를 하고, 처음부터 다시 시작을 해야 하는 겁니다. 그렇게 해야 바른 공부의 길로 갈 수가 있어요.

"도(道)가 뭡니까?" (손가락을 세우며) "이겁니다." 이건 무슨 생각을 가지고 하는 게 아니라고요. "도(道)가 뭡니까?" (손을 흔들며) "이겁니다." 이것은 내 마음이 어떻게 할 수 있는 그런 게 아니에요. 이 세상에 일어나는 모든 일들이 다 똑같아요. 똑같이 이 한 개의 마음이고, 이 한 개의 도(道)인 거예요. 사람이 가지고 있는 게 아니란 말이에요. 먼지도 나무도 흐르는 물도, 모두가 다 도(道)를 가지고 있어요. 그걸 확인해야 된다고!

"내가 도를 안다." 이건 백퍼센트 망상입니다. (법상을 두드리며) 하여튼 여기서 자기도 모르게 뚫어지면 다른 일이 없습니다. 언제든지 이 하나의 일이지, 마음이니 도니 그런 것을 아는 게 아니죠. 일어나는 일마다 다 똑같은 일이에요. 다 똑같이 이 한 개의 일이죠. 그러면 어떤 일이 있어도 아무 일이 없어요. 삼라만상이 전부 똑같이 이 하나의 일이니까! 하여튼 (법상을 두드리며) 이겁니다. 여기서 (법상을 두드리며) 한번 뚫어져야 해요. 여기서 이렇게 진실이 한번 확 드러나야 돼요. 그러면 "무정물의 설법을 들을 수 있다"고 하듯이 삼라만상의 설법을 들을 수 있어요. 삼라만상이 전부 이것 하나를 드러내고 있는 거거든요. 다른 일이 없습니다. (법상을 두드리며) 이 한 개의 일입니다.

또한 부처를 가지고 부처에게 절할 수는 없으며, 마음을 가지고 부처를 생각할 수도 없다.

부처님한테 절을 한다…… 방편으로 형식을 만들어 놨죠. 그래서 불전(佛殿)에 들어가면 불상(佛像)을 향해서 절을 합니다. 이것은 불상이라는 형식을 만들어 놔서 하는 거지만, 진실을 얘기하자면 부처라는 것은 불상이 아니고, 온 천지에 모든 것 위에 드러나 있는 (손을 흔들며) 이 한 개의 일입니다. 그러니까 부처라는 것이 따로 상대가 될 수는 없어요. 부처라는 게 따로 상대가 되는 게 아니고 온 천지에 드러나 있는 이 한 개의 일이니까, 뭘 하든지 손에, 발에, 방바닥에, 기둥에, 천장에 전부 부처가 나타나 있거든요. 그러니까 "부처를 가지고 부처에게 절할 수는 없다"는 얘기를 하는 겁니다.

그렇다고 우리가 정해 놓은 형식을 지키지 말라는 얘기는 아닙니다. 진실을 말하자면 이렇다는 말입니다. "부처를 가지고 부처에게 절할 수는 없으며, 마음을 가지고 부처를 생각할 수도 없다." 왜? 생각 자체가 부처이기 때문에 부처를 따로 생각할 수는 없어요. 생각생각 자체가 부처예요. 사과를 보면서 '이게 사과구나'라는 생각이 부처라니까요. 그러니까 "부처가 뭡니까?" 물으니까 "똥막대기" 하잖아요? 이게 부처니까요. 부처를 따로 생각한다는 건 말이 안 되는 소리예요. "부처가 뭡니까?" "삼이 서 근이다." 이게 부처라고요. 따로 부처가 어디 있어요? 이걸 일러서 부처라는 방편의 이름을 붙인 거죠.

진실은 이 일 하나입니다. (법상을 두드리며) 바로 지금 이것뿐이에요. 아무것도 생각할 것도 없고, 알 것도 없고, (법상을 두드리며) 단지 이 일 하나! 아무것도 생각할 것도 없고, 이해할 것도 없습니다. 단지 이 일 하나, 이 일 하나! (법상을 두드리며) 이것뿐입니다.

부처는 경(經)을 외우지도 않고 부처는 계(戒)를 지키지도 않고……

경(經)이 따로 있는 게 아니죠. 경전 첫머리에 "여시아문(如是我聞)" "나는 이와 같이 들었다"는 말이죠. "나·는"이 부처고, "이·와·같·이"가 부처거든요. "들·었·다"가 부처니까, 경전이 따로 있고 부처가 따로 있는 게 아니에요.

"부처가 경전을 읽을 수 없다"라고 하는 것은, 경전의 한 글자 한 글자가 다 부처이니 부처가 따로 경전을 읽을 수는 없죠. "나는 이와 같이 들었다"라고 하니, "나·는"이 이거고, "이·와·같·이"가 이거고, "들·었·다"가 이거예요. 한 글자 한 글자, 한마디 한마디가 다만 이 일이에요. "부처"라 하면 "부·처"가 이 일이에요. 이 일을 일러 부처라고 하니까요. 그러니까 부처가 경전을 읽을 수 없지요. 따로 없으니까요.

우리는 염불을 하는데, 염불이란 부처를 생각한다는 말이잖아요? 생각할 염(念)에 부처 불(佛) 자입니다. 부처를 생각한다고 그러는데, 그게 안 맞아요. 염(念), 생각이 곧 불(佛)이거든요. 즉 생각이 곧 부처란 말이에요. 염(念)이 곧 불(佛)이에요. 생각이 곧 부처니까 염불을 따로 할 게 없지요. 하늘을 생각하고 땅을 생각하고 별을 생각하고 달을 생각하는 게 전부 부처인데, 따로 어떻게 부처를 생각해요?

부처는 경(經)을 외우지도 않고 부처는 계(戒)를 지키지도 않고…… "살생하지 마라." "도둑질하지 마라." "거짓말하지 마라." "살·생·하·지·않·는·다"가 이거거든요. "살생을 하지 않는다"가 곧 이거니까 따로 계(戒)라는 게 없단 말예요. 부처가 있고, 계(戒)가 있고, 지키는 게 있는 게 아니고, 다만 이 하나입니다. 이 하나의 진실! (법상을 두드리며) 부처가 이거고, 계율이 이거고, 지킨다 하는 게 이거니까, 부처가 계율을 지킨다 안 지킨다 하고 생각하면 모두가 다 분별망상입니다. 이 일이라고요. 이 일 하나!

(법상을 두드리며) 진실은 단지 이것 하나뿐입니다. 여기서 오계(五戒), 팔계(八戒), 이백오십계(二百五十戒), 삼백오십계(三百五十戒) 온갖 계율을 얘기하고, "지킨다" "안 지킨다" 이렇게 얘기를 하는 건데, "지킨다" 할 때도 이 일이고, "안 지킨다" 할 때도 이 일입니다. 달라지는 일은 없어요. 이 한 개의 일입니다. 이 하나의 일. 언제든지 이 하나의 일이고, 다른 일은 없어요. 계율이라는 게 따로 있고 경전이라는 게 따로 있으면, 그건 분별입니다.

이 분별을 벗어나지 못한 사람들은 질문을 하죠. "부처는 경을 읽지 않고 계를 지키지도 않는다. 왜 그러느냐? 자기가 부처이기 때문에 그런가?" 하고 이런 식으로 생각을 하는데, 부처라는 이름 자체가 이 일이죠. 부처라는 사람이나 무엇이 있는 게 아니고, 부처라는 이름 자체가 바로 이 일이란 말이에요. 실상을 보면 경전이라는 말의 실상이나, 계율이라는 말의 실상이나, 부처라는 말의 실상이나, 실상은 다 똑같아요. (손을 흔들며) 모두 이 일 하나란 말예요. 따로 없습니다. 부처가 따로 없고, 경전이 따로 없고, 계율이 따로 없다 이 말입니다.

(법상을 두드리며) 실상을 보면 그저 이 일 하나뿐이니까! 실상은 지금 이것뿐이니까! 그런데 이게 분명하지 못하면 자꾸 생각으로 헤아려서 "부처가 왜 경전을 읽지 말아야 하고, 부처가 왜 계율을 지키지 말아야 하느냐?" 하고 생각 속에서 어떻게든 이유를 찾으려 하는데, 그건 이미 다 망상입니다. 생각 속에서는 아무런 답도 얻을 수 없습니다. 그냥 망상일 뿐이에요. 우리가 얻을 수 있는 (법상을 두드리며) 해탈, 말하자면 누릴 수 있는 자유는 (법상을 탕! 치며) 이 일! 생각이 아니고 이것 하나! 단지 이 하나입니다!

이 하나가 분명하면 걸림 없는 자유가 있고, 무슨 일을 해도 하는 사람도 없고, 하는 일도 없고, 차이가 없어요. 그저 이 한 개의 일일 뿐인 거죠. 이 하나의 일. 단지 이 한 개의 일일 뿐입니다. 하여튼 스스로에게 물어보면 돼요. 내가 지금 생각을 하고 있는 건지, 아니면 생각이 아닌 항상 변함없는 진실 하나가 드러나 있는 건지. 이것 하나가 분명한지, 뭔가 생각을 하고 있는 건지, 그걸 스스로에게 물어보면 돼요. 생각으로 뭔가를 이해하고 있다면 그건 망상 속에 있는 겁니다. 이게 분명하면 어떻게 생각을 하더라도 망상은 없습니다.

모든 생각이 다 이 하나의 일일 뿐이기 때문에, 모든 생각이 다만 이 하나의 일이고, 모든 말과 보고 듣는 것이 단지 이 하나의 일이기 때문에 망상이란 건 없어요. 그런데 이게 분명하지 못하면 모든 것을 생각하고 말하는데, 전부 망상입니다. 백퍼센트 망상이에요.

그걸 스스로 돌이켜 보면 됩니다. 생각을 가지고 뭘 알고서 '이게 맞다! 옳다!' 이렇게 하고 있는 건지 말이죠. 그러나 이 실상에는 옳다 그르다 할 게 없습니다. 맞다 틀리다 하는 건 없어요.

모든 일, 모든 생각, 모든 이름이 차별 없이 평등하고 똑같습니다. 이 한 개의 일일 뿐입니다. 차별되는 개념이나 생각이나 견해를 가지고 불법을 알고 있는지, 아니면 (법상을 두드리며) 생겨나지도 않고 사라지지도 않는, 우리가 어떻게 손을 댈 수가 없는, 분별할 수가 없는, 견해로써는 접근할 수가 없는 이 진실 하나가 명백한 건지, 스스로 돌이켜 보면 돼요. 아무튼 견해를 가지고, 개념을 가지고, 생각을 가지고, 이게 맞다, 이게 옳다 하면 그건 다 망상입니다. 결코 생각이 아닙니다. 생각을 가지고는 '해탈' '열반' 이런 걸 경험할 수가 없습니다.

부처는 경(經)을 외우지도 않고 부처는 계(戒)를 지키지도 않고 부처는 계(戒)를 범(犯)하지도 않는다.

지킨다, 어긴다는 것은 분별이고 말이잖아요? "지킨다"의 실상을 보면 (손을 흔들며) 이것이고, "어긴다"의 실상이 (손을 흔들며) 이겁니다. 실상은 아무 차이가 없습니다. 우리가 실상을 가리킬 때 불이법이라 하잖아요? 이것에는 아무 차별이 없기 때문입니다. 실상은 단지 이 하나입니다. (법상을 두드리며) 이 하나! 이것이, 이 일이 (법상을 두드리며) 한번 이렇게 분명해져야 실상이 명백해지는 거고, 실상이 명백해져야 온갖 일들이 일시에 다 쉬어지고, 온갖 차별경계가 일시에 다 사라져서 아무 일이 없는 겁니다. 우리가 이 공부를 하는 효험이 바로 이거거든요. (법상을 두드리며) 이 실상이 분명해져야 합니다. 이 일 하나뿐입니다. 아무 다른 게 없습니다. 단지 이 일 하나뿐입니다. 여기서 모든 것이 다 사라지고 아무 일이 없어요. 항상 이 한 개의 진실만이 이렇게 명백할 뿐인 것이죠.

부처는 경(經)을 외우지도 않고 계(戒)를 지키지도 않고 계(戒)를 범(犯)하지도 않는다…… 이 말은 부처에게는 지키고 범(犯)함이 없다는 거예요. 부처는 지키거나 범(犯)하는 차별 속에 있지 않다는 것이죠. 선이니 악이니 하는 분별 속에 있는 것이 아니고, 이해할 수 없는 단지 이 한 개의 진실만이 명백할 뿐이다 이 말이에요. (법상을 두드리며) 다만 이 하나의 진실뿐입니다. 이건 아무 색깔이 없습니다. 아무런 가치판단을 할 수가 없어요. 좋다 나쁘다 할 수도 없고, 여기에는 아무것도 판단을 할 수가 없습니다. 진실에는 아무 차별이 없어요.

우리는 가치판단에 굉장히 좌우됩니다. 그 가치판단이라는 것이 교육받은 부분도 있고, 살아오면서 자기가 좋아하고 싫어했던 환경적인 부분도 있고, 이런 여러 가지에 많이 좌우가 됩니다. 인도 힌두교 경전에 《바가바드 기타》라는 게 있어요. 거기에 보면 신이 가르침을 펼치는데 무대가 뭐냐 하면 전쟁터예요. 그 전쟁은 형제끼리 하는 거예요. 왕자들끼리 왕위를 놓고 서로 죽이고 살리고 하는 전쟁인데, 그 왕자가 인간이고 그 왕자의 마부인 시자가 신(神)입니다.

신(神)이 그렇게 설정이 되어 있어요. 이 왕자는 인간적인 고뇌를 해요. "아, 내가 어떻게 형을 칼로 찌르고 왕위를 얻을 수 있느냐? 나는 전쟁할 수 없다." 마부가 그걸 보고 "그게 너의 망상이다. 왜 그런 생각을 하냐? 진실을 봐라." 이렇게 얘기를 해요.

가서 형을 찔러 죽이라는 말이 아니라, 우리가 가지고 있는 부모 형제에 대한 생각조차 망상이라 이거죠. 그런 망상을 볼 게 아니라 실상을 봐라 하고, 방편으로 극단적인 상황 설정을 해 놓은 겁니다. 방편을 이렇게 극단적으로 설정하는 데는 이유가 있겠죠. 그만큼 우리가 가까운 관계에 있는 사람들에게 많이 끄달리고 있기 때문에, 이렇게까지 설정을 해서 경전을 만든 것이겠죠. 실상을 봐야 해요. 이 진실은 냉정하다고 할 수가 있어요. 왜냐? 여기는 아무런 가치판단이 없으니까요. (법상을 두드리며) 그냥 진실은 이것뿐이에요.

《노자》에도 "도(道)는 불인(不仁)하다"라는 구절이 있어요. 도(道)에는 인간성이 없다 그 말이에요. 인(仁)이라는 것은 인간이 가지고 있는 인간성을 가리키는데, 그것은 공자가 좋아하는 말입니다. 사람은 부끄러워할 줄 알고, 안타까워할 줄 알아야 한다는 게 인이죠. 이것은 물론 중요한 겁니다. 하지만 이 도에 들어오려면 그런 것도 극복을 해야 하는 겁니다. 그런 것에도 매여 있어서는 안 된다는 철저함을 말한 겁니다. "도는 불인하다"는 말은, 도(道)가 어질지 않다는 뜻이 아니라 도(道)에는 그런 어짊이라는 분별과 개념조차도 용납이 안 된다, 그 말이에요. 왜냐? 여기에는 어떤 색깔조차 없으니까요. 이것은 냉정한 진실일 뿐입니다. 냉정한 진실일 뿐이에요. 아무런 색깔이 없기 때문에, 어떤 세속적인 가치도 있지 않습니다.

　인도 사람들이 이 공부를 하는 이유를 말할 때, 이건 불교에서도 항상 하는 얘기인데 "다시는 이 세상에 태어나고 싶지가 않다." 이것을 지상의 목표로 삼고 있습니다. 그게 무슨 말이겠어요? 이 사바세계에 그만큼 심하게 오염되어 번뇌 속에서 자유롭지 못하다 그 말입니다. 다시는 이렇게 온갖 것에 얽매이고 끄달리는 이 사바세계에 오고 싶지 않다는, 그러한 완전한 자유를 얻고 싶다는 말이죠. (법상을 두드리며) 이 도(道)가 그런 거예요. 아무것도 없으니까, 아무 그런 게 아니거든요. 어쩌면 진짜 자연법칙 같아요. 아무런 인간성이 없는…… 어떻게 보면 그런 느낌, 그런 얘기까지도 할 수가 있어요. 이 실상이라는 것은! 그렇다고 인간성을 상실하라는 말이 아닙니다. 세속적인 삶을 위해서는 필요한 것이지만, 이 도에 철저하려면 그런 것에조차 매이지 않고 자유로워야 한다는 겁니다. 그런 가치관에도 매임 없이 이 하나의 진실에 철저해야 한다는 거죠.

부처에게는 지키고 범(犯)함이 없으며, 선(善)도 악(惡)도 없다.

　부처에게는 선(善)이니 악(惡)이니 하는 것도 없다…… 우리가 처음 불교를 배울 때 중선봉행(衆善奉行) 제악막작(諸惡幕作), 즉 여러 가지 선(善)을 행하고 온갖 악(惡)을 짓지 말라고 합니다. 그걸 처음엔 세속의 선악(善惡) 개념으로 이해를 합니다. '좋은 일을 많이 하고 나쁜 일을 하지 마라.' 이렇게 이해하죠. 이런 이해는 불법의 가르침으로 보면 부족해요. 이런 이해는 세속적인 가르침이죠. 불교에 더 깊이 들어오면 제악막작 중선봉행의 의미가 좀 달라집니다.

중선봉행에서 선(善)은 곧 불법, 악(惡)은 세간의 분별되는 모습을 말합니다. 그러니까 세간의 선악개념이 아니고, '불법에 충실하고 세간의 온갖 분별에 끄달리지 마라'는 뜻이죠. 불법 속에 좀 더 깊이 들어오면 제악막작 중선봉행이 이렇게 바뀌어야 하는 거예요. 불교는 세속의 도덕을 말하는 게 아닙니다. 제악막작 중선봉행을 세속적으로 이해하면 그건 도덕률이 되겠죠. '도덕적으로 선한 일을 많이 하고 악한 일은 하지 마라' 이렇게 되지만, 불법의 본질로 돌아오면 그건 전혀 다른 뜻이 되는 겁니다. 《금강경》에 보면 '선(善)남자 선(善)여인'이라는 말이 있죠. '착한 남자여 착한 여인이여'라는 말인데, 좋은 일을 많이 해서 착하다고 한 게 아니고, 불법을 공부하기 때문에 착하다고 한 겁니다. 착하다는 것은 불법을 공부하기 때문이라고요.

그러니까 불법에서 선이라는 것은 모든 망상에서 벗어난 이 일 하나, (법상을 두드리며) 이 자리, 이것이 선(善)이고, 여러 가지 분별망상 속에서 세간의 일에 휘말려 들어가 있는 것이 악(惡)이에요. 그러니까 불교에서는 세간적인 가치와는 다른 가치를 말하는 겁니다. 나중에 자기가 한번 이게 분명해지면 저절로 이해할 수 있습니다. '아, 세간적인 얘기를 하고 있는 게 아니구나' 하고.

부처에게는 선도 없고 악도 없다고 할 때는, 세간적인 선악과는 관계가 없다, 그러니까 세간에서 말하는 선이니 악이니, 좋은 일 나쁜 일은 이 법과는 아무 상관이 없다는 겁니다. 그렇다고 세간에서 악한 일을 맘대로 하라는 말은 아닙니다. 절대 그렇게 이해하면 안 됩니다.

만약 부처를 찾고자 한다면 반드시 본성을 보아야 하니, 본성이 곧 부처다.

본성이라는 말이 있죠. 이 본성! (법상을 두드리며) 이 본성이라는 것은 분별할 수 없는 것, 이 하나. (법상을 두드리며) 분별할 수 없는 이 하나! 이걸 일러서 본성이라 하죠. 분별할 수 없는 것. 언제든지 항상 이렇게 드러나 있고, 늘 만법의 근원이 되어 있으면서도 절대 생각으로 헤아려 분별할 수는 없는 것.

본성(本性)이라는 표현에서 성(性)이라는 말은, 마음 심(心) 자에 날 생(生) 자를 합한 겁니다. 마음이 생겨나는 곳, 또는 마음이 살아 있는, 이런 정도의 뜻이죠. 그러니까 본성은 마음이 생겨나는 근원, 또는 지금 이렇게 생생하게 살아 있는 마음이라는 의미가 되겠죠. 마음은 아주 생생하게 살아 있는 것이지, 어떤 정해진 모양으로 딱딱하게 굳어 있는 게 아닙니다. 물을 비유로 들면, 물이 얼면 딱딱하게 모양이 고정된 얼음이 되죠. 얼음으로는 조각을 할 수 있습니다. 그런데 물을 가지고는 조각을 할 수가 없어요. 왜? 모양이 없으니까. 얼음은 조각이 가능하죠. 우리가 보통 알고 있는 마음이라는 것은 얼음 같은 겁니다. 조삭할 수 있죠. 그러니까 자꾸 아름다운 마음을 만들려고 하잖아요. 조각을 하거든요, 아름답게. 그러나 우리 본래의 마음은 물입니다. 조각할 수가 없어요. 그러니까 이런 방편을 쓰는 겁니다.

이것은 아무 모양이 없단 말이죠. 모양이 없지만 항상 이렇게 만법의 근원이기도 하고, 이 자체가 만법이죠. 항상 명백하게 딱 드러나 있는 거거든요. 그래서 '마음을 아름답게 한다'는 것은 마음이 얼음이 된, 망상이 된 상황에서 하는 얘기고, 우리 마음의 본래 모습에는 아름답고 추함이라는 모양이 생길 수가 없습니다. 항상 똑같아요. 항상 그저 이 하나일 뿐이라고요. 아무 정해진 모양이 없이 항상 이 일뿐이죠. (법상을 두드리며) 늘 이 하나뿐이죠. 이것이 한번 분명해져야 돼요. 이걸 본성이다, 마음이다, 도다, 이런 식으로 여러 이름을 붙이지만, 이름과는 상관이 없습니다. 어떤 이름으로 부르든지 간에 이 진실 하나는 달라지지 않거든요. 똥막대기, 부처님, 마음, 본성, 진여, 자성…… 뭐라고 하든지 이게 달라질 수는 없는 겁니다. (법상을 두드리며) 어쨌든 이게 한번 분명해져야 합니다.

만약 본성을 보지 못한다면 염불하고 경을 읽고 재를 지내고 계를 지킨다고 해도 이익 될 게 없다.

본성을 보지 못한다면, 즉 이 실상이 분명치 못하다면, 아무리 염불을 하고 경전을 읽고 온갖 재를 지내고 계를 아무리 지켜 봐야 이익 될 게 없다는 거죠. 참 무서운 말처럼 들리죠? 그러니까 경을 읽거나 염불을 하거나 재를 지내거나 계를 지키거나 하기 이전에 먼저 깨달아야 합니다. 깨닫기 전에는 무엇을 해도 소용이 없고, (법상을 두드리며) 반드시 이것을 깨달아야 해요, 이것을! 그런데 지금 우리 불교계를 보면 이것을 깨달을 생각은 안 하고, 열심히 염불하고, 열심히 경전 읽고, 열심히 재 지내고, 열심히 계율 지키고, 그런 것만 자꾸 주장하고 있는데, 이것은 달마 스님의 말을 안 듣고 있는 겁니다. 달마 스님의 가르침을 무시하고 있는 거예요.

이 법이 분명하지 못하면 그 나머지 일은 아무짝에도 쓸모가 없는 겁니다. 이것이 참된 부처님의 가르침입니다. 부처님은 염불 열심히 하고, 경 열심히 읽고, 재 열심히 지내라고 가르친 것이 아니에요. (법상을 두드리며) 오로지 이 일! 이것 하나를 깨달아서 온갖 번뇌에서 해방이 되어 어디에도 머물지 말고 걸림이 없으라고 가르치신 겁니다. 그렇게 되면 아무 일이 없는 거죠. 그래야 우리는 부처님의 은혜를 알게 됩니다. 재 열심히 지내고, 염불 열심히 하고, 경 열심히 읽고, 그러면 힘들잖아요? 그렇게 되면 부처님이 원망스럽잖아요? 뭘 이런 걸 자꾸 하라고…….

불법을, 진실한 불법을 공부해야 해요, 진실한 불법을! 진실한 불법을 바로 공부해야 부처님 은혜를 알고, 부처님 은혜를 아는 것이 바로 부처님 은혜를 갚는 겁니다. "아, 이걸 가리키셨구나!" 비로소 자유로워지고, 아무 걸림이 없게 됩니다.

만약 본성을 보지 못한다면, 염불하고 경을 외우고 재를 지내고 세를 시킨다고 해도 이익 될 것 없다······ 이런 것은 헛된 노력이라는 거죠. (법상을 두드리며) 이 일입니다. 이 일 하나! 진실은 언제든지 한순간도 사라지질 않습니다. 항상 이렇게 명백합니다. 항상 이 하나의 일일 뿐이에요. 명백한데도 우리는 마치 물속에서도 물을 알지 못하고 물을 찾아 헤매는 것과 같은 겁니다. 그런 표현들이 있잖아요? 소를 타고 소를 찾는다고. 이렇게 명백한데도 이것을 모르고 산단 말이에요. 모르고 엉뚱한 생각을 하고 있어요.

(손을 흔들며) 이 일 하나입니다. 언제든지 분명하게 한순간도 다른 일이 없습니다. 항상 이렇게 명백하게 드러나 있는 겁니다. 차를 마시든지 밥을 먹든지 얘기를 하든지 잠을 자든지 왔다 갔다 이렇게 걸어 다니든지 일을 하든지 놀고 있든지, 뭘 하든지 단 한 순간도 다른 일이 없습니다. 전부 이 한 개의 일이고, 전부 이 자리이고, 전부 (손을 흔들며) 이것입니다. 단 한 순간도 다른 일이 없어요.

(법상을 두드리며) 전부가 이 자리예요. 이것 하나가 분명해지면 저절로 아무 일이 없습니다. 할 일이 없어요. 항상 이 일 하나뿐이니까요. 이러쿵저러쿵 해 봐야 아무것도 없거든요. 아무 일이 없어요. 이것은 우리가 어떻게 할 수 있는 게 아니고, 언제나 저절로 온 천지에 가득한 겁니다. 어디든지 완전하게 드러나 있기 때문에 아무 할 일이 없어요. 노력할 게 없고, 갈고 닦을 게 없고, 아무 할 일이 없습니다. 이 법을 딱 깨닫고 보면 아무 할 일이 없어요.

애초부터 이것은 완전한 것이고 온 천지에 그대로 드러나 있는 거예요. 그런데 자기 스스로 자꾸 엉뚱한 생각을 하고, 이렇게 해야 좋다 저렇게 해야 좋다 하고 망상을 하고 있는 겁니다. 자기 스스로 자꾸 자기를 오염시키며 망상을 하고 있는 거예요. 이것 자체는 아무 문제가 없습니다. 아무 문제 없이 항상 이렇게 명백하게 딱 갖추어져 있지요. 원만구족(圓滿具足)하다고 그러잖아요? 항상 이렇게 아무 문제가 없어요. (법상을 두드리며) 이 일 하나예요!

우리 스스로가 이렇게 생각하고 저렇게 생각하고, 이래 볼까 저래 볼까 하고 우물 속 개구리처럼 자기 생각 속에 싸여서 망상을 하고 있는 겁니다. 신찬 스님이 그랬잖아요? "세상이 이렇게 드넓은데, 이 넓은 허공으로 날아갈 생각은 안 하고 창호지에만 자꾸 부딪치고 있느냐?" 이것은 경(經)만 읽는 스님에게 한 말이죠. 아무 걸릴 게 없이 이렇게 명백한데, 이렇게 분명한 일인데, 이 명백함이 늘 이렇게 완전하게 이렇게 드러나 있는데, 이건 내버려 두고 자기 생각을 가지고 '뭘 어떻게 해 볼까?' 하고 꿈을 꾸고 있습니다. (법상을 두드리며) 이렇게 완전하게 아무 문제도 없이, 항상 이렇게 법계는 원만구족합니다. 아무 문제가 없습니다. 이 하나뿐이에요, 이 일 하나!

딱! 딱! 딱! (죽비 소리)

6.
선지식을 찾아라

달마혈맥론 여섯 번째 시간입니다.

**염불하면 인과(因果)를 얻고, 경(經)을 외우면 총명함을 얻고, 계(戒)를 지키면 하늘에 태어날 수 있고, 보시(布施)를 하면 복(福)된 과보(果報)를 얻지만, 끝내 부처를 찾지는 못한다.
만약 스스로 밝게 깨닫지 못하면 반드시 선지식(善知識)을 찾아서 생사(生死)의 근본을 밝혀내야 한다.**

이것은 뭘 어떻게 한다, 하지 않는다 그런 문제가 아닙니다. 이것은 바로 지금, 바로 이 일이고, 바로 이 자리인데, 뭘 어떻게 한다, 하지 않는다 그러면 분별이 되죠. 분별 쪽으로 가면 역시 상관없는 일이 되어 버립니다. 이것은 눈에 보이게 가리킬 것은 없지만, (손가락을 세우며) "이겁니다!" 이렇게 말은 할 수 있습니다. 마음이라고 하는 것은 이름이 마음일 뿐이지, 실제로 우리가 알 수 있는 것은 없습니다. 단지 여기에 한번 통달되면 걸림 없는 자유가 있지만, 이것이다 저것이다 할 것은 없어요. 언제든지 단지 다른 일이 없습니다. 전혀 이것이다 저것이다 할 것은 없고, 무슨 일이 일어나더라도 아무 일이 없죠.

이런 말보다도 일단 여기에 한번 통달이 돼야 하지만, 여기에 "통달이 돼야 한다"는 이 말도 결국 버려야 합니다. 이것도 역시 생각이기 때문입니다. 그래서 그냥 "이것이다!" 생각할 수가 없고, 헤아리고 판단할 수가 없고, 단지 "이것이다!"

"이것이다!" 이러면 우리는 어떤 감각이나 의식이나 이런 걸로, 또는 어떤 집중이라든지 이런 식으로 해결을 하려는 경우가 있는데, 전혀 그런 일이 아닙니다. 뭘 어떻게 할 수가 없어요. 뭐라고 설명할 수도 없고, 생각할 수도 없고, 말할 수도 없습니다만, 어쨌든 여기를 벗어나지 않는 겁니다. 이것을 벗어나지 않죠. (손을 흔들며) 이것입니다. 이 자리에서 통하면, 바로 이것 하나뿐입니다. 비록 생각할 수도 없고 이해할 수도 없고 알 수도 없지만, 생각할 수가 없고 이해할 수가 없고 헤아릴 수가 없는 바로 여기에서 (손을 흔들며) "이겁니다!" 이렇게 가리킬 수밖에 없습니다. 어쨌든 여기서 한번 해결이 돼야 하는 거죠.

염불하고 경을 읽고 하는 것은 모두가 다 인위적인 행위잖아요? 유위적(有爲的)이고 인위적(人爲的)으로 뭔가를 행하는 것이기 때문에, 이러한 원인이 주어지면 어떤 결과는 나오게 마련입니다. 그러나 이 법은 원인도 아니고 결과도 아닙니다. 그런 어떤 것이 아니고, 굳이 얘기하자면 (법상을 두드리며) 원래 이것이다! 어떤 원인이 주어져서 결과가 나오는 것이 아니고, 원래 이 일이고 원래부터 이것입니다. 다만 우리가 망상으로 스스로를 가로막고 있는 바람에 여기에 통하지 못하고 있는 거죠. 염불을 해서 여기에 통하는 것도 아니고, 경전을 읽어서 여기에 통하는 것도 아니고, 참선을 해서 여기에 통하는 것도 아니에요. 그런 어떤 만들어진 일이 아니고, 이것은 원래 모든 사람에게 있어서 어떻게 손을 댈 수가 없는 겁니다. 알 수는 없지만, 어쨌든 이 일이 온 천지 모든 일의 근본 바탕이라고 할 수 있습니다. 어떤 일이 일어나더라도 이것은 변함이 없는 것이죠. (법상을 두드리며) 하여튼 지금 이 일이에요, 이 일 하나!

그런데 "이 일입니다." 이렇게 말해도 이것도 결국 방편의 말입니다. 본인 스스로 한번 통해야, "이 일이다" 하는 이 말조차도 잊어버리고, 이 일 저 일 할 것도 없이, 모든 일이 다 똑같은 일이고 다 똑같은 자리여서 전혀 걸림이 없게 되는 겁니다. 온 천지가 다만 이 한 개의 일일 뿐입니다. 어떤 일이 일어나더라도 아무 일이 없어요. "만법이 하나로 돌아온다"고 하듯이 모든 일이 다만 이 일이거든요. 그냥 이 일 하나! 이것은 생각을 굴리고 의식을 가지고 헤아리고 해서는 절대 안 되는 겁니다.

염불을 하면 인과(因果)를 얻고…… 즉 어떤 결과가 나온단 말이에요. 인과란 원인과 결과잖아요? 그러니까 경전을 읽으면 총명해지고, 계(戒)를 지키면 하늘에 태어난다는 말도 하는 겁니다. 계를 지킨다는 것은 깨끗하게 사는 거니까 '하늘나라에 태어날 만큼 깨끗하게 산다' 그런 정도의 말이겠죠. 허물을 전혀 짓지 않고 아주 도덕적이고 깨끗하게. 계(戒)라는 말 자체가 '청정함을 지킨다'는 뜻인데, 청정하게 사니까 하늘에 태어날 수 있다는 말도 하겠죠.

보시를 하면 복을 얻는다…… 좋은 일을 했으니까 복을 얻겠죠. 하지만 이런 것은 결코 부처가 되는 길이 아닙니다. 부처가 되는 길은 사실 뭘 어떻게 해야 되는 것도 아니고, 하지 말아야 되는 것도 아닙니다. 복을 짓는 것도 아니고, 깨끗하게 사는 것도 아니죠. 그런 일이 아니고, 굳이 얘기를 하자면, 만법의 진실이라 할까 만법의 실상에 통한다고 해도 좋고, 아니면 모든 장애와 걸림으로부터 벗어나 한 물건도 없어서 걸릴 것이 전혀 없다고 말할 수도 있겠죠. 어쨌든 이 공부를 통해서 여기에 한번 통달하면, 장애 되는 것이 없어요. 걸릴 것이 없단 말이에요. 무엇이든지 하고 싶은 일을 인연 닿는 대로 하면서 아무런 걸림이 없습니다. 인연 닿는 대로 하면서 자유로운 겁니다. 걸림이 없고, 흔들림이 없고, 안정이 되고, 그동안 힘들었던 일들이 전혀 없어요.

"이 일뿐입니다!" "바로 이겁니다!" 이렇게 말을 하긴 하지만, 이심전심으로 통하지 못하면 이것은 막연한 말이거든요. 의식과 생각을 가지고 '이런 게 법이구나' 하고 헤아리라는 말이 아닙니다. 그렇게 되면 망상을 하는 거죠. 무슨 법이라는 게 따로 있는 것이 아니고, "모든 길은 로마로 통한다"는 말이 있듯이, (손을 흔들며) 모든 일이 다만 이 한 개의 일입니다! 단지 이 하나의 일입니다!

진실함이라는 어떤 무엇이 있는 것이 아니라, 이 세상 모두가 이 하나의 일이에요. 이것은 이렇게밖에는 말할 수가 없어요. 이 하나의 일이다. 그러면 이 하나는 뭐냐? 이것은 아무것도 아니에요. 뭐가 있는 것이 아니라, 허공처럼 무한하고 끝이 없어요. 정해진 모양도 없고 끝도 없지만, 어쨌든 온 세계가 단지 이 한 개의 일입니다. 보고, 듣고, 느끼고 하는 겉으로 드러나 있는 모습은 모두가 허깨비입니다. 그것을 우리는 세간이라고 하는데, 그런 온갖 허깨비들이 다 여기서 일어나는 일이에요. 모두가 여기서 나타나는 일입니다.

결국 설명할 수는 없습니다. (손을 흔들며) "바로 이겁니다" 이렇게 밖에는……. "이 일이다" "모든 사람에게는 다만 이 일 하나가 있을 뿐이다" 이렇게밖에는……. 말을 하여 이렇다 저렇다 하고 설명을 하면 벌써 다 허물입니다. 말로써 알아들을 건 없고, 어떤 말을 하든지 간에 말로써 이해할 건 없어요. 단지 여기에 한번 (손을 크게 흔들며) 통하면 돼요. 한번 뚫어져서 통한다고 하는데, 옛날부터 투과, 투탈 이런 표현을 하잖아요? 뚫고 나간다는 뜻이거든요. 탁 (손을 흔들며) 뚫어져서 확 통하면 그냥 다른 일이 없어요. 온갖 일이 똑같은 하나이고, 한 자리에 있습니다. 전부 이 한 개의 일입니다. 이것은 있다고 할 수도 없고 없다고 할 수도 없고, 뭐라고 할 수가 없어요.

단지 (손을 흔들며) "모든 일이 이 하나의 일이다." 이렇게밖에는 달리 어떻게 말할 수가 없습니다. 이것은 어떻게 전해 줄 수 있는 그런 게 아닙니다. 이것에 통하게끔, 공감을 하게끔 하는 그런 어떤 기가 막힌 비결 같은 게 있으면 참 좋겠지만, 유감스럽게도 그런 건 없어요.

마음이라는 건 우리 스스로 알 수가 없습니다. 자기 마음을 자기가 모릅니다. 알 수가 없어요. 만약 "마음을 안다"고 하면 그냥 표면적으로 허깨비 같은 그림을 그리고 있는 것입니다. 망상이죠. 이걸 마음이라는 이름으로 부르지만, 이것은 알 수가 없어요. 알 수는 없으나, 이렇게 통할 수는 있죠. 통하면 스스로 알게 되는데, 머리로 이해하는 게 아니고, "아, 이런 일이 있구나!" 하고 체험으로 아는 거죠. 그 외에는 길이 없습니다.

우리는 불교를 공부한다고 하면서, 염불을 하고, 경전을 읽고, 계를 지키고, 보시를 하고, 좌선을 하고, 기도를 하고 하는데, 그런 것들은 인과법이고 유위행이지 부처가 되는 길은 아닙니다. 부처가 되는 길은 (손을 흔들며) 이 하나의 길밖에 없습니다. 이 하나에 통하는 길밖에 다른 길이 없어요. 이것을 우리는 마음이라고 부르지만, '이게 내 마음이구나!' 하고 분별할 수 있는 흔적이 나타나지는 않습니다. 만약 무언가 나타나면 그건 아닙니다. 그건 오염이에요, 오염!

아무런 흔적이 없지만 온갖 일이 다 여기서 일어나는 거예요. 이것을 가지고 우리는 하루 스물네 시간을 살아가는 겁니다. 이것으로 삼백육십오 일을 사는 것이고, 다른 일은 없단 말이에요. 이 일 하나 가지고 사는 거죠. 어쨌든 한번 이렇게 감이 와야 되는 겁니다. 생각으로 그림을 그리거나 이해하려고 하는 것은 전혀 이것과는 상관이 없습니다. 천년만년을 해도 소용없는 짓이고, 반드시 "통 밑이 빠진다"고 옛날 선사들이 말했듯이 한번 뚫어지고, "은산철벽이 무너진다"고 표현하듯이 그렇게 한번 통해야 하는 겁니다.

그렇게 한번 탁 통하면, 뭔지는 모르지만 시원하고, 살 것 같고, 숨을 쉴 것 같고, 아무 일이 없습니다. 아무 일이 없어요. 온 세상이 평화로워요. 온갖 번뇌와 망상이 없고, 온 세상이 딱 안정이 되어서 평화로워요. 참 희한한 일이죠. (손을 흔들며) 이 한 개의 일입니다. 알 수가 없기 때문에 "깨닫는다" "통한다" "계합한다"라고 하는데, 바로

(손을 흔들며) 이겁니다! 그러나 혼자서는 통하기가 매우 어렵죠. 뜻이 있으면 이쪽 길을 안내할 수 있는 선지식을 찾는 게 필요합니다.

만약 스스로 밝게 깨닫지 못하면 반드시 선지식을 찾아서 생사의 근본을 밝혀내야 한다.

"생사의 근본이다"라고 표현을 하는데, 여기에 통하면 삶과 죽음, 즉 사는 것에 대한 집착과 죽음에 대한 두려움이 사라져요. 생사의 근본을 아는 게 아니고, 생사가 더 이상 문제가 되지 않는다는 말입니다.

삶이 어떻고 죽음이 어떻고 하는 개념과 생각들, 우리는 삶에 집착하고 죽음을 두려워하죠? 평소에 늘 그렇게 느끼는 것은 아니지만, 잠재되어 있죠. 욕망이랄까 그런 의식들처럼 말이죠. 그런데 '이 일'에 한번 통하면 온갖 근심과 걱정, 두려움들이 다 사라져 버려요. 이것 외에는 다른 모든 것이 아무런 의미가 없어져 버려요. 말하자면 이것이 모든 것의 근원이다 이겁니다. 그래서 육조 스님이 "오직 이것 하나가 진실할 뿐, 그 나머지는 모두가 헛것이다"라고 했는데, 왜 그런 말을 하는지 알 수가 있는 겁니다. 삶과 죽음의 비밀이 있는데, 그것이 드러나서 뭘 알았다는 그런 얘기는 아니죠. 다만 모든 불안과 걱정이 사라진 겁니다.

이런 말도 있죠. "태어날 때는 어디서 오고, 죽을 때는 어디로 가느냐? 그것을 아느냐?" 어디서 오고 어디로 가는지를 알거나 모르는 문제가 아니고, 그런 생각과 궁금증들이 아무런 의미가 없어져 버리는 겁니다. 왜냐? 언제나 이것밖에 없으니까요.

여기에 통하기 전에는 '내가 태어날 때 어디서 왔고 죽으면 어디로 갈까?' 하는 의문이 아주 중요한 의미가 있겠지만, (손을 흔들며) 여기에 확 통하면 당장 눈앞의 이것이 전부입니다. 그 나머지는 의미 있는 게 없어요. 삶과 죽음이 더 이상 문제가 되지 않죠. 그러니까 삶과 죽음의 문제를 해결한다고 하는 겁니다.

그런데 (법상을 두드리며) 이것이 확실하지 못하면, 죽음에 대한 두려움이 얼마나 큰지 죽는 연습까지 미리 해요. 그런 단체도 있습니다. 관 속에 들어가서 죽는 연습을 미리 하고, 유서를 쓰고 하면서 죽음을 미리 체험하는데, 아무튼 죽음에 대한 두려움들이 커요. 그런데 (법상을 두드리며) 이 하나의 진실이 이렇게 확실해지면, 그런 것들은 아무 의미가 없어져요. 그냥 딱 '이 일' 하나밖에 없습니다. 진실한 것은 다만 '이 일 하나' 뿐이에요. 아무것도 남아 있는 게 없습니다. 마음속에 담고 있는 게 아무것도 없어요. 이것은 허공처럼 아무것도 아니지만, 이것 하나가 유일하게 진실한 겁니다.

하여튼 이것이 분명해져야 해요. 그 외에는 길이 없습니다. 이것을 "열반이다" "모든 게 다 사라져 버리는 자리다" 이렇게 표현하기도 하는데, 어쨌든 진실한 것은 이 하나고, (손을 흔들며) 단지 유일하게 지금 이것뿐입니다. 다른 건 없습니다. 여기서 생각을 일으켜 헤아리고 분별해서, '태어날 때 어디서 오고 죽을 때 어디로 가느냐?' 하고 허망한 그림을 그립니다. 그것은 모두가 허망한 그림이고 꿈과 같은 일입니다. 진실은 단지 이 하나뿐입니다! 아무런 이런저런 일이 없습니다.

만약 본성(本性)을 보지 못한다면 선지식이라고 할 수가 없다.

이것에 여러 가지 이름을 붙이는데, 본성, 불성, 진여, 반야, 여래장, 본래면목, 본심, 마음자리, 본분사, 본래 타고난 일 등등 여러 가지 이름을 붙이는데, 이름이야 우리가 붙이는 것이니 아무 의미가 없는 것이고, 진실은 (손을 흔들며) 지금 이 하나죠! 이 하나밖에 없습니다.

(법상을 두드리며) 이것은 생각으로 헤아려서 '바로 이것이구나!' 하고 분별할 수 있는 것이 절대로 아닙니다. 단지 만법이 평등하고 똑같은 이 하나일 뿐입니다. 어쨌든 이것밖에는 뭐라고 할 게 없습니다.

만약 본성을 보지 못한다면 선지식이라고 할 수가 없다…… 본성을 보는 것을 우리는 견성(見性)이라고 하잖아요? '본성을 본다'라는 뜻인데, 견성이라는 말은 육조 스님이 말씀하셨듯이 불이법(不二法)입니다. '헤아림에서 벗어났다'는 말입니다. '분별하고 헤아리는 일이 아니다'는 말이죠. 알 수 있는 것이 아니고, 분별되는 것도 아니지만, 이렇게 명백한 일이죠. 온갖 일이 여기서 벗어나지 않아요. 매 순간 모든 일이 여기서 이루어지고 있고, 여기서 벗어난 일은 하늘과 땅 가운데 어디에도 없습니다. 어쨌든 여기에 한번 통해야 지금까지와는 다른 삶을 살 수가 있습니다. 삶이 달라져요. 겉으로 삶이 달라지는 것이 아니라, 내면적인 삶이 달라집니다. 겉으로야 다 똑같죠. 육체적인 삶이란 모든 사람이 똑같잖아요? 하지만 내면적인 삶은 다릅니다. 전혀 다른 세계에 살 수가 있습니다.

이쪽을 출세간이라고 하는 이유는, 이게 아주 새로운 세계이기 때문입니다. 아무런 일이 없는 세계랄까, 아무런 걸림이 없는 무한한 허공처럼 확 트여서 조금도 때가 끼지 않고 걸림이 없는 세계랄까, 그렇게 표현할 수가 있습니다. 어쨌든 (손을 흔들며) 여기에 한번 통해야 합니다.

만약 본성을 보지 못한다면, 선지식이라 할 수가 없다.
만약 이와 같지 못하면, 비록 12부경(十二部經)을 설명할 수 있더라도 역시 생사윤회를 면하지 못할 것이고, 삼계(三界)에서 받는 고통을 벗어날 기약이 없을 것이다.

십이부경이란 팔만대장경입니다. 팔만대장경을 분류하는 방법 중에 하나가 12부(十二部), 즉 열두 가지 종류로 나눠서 분류를 하는 거죠. 그러니까 이 말은 대장경을 다 공부해서 설명하고 강의를 할 수 있더라도 그건 아무 의미가 없다는 말입니다. (손을 흔들며) 이 진실에 통하지 못하면, 대장경은 모두 죽은 말입니다. 글자를 따라서 의미를 헤아리면 전부 죽은 말입니다. 살아 있는 말은, 말을 하는데 말이 아닌 것이 살아 있는 말입니다. 말이 말이 아니라 (손을 흔들며)

'이것'이면, 이게 살아 있는 말입니다.

말의 개념, 의미를 가지고 말한다면 다 죽은 말입니다. 죽은 말이란 허깨비란 말이에요. 살아 있는 말은 개념이나 뜻이 아닙니다. (법상을 두드리며) 이렇게 살아 있는 한 개의 진실을, 이 일을 이렇게 가리키고 드러내는 말입니다. "부처가 뭐냐?" "뜰 앞의 잣나무다!" 이건 죽은 말이 될 수도 있고 살아 있는 말이 될 수도 있지요. "부처가 뭐냐?" "뜰 앞의 잣나무다!" 이것을 뜰 앞에 있는 잣나무라고 분별을 하거나, "뜰 앞의 잣나무"라는 소리를 분별하거나, "뜰 앞의 잣나무"라는 것을 알아차린다고 하는 식으로 분별을 하면, 그건 모두가 죽은 말입니다.

"부처가 뭐냐?" "뜰 앞의 잣나무다." 여기서 모든 생각을 잊어버리고 즉각 자기의 본래 살림살이, 이 하나의 진실이 분명하면, 바로 살아 있는 말이에요. 말이 살아 있는 게 아니라, 이 진실이 드러났기 때문에 살아 있다고 하는 거죠. (손을 흔들며) 이 하나의 진실이에요, 이 일 하나!

이것이 분명하면 되지, '뜰 앞의 잣나무가 뭐냐?'라고 생각할 필요는 없어요. "뜰 앞의 잣나무"는 달을 가리키는 손가락에 불과한 말이니까, 그것은 알 필요가 없는 겁니다. (손을 흔들며) 바로 이 일이에요! 누구나 다 여기에 통하고 있습니다. 이것이 바로 우리의 타고난 본성이고, 타고난 몫입니다. 누구든지 여기에 통할 수 있고, 통해서 걸림 없는 자유를 누릴 수가 있습니다. 다만 (손을 흔들며) '이것 하나!'를 가리켜 드리는 겁니다.

걸림 없는 자유로 들어오는 문은, 모양이 없는 문이라 하여 무문(無門)이라 그랬습니다. 어떤 모양의 문이 있는지 알 수가 없어요. 알 수 없는 문이지만 분명히 이렇게 가리켜 드리는 것이고, 여기에 관심을 갖고 잘 듣다 보면 자기도 모르게 이 모양 없는 문에 들어오는 일이 벌어집니다. 그런 길이지 다른 길은 없어요.

만약 이와 같지 못하면 비록 12부경(十二部經)을 설명할 수 있더라도 역시 생사윤회를 면하지 못할 것이고, 삼계(三界)에서 받는 고통을 벗어날 기약이 없을 것이다…… 삼계(三界)는 욕계(欲界), 색계(色界), 무색계(無色界)라고 하는 건데, 욕계란 욕망의 세계, 색계란 육체의 세계, 무색계란 의식의 세계, 이 세 가지는 우리 중생들이 묶여 있는 감옥 같은 세계죠. 욕망에 사로잡혀 있고, 육체에 사로잡혀 있고, 의식에 사로잡혀 있지요. 그래서 "중생은 삼계를 윤회한다"고 합니다. 이 세계에서 못 벗어난다 그 말입니다. 그러나 여기에 (손을 흔들며) 한번 통하는 체험을 하면, 육체를 가지고 있더라도 육체에 구속을 받지 않고, 욕망이 일어나더라도 욕망에 사로잡히지 않고, 의식을 가지고 있더라도 의식에 얽매이지 않습니다. 그럴 수 있는 힘이 생겨요. 그런 길이 생깁니다. 불교경전에서 해탈과 자유를 말하는 것도 모두 이러한 이유입니다. 여기에 한번 통달해 보면 왜 그런 말들을 하는지 스스로 실감할 수 있습니다.

옛날 선성(善星) 비구는 12부경(十二部經)을 줄줄 외울 줄 알았지만, 도리어 스스로는 윤회를 면하지 못했으니 본성(本性)을 보지

못했기 때문이다.

선성 비구는 《열반경》에 나오는데, 경전 공부를 열심히 해서 강의를 잘 했지만, 자기 본성을 보는 데는 어두워서 결국 자기의 망상번뇌에서 벗어나지 못했다는 얘기입니다. 하여튼 이것은 지식하고는 관계가 없습니다.

(손을 흔들며) 살아 있는 마음. (손을 계속 흔들며) 배울 수 없는 이 하나의 진실. 배울 수 없기 때문에 태어날 때부터 가지고 나온다고 말합니다. 그런데 "태어난다" "죽는다"는 말은 모두가 방편의 말이고, 진실은 당장 눈앞의 이것밖에 없습니다. (법상을 두드리며) 이것은 노력해서 얻는 게 아니고, 우리는 본래 여기에 통할 수 있는 몫이 있고, 본래 다 가지고 있는 거예요. 다 갖추고 있단 말입니다. 그런 측면에서 날 때부터 가지고 있다고 하는 건데, 하여간 지금 이 일이지 다른 건 없습니다. 생각할 것도 없고, 고려할 것도 없고, 돌아볼 것도 없고, 따질 것도 없습니다. (손가락을 세우며) 바로 이겁니다! 그러나 이것은 우리가 모르는 겁니다. 이 문이 어디 있는지 몰라요. 모르지만 계속 여기에 관심을 가지고 있다 보면, 알 수 없는 문을 열고 들어올 수가 있습니다.

이 공부는 원래 그런 공부예요. "이겁니다! 이겁니다!" 가리킬 것은 이것밖에 없습니다. 여기에 한번 확 들어오면, 자기의 정신세계라고 할 수 있는 여기에서, 아무것도 없지만 모든 일이 다 일어나는 겁니다. (법상을 두드리며) 이게 세계의 근본이에요. 이 자리에 탁 통하면 이 세상이 뒤집어져도 흔들림이 없을 것 같은 그런 확고부동한 진실이 있습니다.

세상이 뒤집어져도 전혀 흔들리지 않을 것 같은 그런 아주 확고부동함이 딱 있다고요, 여기에. 이것이지 다른 건 없습니다. 바로 이겁니다! 의식과 분별도 아니고, 의도적인 것도 아니고, 자기도 모르게 한번 (법상을 두드리며) 통해야 하는 겁니다.

옛날 선성(善星) 비구는 12부경(十二部經)을 외울 줄 알았지만, 도리어 스스로는 윤회를 면하지 못했으니 본성(本性)을 보지 못했기 때문이다.
선성이 이미 그와 같았는데, 오늘날 사람들이 서너 권의 경론(經論)을 강의할 수 있는 것으로 불법(佛法)을 안다고 여긴다면, 어리석은 사람이다.
만약 자기의 마음은 알지 못하면서 쓸데없는 글들만 외우고 있다면, 아무짝에도 쓸모가 없을 것이다.
부처를 찾고자 한다면, 바로 본성을 보아야만 한다.
본성이 곧 부처이고, 부처는 곧 자재(自在)한 사람이며, 할 일이 없는 사람이고 조작함이 없는 사람이다.

(손을 흔들며) 이것에 '본성'이라 이름을 붙입니다. 여기에 통하는 것을 '본성'이라고 이름 붙이는 건데, 여하튼 여기에 한번 통해서 확실하게 이쪽으로 확 들어오기 이전이라도, 한 발짝이라도 들어오거나

코를 내밀어 냄새라도 맡게 되면, 벌써 느낌이 딱 와요. '아, 이게 진짜로구나!' 하고. 지금까지 불교를 공부한다고 해도 모두가 다 허깨비고, '이것 하나가 진짜구나!' 하고 감이 딱 옵니다.

그렇게 하면서 자꾸자꾸 더 관심을 가지게 되고, 여기에 마음을 더욱더 기울이게 되다 보면 점차 더 깊이 있게 통할 수 있습니다. 그리하여 결국 진실한 것은 이 일 하나뿐이에요. 진실이라는 이름도 방편으로 붙이는 겁니다. 왜냐하면 이것은 어떻게도 말할 것이 없으니까요. 진짜배기는 "이것 하나뿐이다!"라고 할 수밖에 없습니다.

부처를 찾고자 한다면 바로 본성(本性)을 보아야만 한다.

본성이라는 말을 하는데, 본성은 모든 사람에게 언제든지 이렇게 열려 있습니다. 드러나요. 바로 이 자리에 있단 말입니다. 그런데 이게 한번 체험되지 않으면, 확인이 안 되면, 통해서 뚫어지지 못하면, 그야말로 물속에서 물을 찾는 그러한 갑갑함이 있죠. 어쩔 수가 없습니다. 누구에게나 본성이 다 갖추어져 있습니다. 누구나 (법상을 두드리며) 다 이 자리에 있단 말이죠. 이게 각자의 마음입니다. 본성이 곧 자기 마음이에요. 다 가지고 있는 것이고, 갖추어져 있는 겁니다.

그런데 이것은 모양이 없고 허공처럼 확 뚫려 있어서, 붙잡거나 취하거나 어떻게 할 수 있는 게 없어요. 본성에서 취할 수 있는 행동은 없어요. 솜씨를 부릴 수가 없다는 말이에요. 그러나 어쨌든 여기에 통해야 하니까, "본성이 뭐냐?" "바로 이겁니다!" "잣나무다." "똥막대기다."(손을 흔들며) "이겁니다." 이렇게 가리켜 드립니다. 누구든지 바로 지금 이 문 앞에 있습니다. 모양 없는 문 앞에 딱 서 있는데, 이 문은 모양이 없기 때문에 어떻게 열어야 할지 몰라서 못 들어오고 있는 거예요.

이 문 앞에 누구든지 서 있는 거거든요. 그러나 모양이 없으니까 손을 쓸 수가 없어요. 그래서 이 앞에서 딱 가로막혀 있는 겁니다. 그래서 마조 스님은 "그럼 모양 없는 법을 어떻게 볼 수가 있습니까?" 하고 물었어요. 그랬더니 남악 선사도 특별히 해 줄 수 있는 말은 없으니까 "그것은 마음의 눈으로 봐야 한다." 이렇게 말했습니다. "모양이 없는 이 본성을 어떻게 봐야 합니까?" 하니까 "그것은 육체의 눈으로 보는 게 아니라 마음의 눈으로 봐야 한다." 이렇게 말했는데, 어떻게도 할 수가 없으니까 그렇게 말한 거죠. 그럼 "마음의 눈은 어디에 있습니까?" 이렇게 또 물으면, (손가락을 세우며) "바로 여기에 있다!" 이렇게 말할 수가 있습니다. 그렇지만 이것을 어떻게 할 수 있겠어요? 그래서 이것은 말없이 통하는 것이고, 불가사의하게 통하는 것이라고 하는 겁니다.

마음의 문은 우리가 헤아려 알 수 있는 게 아니에요. 말없이 불가사의하게 통하는 거예요. 본성에는 모양이 없거든요. 모양이 없지만, 통하면 본인은 알아요. 그게 바로 자기 스스로의 본래 살림살이이기 때문이지요. (법상을 두드리며) 이것 하나뿐이기 때문에, 진실은 이 일 하나뿐이니까, 본인이 이제는 알죠. 이것을 떠나서 진실하다고 할 만한 게 아무것도 없으니까요.

그래서 "마음의 눈이 열린다"는 표현을 하기도 하는데, 어쨌든 여기에 통달이 되면 스스로 무엇을 의식해서 '이것이 본성이구나!' 하는 건 아니지만, 저절로 알 수는 있습니다. 걸리는 마음도 없고 할 일도 없어요. '아, 이걸 가지고 있어야겠다'거나 '아, 이게 마음이구나!' 하는 게 없단 말이에요. 마음의 흔적이 없어요. 마음엔 아무런 흔적이 없어요. 본성이라고 하는 그런 무엇이 없다고요. 무엇은 없지만 이렇게 분명한 겁니다. 아무 흔적이 없고 한 물건도 없지만, 이렇게 명백한 거예요.

오히려 한 물건도 없고 흔적이 없기 때문에, 이게 만법의 근원인 겁니다. (손을 흔들며) 이렇게 분명한 거거든요! 이것은 어떻게 말로써 전할 수가 없어요.

본성(本性)이 곧 부처이고, 부처는 곧 자재(自在)한 사람이며, 할 일이 없는 사람이다.

자재란 뭡니까? 자유롭고 걸림이 없는 것이죠. 아무것에도 걸려 있는 게 없고 장애 될 것이 아무것도 없다는 말이죠. 뭐가 있으면 그것을 어떻게 해야 하지만, 뭐라고 할 게 아무것도 없으니까 만(萬)가지 일이 모두 이 하나의 일로 통하지요. 그렇지만 이것은 아무것도 아니거든요. 이것은 뭐라고 말할 수 있는 게 아니에요. 모든 일이 이 하나의 일로 통해 버리거든요. 진실은 딱 이것 하나밖에 없어요. 이 일이 확실해지면, 경계는 경계가 아닙니다. 앞에 나타나는 온갖 일들은 전혀 진실하지가 않아요. 허깨비는 아무리 많이 나타나도 아무 걸릴 게 없잖아요? 부담될 게 없죠. 전혀 부담될 게 없습니다. 전혀 부담될 게 없고, 다만 (손을 흔들며) 이 일 하나입니다!

할 일이 없는 사람이고 조작(造作)함이 없는 사람이다.

조작이란 일부러 무엇을 만들어 내는 것이죠. 일부러 애를 써서, 노력을 해서 만들어 내는 그런 일은 없다는 거죠. 이 법은 어쨌든 그런 것이 아닙니다. 아주 각고의 노력을 통해서 결과를 만들어 내는 그런 게 아니에요. 그냥 통해 버리면 저절로 모든 일이 원래 이 하나의 일일 뿐입니다. 마음이라는 건 없어요. 마음이라고 이름 붙일 그런 물건이 없습니다. 그냥 온 세상의 모든 일이 이 하나로 통하죠. 이 하나의 일이죠. 여기에서 벗어나는 일이 없어요.

"그럼 그 하나는 뭡니까?" 하고 물으면, 하나라고 이름 붙일 것은 없어요. (손을 흔들며) 없지만 다 이 일이라니까요. 만(萬) 가지 전부가! 따로 이 일이라는 게 정해져 있는 건 아닌데, 지금 보고, 듣고, 행동하는 모든 일이 여기서 벗어나는 것은 아무것도 없습니다. 어쨌든 (손을 흔들며) 이 하나가 진실할 뿐이에요, 이 하나가!

이 하나가 진실할 뿐, 육식(六識)의 세계란 물 위에 일어나는 물결과 같고 허깨비고 꿈과 같아서 아무런 장애가 없습니다. (법상을 두드리며) 진실은 단지 이 하나이고, 세계를 지탱하고 있는 근본 바탕이 이겁니다. 세계의 본질은 이것이란 말입니다.

이것은 아무 모양이 없으니까 허공이니 무한이니 하고 부르는데, 그것도 또한 방편으로 하는 말입니다. 본인 스스로가 여기에 통하면 그런 말조차도 할 게 없어요. 하여튼 여기에 통해서 이 일이, 이 하나의 진실이 분명해지는 것, 이것 외에는 다른 것이 없습니다. 이것이 분명해지면 아무 할 일도 없고, 그야말로 이 세상에 아무 일도 없습니다.

순간순간 미소가 나온다고 해야 하나? 다만 이 근원이 분명할 뿐, 세상을 살아간다는 그런 의미도 없고, 항상 이 하나뿐이죠. 뭐라고 참 표현할 수가 없어요. 그냥 잔잔한 미소가 나온다고 할까 그 정도지 특별한 쾌락이 있는 것도 아니고, 아무튼 아무 일이 없어요. (손을 흔들며) 이 하나예요!

아무런 이치랄 게 없습니다. 알아야 될 것이 없습니다. 이것뿐이다! 이 하나다! 이 하나! 뭘 알아야 하거나, 이렇게 살아야 한다, 저렇게 살아야 한다, 그런 게 없습니다. 삶 자체가 허깨비예요. 진실한 것은 아무것도 없습니다. 진실이라는 것은 변함없는 이 하나뿐이니, 하여튼 이것에 한번 통해서 분명해져야 해요.

만약 본성을 보지 못하면 종일토록 아득하고 어두워서 바깥으로 쫓아다니고 찾아다니고 헤매지만, 부처를 찾아보아야 원래 부처는 찾을 수 없는 것이다.

왜? 따로 있는 게 아니니까요. 부처를 아무리 찾아도 부처가 따로 있는 건 아니에요. 굳이 말하자면 우리 스스로가 부처예요. 우리 마음이 부처예요. 옛 선사들이 그렇게 말했죠. "우리 마음이 부처다." "너 스스로가 부처다." 물론 이 모두가 방편의 말이죠. 부처라는 말도 방편의 말이고, 결국 (손을 흔들며) 이 하나뿐입니다! 온 세상일은 다만 (손을 계속 흔들며) 이 하나뿐입니다! 여기에 통하면 즉시 다른 일이 없습니다. 진실은 이 하나뿐이니까, 여기에 통달을 해야 하고, 통달이 되면 항상 이것뿐이죠.

'부처' '깨달음'이 모두가 방편의 말이고, '진실'도 방편의 말입니다. 사실 이것은 말할 수 없거든요. 그런 말이 있잖아요? "말 한마디 안 해도 진실하면 서로 마음이 통해서 같은 자리를 맛볼 수 있다." 사실 이 공부가 그런 거거든요. 스스로 진실로 여기에 뜻이 있고, 정말 여기에 관심이 있다면, 두리번거릴 게 아무것도 없습니다. '이것인가? 저것인가?' 하면 그것은 벌써 진실함이 없는 거거든요. 두리번거리지 않으면 "이것이다!" 한마디에 바로 확 뚫려 버려요. 이것은 아주 단순한 겁니다. '이것이냐? 저것이냐?' 하고 찾는 사람들은 생각에 싸여 있는 사람들입니다. 그러면 여기에 통할 수가 없단 말이에요.

아무것도 헤아리고 따져 볼 게 없습니다. 단지 지금 이 하나뿐입니다! 다만 바로 지금 이것입니다! 다른 데 있는 게 아니에요. 이것은 취했다 버렸다 하는 게 아니고, 항상 이 자리고, 항상 이 하나예요. 우리는 여기서 벗어나질 않습니다.

"발밑에 있는 일이다" "눈앞에 있는 일이다"라는 말을 하는데, 항상 이 자리에 있고 스물네 시간, 삼백육십오 일 항상 이 자리에 있기 때문이죠. 여기에 안 통하는 이유는 생각을 하기 때문이에요. 생각을 앞장세우면 통할 수가 없는 겁니다. 생각이 앞장을 서니까 가슴에서 통하지 못하죠. 생각을 앞장세우지 않으면, (손을 흔들며) 이것뿐이에요! 아주 단순한 것이고, 아주 분명한 겁니다. 그냥 이것뿐인 거예요!

(법상을 두드리며) 이건데, 이게 잘 안 되는 이유는 그동안 우리가 살아오면서 늘 생각을 앞장세워 살아왔기 때문이죠. 그런 습관 때문에 잘 안 되지요. 그러나 지성이면 감천이라는 말이 사실 이 공부에 딱 해당이 됩니다. "뜻이 있는 곳에 길이 있다." 이 말도 해당이 돼요. 뜻이 있는 곳에 길이 있습니다. 지성이면 감천이에요. 여기에 뜻이 있으면 반드시 이게 한번 와닿습니다. 왜냐? 우리는 항상 이 속에 있기 때문이죠! 정말 여기에 뜻이 있다면, "도가 뭐냐?" "바로 이것이다!" 여기서 와닿는 겁니다.

항상 이것 하나를 가리켜 드립니다. 와닿는 때가 있어요. 대개 처음에는 강하게 오는 게 아니고, 약하게 오죠. 약하게 오는데 계속해서 뜻을 두고 있다 보면, 점차점차 확실하게 힘을 얻게 되는 식으로, 힘이 생겨요. 하여튼 이것을 확인하면, '아하, 이것이구나!' 하는 마음의 눈이 열려서 (법상을 두드리며) 이것을 알 수가 있어요. '이것이구나!' '이런 게 있구나!' 하고.

그러나 이것이 한번 뚫어지기 전에는 상상도 못하는 겁니다. 상상도 못하는 거예요. 오로지 이것은 직접 체험을 해 봐야 해요. 탁 뚫어져 버리면 지금까지 전혀 상상도 못했던 '이것'이 진실하고, 지금까지 의지하고 살아왔던 세상이 전부 허깨비예요. 아무 의미가 없어요. 여기에 통하지 못하면 불안해요. 딱 확고부동하게 안정이 안 되고, 뭔지 모르지만 삶이 이게 아닌 것 같은 그런 불안감이 있어요. 그러나 이게 확실하게 뚫려 버리면 그런 게 없어요. 저절로 어떤 불안감이랄까 미심쩍은 게 없습니다. 그냥 (손을 흔들며) 이것뿐이에요! 명백한 진실은 이것뿐이에요! (법상을 두드리며) 이것이 얼마나 좋으냐? 이것은 맛을 봐야 아는 겁니다. 진실은 이것 하나뿐입니다! 이것 하나뿐!

딱! 딱! 딱! (죽비 소리)

7.
깨달아야 한다

달마혈맥론 일곱 번째 시간입니다.

비록 얻을 수 있는 한 물건도 없지만, 아직 깨닫지를 못했다면, 역시 선지식을 찾아가 반드시 끈기 있게 공부하여 마음이 깨닫도록 해야 한다.
살고 죽는 일이 크니, 헛되이 시간을 보내서는 안 된다.
스스로를 속여 보아야 이로울 것이 없다.
비록 값진 보배가 산처럼 쌓여 있고, 일가권속이 강의 모래알처럼 많더라도, 눈을 뜨면 보이지만, 눈을 감아도 보이느냐?
그러므로 유위(有爲)의 법(法)은 꿈과 같고, 환상과 같음을 알아야 한다.

우리가 "법(法)이다" "도(道)다" 하는 이것은 바로 지금 이겁니다! 이것은 백퍼센트 언제든지 이렇게 드러나 있고 갖추어져 있어서 전혀 부족함이 없습니다. 바로 지금 이것이거든요. 그런데 이것은 비록 늘 갖추어져 있고, 늘 드러나 있어서 부족함이 없지만, 한번 깨닫지 않으면, 한번 체험하지 못하면, 모두가 생각 속의 일일 뿐인 거예요. 꿈속의 일밖에 안 되는 겁니다. 법이니 도니 깨달음이니, 전부 꿈속의 일이에요. 진실로 여기에 통달하지 못하면 전부 생각 속의 일이고 꿈속의 일이고 망상입니다. 법(法)이니 깨달음이니 도(道)니 하는 것은 그냥 방편으로 붙인 가짜 이름입니다.

　진실은 이름을 붙일 수가 없습니다. 언제든지 이렇게 명확하게 드러나 있기 때문이죠. 여기에 이름을 붙여 버리면 이미 그건 생각 속의 일이 되고, 망상이 되는 겁니다. 지금 이것인데, 누구에게든지 다 갖춰져 있고, 누구든지 이 하나를 가지고 살고 있어요. 그러나 스스로 여기에 통하지 못하면, '이것이라는 무엇이 있는 것인가?' 하고 망상을 해요. 반드시 이것은 실제로 직접 통하고 직접 체험이 되어야 합니다. 그러면 법이니 도니 깨달음이니 하는 말들은 다 잊어버리게 됩니다. 모두 가짜로 만들어 낸 쓸데없는 이름이에요. 진실과 실상에는 그런 이름이 없습니다.

　누구에게나 단지 이것 하나가 있는데, 이것을 못 깨닫는 이유는 우리가 생각에 매여 있기 때문이에요. 자기 생각 속에서 모든 것을 알려고 하고, 거기서 모든 것을 다 처리해 버리니까. 생각은 꿈과 같이 헛된 것인데도, 모든 것을 생각으로 다 처리해 버리고, 그 속에서 진실을 찾고 있는 겁니다. 그러니까 아무리 진실한 것을 찾아봐야 망상일 뿐이죠, 헛된 망상일 뿐인 겁니다.

　반드시 실제로, 직접 한번 생각이 놓이고 한번 뚫려서, 자기 스스로 긍정도 부정도 할 수 없는…… 긍정하고 부정하는 것은 전부 생각입니다. 이 법 자체는 긍정, 부정을 할 수가 없는 겁니다. 긍정도 부정도 할 수가 없고, 아니 긍정을 하든 부정을 하든, 알든 모르든 관계가 없어요. 언제든지 (손을 흔들며) 이렇게! 언제나 (손을 흔들며) 이렇게! 온 천지에. 이것이 근본적인 진실이고 본질입니다.

이것이 생각도 하고 망상도 하죠. 망상이 어디 다른 데서 오는 게 아닙니다. 바로 이것이 다 하는 겁니다. 이 진실이 망상도 하고 생각도 하고 느끼기도 하고 온갖 것을 다 하는 겁니다. 보고 듣고 다 하는 거죠. 여기에 통달이 되어야, 보고 듣고 생각하는 것에 속지 않을 수 있는 겁니다. 공부는 반드시 진실로 실제로 통달이 되어야지, 뭘 이해했다, 알았다, 그렇게 하면 안 됩니다. 바로 이것이므로 이해할 게 아무것도 없고, 알 수 있는 게 아무것도 없습니다.

안다 모른다 하는 것과는 아무 상관이 없습니다. 반드시 (손을 흔들며) 이게, 이것이 한번 명백해져야, 어떤 생각을 하든지 간에, 뭘 알든 모르든, 긍정을 하든 부정을 하든 아무 상관이 없어요. 다만 언제든지 이 하나뿐인 겁니다. 이것뿐이지 다른 것은 없어요. 여기에 부처가 어디 있고, 도(道)가 어디 있습니까?

비록 얻을 수 있는 한 물건도 없지만……

그래서 "얻을 수 있는 한 물건도 없다"는 말도 하고, "본래 깨달아 있다"라고 말하기도 하고, "부처가 다시 부처가 되지는 않는다"와 같은 방편의 말들을 합니다. "얻을 수 있는 한 물건도 없다"는 것은 항상 이렇게 갖추어져 있으니까, 따로 얻을 것은 없다는 말입니다. 버릴 것도 없고, 얻을 것도 없습니다. 이것은 버리고 얻고 하는 그런 일이 아니에요. "얻는다" "버린다" "안다" "모른다"라고 하면 그건 전부 분별입니다. 바깥의 일을 분별하는 거죠.

얻거나 버리는 일이 아니고, 알거나 모르는 일이 아니에요. 단지 (손을 흔들며) 이것 하나인데, 모든 사람에게 다만 이 하나의 일이 있을 뿐인데, 여기에 계합하지 못하고 여기에 통하지 못하기 때문에 생각을 가지고 망상을 하는 거예요.

팔만대장경이 전부 망상입니다. 조사의 말씀이 전부 망상이에요. 진실로 여기에 통하면 경전이 어디 있고, 부처가 어디 있고, 조사가 어디 있어요? 삼라만상이 전부 똑같습니다. 순간순간 나타나고 사라지고 보고 듣고 행하는 게 전부 똑같은 일이에요. 부처가 어디 있고, 조사가 어디 있어요? 모두가 방편으로 만든 이름입니다. 방편으로 만들어 놓은 가짜 이름이에요.

진실은 단지 (손을 흔들며) 이것 하나뿐이에요. 이 하나! 누구에게나 온 천지에 빠짐없이 끊어짐 없이 명확하게 드러나 있습니다. 스스로 이것을 다 행하고 있습니다. 볼 때나, 들을 때나, 생각할 때나, 말할 때나, 행동할 때나, 스스로 다 드러내고 있습니다.

그런데 생각으로 망상을 해요. 하여튼 이해하려고 하면 절대 안 됩니다. 이해는 백퍼센트 망상입니다. 절대로 이해를 하려고 하면 안 됩니다. 반드시 한번 통해서 온갖 이해와 잡다한 망상들이 싹 사라져 버려야 해요. 그러면 법(法)이 어디서 나타나느냐? 하늘과 땅과 온갖 사물사물 위에 다 나타나 있습니다. 보고, 듣고, 느끼고, 아는 데서 전부 다 나타나 있습니다.

내가 마음을 가지고 행(行)할 것은 없어요. 마음을 가지고 뭘 행

155

(行)한다고 하면 전부가 유위법(有爲法)이고 망상입니다. 우리가 세속을 살면서 자기 마음을 가지고 이렇게 해 볼까 저렇게 해 볼까 하고 망상만 하고 살았기 때문에 법에 계합이 안 되는 거예요. 온 천지에 단지 이 하나가 이렇게 명백하게 나타나 있을 뿐입니다. 아무 다른 것이 없어요. 그래서 "도가 뭐냐?" 물으면 "하늘은 푸른데 흰 구름이 떠간다." 이렇게 말하는 거예요. 하늘과 구름 얘기를 하는 게 아닙니다. 이것을 가리키는 건데, 생각으로 이해를 하고 알아들으면 안 됩니다. 반드시 안팎이 없고 앞뒤가 없고 주관과 객관이 끊어지면서 한번 확 통할 때가 있습니다. 그렇게 통해야 비로소 생각할 필요가 없고, 알 것이 없이 모든 일이 명백합니다. 법이 뭔지 알 수 있다고 여기고 공부를 하면 평생 망상만 하다가 끝나는 거예요.

이것은 알 수 있는 것이 전혀 아니에요. 그래서 안다고 하지 않고 깨닫는다, 통한다, 체험한다, 계합한다, 통 밑이 빠진다, 이런 식으로 표현하는 겁니다. 뭘 안다고 하지 않는다고요. 뭘 알았다, 이해한다, 이렇게 하지 않죠. "이 법은 통하는 것이다." "계합하는 것이다." "깨닫는 것이다." 이런 식으로 표현하니, 안다는 말과는 전혀 다른 겁니다. 알아야 될 게 아니고, 아는 문제가 아니고, 반드시 알음알이의 분별이 부서지면서 이것이 한번 밝아져야 해요. 이것이 한번 통해야 해요. 그런 체험이 한번 와야 "온 천지에, 하늘과 땅에, 온 삼라만상에, 사물사물 위에 전부 부처의 눈이 갖춰져 있다"는 말도 알 수가 있는 겁니다.

부처의 눈은 티끌티끌 위에, 사물사물 위에 없는 데가 없습니다.

다 갖추어져 있어요. (법상을 두드리며) 반드시 여기에 통해야만 다른 것이 없습니다. 알려고 하고 잡으려고 하면 안 돼요. 아는 문제가 아니에요, 전혀. 잡을 것도 없고 가려낼 것도 없어요.

모든 사람의 마음은 단지 (손을 흔들며) 이것 하나입니다! 모든 사람의 존재는 다만 이것 하나입니다! 이 우주 자체는 근본적으로 이 하나의 일입니다! 아무 다른 일이 없습니다. 그런데 이런 말도 생각으로 이해하고 받아들이면 안 되는 겁니다. 이것에 관한 말은 생각할 수 없고 이해할 수 없는 것을 억지로 방편으로 하는 말이니, 말은 기억할 것도 없고 이해할 것도 없습니다. 그냥 이렇게 가리켜 드리는 거거든요. (손을 흔들며) 이 일 하나다! 이렇게 가리켜 드리고, 이렇게 드러냅니다.

"드러낸다." "가리킨다." 이렇게밖에 말할 수가 없는데, 하여튼 (손을 세게 흔들며) 이것이 분명해져야 합니다. 이것이 분명해져야지, 아니면 전부 다 생각으로 망상을 하는 겁니다. 생각을 가지고 놀고 있는 거죠.

비록 얻을 수 있는 한 물건도 없지만, 아직 깨닫지를 못했다면 역시 선지식을 찾아가서 반드시 끈기 있게 공부하여 마음을 깨닫도록 해야 한다.

이 공부를 일러 참선한다고 하는데, 참선에 다른 요령은 없습니다. 방법이 없어요. 우리가 지금 망상하고 착각하고 꿈을 꾸고 있기 때문에 꿈을 깨 줄 수 있는 선지식의 가르침을 듣는 것 외에는 길이 없습니다. 그냥 꾸준히 가르침을 접하는 겁니다.

우리는 보통 의식이라는 꿈, 생각이라는 꿈속에서 이리저리 흘러다니죠. 그건 망상입니다. 그래서 전도중생이라고 합니다. 그런데 공부를 통해서 그 의식, 생각의 실상이 한번 드러나게 되거든요. 그걸 우리는 깨달음이라고 하고 체험이라고 하죠. 하여튼 (손을 흔들며) 이것뿐입니다, 이것뿐! 다른 것은 없습니다. 단지 이 하나뿐입니다! 온 천지에 다만 이 하나의 일이 드러날 뿐인데, 하여튼 여기에 한번 계합하고 통해야 합니다.

왜 공부를 끈기 있게 해야 하느냐? 우리의 습관 때문에 그래요. 태어나서 지금까지 살면서 습관화된 버릇이 있습니다. 그게 뭐냐 하면 생각하는 습관입니다. 분별로써 파악하려고 하는 습관, 이것이 아주 습관화되어 있습니다. 망상하는 것은 습관이지 다른 것이 아니에요. 익혀 온 습관입니다. 그런데 습관은 금방 고쳐지지가 않아요. 사실 이 법(法) 자체가 숨겨져 있는 것도 아니고 법(法)이 어렵거나 힘든 건 아닙니다. 이것은 언제든지 이렇게 다 드러나 있는데, 습관적으로 생각을 하고 헤아리고 분별을 하고 자꾸 그쪽으로 눈길이 돌아가기 때문에, 법이 늘 눈앞에 있어도 보이질 않는단 말입니다. 그것이 바로 우리의 상황입니다.

스스로 '생각하고 이해해서는 절대 안 되는 것이다' 이렇게 다짐하는 것이 바로 공부를 시작하는 기본적인 출발점이 되는 것입니다. '생각으로는 깨달을 수 없다'를 자각하는 것이 공부의 출발점이에요. 왜냐하면 생각으로 이해해서 알 수 있는 것은 전부 세속의 일이기 때문입니다. 그것은 전부 분별이지 법이 아니에요. 불가사의(不可思議)라고 하죠. 법은 생각으로 이해할 수 있는 게 아니에요.

그러기 때문에 이 공부를 하는 기본적인 출발점은 법회에 나오고 책을 보고 하는 게 아니고, '아, 이것은 분별하고 의식하고 생각할 수 있는 게 아니구나!'라는 것을 절실하게 느꼈을 때입니다. 그렇게 절실하게 느끼면 적어도 이 공부를 함에 생각에 의지하지는 않게 됩니다. 생각으로 할 수 있는 일이 아니구나 하고 절실하게 느끼면, 그때부터 이 공부가 시작되는 겁니다. 그전에는 아무리 왔다 갔다 해 봐야 공부하는 게 아니에요. 그냥 생각 속에서 헤매고 있는 거지.

'노력하고, 열심히 파고들고, 이해를 하고, 그래서는 절대로 안 되는 것이구나!' 하는 자각이 반드시 있습니다. 그것이 바로 참된 선(禪) 공부의 시작이에요. 그전에는 전부 생각으로 망상하는 거예요. 제가 다 경험하고 말씀드리는 것입니다. 저는 철학도 공부하고, 불교학도 공부하고, 선학(禪學)도 공부하고, 남 못지않게 온갖 책을 다 봤습니다. 그러나 아무리 봐도 지식으로만 알지, 실제로 이 목마름을 해갈시켜 주는 것은 불가능했죠. 그래서 선지식을 찾아서 설법을 듣기 시작했는데, 그 설법을 듣기 시작한 지 몇 년 뒤에 그 자각이 오더군요. '아, 이것은 내가 어떻게 할 수 있는 일이 아니구나!' 하고 말이죠.

그 자각이 딱 오는 순간부터 모든 노력, 뭔가를 하고자 하고, 얻고자 하고, 알고자 하는, 모든 것이 다 놓여 버리고, 아무것도 할 수가 없는…… 그야말로 쥐가 쥐덫 속에 갇혔다고 할까, 은산철벽에 가로막혔다고 할까, 한 평도 안 되는 감옥에 꽉 끼어서 꼼짝도 못 한다고 할까, 그런 상황이 된 겁니다. 그때부터 공부가 시작되는 겁니다. 그때부터 공부가 되는데, 본인은 모릅니다. 앞뒤가 꽉 막혀서 자기 스스로는 뭐가 뭔지 모릅니다. 하지만 그때부터 진짜 공부 길에 들어서는 거예요.

뭐가 뭔지 모르니까 죽을 것 같죠. 죽은 사람 같은 느낌이 들어요. 이것은 의식적으로 애써 할 수 있는 게 아무것도 없으니까요. 그런데 그렇게 되면 사실 얼마 안 남은 거예요. 불과 몇 개월이에요. 길어 봐야 몇 개월, 몇 개월만 지나면 한번 뚫리는 때가 옵니다. 우리는 그것을 변전(變轉)이라고 하는데, 한번 확 뒤집어진다는 말이에요. 세상이 확 뒤집어집니다. 자기 내면이 확 뒤집어져요. 전혀 새로운 세계를 볼 수가 있습니다. 새로운 삶을 사는 거예요. 이게 불법인 겁니다. 부처님 법은 이런 겁니다. 지식을 가지고 하는 게 아니에요.

지금은 돌아가셨는데 선원 초창기에 체험을 하신 분들 중 70세가 넘은 노(老)거사님이 계셨습니다. 이분도 아주 오랫동안 불교를 공부하셨는데, 부산대학교 교수인 친구 분의 소개로 선원에 오시게 됐어요. 처음 1년 동안 대학노트를 가지고 열심히 받아 적더라고요. 불교 공부를 몇 십 년 공부하시던 분인데도, 설법을 들어 보니 전혀 새롭단 말이죠. 그래서 대학노트에 설법을 받아 적으시더군요. 한 1년 정도 받아 적고서야 그렇게 하는 게 아니란 걸 아셨나 봐요. 그때부터 받아 적는 걸 관두고 설법에 귀를 기울이기 시작했습니다.

부인은 돌아가시고 자식들 따로 살고, 특별히 할 일이 없으니까, 혼자 아파트에 계시면서 잠잘 때 빼고 DVD 영상법문을 하루 종일 보고 들었던 겁니다. 골프, 등산을 좋아했는데 그런 것도 다 그만두고 이 법문만 집중해서 계속 들었습니다. 그러다가 얼마 후에 찾아와서 말하길, 이제는 이 공부를 그만두겠다고 하시더라고요. 할 만큼 했는데 도저히 안 돼서 그만두겠다고.

"그럼 어쩔 수 없죠. 할 만큼 했는데 안 되면 어떡하겠습니까? 하지만 지금까지 한 게 아까우니까 이삼 개월만 더 버티고 해 보십시오." 이렇게 말씀을 드렸죠. 한 달인가 두 달인가 있다가 이분이 법문을 듣다가 확 뚫리는 체험을 하셨습니다. 자기에게 그런 일이 일어나리라고는 상상도 못했던 거죠. 그분 체험을 인터뷰한 글이 홈페이지나 안내 책자 어디에 있을 거예요.

이 공부라는 게 그런 식으로, 생각으로 헤아리고 분별로 알고 하는 것이 한번 한계에 부딪쳐야 해요. 부딪쳐서 '아, 도저히 내가 알 수 있는 게 아니구나!' 하고 자각이 오면, 저절로 망상분별하는 버릇이 놓이게 되는 겁니다. 분별을 하지 못하니 아는 게 없죠. 그렇게 통 모르고 있다가 좀 더 버티면 바로 한번 통하는 겁니다. 그렇게 한번 통해 봐야 '아, 이런 게 있는 거구나!' 하고 그때 비로소 알게 됩니다. 그전에는 모르는 거예요. 아무리 보고 듣고 이해해 봐야 전부가 다 망상입니다.

비록 얻을 수 있는 한 물건도 없지만, 아직 깨닫지를 못했다면 역시 선지식을 찾아가서 반드시 끈기 있게 공부하여 마음을 깨닫도록 해야 한다…… 깨달음이라고 하는 이 실제적인 변화는 마음의 변화입니다. 깨달음이란 뭘 아는 게 아니고, 마음이 확 바뀌는 겁니다. 확 변화가 옵니다. 내면적으로 전혀 새로운 세계를 살게 됩니다. 겉으로는 똑같죠. 내면적으로는 전혀 새로운 세계를, 그야말로 아무 일 없는 세계, 허공처럼 아무것도 걸림이 없는 세계…… 표현을 할 수가 없는데 억지로 말하자면 그렇죠. 전혀 새로운 세계, 아무 문제가 없는 세계입니다.

우리 세속의 인간사(人間事)란 모순투성이거든요. 부조리하고 정말 문제가 많죠. 하여튼 뭐 하나 맘에 드는 게 없습니다. 그런데 우리가 이 실상, 이 본래면목에 통하면, 그런 문제가 없어요. 여기에는 아무런 문제가 없어요. 자기라는 존재조차도 못 느껴요. 그냥 이 하나가 온 천지에 늘 이렇게 드러나 있을 뿐이에요. 아무 다른 일이 없어요. 사람이 있는 것도 아니고 부처가 있는 것도 아니고 내가 있는 것도 아닙니다.

그냥 다만 (손을 흔들며) 이것 하나가 이렇게! 온 천지에 (손을 흔들며) 이렇게! 명확하게 드러나 있는 겁니다. 오직 (손을 흔들며) 이것 하나만 진실할 뿐, 나머지는 모두가 헛것입니다. 오직 이 하나가 진짜일 뿐이고, 그 나머지는 다 허망하다! 여기에 통해 봐야 '아하, 부처님 법이 세속적인 법하고 다른 것이구나!' 하고 알지, 그전에는 알 수가 없어요.

살고 죽는 일이 크니 헛되이 시간을 보내서는 안 된다.

　무엇이 헛되이 시간을 보내는 것이냐? 생각을 가지고 분별하고 이해하고 헤아리고 하는 것이 전부 헛되이 시간을 보내는 거예요. 쓸데없이 시간을 보내는 겁니다. 왜냐하면 그건 전부 망상의 시간을 보내는 것이거든요. 진실은 (손을 흔들며) 이렇게 명백한데, 이것은 생각하거나 이해할 수 있는 게 아닙니다. 단지 이렇게 명백할 뿐인 겁니다.

　이 문제에 매달려서 생각할 수도 없고, 이해할 수도 없이 그냥 여기에 딱 부딪쳐 있으면 헛되이 시간을 보내는 것처럼 느끼지만 사실은 그렇지 않고, 생각으로 이건 이렇고 저건 저렇고 하면 도리어 헛되이 시간을 보내는 거예요. 하여튼 (법상을 두드리며) 이것 하나예요! 이것 하나! 진실은 이렇게 분명한 겁니다. 다만 (손을 흔들며) 이 하나뿐이에요!

살고 죽는 일이 크니 헛되이 시간을 보내서는 안 된다. 스스로를 속여 봐야 이로울 게 없다.

　우리는 결국 자기를 속이는 겁니다. 뭘 가지고? 생각을 가지고 자기를 속이는 거예요. 나중에 여기에 통달하고 나서 보면 자기 속에서 그런 소리가 나옵니다. '아, 내가 나에게 속았구나!' 자기가 자기한테 속는 겁니다. 자기가 자기 생각으로 자기를 속이고 속는 겁니다. 남이 어떻게 하는 게 아니에요. 전부가 자기 스스로의 생각, 느낌, 감정, 욕망, 기분, 그런 데 속는 거예요. 모두가 스스로 일으킨 겁니다.

물론 진실도 스스로에게 다 있습니다. 각자 모두에게 (손을 흔들며) 이렇게 진실이 명백한데, 이 진실에 계합이 안 되면 우리는 생각을 따라가고 느낌을 따라가고 감정을 따라가고 기분을 따라간단 말이에요. 그런데 생각이나 느낌이나 감정이나 기분은 허망한 겁니다. 왜? 그때뿐이잖아요? 지나가 버리잖아요? 그러니까 전부 헛것이죠. 그런데 지나가지 않는 유일한 것이 (손을 흔들며) 이것이거든요. 이 하나인 겁니다. 불생불멸이라 하죠? 생겨나지도 않고 없어지지도 않는다. 지나가지 않는 유일한 것은 다만 이 하나뿐입니다. 이것은 생각처럼 일어났다가 사라지는 게 아니고, 어떤 느낌이나 감정이나 기분 같은 게 아닙니다.

전혀 그런 게 아니에요. 이것은 언제나 이렇게 명백합니다. 이것이 생각하고, 이것이 느끼고, 이것이 경험하고, 모든 것은 이것이 다 하는 일이다. 이렇게 말할 수도 있는 겁니다. 이것을 벗어나서 일어나는 일은 아무것도 없습니다. 뭘 보든, 듣든, 느끼든, 생각하든, 이것을 벗어나 일어나는 일은 없습니다. 전부가 여기서 일어나는 일이고, 이것이 근본이고 본질이고 실상이지요. 그런데 여기서 생각을 하지만, 생각은 허상입니다. 실상을 모르기 때문에 허상인 생각을 따라가서 이러쿵저러쿵 분별하는 거거든요. 이렇든 저렇든 그 순간뿐인데도 자꾸 그걸 따라다녀요. 느낌이나 기분도 그때뿐이죠. 그런데 그걸 따라가 버려요.

생멸법을 망상이라 하고, 불생불멸을 실상이라고 하는데, 그렇게 말하는 데는 다 이유가 있는 것입니다. 생각, 기분, 느낌, 감정, 욕망, 이런 것은 전부 왔다 갔다 하고, 생겼다 사라지는 헛것입니다. 하나도 믿을 게 없습니다. 진실은 단지 이것 하나입니다! 생각을 하든 하지 않든, 조용하든 시끄럽든, 느낌이 있든 없든, 춥든 덥든, 어떤 일이 일어나도 절대로 (손을 흔들며) 이것이 달라지진 않습니다.

모든 일은 여기서 다 일어나고 사라지지만, 이것이 어떻게 달라지지는 않습니다. 그래서 이것을 만법의 근본 바탕이라고 하는 겁니다. 이 하나일 뿐인 거예요. 하여튼 여기에 통해야 하고 이것에 계합이 되어서 생각이 필요 없어야 합니다. 이 법(法)에는 생각이 필요 없습니다. (손가락으로 사방(四方) 허공을 가리키며) 법(法)은 온 천지에 드러나 있는 것이기 때문에, 마음을 가지고 생각할 것은 없습니다. 알거나 이해하는 그런 게 아니에요. 알 것도 없고, 이해할 것도 없고, 반드시 (손을 흔들며) 이것이 한번 이렇게 통해야 하고, 이것이 한번 명백해져야 합니다.

스스로를 속여 봐야 이로울 게 없다…… 자기 생각으로 자기를 속이고, 자기 느낌으로 자기를 속이고, 자기 기분으로 자기를 속이고, 전부 그렇게 합니다. 그리하여 자꾸 그럴듯한 생각을 추구하고 좀 더 좋은 느낌이나 좋은 기분을 추구해요. 그게 세속을 사는 중생들이죠. 그러나 여기에 통달하면, 이 법에는 좋고 나쁨이 없어요. 좀 더 그럴듯하고 그럴듯하지 않은 게 없습니다. 여기에는 아무 차별이 없어요. 왜? 여기에는 두 가지가 없거든요. 이 실상에는, 이 법에는 두 개가 없습니다. 오직 하나뿐입니다! 그래서 언제든지 평등하고 언제든지 여여(如如)하다고 하는 겁니다. 둘이 없습니다. 언제나 이것 하나뿐입니다. 언제나 이 하나뿐!

(손을 흔들며) 여기에 통해야 하고, 이것이 분명해져야 합니다. 이해하고 생각하고 알아차리는 게 아닙니다. 아는 게 아닙니다. 아는 것은 전부 망상이에요. 이 하나예요, 이 하나! 전혀 아는 것은 없어요. 이게 한번 확 통하면, 삼라만상이 설법을 해요. 삼라만상이 시끄럽게 설법을 한다니까요. 삼라만상 전부가! 이해할 필요가 없어요. 다 드러나 있는데 이해할 필요가 뭐 있어요?

법이 명백하게 드러나 있지 않기 때문에 자꾸 상상을 하게 되는 겁니다. 그게 이해고 생각이에요. 하나의 비유를 들 수가 있죠. 옛날에 펜팔이라는 것을 했어요. 요즘처럼 인터넷이 안 될 때, 편지로 서로 주고받고 펜팔 연애를 했단 말이에요. 그러면 상상을 많이 하죠, 상대방이 어떤 사람인지…… 글자만 서로 주고받으니까 글을 통해서 상상을 하게 되죠. 그때는 자꾸 상상을 할 것 아니에요? 그러면 서로 한번 만나자고 해서 직접 딱 만나죠. 눈앞에 딱 나타나서 볼 때, 그 사람에 대한 상상이 더 이상 필요가 있겠어요? 더 이상 생각할 필요가 없는 겁니다. 눈앞에 딱 있는데 무엇 때문에 상상하고 생각을 합니까? 그런 것과 똑같습니다.

우리가 법에 대해서 생각하고, 뭔가를 알고 헤아리고 하는 것은 법이 분명하지 못하기 때문입니다. 이 법이 (손을 흔들며) 이렇게 딱 분명하게 드러나면, 아무런 생각을 할 이유가 없죠. 뭣 때문에 이것을 생각해요? 명백하게 드러나 있는데, 온 천지에 숨김없이 다 드러나 있는데 이러쿵저러쿵할 게 뭐가 있겠어요? 아무 그런 것이 없습니다. (손을 흔들며) 이것이 이렇게 명확하게 드러나서 명백해지는 것 밖에 없습니다. 뭘 아느냐? 알긴 뭘 알아요? 알면 전부가 생각이지! 법은 아는 게 아닙니다.

진실이 이렇게 드러나면, 아무것도 생각할 게 없어요. 온 천지에 이렇게 명백한데 뭣 때문에 이것을 생각할 겁니까? 임제 스님이 말했잖아요? "눈앞에 역력하다" "눈앞에 역력하게 나타나 있다"고 했습니다.

(눈을 가리키며) 이 눈을 말하는 것은 아니지만, 역력하고 명확한 겁니다. 생각으로 이해하는 게 아니에요. 지금 내 마음이 활동을 하고 있는데, 활동하는 이 자체가 이렇게 명확하게 드러나면 내 마음이 어떤 것이다 하고 생각할 이유가 뭐가 있습니까? 생각하는 자체가 이 마음의 활동인데. 그러니까 생각을 해서 이해를 했다 하면 그건 전부 망상이죠. 하여튼 이게 한번 분명해져야 돼요. 이해할 것은 없습니다.

비록 값진 보배가 산처럼 쌓여 있고, 일가권속(一家眷屬)이 강의 모래알처럼 많더라도 눈을 뜨면 보이지만 눈을 감아도 보이느냐?

세속에서 좋다고 하는 일들이죠? 값진 보배가 산처럼 많고, 일가권속, 즉 식구들이나 부하직원들이 수없이 많이 있다 하더라도 눈을 뜨고 있을 때는 보이지만, 눈 감고 죽으면 그게 어디 있겠느냐? 아무 의미가 없다는 뜻이죠. 그런데 굳이 이렇게 말할 것도 없고, 더 적나라하게 말하자면, 인간으로 태어나서 산다는 것은 어떤 겁니까? 평생 무엇을 위해서 삽니까? 좀 더 솔직해져야 하는데, 우리는 국가를 위해서 살고, 사회를 위해서 살고, 인류를 위해서 산다고, 여러 가지 거창한 얘기를 합니다.

그러나 사실 적나라하게 보면 자기 한 몸 먹고살려고 하는 것 아닙니까? 그게 솔직하고 정직한 얘기잖아요? 식구를 먹여 살리기 위해서라면, 그것은 식구들의 몸뚱아리를 먹여 살리기 위한 거죠. 이 병들고 썩어서 없어질, 생로병사 하는 이 몸뚱아리를 위해서 일생 동안 봉사하다가 죽는 게 인생입니다. 따지고 보면 그게 정확한 얘기잖아요? 과연 인생이 그렇게 끝나야 되느냐, 그 말이에요. 몸뚱이 하나를 위해 평생 봉사하다 끝나야 되냐, 그 말이에요. 그러면 우리가 태어난 의미가 무엇입니까?

사람이 짐승보다 낫다 하지만 엄밀히 말하면 나을 것도 없어요. 짐승도 먹고살기 위해서 평생 그렇게 살다가 죽는 것이고, 사람도 의식주을 위해서 열심히 사는 것 아닙니까? 의식주는 우리 몸뚱아리에게 봉사하는 건데, 몸을 위해서 사는 게 의식주이자 삶이잖아요? 그게 뭐 대단한 인생입니까? 결국 남아 있는 것은 없어요. 다 사라지는 거지.

사람으로 태어나서 그렇게 산다는 것은 좀 그렇잖아요? 평생 그렇게 사는 것도 괜찮다 하면 그렇게 살 수밖에 없겠지만, 그래도 마음을 가지고 있고, 마음을 가진 인간으로 태어났는데, 돌멩이도 아니고, 대나무도 아니고, 짐승도 아니고 말이죠. 뭔가 육체를 위해서만 산다는 것은 좀 억울하잖아요? 그래서 우리가 이 마음공부를 한단 말이에요.

비록 값진 보배가 산처럼 쌓여 있고, 일가권속(一家眷屬)이 강의 모래알처럼 많더라도 눈을 뜨면 보이지만 눈을 감아도 보이느냐?…… 어차피 우리는 다 죽습니다. 안 죽는 사람 없이 다 죽지만, 죽기 전에 이 근본이랄까, 근원이랄까, 과연 우리 존재의 실상이 뭘까 하는 이 비밀을 한번 풀고 죽으면 그래도 좀 나을 것 아닙니까? 우리 존재의 실상이 과연 뭐냐? 쓸데없는 지식만 잔뜩 쌓다가 죽으면 여기에 무슨 의미가 있습니까? 존재의 실상을 한번 깨달으면, 지금까지 가지고 있던 온갖 의문이 다 해결되고, 모든 의문이 다 해결됩니다. 온갖 의문이 다 해결이 되고, 온갖 불만족하고 불투명하고 부조리하고 마음에 들지 않는 온갖 번뇌들이 해소가 되고, 모든 문제가 해결되는, 그런 지점이 있거든요. 그런 경험을 할 수가 있단 말이에요. 그런 삶을 우리는 누릴 수가 있습니다. 그건 한번 해 볼 만한 공부잖아요?

불교 공부라는 건 사소한 문제가 아닙니다. 살다가 사소하게 바둑 한 수 배우는 것처럼, 알아도 그만 몰라도 그만 하는 그런 문제가 아닙니다. 이 불교 공부라는 것은 태어난 이유가 되는 겁니다. 인간으로 태어난 이유가 불교 공부를 해서 우리 존재의 근원을 깨닫는 것, 그것이 우리가 인간으로 태어난 이유가 되는 겁니다. 그러니까 우리가 한번 해 볼 만한 것입니다. 다양한 경험 가운데 하나를 하는 게 아닙니다. 다양한 경험 가운데 하나를 해 보는 게 아니고, 인간으로 태어나서 이것도 해 보고 저것도 해 보고 불교도 공부해 보고, 그런 자세라면 이 공부를 할 필요가 없습니다. 그렇게 해 봐야 아무 의미가 없습니다. 다양한 경험 가운데 하나를 해 보는 게 아니고, 사람으로 태어났기 때문에 꼭 해야 하는 일을 하는 겁니다!

진실로 여기에 통달이 되면 이런 생각과 말들이 저절로 나오는 겁니다. "아, 이것 이상은 없구나!" "이 이상의 공부라는 것은 없구나. 인간으로 태어나서 하는 공부는 이 이상은 없구나!" 인도 사람들이 말하고, 불교경전에도 나오는 "다시는 태어나지 말아야 하겠다!" "태어날 이유가 없다"라는 구절을 처음엔 몰랐죠. 왜 그런 말을 할까? 그러나 이젠 실감을 하죠. "아, 다시는 태어나지 말아야 되겠구나!" 하는 말들을. 이 불교 공부라는 것은 한번 해 보는 그런 게 아닙니다. 꼭 해야 할 공부입니다.

비록 값진 보배가 산처럼 쌓여 있고, 일가권속(一家眷屬)이 강의 모래알처럼 많더라도 눈을 뜨면 보이지만 눈을 감아도 보이느냐? 그러므로 유위(有爲)의 법(法)은 꿈과 같고 환상과 같음을 알아야 한다.

유위(有爲)의 법(法)이란 분별해서 알거나 노력해서 이루는 모든 것을 가리킵니다. 그래서 유위법을 세간법이라 하기도 하죠. 분별해서 아는 것, 노력해서 이루어 내는 것, 이 모두가 유위법이에요. 왜 이것이 유위법이냐? 뭔가를 일부러 만들어 내는 것이니까요. 유위법은 전부가 헛것이에요. 허망한 거죠. 본래 있는 것이 아니에요. 그러나 이 실상이라는 것, 진리라는 것은 본래 있는 겁니다. 진리는 본래 있는 거지, 노력해서 이루는 것이 아니에요.

어떤 이는 이 공부를 무술에 비유하기도 하는데, 그것은 사실 적절치 않습니다. 무술이란 끊임없는 수련을 통해서 자꾸자꾸 경지를 높여 가는 거잖아요? 그러나 이것은 아니에요. 《노자》에 나오다시피, 도(道)는 뭘 자꾸 더해 가는 게 아니죠. 손지우손(損之又損)이라 했어요. 손지(損之)란 자꾸 덜어 낸다는 말이죠. 뭘 덜어 낸다? 망상을 자꾸 덜어 내는 겁니다.

진실은 본래 그대로 드러나 있고 다만 여기에 통하면, 이것이 바로 불생불멸(不生不滅)의 도(道)이고 무위(無爲)의 도(道)이지, 노력해서 무엇을 만들어 가는 게 아닙니다. 그래서 유위법(有爲法), 무위법(無爲法)이라는 말을 하는 겁니다. 《금강경》에서 말했죠. "유위의 법은 꿈과 같고 환상과 같음을 알아야 한다." 분별해서 무엇을 안다거나, 애를 쓰고 노력을 해서 무엇을 이루어 낸다거나 하는 것들은 전부 헛것입니다.

그렇기 때문에 "도가 뭡니까?" "마음이 뭐냐?" "이겁니다!" 하는 거죠. 여기에는 아무것도 할 수 있는 일이 없어요. 어떻게 노력을 한다, 수행을 한다, 그러면 전부 유위법이 되는 겁니다. 그래서 도(道) 앞에 우리가 마주하면 손쓸 수 있는 게 아무것도 없습니다. 아무것도 행동할 게 없어요. 어떻게 할 수가 없어요. 그러기 때문에 우리가 도(道) 앞에 서는 것을 금강권(金剛圈), 율극봉(栗棘蓬)이라고 합니다. 금강권, 율극봉이란 무슨 뜻이냐 하면, '아무것도 할 수 있는 일이 없다'는 말입니다.

금강권(金剛圈)이란 금강석으로 만들어진 감옥에 갇혀 있다는 말인데, 금강석은 이 세상에서 가장 단단한 거니까 뚫고 탈출할 수가 없다는 말이죠. 율극봉(栗棘蓬)은 밤송이가 목에 걸려 있단 말인데, 이게 뱉어 내려고 해도 찔려서 뱉어 낼 수가 없고, 삼키려고 해도 아파서 삼킬 수가 없어요. 어떻게 할 수가 없는 처지입니다. 그래서 도(道) 공부를 하는 사람들은 누구든지 금강권 율극봉, 손쓸 수도 없고 어떻게 할 수도 없는 그런 입장에 처하게 됩니다. 거기서도 포기하지 않고 계속 공부를 하다 보면, 한순간에 금강권의 감옥이 사라지고 목에 박혀 있던 밤송이도 사라져 버립니다. 한순간에 그만 모든 문제가 사라져 버립니다. 그런 경험이 있는 겁니다.

그렇게 되면 자기가 살아날 길을 알 수가 있어요. (법상을 두드리며) '아, 여기는 아무 일이 없는 곳이구나!' 하는 살아날 길을 찾게 되는 겁니다. (손을 흔들며) '아무 일이 없구나! 단지 이 하나뿐이구나! 다만 이 하나일 뿐이고, 아무 일이 없구나!' 이렇게 명백해져서 결국 통 밑이 빠진다고 하듯이, 다 사라져 버리고 아무런 걸림이 없는 겁니다. 아무것에도 걸리지 않고 다 통한다는 말입니다. (손을 흔들며) 하여튼 자기가 체험을 해 보면 알 수가 있어요. 법(法)은 (손을 흔들며) 이 하나입니다! 이것 하나입니다!

이 공부는 결코 작은 공부가 아니에요. "그냥 한번 해 보지 뭐" 하더라도, 우리가 사람으로 태어난 이유가 되는, 그게 바로 이 공부입니다. 지금까지와는 전혀 다른 삶을 살 수가 있단 말입니다. 세속에서의 그런 삶이 아니고, 전혀 다른 삶을 살 수가 있어요. 여기에 한 번 통하면 전혀 다른 삶을 살게 되는 겁니다.

그러므로 유위(有爲)의 법(法)은 꿈과 같고 환상과 같음을 알아야 한다.

(손을 흔들며) 이 하나고, 아무것도 할 일은 없어요.
"마음이 뭐냐?"
(손을 흔들며) "이것이다!"
"부처가 뭐냐?"
(손을 흔들며) "이것이다!"
"법(法)이 뭐냐?"
(손을 흔들며) "이것이다!"
"깨달음이 뭐냐?"
(손을 흔들며) "바로 이것이다!"
"이 하나뿐이다, 이 하나뿐!"
모든 사람에게 온 천지에 (손을 흔들며) 이 하나만 언제나 드러나 있을 뿐입니다! 아무 다른 것이 없습니다.

딱! 딱! 딱! (죽비 소리)

8.
스승에게 의지하라

달마혈맥론 여덟 번째 시간입니다.

만약 급히 스승을 찾지 않는다면 헛되이 일생을 보낼 것이다.
그러므로 불성은 자신에게 있지만, 스승을 말미암지 않는다면 끝내 밝혀낼 수가 없다.
스승을 말미암지 않고 깨닫는 자는 매우 희귀하다.
만약 자기 스스로 인연을 깨달아서 성인(聖人)의 뜻을 얻는다면, 선지식을 찾을 필요가 없으니, 이런 사람은 곧 태어날 때부터 자질이 남다른 뛰어난 공부꾼이다.
만약 아직 깨달아 알지 못했다면, 반드시 부지런히 끈기 있게 선지식을 찾아서 배워야 하니, 가르침으로 말미암아 비로소 깨달을 수 있기 때문이다.

만약 급히 스승을 찾지 않는다면 헛되이 일생을 보낼 것이다……이것은 말이 그런 것이고, 여기서 제가 가리키고자 하는 것은 스승이 어떻고, 깨달음이 어떻고, 하는 게 아니고, (손을 흔들며) 지금 이것! 이 하나! 사실 이것은 말을 할 수도 없고 이름을 붙일 수도 없는 겁니다. 단지 이렇게 명백하고 이렇게 분명해서 알 필요도 없고, 말할 필요도 없고, 긍정할 필요도 없고, 언제는지 이 자리고, 언제든지 이 하나입니다.

생각으로 분별하면, 가리키는 사람이 있고, 공부를 하는 사람이 있고, 깨달은 사람이 있고, 이렇게 말할 수 있죠? 그런데 그건 생각에서 나오는 말이고, 진실로 이 하나의 일에는 배우고, 가리키고, 알고, 모르고, 하는 그런 일이 있는 게 아니라, 그냥 바로 (손을 흔들며) 이것, 바로 지금 이 자리, 바로 지금 이것! 생각으로 헤아리고 분별하면 어긋납니다. 물속에서 물을 찾는 그런 망상을 한다 이겁니다.

바로 지금 (손을 흔들며) 이 일이고, 바로 이것입니다. 여기서 "이것이다" 하는 말도 생각으로 들으시면 안 됩니다. 하여튼 자기가 한번 통달이 되어 봐야 합니다. 그러면 다른 일이 없습니다. 마음이라고 할 것도 없고, 도(道)라고 할 것도 없고, 사람이라고 할 것도 없고, 안팎이 따로 없고, 언제든 어디를 가든, 변함없이 항상 똑같습니다. 이러니저러니 하며 취하고 버리고 할 것도 없고, 따질 것도 없이 바로 지금 (손을 흔들며) 이것이거든요. 바로 지금 이 하나뿐입니다!

하여튼 이것이 와닿아야 합니다. 선지식이 어떻고, 배우는 사람이 어떻고, 하는 말들은 모두 방편으로 하는 말이고, (법상을 두드리며) 이 하나! 이것을 일러 마음이라고 하죠. "자기 마음이다" "본래면목이다"라고 말하는데, 항상 (손을 흔들며) 이것입니다! 항상 이 하나의 일이어서, 왔다 갔다 하는 것이 아니고, 잃어버릴 수도 없고, 맞다 틀리다 할 수도 없습니다. 항상 이 일이고, 항상 이 자리여서 늘 다른 일이 없습니다.

이것에 통하면 저절로 통 밑이 빠지듯이 시원하게 뚫려서 일이 없는 것이고, 통하지 못하면 "이것!" "이것!" 해도 도대체 무슨 말인지 알 수가 없어요. 이것은 알 수 있는 일이 아닌데 '안다'는 표현을 쓰기는 하지만 세상일을 알듯이 그렇게 아는 것은 아닙니다. 세상일을 알 때는 생각하고 이해하지만, 이것은 전혀 그런 게 아니고, 그냥 삼라만상 온갖 일들이 순간순간 전혀 다른 일이 없어요. 다 똑같습니다. 다 똑같이 (손을 흔들며) 이 하나죠! 이 하나지, 아무것도 생각할 것도 없고, 따질 것도 없습니다. 그런데《혈맥론》에 나오는 모든 말들은 말로써 표현할 수 없는 것을 말로 표현하려는 말이니까 모두 방편의 말이라고 하는 겁니다. 방편으로 말하는 것이죠.

이 공부를 하는 데 첫 번째는 발심입니다. 과연 이 일에, 이 공부에 정말로 관심이 있느냐? 정말로 이것을 꼭 체험해 보고 싶으냐? 현재 머물러 있는 그 한계를, 그 테두리를 벗어나 새로운 세계에서 살고 싶으냐? 이 공부라는 것은 정신적으로 전혀 새로운 세계에서 살게 되는 변화거든요. 지금까지 살고 있던 세계와는 전혀 다른 새로운 세계인 겁니다. 무엇을 새로 아는 것이 아니고, 정신세계가 바뀌는 거예요. 확 달라집니다.

현재 자기가 살고 있는 정신세계가 얽매여 있고 묶여 있고 협소한 한계 속에 갇혀 있는 세계라면, (법상을 두드리며) 이쪽으로 들어와 보면 한계가 없어요. 끝이 없습니다. 그런 끝없는 자유랄까? 그런 게 있어요. 마음속에 뭔가를 짊어지고 살고, 안고 살고, 가슴속에 넣고 살아왔다면, 그 가슴속에 품고 있던, 가슴속에 가지고 있던, 짊어지고 있던 일들이 싹 사라져 버립니다. 아무것도 안 갖게 됩니다. 마음과 정신에서 아무것도 가진 게 없게 돼요.

물질적으로 말하는 게 아니라, 마음에서 아무것도 가지고 있지 않게 되는 겁니다. 그러니까 그만큼 가볍고, 굉장히 자유롭고, 편안한, 전혀 다른 삶을 살게 되는 것인데…… 이렇게 다른 삶을 살고 싶고, 지금까지의 삶은 불편해서 다른 세계에서 살고 싶다는 의지와 욕망, 즉 그것도 일종의 욕망 아니겠습니까? 그런 욕망이 있느냐 하는 것이죠.

이 욕망은 '저 우주에는 뭐가 있을까?' 하는 호기심과는 전혀 다릅니다. 호기심이란 단순히 알고자 하는 욕구를 충족시키는 것이지요. 물론 이 공부에도 그런 호기심이 있지만, 호기심이 전부가 아니고 자기의 삶 자체를, 새로운 삶을 살아 보려는 좀 더 근본적인 욕구가 있는 겁니다. 단순히 '저 바다 속에 뭐가 있을까?' 이런 어떤 관심이나 호기심이 아니고, 지금 자기 삶의 상태를 극복하고 벗어나서 뭔가 지금보다는 더 나은 다른 삶을 살고자 하는 욕구죠. 그것이 바로 첫째죠. 그런 욕구가 있으면, 여러 가지로 찾아보고, 귀 기울이고, 자기가 원하는 그런 쪽의 이야기가 있으면 귀가 쫑긋해지고, 그런 책에도 관심을 가지게 되면서 찾게 되겠죠. 찾다가 인연이 되어서 이쪽을 알려 주는 선지식을 만나게 되면, 그 가르침에 일단 귀를 기울이면서 공부를 하는 게 필요합니다.

물론 때때로 혼자서 죽을 둥 살 둥 발버둥을 치다가 이 문제를 해결하는 경우도 있기는 합니다. 누가 시킨 것도 아니고, 저절로 자기 삶의 문제에 매달려서 발버둥을 치고 책 같은 것도 사 보고, 누구를 의지해서 공부하지 않고…… 기질상 그런 사람들이 있거든요. 혼자서 막 그렇게 하다가 해결을 하는 사람도 있긴 있어요. 하지만 사실상 그러기는 쉽지 않아요.

반면에 가르침을 듣고 그 가르침에 의지하는 것은 쉽습니다. 왜냐하면 이미 수많은 사람들이 우리들과 같은 욕구를 가지고, 같은 목적을 가지고, 같은 것을 찾아 헤매다가 해결을 하고, 자기가 해결한 것에 대해 수많은 말들이 남아 있고, 지금 동시대를 사는 그런 사람들도 있기 때문에, 인연이 되는 곳을 찾아가서 그 이야기를 듣고 공부를 하는 것이 아무래도 쉽죠.

만약 급히 스승을 찾지 않는다면 헛되이 일생을 보낼 것이다.

혼자 발버둥 치는 것은 좋은데, 궁리하는 것은 좋지 않습니다. 옛날에 주자(朱子)가 얘기를 한 적이 있어요. "하루 종일 앉아서 열심히 생각을 해 봤는데 결국 별로 소득이 없더라. 차라리 옛날 성인들의 말씀 한 구절이라도 읽고, 그것을 음미해 보는 것이 도움이 되더라." 그런 얘기를 한 적이 있는데, 이것은 방향이 조금 다른 공부지만, 어쨌든 이 공부도 자기 혼자서는 쉽지 않은 거예요. 제 경험으로도 이 공부를 하려고 애를 쓰다가 내린 첫째 결론이 뭐냐 하면, 저절로 그런 결론이 내려졌는데, '아, 이것은 내 힘으로 할 수 있는 공부가 아니구나!' 이 공부에 들어오기 전에 내려진 결론이었습니다. 그래서 가르침에 의지할 수밖에 없었는데, 그 가르침은 분명합니다.

"도가 뭐냐?"

(법상을 두드리며) "이것이다!"

"마음이 뭐냐?"

(법상을 두드리며) "이것이다!"

"부처가 뭐냐?"

(손을 흔들며) "이것이다!"

"깨달음이 뭐냐?"

(손을 흔들며) "이것이다!"

이렇게 분명합니다. 바로 딱 드러내서 이렇게 가리켜 드려요. 그러나 이것을 어떤 식으로든 생각하거나 헤아려서는 안 됩니다. 분명하게 이렇게 딱 가리켜 드립니다. (손을 크게 흔들며) 이것은 어떤 식으로든 헤아리거나 분별하거나 생각해서는 결코 해결이 안 되는 거거든요. 그러나 진실을 분명하게 이렇게 딱 가리켜 드립니다. (법상을 두드리며) 이 일! 이것이다!

"부처가 뭐냐?"

(법상을 두드리며) "이것이다!"

"깨달음이 뭐냐?"

(법상을 두드리며) "이것이다!"

바로 이것을 이렇게 분명하게 가리켜 드리는 겁니다.

여기서 어쨌든 결판을 한번 내야 하는 것이고, 여기서 한번 뚫어야 합니다. 뚫어 보면 결국 다른 일이 아니에요. 결국 '아, 원래 늘 있던 일이고, 모든 사람에게는 단지 이 일 하나뿐이구나!' 하고 저절로 알아요. 여기에 초점이 맞아서 이 일이 밝으면 아무 일이 없고, 여기서 어긋나면 바로 망상에 떨어져서 이것이냐 저것이냐 헤매게 되죠. 이것을 체험하면 그런 사실이 스스로에게서 밝혀집니다.

여기에 초점이 딱 맞아 있으면, 아무 의심이 일어나지 않고 아무런 혼란스러움이 없습니다. 너무나도 안정이 되고 명백하죠. 그러나 여기서 어긋나게 되면 생각과 분별이 작동해요. 여기에 딱 맞아 있으면, 생각을 해도 생각하는 게 아닙니다. 그게 바로 묘한 법인데, 여기에 초점이 딱 맞아 있으면 생각을 해도 생각을 하는 게 아니고, 말을 해도 말을 하는 게 아니고, 행동을 해도 행동을 하는 게 아니고, 언제나 고요하고 아무 일이 없습니다. 하지만 여기서 조금이라도 어긋나게 되면 뭔가 생각을 가지고 정리를 하려고 하고, 뭔가 해야 할 일이 있어요.

그런 차이가 있는 겁니다. 정신적인 문제인데도 그런 묘한 면이 있는 거예요. 그래서 여기에 초점이 맞느냐, 아니면 어긋나서 틈이 생겼느냐, 그것이 문제입니다. 어쨌든 체험을 해서 초점이 딱 들어맞으면 아무 일이 없거든요. 즉시 온갖 일이 다 쉬어져서 아무 일이 없어요. 그저 이것 하나뿐이죠. 그러나 여기서 어긋나게 되면, 생각을 가지고 정리를 할 필요가 생겨요, 저절로. '이건 이것이고, 저건 저것이다' 하고 생각으로 헤아려서 정리를 하는데, 그런 것은 전부 망상이고 법에서 어긋나 있다는 증거가 됩니다.

법에 딱 계합을 하면 생각으로 정리할 게 아무것도 없어요. 물론 세속적인 사물이야 정리를 해야죠. 방도 정리하고, 사무실도 정리하고, 마당도 정리하고 해야죠. 그렇지만 자기 마음에서는 정리할 게 없어요. 그렇게 이 법은 묘한 법입니다.

(손을 흔들며) 여기에 계합하는 것 외에는 어떤 식으로든지 길이 없고, 계합하는 것은 불가사의하기 때문에 어떻게 손쓸 수 있는 방법이 없습니다. (손을 흔들며) "그냥 이겁니다!" 가리킬 때는 이렇게 명백하게 가리키죠. (손을 흔들며) "이겁니다!" 분명하게 가리켜 드리죠.

우리는 '내 마음'을 생각하거나 말하는데, 사실 그런 생각이나 말은 망상입니다. 내 마음이라고 생각하고 헤아리니까 내 마음이 있는 것처럼 여기지만, 사실은 내 마음, 네 마음, 또는 마음과 육체가 구분되어 있지는 않습니다. 나누어져 있는 게 아니에요.

헤아리고 분별해서 그럴듯하게 이해를 하더라도, 그렇게 이해한 것은 모두가 망상입니다. 반드시 여기에 한번 초점이 딱 맞아서, 반드시 이것이 딱 맞아떨어져서 안팎이 없고, 아래위가 없고, 좌우가 없고, 온 세상일이 딱 이 하나로 돌아와야 합니다. 이 하나입니다! 온 세상의 모든 일이 이 하나일 뿐이에요! 반드시 이것이 명확해져야 합니다! 여기는 어떻게든 수행할 것은 없습니다. 수행을 한다는 것은 이뤄야 할 목표를 정하고 정해진 방법에 따라 행동하는 것 아닙니까? 모두 분별로 헤아려서 하는 것이잖아요. 다 허망한 짓입니다. 쓸데없는 짓이에요. (손을 흔들며) '여기'에만 한번 딱 들어맞으면,

저절로 모든 것이 명확해집니다.

만약 급히 스승을 찾지 않는다면 헛되이 일생을 보낼 것이다. 그러므로 불성은 자신에게 있지만 스승을 말미암지 않는다면 끝내 밝혀낼 수가 없다. 스승을 말미암지 않고 깨달은 자는 매우 희귀하다.

이런 분이 없는 건 아닙니다. 저도 그런 분을 몇 분 만나 봤는데, 혼자서 죽을 각오하고 발버둥 치다가 문제를 해결하는 그런 분이 있기는 있습니다. 하지만 이것을 이미 가리켜 온 사람이 있잖아요? 아주 오래전부터 말이죠. 그러니까 어렵지 않게, 즉 어렵지 않다는 것은 문득, 돈오(頓悟)라는 표현을 쓰는데, 전혀 예기치 않게 문득 확 뚫어진단 말이죠. 이 공부는 세속의 일처럼 애써 노력하여 일 단계, 이 단계, 삼 단계…… 마지막 구 단계, 십 단계까지 한 발 한 발 걸어가는 길이 아닙니다. 이 마음공부란 그런 게 아니에요. 이 공부를 10일을 하든, 10개월을 하든, 10년을 하든, (법상을 두드리며) 이것이 뚫리지 않으면 똑같은 자리에서 막혀 있는 겁니다.

그러나 딱 뚫어지면 역시 똑같은 자리입니다. 10년을 해서 뚫어지든, 10일을 해서 뚫어지든 똑같은 자리예요. 왜? 이 마음이거든요. 이 마음은 날 때부터 죽을 때까지 다른 마음이 없습니다. 10년을 수행해도 달라지진 않죠. 달라진다면 그건 유위법입니다. 그런 게 아닙니다. 원래 날 때부터 갖추어져 있는 (손을 흔들며) '이것'인데,

초점이 안 맞아서 효험을 맛보지 못하고 살아온 것이지, 모든 사람이 똑같습니다. 똑같은 조건에 있고, 똑같은 자질을 갖추고 있습니다.

옛날 사람들도 다 그렇게 얘기했습니다. 《전심법요》에서 황벽 스님이 그랬잖아요? "지금 이 자리에서 깨닫든 10년 수행해서 깨닫든, 깨닫고 나면 다 똑같다. 10년 수행한 것은 그냥 시간이 흘러간 것이다." 이게 그렇습니다.

그래서 이러한 비유를 들잖아요. "물속에서 물을 찾고, 자기 머리를 가지고 자기 머리를 찾는 것과 같다." 10년 만에 자기 머리를 찾든, 지금 당장 머리를 찾든, 찾으면 원래 있던 자기 머리예요. 다 똑같은 겁니다.

(손을 흔들며) 여기에 관심을 가지고 있더라도, 달리 어떻게 노력할 길도 없고 방법도 없습니다. 관심을 가지고 이것을 가리키는 법문에 귀를 잘 기울이고 잘 듣다 보면 자기도 모르게 문득 와닿는 때가 있습니다. 그렇게 되면 바로 그때부터 공부가 시작되고 재미가 붙는 겁니다. 이렇게 감이 딱 잡히죠. '이 자리! 아무 일이 없네.' 그런데 그게 금방 확확 달라지는 것은 아니고, 시간이 지나면서 천천히 달라집니다. 달라진다는 것에도 특별히 다른 일이 있는 것은 아니고, (손을 흔들며) 이 일 없는 자리, 지금까지 모르고 살았던 우리의 진실한 이 본래 모습, 여기에 자꾸 익숙해지는 거예요. 익숙해질수록 확실해지고 더 자유로워지고 안목이 더 깊어지고 그렇게 되는 거죠. 하여튼 이것입니다! 이것 하나! 법은 애초부터 '이것 하나' 뿐입니다!

그런데 여러 가지 다양한 가르침들이 있고 온갖 수행법들이 나와 있으니까, 이런 것들을 많이 보고 듣고 생각으로 이해한 사람들은 오히려 그것이 방해가 되어서 공부가 어렵습니다. 이 공부에서는 아는 게 병입니다. 이것은 알 수 있는 게 아닌데도 온갖 말들이 많으니까, 그런 쓸데없는 지식을 잔뜩 가지고 있는 사람들이 있어요. 이것은 알려지는 게 아니고 알 수 있는 게 아닙니다. 모든 사람이 날 때부터 죽을 때까지 명확하게 항상 갖추고 있는 거지만, 이것을 알 수는 없어요. 깨달아 체험하여 여기에 한번 딱 통하는 것밖에 다른 길이 없습니다.

많이 보고 많이 듣고 하다 보면 자기 나름으로 대충 그림이 그려지고, 아마 이런 게 아닌가 하고 자기 나름대로 견해를 가지게 되는데, 이 공부에서 그런 것들은 전부 장애물이에요. 진실로 이 자리에 딱 들어오면, 지금까지 자기가 예상했던 것과는 전혀 다릅니다. 그런 게 아니에요. 그런 일이 아니고, 단지 이렇게 명백하고 또렷하고 정말 진실해서 어떻게 할 수가 없는 일이거든요. 여기에는 생각할 수 있는 것은 아무것도 없어요.

생각할 수가 없고, 말할 수가 없고, (손을 흔들며) 이렇게 명백하지만, 여기에 대해서는 어떤 그림도 그릴 수가 없어요. 그림이 안 나와요. 애초에 그림이 없는 것이거든요. 여기에 대해 자기가 어떤 식으로든지 알고 있고 그림을 그리고 있다면 모두가 망상입니다.

스승을 말미암지 않고 깨달은 자는 매우 희귀하다.

> 만약 자기 스스로 인연을 깨달아서 성인의 뜻을 얻는다면 선지식을 찾을 필요가 없으니, 이런 사람은 곧 태어날 때부터 자질이 남다른 뛰어난 공부꾼이다.

그릇이 다른 사람이라는 뜻이죠. 자기 혼자서 발버둥을 치다가 탁 와닿으면, 저절로 감이 생깁니다. 그렇긴 해도 사실 선지식이 필요치 않은 것은 아니에요. 왜냐하면 여기에 대해 자기 혼자서 막 발버둥을 치다가 어떤 체험이 있어서 감이 생겼다 해도, 이게 머리로 분별되는 것은 아니기 때문에, 감이라는 것이 사실은 굉장히 오해의 여지가 많고, 또 잘못된 견해를 가질 수 있는 가능성이 많아요.

우리가 생각을 안 하고 살 수는 없기 때문에, 생각을 조복해서 이 법에 알맞게 공부하는 것이 매우 중요합니다. 단순히 이 법을 체험한 것과, 자기의 생각이 여법해지는 것은 다른 문제입니다. 이 법에 대해서 이전에 수많은 분들이 몇 천 년 동안 다양한 얘기를 해 놓고 있는데, 그게 우리 불교의 정통적인 가르침입니다. 삿된 견해나 잘못된 사고방식에 떨어지지 않도록 해 놓은 장치들이 불교의 가르침에는 많습니다.

견해가 생기면 전부 삿될 수밖에 없지만, 그러나 방편으로 남겨 놓은 다양한 말들이 있거든요. 그런 다양한 방편의 말들은, 이것에 대해서 잘못된 관념이나 견해를 가지지 못하도록 경책하거나 경계하는 말들이 많아요. 그런 방편들을 봄으로써 자기가 잘못될 가능성들을 많이 줄일 수 있습니다. 또 그렇게 남아 있는 글뿐만 아니라,

현재 살아 있는 사람으로서 이 법을 가르치는 사람을 만나 허심탄회하게 자기 공부에 대해 말해 보면 서로 공감대를 형성할 수가 있거든요. 같은 공부를 하면서 공감대를 형성하면, 훨씬 더 자신감을 가질 수 있습니다. '아, 이것은 나 혼자 그런 게 아니고, 다른 사람도 같은 경험을 하고 있구나!' 하는 걸 알면 자신감이 생기고 여러 도움을 받을 수도 있습니다.

이렇기 때문에 혼자서 경험을 했더라도 끝까지 혼자서 모든 공부를 다 할 수는 없는 겁니다. 경전이나 조사의 말씀을 보기도 하고, 살아 있는 선지식과 대화를 해 보기도 하면서 자기 공부를 더 깊이 있게 다듬을 수 있습니다. 그래서 선지식이 필요 없다고 했지만, 사실 매우 중요하다고 말할 수 있습니다. 서로 만나 보고 확인을 해 봐야 합니다. 그런 과정이 필요합니다.

여기서 공부하다 체험하신 분들도 그렇게 합니다. 몇 달에 한 번이라도 정기적으로 점검을 받으시라는 게, 시험을 치는 그런 것이 아닙니다. 허심탄회하게 공부에 대해 얘기를 하다 보면, 자기 공부가 바르게 나아가고 있는지, 혹시라도 무슨 문제를 일으킬 가능성은 없는지 알 수가 있기 때문에, 정기적으로 찾아오셔서 말씀을 나누자고 당부를 드리는 겁니다.

만약 자기 스스로 인연을 깨달아서 성인의 뜻을 얻는다면 선지식을 찾을 필요가 없으니, 이런 사람은 곧 태어날 때부터 자질이 남다른 뛰어난 공부꾼이다.

만약 아직 깨달아 알지 못했다면, 반드시 부지런히 끈기 있게 선지식을 찾아서 배워야 하니, 가르침으로 말미암아 비로소 깨달을 수 있기 때문이다.

하여튼 (법상을 두드리며) 법은 이것입니다! 이 법입니다! 생각하고 따지고 헤아리고 찾고 그렇게 할 수 없는 (손을 흔들며) 바로 이겁니다!

이것을 "밥 먹었냐?" "차 마셔라." "잣나무." "똥막대기." "날이 너무 덥구나!" 이런 식으로 말할 수도 있습니다. 똑같은 것을 가리켜 드리고 있습니다. "밥 먹었냐?" 하는 것은 식사를 했는지를 물어보는 말이 아닙니다. "날이 너무 덥구나!" 하는 것도 날씨를 말하는 것이 아니라 '이것'을 가리키는 겁니다. 차를 마시라는 것도 차를 마시라는 얘기가 아니에요. '이것'을 가리켜 드리는 겁니다. 그렇기 때문에 '이것'을 가리켜도 뜻을 알 수가 없습니다. '이것'을 가리키면 뜻을 알 수가 없어요. 뜻을 이해하는 말이 아니거든요.

(법상을 두드리며) '이것'을 그대로 드러내고 가리켜서 지적하고 있는 겁니다. (손을 흔들며) 이것 하나뿐입니다! (법상을 두드리며) 이것 하나뿐!

이해할 것은 전혀 없습니다. (법상을 두드리며) 이것 하나뿐! 바로 지금 (손을 흔들며) 이것이거든요! 바로 이것이에요! 여기에 한번 통해서 초점이 딱 맞아떨어지든지, 아니면 길이 없고 방법이 없어요. 수행은 전혀 맞지 않습니다.

그래서 수행할 것이냐? 깨달을 것이냐? 선택을 하라 이겁니다. 수행은 평생 수행만 하는 겁니다. 반복적으로 뭘 어떻게 하고, 거기에 계속 의지해야 해요. 깨달음은 아무 데도 의지하지 않게 되는 겁니다. 아무 데도 의지를 하지 않고 완전히 독립을 하고 자유로워지는 겁니다. 왜냐? (손을 흔들며) 이것! 자기 마음이라 하든, 자기 살림살이라 하든, 본래면목이라 하든, 어떻게 이름을 붙여도 관계없어요. 온 세상은 이것뿐이거든요! 온 천지가 단지 이 하나의 일로 귀결이 되고, 모든 일이 이 하나입니다. 그래서 따로 뭐가 없어요. 의지할 대상이 없습니다.

해야 될 게 없고, 의지할 대상이 없습니다. (손을 흔들며) 이것뿐이에요! 이것이 분명하면 만법이 똑같아요. 무슨 일을 하더라도 아무 일도 안 하는 거예요. 아무 할 일이 없으니까.

(손을 흔들며) 바로 이것입니다! 이해할 것은 없어요. 여기에 한번 와닿아야 하고, 통달이 되어야 합니다. 이 진실이 이렇게 명백하고 분명하지만, 헤아리거나 분별하거나 이해하거나 소통하는 방식은 아니에요. 이것이 어떻게 소통됩니까? 이심전심(以心傳心)! 말을 해서 아는 것이 아니고, 마음에서 마음으로 불가사의하게 소통이 되는 겁니다. 말을 하고 이해를 하는 게 아니에요. (손을 번쩍 들며) 이심전심!

"이겁니다!" 여기서 확 뚫어지면 같은 자리에서 같은 맛을 보는 겁니다. 서로 말로써 소통하는 것이 아니기 때문에, 그런 면에서 아주 갑갑하고 어려운 겁니다. 갑갑하고 어려우니까 뭐라고 합니까?

"은산철벽에 가로막혀 있는 공부다"라고 하죠. 갑갑한 공부죠. 하지만 그 갑갑한 가운데서 한번 뚫어져야 시원하게 일이 해결되지, 말을 해서 서로 이해하는 식으로는 해결이 안 됩니다. 그것은 각자 생각만 하고 있는 거예요. 그것은 이심전심이 아니고, 깨달음이 아닙니다. 그냥 자기 나름대로 생각만 하고 있는 거지요.

자기 나름의 생각은 마음이 아닙니다. 이 마음은 한계가 없습니다. 허공과 같아요. 모든 사람이 똑같은 하나의 허공을 공유하고 있는 겁니다. 같이 가지고 있는 겁니다. 내 것, 네 것이라고 할 게 없습니다. 그러나 생각은 달라요. 생각은 네 것과 내 것이 있어요, 네 생각과 내 생각. 그러나 네 마음 내 마음이라는 것은 없어요. 지금 이것이거든요. 이 하나! 여기에는 아무 다른 일이 없어요. 오직 이 하나뿐! 생각을 하게 되면 막힙니다. 생각을 하게 되면 막혀 버려요. 생각을 하지 않고 여기에 통해야 해요. (손을 흔들며) 이것 하나거든요!

생각은 여기에 해당이 안 되니까, 여기에는 할 수 있는 일이 없습니다. 생각을 해야 뭘 어떻게 할 텐데, 할 수 있는 일이 아무것도 없어요. 단지 "도가 뭡니까?" 하면 그냥 쳐다보고 있는 거죠. 그냥 듣고 있는 거지, 할 수 있는 일이 없어요. 뭔가 할 수 있는 일이 있다고 여기고 열심히 행하는 것은 수행입니다. 그건 일부러 하는 것이니 (손을 흔들며) 끝이 없는 허공과 같은 이 '하나'에 통달하는 것이 아닙니다. 이것이 명확해지는 일은 아니다 그 말입니다.

이것뿐입니다! 아무리 갑갑하고 답답해도 여기서 끝이 안 나면 끝날 방법이 없어요. 길이 없습니다. 진실은 이렇게 명확한 겁니다. 이렇게 명백한 거예요. 바로 지금 (손을 흔들며) 이것이거든요. 이 하나예요! 여기에 한번 통해야 돼요!

만약 스스로 밝게 깨닫는다면 배우지 않아도 될 것이니, 어리석은 사람과는 같지가 않다.

여기서 한번 확 뚫어지면 자기 살림살이가 나오는데, 자기의 진실이 딱 나타난단 말이죠. 어떻게 손댈 수 없는 명확한 진실이 딱 나옵니다. 이게 유일한 진실입니다. 여기에 더 깊이 들어가고, 여기에 충분히 익숙해지고, 이것을 더 확장해서 온 우주를 덮을 정도로 확장이 돼야 하고, 이것이 유일한 진실이 되어야 하는 것이지, 다른 사람이 하는 말을 듣거나 책을 보거나 하여 얻는 것이 아닙니다. 비록 그것이 방편의 말로써 훌륭한 말이라 하더라도 역시 말일 뿐이기 때문입니다.

이것을 정확하게 표현할 수 있는 말은 없습니다. 애초에 분별이 안 되는 것이기 때문에 당연히 여기에 대해서는 할 수 있는 말이 없어요. 그러니까 여기에 관한 모든 말은 전부가 불완전하고 왜곡된 엉터리입니다. 아무리 그럴듯한 말이라 하더라도 그렇습니다.

이 진실은 오직 자기 스스로만이 (손가락을 세우며) 이렇게 명확해질 수가 있는 겁니다. 오직 자기 스스로만이 이것이 진실하고 분명하게 와닿는 거예요. 이것이 분명하게 와닿으면, 처음엔 이것이 아직 명확하지 않고 희미할 수도 있고 바늘구멍만큼 조금 뚫릴 수도 있는데, 그렇지만 저절로 이것에 대한 감이 와요. '아, 이게 진짜로구나!' 하는 감이 와요. 그러면 자꾸 여기에 익숙해져야 해요. 그럴듯한 말에 속으면 안 됩니다. 여기에 익숙해져서 자기 살림살이가 더 명확해지고 더 깊어지고 더 자신만만해지고 더 힘이 생겨야 해요. 그럴수록 모든 일들이 여기서 벗어나는 일이 없게 되고 더 흔들림이 없어지고 이 법의 힘이 더 강해지게 됩니다.

그렇게 해서 5년이고 10년이고 지난 뒤에 책이나 경전도 보고 조사의 어록도 보면 자기의 진실에 비추어서 그때는 저절로 납득이 되기 시작합니다. '아, 이것을 이렇게 표현하고 있구나!' 경전은 그렇게 봐야 되는 겁니다.

자기의 진실에 통달하고 여기에 익숙해지는 것이 첫 번째고, 경전이나 조사의 말은 두 번째입니다. 자기의 진실이 첫 번째인 겁니다. 왜냐? 말은 진짜배기가 아니잖아요? 그건 종이에 쓰인 글자에 불과한 거니까요. 설사 이것을 깨달아서 30년, 40년 공부에 아주 익숙해졌다 하더라도 이것은 말할 수 있는 게 아니거든요. 여기에 대한 어떤 말을 하더라도 그건 방편의 말이지, 이 진실 자체는 아니란 말이에요. 방편의 말에서 진실을 찾으려고 하는 것은 어리석은 짓입니다.

진실은 우리 각자에게 항상 있는 것이고, 한번 확인하고 나면 더 확실해지고 더 익숙해지고 더 분명해지죠. 이 일 하나입니다. 이것은 우리 존재 전체이고, 우주 존재 자체가 여기에 근거하고 있습니다. '내가 어떻고, 내 마음이 어떻고, 우리 집안이 어떻고, 친구가 어떻고, 나라가 어떻고, 우주가 어떻고……' 여기서 그런 분별도 다 하고, 보기도 하고, 듣기도 하고, 느끼기도 하고, 알기도 하고 그러는 것입니다.

이 세계 전체 존재의 근원이 바로 (손가락을 세우며) '이것'이란 말이에요. 그러니까 "이 우주는 한 개의 마음이고, 그 마음속에 삼라만상이 다 나타난다"라는 식으로까지 얘기를 하는 겁니다. 이 하나의 진실이 모든 것의 근원이라는 말입니다. 이것이 분명해져야 해요. 이것은 말로 표현할 수 있는 것이 아니거든요. 화두가 어떻고, 공안이 어떻고, 경전 구절이 어떻고 다 방편의 말입니다. 그런 것은 일절 신경 쓸 것 없습니다. 진실은 각자 스스로에게 완전히 갖추어져 있는 겁니다. 부처님 말 속에 진실이 있는 게 아니에요. 그건 모두 진실을 가리키기 위한 방편의 말입니다.

비유하자면 우리 육체와 같습니다. 물론 육체와 정신이 동일한 것은 아니지만, 병원에 있는 의사들이 우리 육체의 건강을 쥐고 있습니까? 약국에 있는 약사가 쥐고 있습니까? 약국의 약품이 쥐고 있습니까? 자기한테 갖춰져 있는 거잖아요? 날 때부터 자기가 다 가지고 있어요. 똑같은 겁니다. 부처는 의사고 조사는 약사예요. 그냥 도움을 줄 뿐이죠. 진실은 우리 각자가 100퍼센트 다 가지고 있는 거예요.

그래서 밖에서 얻을 수 없다고 한 겁니다. 《금강경》에 많이 나오잖아요? "얻을 법은 없다. 말할 법도 없다." "부처님, 얻을 법이 있습니까?" "조금도 없다!" "말할 만한 법이 있습니까?" "전혀 없다!" 왜? 우리 각자가 날 때부터 애초부터 100퍼센트 다 갖추고 있기 때문이에요. 각자가 100퍼센트 다 갖추고 있기는 한데 깨닫지를 못하고 있는 거거든요. 깨닫지 못하는 이유는 자꾸 생각하려 하고 찾으려고 하기 때문입니다. 하여튼 (손가락을 세우며) '이것'을 한번 깨닫고, '이것'에 초점이 한번 딱 맞아서 확인이 되면, 찾을 일이 없고 헤매지 않게 되는 겁니다. 찾아서 헤맬 일이 없어요. 항상 이렇게 100퍼센트 다 갖추고 있기 때문이에요.

(손가락을 흔들며) '이것'만 한번 확인하면 되는 거예요! "자기 머리를 가지고 자기 머리를 찾는 사람이다"라는 말이 참 적절한 비유입니다. 자기 머리를 달고서 '내 머리가 어디 있는가?' 하는 것을 어리석다고 전도중생(顚倒衆生)이라 하잖아요? 전도(顚倒)란 뒤집어져 있다는 말이거든요. 망상 속에서 뒤집어져 있다는 말이에요. 자기 머리를 가지고 자기 머리를 찾는 사람이죠.

애초부터 머리를 달고 있습니다. 한 번만 딱 맞아떨어지면 원래 아무 일이 없습니다. 원래 이렇게 명확하게 (손가락을 흔들며) 이것 하나뿐이에요! 여기에서 어긋나게 되면 그런 망상 속에 떨어져 버려요. 하여튼 (손을 흔들며) 이것을 한번 확인해야 되고, 확인한 사람은 여기서 어긋나지 않도록 거듭거듭 확인할 필요가 있는 거죠.

하지만 이것이 실제로 체험되면 저절로 그렇게 돼요. 스스로 딴 생각 안 하고, 딴 짓 안 하면 저절로 언제든지 이 자리고, 문득문득 이것이 확인되는 거예요. 원래 이것뿐이니까! 불교경전이 어려운 한문으로 되어 있고 산스크리트 어로 되어 있다고 해서 공부하기 너무 어렵다고 하는데, 경전 볼 필요 없는 겁니다. 뭐 하러 그 어려운 것을 봅니까?

"불법이 뭐예요?"
(손가락을 번쩍 들며) "바로 이것!"

하나도 어려울 것 없어요. 모든 사람이 똑같이 가지고 있는 (손을 흔들며) "바로 이것!"이란 말예요. 아무것도 어려울 것 없어요. 그래서 "도가 뭡니까?" 물으니까 "차 한 잔 해라" 하고, "도가 뭡니까?" 물으니까 "지금 어디서 오느냐?" 하는 거죠. (손을 흔들며) 누구든지 다 가지고 있는 겁니다 (손을 계속 흔들며) 누구든지 이렇게!

그래서 "마음이 부처"라고 하는 거예요. 모든 사람이 가지고 있는 게 마음이니까. 모든 사람이 마음을 가지고 있으니까 모두 부처를 가지고 있는 겁니다. 굳이 한문 경전을 보고 산스크리트 어 경전을 보고 팔리 어 경전을 보고 그렇게 고생할 필요가 없어요. 그런 것 본다고 깨달아지는 것도 아니고, 깨달음은 지금 (법상을 두드리며) 이렇게 명백한 겁니다. 모든 사람이 다 가지고 있는 거예요.

알고 보면 불교만큼 쉬운 것도 없어요. "도가 뭡니까?" 물으니까 "뜰 앞의 잣나무다!" 세상에 쉽잖아요? 이게 뭐가 어렵습니까? 불교만큼 쉬운 게 없어요. 각자 자기 마음인데, 이게 뭐가 어려워요? 물론 이것이 자기 마음이지만 어쨌든 한번 깨닫시 못하면 자꾸 엉뚱한 것을 쳐다보고 있으니까, 그게 문제긴 문제죠.

그래서 엉뚱한 것을 보지 말고, (법상을 힘차게 두드리며) '이것'을 깨달아 봐라 하고 자꾸 가리켜 드리는 겁니다. (손가락을 흔들며) "마음이 뭡니까?" "이것이다!" (손가락을 흔들며) "도가 뭐냐?" "이것이다!" "부처가 뭐냐?" "이것이다!" "법이 뭐냐?" "이것이다!" 자꾸 가리켜 드리는 거예요. (법상을 세게 두드리며) "바로 이것이다!" "이것뿐이다!" "다른 것 없다. 단지 이것뿐이다!" 이렇게 가리켜 드리는 겁니다. (법상을 세게 두드리며) "이것뿐이다!" "이것 하나뿐이다!"

사실 이것보다 쉬운 게 없어요. 이것을 깨닫고 보면, '어, 원래 매일 하는 일인데, 매일 이 자리에 있었는데, 원래 이걸 갖추고 있었는데, 확인을 하지 못하고 지금까지 헤매고 있었구나!' (손을 흔들며) 이 하나예요, 이것 하나! 그러니까 "색(色)이 공(空)이고 공(空)이 색(色)"이라는 미묘한 진리가 있는 게 아니에요. 그런 것을 신경 써서 알 필요는 없어요. 색이니 공이니 하는 게 이 진실한 마음과 무슨 상관 있어요? 그것은 누군가 한 말에 불과한 거죠. 이것이 분명하면, 색(色)이라 해도 여기서 하는 말이고, 그런 생각을 하고, 그런 말을 듣기도 하는 것이고, 공(空)이라 해도 여기서 그런 생각도 하고 말도 하고 듣고 다 하는 겁니다. 그러니까 이 하나만이 유일한 진실입니다. 다른 일이 없어요. (손을 흔들며) 이 하나의 진실이다! 하여튼 여기에 한번 확 뚫어지면, 말로는 "이겁니다!" 하지만 이것이라고 말할 만한 무엇은 없습니다.

왜 이런 얘기를 하느냐? 제가 "이겁니다" 하니까, '아, 지금 손가락을 보고 있는 것, 손가락을 알고 있는 것, 손가락을 움직이고 있는 것' 이런 의식을 붙잡고서 '이것'이라고 착각을 하는 사람들이 왕왕 있는데, 그건 아닙니다. 눈앞에 있는 자기 의식, 육식(六識)을 붙잡고서, 육식(六識)에 주목을 하고, 육식(六識)을 관찰하고, 육식(六識)을 알아차리고서, 그것을 법(法)이라고 착각하면 안 된다는 겁니다. 절대 그런 말이 아닙니다.

이것은 허공과 같아서 그 무엇이 아닙니다. 육식(六識)이 아니고, 육식을 벗어나 있는 것도 물론 아니고, 육식도 여기 안에서 다 나타나는 것이지만, 이것은 육식에 해당하는 것이 아니에요. 의식을 붙잡고서 '아, 손가락을 보고 있고, 알고 있고, 움직이고 있고, 느끼고 있고, 이것이 마음인가?' 하고 착각을 하면 안 됩니다. 그건 분별입니다.

의식을 마음이라고 착각하면 안 됩니다. 그건 마치 물결의 모습을 물의 모습이라고 착각하는 것과 꼭 같습니다. 물결의 모습이 물의 모습은 아닙니다. 비록 물결이 물이지만, 물결의 모습이 물의 모습은 아니에요.

의식을 알아차리고서 법이라고 착각하는 사람들이 있습니다. 가끔씩 그런 사람들이 있어요. 착각입니다. 진실로 이것이 통하면 아무것도 없어요. 그러니까 생각을 해도 생각하는 게 아니고, 말을 해도 말하는 게 아니고, 봐도 보는 게 아니고, 들어도 듣는 게 아니라고 하는 거예요. 아무것도 없거든요. 아무 일이 없는데 이렇게 명확히고 명백해요!

이것은 이해의 문제가 아니고, 스스로 여기에 딱 맞아떨어져 봐야 '이렇게 저렇게 말할 수가 있겠구나' 하고 납득이 되는 겁니다. 의식을 알아차려서 그게 자기 마음이라고 착각하는 사람들이 있습니다. 간혹 그런 사람들이 있는데 오해하지 마시라 이겁니다. 그런 게 아닙니다.

그래서 이것을 공(空)이라고 표현하잖아요? "오온(五蘊)이 개공(皆空)이다"라는 말은, 오온이라는 의식을 혹시 법(法)이라고 착각할까 봐 그런 말을 한 겁니다. 하여튼 이 하나입니다! 다른 것이 없습니다. (손을 흔들며) 여기서 한번 확 뚫어지면 저절로, 지금 이것입니다! 생각하면 안 되고, 헤아리면 안 되고, 분별하면 안 됩니다.

"단지 이 하나뿐입니다!"

딱! 딱! 딱! (죽비 소리)

9.
견성 못한 마귀

달마혈맥론 아홉 번째 시간입니다.

흑백을 분별하지도 못하면서 망령된 말로써 불교를 알린다면, 부처를 비방하고 법을 헛되게 하는 것이다. 이와 같은 무리는 법(法)을 말하는 것이 내리는 빗물처럼 유창하더라도 모두가 마귀의 말일 뿐, 부처의 말은 아니다. 스승은 마귀의 왕이고 제자는 마귀의 백성이니, 어리석은 사람이 저 백성을 떠맡아 이끌어 모르는 사이에 생사(生死)의 바다에 떨어진다.
그저 본성(本性)을 보지 못한 사람이면서 망령되이 부처라고 자칭한다면, 이러한 중생은 죄가 큰 사람이니, 저 일체 중생을 속여서 마귀의 세계로 들어가게 하기 때문이다.

흑백을 분별하지도 못하면서 망령된 말로써 불교를 알린다면…… 흑백을 분별한다, 즉 까만색이다 하얀색이다 하고 분별한다는 것이죠. 생각을 따라가지 말고 말을 따라가지 마세요. 지금 까만색이라 하든 하얀색이라 하든, 그것은 말이고 배운 것입니다.

그것 말고 배우지 않은 것, 이름과 상관없는 것, 까만색 하얀색이라는 이름이나 개념이 아닙니다. (손을 흔들며) 지금 바로 이것! 까만색이라 할 때도 이것이고, 하얀색이라 할 때도 이것입니다. 하여튼 여기에 통달이 되어야 까만색을 보고 까만색이라 하고, 하얀색을 보고 하얀색이라고 얼마든지 분별하더라도 전혀 상관이 없게 된다 이겁니다.

까만색을 보고 까만색이라 해서 까만색이 진실한 게 아니고, 하얀색을 보고 하얀색이라 해서 하얀색이 진실한 게 아니고, 진실한 것은 다만 이 하나다 그 말이에요. 어쨌든 이 일이, 이것이 통달이 되어야 하늘을 보고 하늘이라 하고 땅을 보고 땅이라 하고 검다고 하고 희다고 하지만, 검다고 할 때나 희다고 할 때나 진실은 그런 분별이 아니고 단지 이 하나입니다! 이 하나의 진실이 확실해져야 온갖 분별과 온갖 이름과 개념들로부터 자유로워집니다.

삶과 죽음은 분별이고 개념입니다. 부처와 중생도 이름이고 개념입니다. 부처라고 할 때도 진실은 이 하나뿐이고, 중생이라 할 때도 진실은 이 하나뿐이에요. 삶이라 할 때도 진실은 이 하나뿐이고, 죽음도 진실은 이 하나뿐입니다. 다른 일이 없습니다!

하여튼 이것이 분명해져야 분별하고 헤아리고 취하고 버리고 하더라도 전혀 아무 일이 없습니다. (손가락을 흔들며) 이겁니다! 이 하나!

여기에 통달하지 않으면 전부가 생각입니다. 전부 생각을 가지고 짜 맞추고 정리하니, 모두가 망상이에요. 반드시 여기에 통달이 되고 이것이 명백해져야 죽은 사람을 죽었다 하고 산 사람을 살았다 해도 삶과 죽음이 진실한 게 아닙니다. 그건 분별이고 헤아림이에요. 진실은 언제든지 (손을 흔들며) 이 하나뿐입니다! 중생과 부처,

번뇌와 해탈이라는 것은 딱 이 차이입니다. 즉 분별을 따라가서 벗어나지를 못하느냐, 아니면 아무리 분별을 하고 헤아리더라도 전혀 아무 일 없이 항상 변함없는 이 진실뿐이냐? 이 차이입니다.

이 하나의 진실이 분명하면 뭘 보고 뭘 듣고 무슨 생각을 하고 어떤 일을 겪더라도 전혀 아무 일이 없습니다. 언제든지 그저 아무 일이 없어요. 뭐라 할 게 아무것도 없거든요. 항상 이 하나가 분명할 뿐이죠. 온갖 일에서 하늘과 땅과 바람과 물과 사람과 말, 소리, 생각, 느낌, 감정, 온갖 일에서 단지 (손가락을 흔들며) 이 한 개의 진실이 있을 뿐입니다!

반드시 여기에, (법상을 두드리며) 이것이 분명해져야지 다른 길은 없습니다. 그렇지 않으면 전부 생각으로 헤아리는 겁니다.

흑백을 분별하지도 못하면서 망령된 말로써 불교를 알린다면······

불교는 말 속에 있는 게 아니에요. 이것을 본래면목이다, 마음이다, 본성이다, 이렇게 표현하지만 그건 전부 방편으로 말하는 이름일 뿐입니다. 진실은 항상 이렇게 우리 앞에 늘 나타나 있습니다. 늘 나타나 있는데 이것을 보지 못하니까 생각에 휩쓸리고 감정에 휩쓸리고 느낌에 휩쓸리고 기분에 휩쓸려서, 거기서 좋으니 나쁘니 편하니 불편하니 이렇게 왔다 갔다 하고 있는 겁니다. 그건 전부 망상입니다, 망상!

(손을 흔들며) 이 한 개의 진실에는 전혀 그런 차별이 없어요. 그래서 (손가락을 흔들며) 이것을 불이법(不二法)이라고 하는 거예요. 이렇다, 저렇다, 좋다, 나쁘다, 편하다, 불편하다, 진짜다, 가짜다, 라고 할 수 있는 말이 여기에는 없습니다. 아무런 생각도 여기에는 해당이 안 되는 겁니다.

다만 (손가락을 흔들며) 이 하나인데, 이것은 태어날 때부터 죽을 때까지 모든 사람에게 항상 이렇게 명확하게 드러나 있습니다. 그러니까 이것을 자기의 본성이라 하고, 본래면목이라 하고, 평소의 살림살이라 하고, 마음이라 하고, 그렇게 이름을 붙이는 거거든요.

(법상을 두드리며) 늘 이렇게 드러나 있습니다. 그런데 여기에 딱 계합하지 못하면 생각을 가지고 상상을 하게 돼요. 아니면 느낌이나 감정을 가지고 상상을 하든지 망상을 하게 됩니다. 망상에서 벗어나 반드시 이것이 명확해져야 합니다. 이것이 분명해져야 아무 일이 없는 겁니다. 그렇다고 세상일이 다 사라지는 게 아닙니다. 우리가 늘 겪고 있는 일은 항상 일어나고 있습니다. 늘 일어나는 일들은 언제나 일어나죠. 겪고 있는 일들을 늘 겪고 있지만, 여기에 통달이 되면 아무 일이 없어요. 일어나는 일도 없고 사라지는 일도 없어요. 아무 일이 없이 다만 항상 (손가락을 세우며) 이 하나밖에 없습니다.

언제든지 다만 (손을 흔들며) 이 하나일 뿐이다! 하여튼 이것이 분명해져야 합니다. 이것이 분명해지기 전에는 모두가 생각입니다. 생각을 가지고 이리저리 맞추고 헤아리면 전부 망상입니다.

흑백을 분별하지도 못하면서 망령된 말로써 불교를 알린다면 부처를 비방하고 법을 헛되게 하는 것이다.

진실은 이렇게 명확합니다. 여기에 탁! 통하면, 불교에서 흔히 얘기하듯이 세상은 허공처럼 아무 일이 없습니다. 이렇게 명백한데, 그냥 (손가락을 흔들며) 이 한 개의 일뿐이에요! 이것은 아무 일이 아니거든요. 이것은 아무 일이 아니에요. 세상에서 일어나는 일은 그대로 일어나고 있습니다. 밤이 되고, 낮이 되고, 바람이 불고, 비가 오고, 해가 뜨고, 밥을 먹고, 똥을 누고, 항상 똑같습니다.

온갖 일이 다 일어나고 있지만, 그런 일이 진실한 게 아니고, 그것은 전부 지나가는 허깨비일 뿐이고, 오직 (손가락을 흔들며) 이 하나가 진실할 뿐입니다! 하루 스물네 시간 언제나 변함없는 것은 단지 이 하나일 뿐입니다!

그래서 이것을 여여(如如)하다 그래요. 변함이 없는 것은 바로 이것이니까요! 이것이 분명해야 모든 것이 끝장이 납니다. 삶도 없고 죽음도 없어요. 삶이라는 것도 없고, 죽음이라는 것도 없어요. 그냥 언제든지 단지 이 하나가 명백할 뿐인 것이죠. 하여튼 이게 분명해져야 합니다. 이것이 명백해지기 전에는 전부가 망상입니다. 불법이 어떻고 부처가 어떻고 깨달음이 어떻고, 전부가 망상입니다. 이것이 분명해지면 깨달음도 없고 부처도 없고 불법도 없어요.

그냥 단지 (손가락을 세우며) 이 하나일 뿐입니다! 아무 일이 없어요. 본래 한 물건도 없다고 했잖아요? 깨달음이 어디 있고, 해탈이 어디 있고, 부처가 어디 있어요? 전부 이름이고, 분별이고, 개념이고, 망상입니다. 진실은 다만 (손가락을 흔들며) 이 하나입니다. 이 하나밖에 없어요!

(손가락을 계속 흔들며) 이것은 생겨나지도 않고, 사라지지도 않고, 취할 수도 없고, 버릴 수도 없고, 언제나 온 천지에 드러나 있어서 명확한 겁니다. 이것이 분명하지 않으면, 깨달음도 있고, 부처도 있고, 중생도 있고, 모든 게 다 있게 됩니다. 그러면 전부 망상 속에 있는 겁니다. 꿈속에서 깨어나지 못한 것이다 이 말입니다. 꿈을 못 깨면 꿈속의 일이죠. 사실처럼 보이고 있는 것처럼 보이지만, 좋은 일이든 나쁜 일이든 아무 진실함이 없습니다. 이것도 비유지만, 비유만으로 알 수 있는 것은 아닙니다. (법상을 두드리며) 이것이 한번 명확하게 와닿아야 합니다. 이것 하나만이 진실한 겁니다! 그 외에는 모두가 망상이고 꿈과 같은 거예요.

오직 이 하나만이 진실할 뿐이다 이겁니다. 이것은 뭐냐? 이것은 분별할 수 있는 게 아닙니다. 분별할 수가 없고, 알 수도 없고, 모를 수도 없고, 취할 수도 버릴 수도 없습니다. 오직 이 하나만이 진실할 뿐입니다. 그러기 때문에 겉으로는 생로병사가 있고 흥망성쇠가 있지만, 여기에는 그런 게 없어요. 이 진실에 통달되면 아무 일이 없는 겁니다.

그러기 때문에 열반을 말할 때는 "생사윤회 속에서 해탈열반이 실현된다." 이렇게 말하는 겁니다. 생사윤회를 벗어나서 해탈열반을 말하는 게 아니에요. 경전에 나오는 식으로 말하면, "생사윤회가 곧 해탈열반이다"라고 하는 겁니다. 생사윤회가 곧 해탈열반이라고 경전에서는 표현해요. 그런 말들을 알 수가 있어요. 왜 그렇게 표현을 하는지. (손가락을 흔들며) 여기에 한번 통달이 되면 말이죠. 물론 그것도 방편의 말이에요. 꼭 그렇게 표현해야 할 원리가 있고 이치가 있어서 그렇게 말하는 건 아닙니다. 방편으로 그렇게 말하는 것이에요.

(법상을 두드리며) 진실을 말하자면, 여기에는 아무 그런 것 저런 것이 없어요. 언제든지 (손가락을 들며) 이 하나뿐이에요! 언제든지 이 하나뿐이라고요! 여기서 우리는 분별도 하고 생각도 하고 말도 하고 다 하지만, 그건 그냥 지나가는 헛된 일이고, 변함없는 진실은 언제나 (손가락을 흔들며) 이 하나뿐입니다!

하여튼 이것이 분명해져야지, 이것이 분명해지기 전에는 언제나 경계를 따라다니게 됩니다. 이랬다가 저랬다가 한단 말입니다. 이것이 분명해져야 경계를 따라다니지 않게 돼요. 이런 일 저런 일이 싹 사라져 버리니까요! 이런 일도 없고, 저런 일도 없어요. 진실은 단지 이 하나뿐이에요. 어떤 경우에도 (손가락을 들며) 이 하나의 일입니다! (법상을 두드리며) 지금 이거예요, 이것!

생각할 것도 없고 분별할 것도 없고 바로 이것입니다. 이렇게 분명한데 여기에 통달하지 못하는 이유는, 분별하는 버릇을 못 버리고 계속 거기에만 머물러 있기 때문에 그런 거예요. 여기에 밝게 통달이 안 되는 이유는, 생각하고 분별하고 헤아리는 것에서 발을 빼지 못하고 거기에 사로잡혀 있어서 그런 겁니다.

여기에 확실하게 계합이 되면, 생각을 하면서도 생각을 안 하는 것과 같습니다. 생각을 하는데 생각이 없죠. 말을 하는데 말하는 게 아니고, 보는데 보는 게 아니고, 듣는데 듣는 게 아닌 겁니다. 생각을 안 하는 게 아닙니다. 생각을 하는데 생각이 없고, 말을 하는데 말이 없는 겁니다.

하여튼 여기에 통달이 돼 봐야 알지 그전에는 알 수가 없죠. 진실은 단지 (손가락을 흔들며) 이 하나입니다! 아무 다른 것이 없어요. (손가락을 높이 들며) 이렇게 보여 드리니, 여기에 한번 통달하는 것 외에는 길이 없습니다. (법상을 두드리며) 여기에 한번 통달이 되어야 해요. 여기에 통달이 되고 계합이 되면 저절로 망상에서 발이 쏙 빠져나온다고요. 분별을 따라다니고 망상을 따라다닌 데서 풀려나게 됩니다. 한순간에 백퍼센트 다 풀려나지는 않지만 풀려나는 길에 들어서는 것입니다. 그 뒤에는 분별을 따르고 망상에 사로잡혔던 곳에서 풀려나서 자꾸 여기에 익숙해져야 합니다.

불법은 생각으로 알 수 있는 게 절대로 아닙니다. 그러니까 생각으로 하시면 안 되고, 반드시 (손가락을 흔들며) 여기에 한번 계합을 해서 여기에 밝아져서 온 우주가 이 하나로 다 귀결이 되어야 합니다. 말하자면 모든 일이 다만 이 하나의 진실일 뿐이다 이 말입니다. 그래야 좀 가벼워지고 일이 없어진다고 할 수가 있으니, (법상을 두드리며) 이 일이 분명해져야 해요! 이것은 불가사의한 체험이기 때문에 어떻게 이해할 수가 없습니다. 반드시 한번 체험해 봐야 합니다.

흑백을 분별하지도 못하면서 망령된 말로써 불교를 알린다면 부처를 비방하고 법을 헛되게 하는 것이다…… 개념을 가지고, 이치를 가지고, 지식을 가지고 말하는 불교는 전부 헛된 소리고 허망한 소리입니다. 이 공부를 하는 사람이라면 좀 더 엄밀해져야 하고 좀 더 솔직해져야 합니다. 과연 뭐가 궁금한가? 과연 뭐가 절대로 손댈 수 없는, 더럽힐 수 없는 진실인가? 그렇게 탐구를 해 나가고, 그러한 자세로 공부를 해야 합니다. 불법이라는 게 어떻게 생긴 것이냐? 그렇게 해서는 안 되니, 불법이란 어떻게 생긴 게 아니기 때문입니다.

절대로 손댈 수 없는 진실 하나가 있습니다. 어떻게 할 수 없는 일이 하나 있어요. 반드시 (손가락을 흔들며) 이것이 밝혀져야 한다니까요! 모든 일은 우리가 의식적으로 이렇게 해 볼 수도 있고, 저렇게 해 볼 수도 있습니다. 세상일을 마음먹은 대로 해 나간다고 하듯이 모두 어떻게 해 볼 수가 있는데, 유일하게 이것만은 어떻게 해 볼 수가 없습니다. 손댈 수가 없는 일이 딱 하나가 있다니까요. 어떻게 손쓸 수 없는 일이 있어요. 이것이 바로 유일하게 진실한 겁니다. 여기에 통달하면, 이렇게 할 수 있고 저렇게 할 수 있고 이렇게도 해 보고 저렇게도 해 볼 수 있는 것은 전부 허망하고 아무 의미가 없다는 것이 명백해집니다. 그런 것은 아무 의미가 없는 거예요. 그냥 헛되이 지나가는 일들이니까요.

이것을 진여(眞如)니 여여(如如)니 하고 표현하는 이유가, 이것은 손댈 수 없고 변할 수 없으니까요. 이것이 한번 명백하게 딱 맞아떨어져야, 어떤 일이 있어도 언제든지 어디서든지 항상 똑같게 됩니다. 아무 특별한 일은 없습니다.

어떤 일이 일어나도 전혀 아무 일이 없어요. (법상을 두드리며) 이 하나입니다, 이 하나! 저의 말은 방편이고, 진실로 한번 (손을 흔들며) 이 것이…… 지금 이것이고, 이 일입니다! 이거예요! 진실로 스스로에게 이것이 한번 반드시 분명해져야 돼요. 이것은 늘 나타나 있고 드러나 있습니다. 우리가 한 번도 여기에 관심을 가지고 탐구해서 체험해 본 적이 없는 것이기 때문에, 전혀 모르고 살고 있는 것입니다.

변함없는 진실인 이것을 모르니까, 항상 변화하는 것에만 관심을 가지고 그것에만 휩쓸려서 세상을 살아온 거죠. 변화하는 온갖 일들이 자기 맘에 들기도 하고, 들지 않기도 하고, 좋기도 하고, 싫기도 하죠. 늘 그러니까 맘에 좀 더 드는, 좀 더 좋은 그런 것만 매일 추구하고 살아온 것 아니에요? 그게 중생의 삶이란 말이에요. 뭔가 좀 더 맘에 들도록 더욱 좋게끔 하는 게 중생의 삶이거든요.

그러나 여기에 계합되면, 이것은 좋게 될 수도 없고 나쁘게 될 수도 없어요. 이것은 좋거나 나쁘게 할 수 있는 게 없어요. 어떻게도 될 수 없는 일입니다. 항상 변함없이 이것이 유일하게 진실하다는 사실이 확연해져 버리면, 이리저리 흘러가고 변화하는 경계는 아무 의미가 없습니다.

그냥 허망하게 흘러가는 것이죠. 흘러가는 것들은 아무 의미가 없고, "오직 이것만이 진실하다"라고 육조 스님이 말씀하셨는데, 그 말을 알 수 있어요. 육조 스님이 그랬거든요. "오직 이 일 하나만 진실할 뿐, 그 나머지는 모두가 헛것이다"라고. 그 말을 알 수 있게 됩니다.

 (법상을 두드리며) 이 일 하나, 이 일 하나! 이것은 손댈 수가 없는 일이기 때문에, 수행해서 되는 게 아니고 애를 써서 붙잡을 수 있는 게 아닙니다. 오로지 관심을 가지고 계속 여기에 뜻을 두고 설법을 듣다 보면 저절로 자기도 모르게 계합이 되는 겁니다. 그럴 때 비로소 드러나는 것이지, 애를 써서 얻은 것이 있다면 그런 것은 다시 내려놔야 하는 겁니다. 그런 건 공부가 아니에요. 공부는 수행이라는 이름으로 애써 갈고닦는 게 아닙니다. 그렇게 오해를 해서는 안 돼요. 그렇게 하면 아무리 오래 해도 결국 헛공부하는 거예요.

 흑백을 분별하지도 못하면서 망령된 말로써 불교를 알린다면 부처를 비방하고 법을 헛되게 하는 것이다…… 이런 말 저런 말, 이런 생각 저런 생각을 할 필요가 없고, "진실이 뭡니까?" (법상을 두드리며) "이것이다!" 바로 여기에서 즉각 통해야 해요. 딴 게 없어요. "도가 뭡니까?" (손가락을 번쩍 들며) "이것이다!" 여기에서 분명하게 한번 딱 맞아떨어지면, 저절로 모든 일이 통 밑이 빠지듯이 싹 다 해결이 돼 버리고, 다 사라져 버립니다. 아무 일이 없고, 단지 (손가락을 흔들며) 이 하나의 진실만이 이렇게 또랑또랑하고 명백할 뿐이에요!

 생각은 헛되이 일어났다 사라지는 것이지 아무것도 아니에요. 헛된 거죠. 세속 사람들은 전부 생각에만 의지해서 살아가는데, 생각이라는 놈은 하루에도 열두 번, 아니 열두 번이 뭡니까? 아마도 만

이천 번 정도 변할 거예요. 어떻게 그걸 믿고 삽니까? 그건 진실한 게 아닙니다. 그런데 세간의 사람이란 전부가 그렇거든요. 오로지 생각에만 의지하고 살아요. 허깨비에 의지하고 사는 거죠.

반드시 (손가락을 흔들며) 이것에 계합이 되고, 이것이 한번 체험되어야 하고, 이것이 한번 딱 밝아져야 해요. 이것은 생각과 아무 상관이 없는 것이거든요. 알고 모르고 하는 일과는 아무 상관이 없는 일입니다.

그냥 이렇게 명백할 뿐이죠. 하루 스물네 시간 이것은 항상 명백할 뿐인 거죠. 헤아리고 알고 이해하고 하는 것과는 아무 상관이 없습니다. 하여튼 (손을 흔들며) 이것이 분명해져야 해요! 이 일이 이렇게 명확해져야 합니다. 그래야 그 다음부터는 어디를 가든지 뭘 하든지 언제든지 진실은 이것뿐이에요. 이것이 생각을 하기도 하고 안 하기도 하고, 이렇게도 생각하고 저렇게도 생각하고, 말을 하기도 하고 침묵하기도 하고, 이런 말도 하고 저런 말도 하고, 뭐든지 다 할 수 있어요. 하지만 그것은 물에서 일어나는 물결과 같아요. 그냥 지나가는 일이란 말이죠. 아무 진실한 게 없어요. 진실한 것은 항상 그저 이 하나의 일밖에 없습니다.

모든 생각은 다 지나가는 것들입니다. 강물에 일어난 물결과 똑같은 거예요. 순간 지나가는 일이죠. 오직 진실하고 변함없는 것은 (손가락을 흔들며) 이 하나입니다! 이것은 언제든지 모든 곳에서 변함없이 이 하나의 진실일 뿐입니다. (손가락을 계속 흔들며) 반드시 이게 이렇게 확실해져야 합니다.

그전에는 전부 망상이에요. 이런 느낌 저런 느낌, 이런 기분 저런 기분, 기분 따라다니고 생각 따라다니고 느낌 따라다니는 것을 공부라고 착각하고 있어요. 반드시 이 여여부동(如如不動)한 진실이 하나 있습니다. 반드시 (손가락을 흔들며) 여기에 통달이 되어야 합니다!

(법상을 두드리며) 이게 분명해져야 해요. 이것을 근원이라고도 하거든요. 왜냐? 말도 여기서 하고, 생각도 여기서 하고, 느낌도 여기서 느끼고, 행동도 여기서 하는 거니까요. 모든 말과 생각과 행동이 여기에서 벗어난 것이 없습니다. 마치 모든 물결이 물을 벗어난 적이 없듯이, 모든 것이 여기서 벗어나는 게 아닙니다.

이것이 유일한 것이죠. 이게 유일한 것이고 다른 일은 없는 겁니다. 지금 이 일입니다. 다만 (법상을 두드리며) 이 하나의 일이에요, 이 하나의 일!

(손가락을 흔들며) 여기에 한번 통달이 돼야 합니다. 통달이 되고 나면 이 모든 말들이 다 쓸데없는 소리인데, 왜냐하면 이 말도 역시 이 일이지 다른 일이 아니거든요. 이런 말 저런 말, 이런 생각 저런 생각이 전부 이 한 개의 일입니다. 그래서 만법(萬法)은 이 하나로 돌아오고, 이 하나가 곧 만법(萬法)이라고 하는 겁니다.

(법상을 두드리며) 이 일이에요, 이 일! 이것은 따로 있는 게 아니니, 한번 통하고 보면 '어! 원래 나한테 항상 있던 일이잖아!'라고 알 수가 있어요. 그래서 "평상심(平常心)이 도(道)"라고 하는 거예요. 평상심이 도다! 늘 갖추어져 있는 일이기 때문이죠. 반드시 이게 분명해져야 해요. 그러면 중생이 어니 있고 부처가 어디 있어요? 그냥 이

름일 뿐인 거죠.

이와 같은 무리는 법을 말하는 것이 내리는 빗물처럼 유창하더라도 모두가 마귀의 말일 뿐, 부처의 말은 아니다.

왜? 전부 생각에서 나온 말이고, 전부 지식에서 나온 말이기 때문에 모두가 마귀의 말이란 겁니다. 마귀와 부처는 역시 방편의 이름인데 어떻게 붙이느냐? 이 하나의 진실에 통달이 되어서 아무 일 없이, 언제든지 만법이 이 하나의 진실로 귀결되면 이것을 부처라 하고, 생각을 가지고 분별하고 헤아려서 세상을 보고 알고 이해하고 말하는 것을 마귀라 하는 겁니다. 부처가 따로 있고 마귀가 따로 있는 게 아니고, 우리 정신 상태가 어떻게 되어 있느냐에 따라 이름을 붙이는 겁니다. 방편으로 그렇게 이름을 붙이는 거죠.

그러니까 부처가 분별해서 생각으로 말하면 마귀가 되는 것이고, 마귀가 분별심을 떠나서 이 하나의 진실에 통하면 부처가 되는 거예요. 부처와 마귀가 따로 있는 것이 아니고, (손가락을 흔들며) 이 일이, 이것 하나가 분명해져야 된다 이거예요. 사실 이것 하나뿐이거든요! 이것 하나밖에 없습니다. (법상을 두드리며) 하여튼 이겁니다! 느낌이나 기분, 생각, 이런 걸 따라다니면 안 됩니다. 전부가 경계입니다. 깨달음은 무슨 느낌 같은 게 아닙니다. 기분 같은 게 아닙니다. 육식(六識) 경계에 속하지 않습니다. 그런 게 아니에요. 반드시 이 일이 하나 있습니다. 이게 분명해져야 해요.

(손을 흔들며) 이것은 눈으로 볼 수 있는 것도 아니고, 귀로 들을 수 있는 것도 아니고, 냄새도 아니고, 느낌·생각·감정·기분도 아니에요. 전혀 그런 게 아닙니다. 그런 모든 경계 위에서, 그 모든 경계가 사실 이 하나의 일이다 하는 게 명확해집니다. 그래서 어떤 기분이 들더라도 이것이 분명하면, 그 기분에 구속받질 않아요. 어떤 느낌이 생기더라도 이것이 분명하면, 그 느낌에 끄달리지 않죠. 어떤 생각이 들더라도 이것이 분명하면, 그 생각에 사로잡히질 않아요.

(손가락을 세게 흔들며) 이게 분명해져야 된다고요! 그래야 만법에서 다 벗어나는 것이고, 만법이 다 사라지는 해탈이고 열반인 거지요! 이 일이 분명해져야 하는 겁니다. 이게 명백해져야 생각을 하는데 생각이 없어요. 생각에 구속받질 않아요! 느낌이 있는데 느낌이 허깨비예요. 일어나는 기분도 허깨비예요. 아무것도 진실한 게 없어요. 단지 이 일 하나만이 언제든지 이렇게 아무 생각도, 느낌도, 분별도, 경계가 아닌 이것만이 진실할 뿐이에요! 그래서 이것을 해탈이라 하고 열반이라 하는 거예요. 온갖 일이 있지만 아무 일이 없으니까요!

반드시 (손을 흔들며) 이게 분명해져야 합니다. 이 일 하나만이 진실한 거예요. 이것은 좌선을 하고 호흡을 하고 기도를 하고 염불을 한다고 되는 일이 아니에요. 그것은 억지로 애를 써서 갈고 닦는 것이니까, 우리가 본래 타고난 이 일과는 아무 상관이 없어요. 이것은 우리가 날 때부터 타고나서 죽을 때까지 손댈 수가 없습니다. 어떻게 할 수가 없어요. 언제나 변함이 없어요.

다만 깨달아서 여기에 계합할 수 있을 뿐입니다. 그러면 사람이 사라지고, 마음이 사라지고, 아상(我相)·인상(人相)이 다 없어져요. 이 일 하나만이 진실하기 때문에! 그래서 《금강경》에 "아상(我相)·인상(人相)·중생상(衆生相)·수자상(壽者相)이 없어야 보살이다"라고 하는 겁니다. 이것이 분명하지 못하면, 나라는 게 있고 마음이라는 게 있고 부처가 있고 중생이 있고, 다 있습니다. 모두가 차별이 되니까요. 그것이 바로 망상이고 사바세계예요. 불교에서는 "만법(萬法)에 자성(自性)이 없다"고 하거든요. "만법에 자성이 없다." 이 말은 세상의 모든 일이 다 분별되어 나타나지만 아무 일이 없다는 말입니다. "자성이 없다"는 말은 "실체가 없다"는 말이거든요. 아무 일이 없다 이거예요. 그런 식으로 방편의 말을 하는 겁니다. 없어서 없다고 하는 게 아닙니다. 다 있는데 없다고 하는 겁니다.

(손가락을 들며) 이것이 분명해져야 그런 말을 알 수가 있어요. 늘 말씀드리지만 《반야심경》에 "무안이비설신의(無眼耳鼻舌身意), 무색성향미촉법(無色聲香味觸法)" 하잖아요? 눈도 없고, 귀도 없고, 코도 없고, 혀도 없고, 몸도 없고, 생각도 없고, 소리도 없고, 냄새도 없고, 맛도 없고, 색깔도 없다고 하잖아요? 이 세상에 그런 것이 없습니까? 없어서 없다고 하는 게 아니에요. 있지만 없는 겁니다. 그건 다 허깨비예요, 허깨비! 허깨비니까 없다고 하는 거지요!

진실은 단지 (손가락을 흔들며) 이 일 하나예요, 이 일 하나! 그래서 "시제법(是諸法)은 공상(空相)이니" 하는 거예요. 이 만법은 허공처럼 실체가 없는 모습일 뿐이라는 얘기를 하는 겁니다. 그러나 그런 얘기들은 방편의 말입니다. 그런 말이 진실한 게 아니고, (법상을 두드리며) 진실은 오직 여기에 있는 거예요. 여기에 한번 "탁!" 통달이 되어서 이 일이 분명해지면 저절로 알 수가 있어요, 저절로!

말이란 불완전합니다. 이 법을 완전히 나타낼 수 있는 말은 없습니다. 불완전하지만 방편으로 '아, 그렇게 표현을 하는구나'라고 이해가 되죠.

진실은 이해할 수 없고 알 수 없고 불가사의하지만, 명백하게 이렇게 실현이 되어 있는 겁니다. 체험이 되고, 실현이 되는 거예요. 어떻게도 할 필요 없이, 바로 (손가락을 흔들며) "이것이다!" "이것 하나다!" (법상을 두드리며) "이 일 하나일 뿐이다!"

우리 모두에게 다 갖추어져 있는 겁니다. (손을 흔들며) 이렇게 명백한데도, 우리에게 전부 갖추어져 있는데도, 여기에 계합이 안 되니까 뭐가 뭔지 모르겠고, 모르니까 다른 망상을 하고, 그래서 물속에서 물을 찾는다고 하는 거예요. "물속에서 물을 찾는다." 기가 막힌 일이지만, 우리가 지금 그렇게 하고 있는 겁니다. 물속에서 물을 안 찾으려면 어떻게 해야 됩니까? 물을 다 찾았으니까 이제 찾지 않는 것이냐? 물이라는 게 이것이구나 하고 알아서 찾지 않는 게 아닙니다. 그런 생각을 가지고 있으면 끊임없이 찾아야 해요.

반드시 (손가락을 흔들며) 이것이 한번 이렇게 명확하게 딱 분명하게 드러나야 찾을 이유가 없어져 버리게 됩니다. 이것이 분명하니까, 어떤 경우에도 이 일 하나니까, 어떤 경우에도 뭘 하고 있든지, 힝싱 이 하나의 진실이거든요. "분별은 두 번째이고 이 진실이 첫 번째 일이다" 하고 우리 선(禪)에서는 그런 방편을 써요.

어떤 경우에도 (손가락을 흔들며) 이 일이 항상 이렇게, 이것이 근본이고, 근원이고, 진실이죠. 여기서 여러 가지 사물을 보지요. 위에 있는 것은 하늘이고 밑에 있는 것은 땅이고, 오늘은 기온이 몇 도여서 날씨가 춥다 덥다 하지마는, 덥다 할 때도 이것이고, 춥다 할 때도 이것이고, 하늘이라 할 때도 이것이고, 땅이라 할 때도 이것일 뿐입니다. 이것이 달라지지는 않는 거예요.

언제든지 (손을 세게 흔들며) 이 일이 이렇게, 그래서 '아, 이것만이 진실하고 나머지는 다 헤아리고 분별하는 허망한 경계로구나!' 이런 말들을 자기도 모르게 자기 입으로 할 수 있게 되는 거예요. 오직 이 하나만이 진실하고 다른 모든 것은 헛된 경계다!

하여튼 이것이 이렇게 한번 체험이 되어야 합니다. 체험이 돼서 이 진실이 힘을 얻지 못하면 망상이 힘을 가지게 돼요. 망상이 힘을 가지게 되면 그것이 진실인 것처럼 착각하게 돼요. 그게 중생이거든요. 그래서 중생을 전도중생(顚倒衆生)이라고 하는 겁니다. 망상을 진실이라고 착각하고 있기 때문에. 전도(顚倒)란 뭐예요? '거꾸로 뒤집어져 있다'는 말이잖아요? 육진경계(六塵境界)를 진실이라고 착각하니까요. 그게 바로 망상이고 허망한 일인데. 그러니까 《반야심경》에 "눈·귀·코·혀·몸·의식이 없고, 색깔·소리·냄새·맛·느낌·생각이 없다"라고 하잖아요? 안이비설신의(眼耳鼻舌身意)와 색성향미촉법(色聲香味觸法)은 허망하단 말이에요. 없어서 무(無)라고 표현한 게 아니고, 헛것이다 그 말이에요. 그런데 그것을 진실하다고 보고 있으니까 전도중생이라 하는 거예요.

진실은 (법상을 두드리며) 이 일 하나예요! (손가락을 흔들며) 이 하나가 진실할 뿐입니다! 하여튼 이게 한번 와닿으면 알 수가 있어요. '지금까지 완전히 거꾸로 살았구나!' '정말 진실이 뭔지도 모르고 살았구나!' '이제야 비로소 이것 하나가 진실한 것이구나!' 하고 저절로 알 수가 있어요.

그러니까 세상을 보는 눈이 완전히 바뀌어 버립니다. 지금까지 진실하다고 여기고, 그런 것을 추구하고 집착하고 살아왔던 것들이 의미가 없어져 버려요. 아무 의미가 없어지고, 아무 할 일이 없어요.

(법상을 꽝! 한번 치며) 오직 이 하나가 진실할 뿐인 겁니다! 비로소 인간의 본질이 뭔지를 알 수가 있단 말이에요.

이와 같은 무리는 법(法)을 말하는 것이 내리는 빗물처럼 유창하더라도 모두가 마귀의 말일 뿐, 부처의 말은 아니다.
스승은 마귀의 왕이고 제자는 마귀의 백성이니, 어리석은 사람이 저 백성을 떠맡아 이끌어 모르는 사이에 생사의 바다에 떨어진다.

이 생사라는 표현은 불교에서 방편으로 하는 말인데, 꼭 육체가 살고 죽고 하는 뜻이 아니고, 일어났다가 사라지는 모든 망상을 일컫습니다. 생각은 생겨났다 사라지거든요. 생사를 다른 말로 생멸이라고도 한단 말에요. 이렇게 생겼다가 사라지고 생멸하는 것은 모두가 허망한 겁니다. 오온(五蘊)이라는 것이 생멸법(生滅法)이거든요. 그러니까 육체·느낌·생각·감정·의식, 이것이 전부 생겼다가 사라지는 허망한 일이에요. 그럼 이 법(法)을 가리키는 말은 뭡니까? 불생불멸(不生不滅)이라 하잖아요? 무생법인(無生法忍), 불생불멸(不生不滅), 즉 허망하지 않다는 말이에요. 생사란 꼭 육체가 살고 죽고 하는 게 아니라, 육체·느낌·생각·욕망·의식의 오온(五蘊)이 곧 생사법(生死法)이고 생멸법(生滅法)이에요. 생겼다가 사라지는 허망한 겁니다. 생기는 것은 반드시 사라지게 되어 있어요. 애초에 생길 수도 없고 사라질 수도 없는 것, 시작도 없고 끝도 없는 것, (손을 흔들며) 이 하나가 진실하다는 말을 하는 겁니다.

(손가락을 세우며) 이 하나가 명확해지기 전에는 생각 속에서 '태어나서 늙고 병들어 죽지' 하고는 그게 인생의 전부라고 알고 있으니까, 그걸 우리가 바로 전도중생이라고 하는 겁니다. 애초에 태어나지도 않고, 늙지도 않고, 병들지도 않고, 죽지도 않습니다. (손가락을 흔들며) 이 진실이 분명해지면, 육체나 느낌이나 감정이나 생각을 따라다니지 않게 된다고요! (손가락을 흔들며) 이 하나가 진실하기 때문에!

(손을 흔들며) 진실은 이것밖에 없습니다. 이것은 아무 모양이 없고, 냄새·맛 그런 게 없으니까 공(空)이라는 표현을 써요. 허공과 같다 이거예요. 아무 뭐라고 할 게 없지만, 이렇게 명백하고 분명한 겁니다. 이것이 모든 생명력과 모든 힘을 다 가지고 있습니다. 허공과 같지만 만법을 다 드러내는 건 (손가락을 흔들며) 이겁니다!

어쨌든 (법상을 두드리며) 이것을 스스로 한번 확인해 봐야 해요. 이것 하나를 확인해 봐야 부처님 말씀을 알 수가 있지, 그전에는 전부 망상하는 겁니다. 달은 보지 못하고 손가락만 가지고 이리저리 따지고 있는 겁니다. (손가락을 흔들며) 이것을 확인해 봐야 달을 보는 거예요! 달을 보면 손가락은 생각할 것도 없어요. 반드시 이 하나가 진실한 겁니다.

그저 본성(本性)은 보지 못한 사람이면서 망령되이 부처라고 자칭한다면, 이러한 중생은 죄가 큰 사람이니 저 일체 중생을 속여서 마귀의 세계로 들어가게 하기 때문이다.

공부를 하다가 보면 어떤 경계를 보거나, 어떤 느낌을 가지거나, 어떤 체험을 하거나 해서 착각을 할 수가 있습니다. 그런 착각이 여러 가지가 있지만, 대체로 그냥 너무나 편안하게 쉬어진다는 그것이 곧 법(法)인 양 착각하는 사람이 있어요. '편안하다'라는 것은 느낌입니다. 느낌은 육식경계(六識境界)이지 법이 아닙니다. 이 법은 육식경계가 아니고 느낌이 아니에요. 편안하고 가볍고 기분이 좋다는 느낌은 물론 이 법에 계합을 했을 때 일어날 수 있는 느낌이긴 합니다. 그러나 그런 느낌을 따라가면 안 돼요.

이 법에 계합을 해야 하는 겁니다. 느낌이나 기분이나 이런 것은 부산물이에요. 하나의 경계란 말입니다. 그것은 변하거든요. 반드시 (손가락을 흔들며) 법이라는 이름으로 얘기하는 변함없는 이것이 명확

219

해져야 해요. 그렇지 않으면, 느낌을 따라다니고 기분을 따라다닌단 말이에요.

그것은 본질을 잃어버리고 말단을 쫓아가는 거예요. 육체적으로도 그런 비유를 들 수가 있는데, 예를 들어 팔이 아프다가 건강해졌다 했을 때, 아플 때는 팔이 어깨 높이 정도밖에 안 올라갔는데, 건강해지니까 팔이 머리 위로 끝까지 다 올라가요. 그렇다고 팔이 끝까지 쑥 올라가는 게 건강이구나 하고 착각을 하면 안 되겠죠? 왜냐? 만약 건강이란 곧 팔이 쑥 올라가는 것이라고 생각하고서 매일 팔을 계속 올린다면 그건 착각이죠. 건강해지니까 팔이 그렇게 올라가는 것이지만, 그것이 건강이라고 볼 수는 없는 거잖아요. 그런 것과 같아요.

깨달음은 초점이 딱! 들어맞아 법이 이렇게 명확해지는 것인데, 편안해졌다 가벼워졌다 하는 기분을 말한다고 되는 게 아니에요. 그건 부산물이잖아요? 반드시 (손가락을 세우며) 이것이 분명해져야 한다니까요! 이것이 명확해져야 법을 보는 안목이 생기고, 법을 보는 안목이 생겨야 세상 모든 일에 대한 지혜가 생깁니다. 기분이나 느낌이나 생각을 따라가면 지혜란 게 안 생겨요. 계속 그런 경계만 따라다니는 거지.

육식경계, 즉 오온의 경계 위에 있으면 안 됩니다. 왜?《반야심경》에서 "오온(五蘊)은 개공(皆空)이다"라고 말하는 데는 다 이유가 있어요. 공(空)이라는 말로 법(法)을 표현한 것인데, 하여튼 자기가 한 번 공부를 해서 확인을 해 봐야 합니다.

그저 본성은 보지 못한 사람이면서 망령되이 부처라고 자칭한다면…… 우리의 착각이 그런 데서 일어납니다. 어떤 느낌이나 기분이나 이해…… 어떤 사람들은 불교니 선(禪)이니 하는 것을 기가 막히게 그럴듯하고 일목요연하게 정리를 해서, 하나의 이해가 생길 수가 있습니다. 통찰이라고도 하는데 '아, 이것이구나' 하고 뭔가 아는 게 딱 생길 수가 있다고요. 그런데 그것은 생각이거든요. 이해죠. 법은 그런 게 아닙니다. 법은 알음알이하고는 아무 상관이 없습니다.

법은 머리에 있는 게 아니라고 옛날부터 항상 얘기했어요, 가슴에서 나온다고 했습니다. 머리에서 나오는 게 아니에요. 옛날 사람들이 그렇게 표현했거든요. 머리에서 나오는 것은 믿을 게 하나도 없다. 가슴에서 흘러나와서 온 우주를 뒤덮어야 비로소 할 일이 없어지는 것이라고 했어요.

표현을 그렇게 한 것인데, 법은 깨달음이지 이해하고 알고 하는 문제가 전혀 아닙니다. (손가락을 흔들며) 온 천지에 명백하게 드러나 있는 것이지, 내가 알고 있는 게 아닙니다. 사물사물 위에 다 드러나 있습니다. 보고, 듣고, 느끼고, 아는 온갖 경계 위에 다 드러나 있습니다. 분별이라는 것은 '내가 안다' '내가 상대를 안다' 그렇게 되잖아요. 깨달음은 그런 게 아닙니다. 나라고 하는 주관과 상대라는 객관이 사라져 버려요. 그런 게 없어요. 어떤 일이 일어나든지 일어나는 일 자체가 바로 법이고, 주관과 객관이라는 것은 없어요.

그래서 옛날부터 "무정물의 설법을 들을 줄 알아야 된다" 하는 얘기를 하는 겁니다. 바위가 설법을 하고, 나무가 설법을 하고, 구름이 설법을 하고, 하늘이 설법을 한다고.

왜? 구름을 봐도 이 법이 확인되어서 이것이 드러나고, 하늘을 봐도 이것이 드러나고, 나무를 봐도 이것이 드러나고, 그냥 이 하나의 진실이 모든 곳에서 명확하게 드러나니까, 이것이 설법이지 다른 게 뭐가 설법입니까?

(법상을 두드리며) 이 법 하나가 분명해져야 해요! (손가락을 흔들며) 이 일이지 다른 일이 없습니다. 수처작주(隨處作主) 입처개진(立處皆眞)이라고 하잖아요? 또 어떤 말도 있냐 하면, 촉목보리(觸目菩提)라는 말이 있어요. 눈에 보이는 것마다 전부 깨달음이라는 말이거든요.

(손을 흔들며) 지금 뭘 보고, 뭘 듣고, 무슨 생각을 하고, 무슨 말을 하고, 무슨 행동을 하더라도 전부가 이 일이에요. 똑같이 이 일이에요. 보이는 것마다 들리는 것마다 생각마다 느낌마다 전부 이 하나의 일이 유일하고 진실하게 드러나 있을 뿐이에요. 모습으로 나타났다 사라지는 것은 모두가 허깨비예요. (손가락을 흔들며) 이것은 나타났다 사라지는 게 아닙니다. 이것은 언제든지 어디서든지 똑같은 한 물건일 뿐이라고요! 생기지도 않고 사라지지도 않는 이 한 물건이 온 우주에 없는 데가 없어요.

《화엄경》에 보면 "부처님 미간에 조그마한 털이 하나 있는데, 그곳에서 밝은 빛이 나와서 온 천지에 그 빛이 비추지 않는 곳이 없고 그늘진 데가 없다"고 표현을 하고 있어요. "부처님이 한마디 말을 하면 이 우주의 구석구석에 들리지 않는 데가 없고, 어디를 가든지 그 소리가 들린다." 이렇게 방편으로 표현을 한 것인데, 그런 말들이 무슨 말들인지를 이것을 체험하면 '아, 이것을 그렇게 문학적으로 표현하고 있구나!' 하고 금방 알 수가 있습니다.

(손을 흔들며) 이 하나의 일이에요! 단지 (손가락을 흔들며) 이 하나의 일이 있을 뿐입니다! 진실은 이 하나뿐인 겁니다! 아무 다른 일이 없습니다. 이런 일이 있고 저런 일이 있고 하는 것은 다 헤아려서 알고 있는 망상입니다. 이것은 헤아려지는 게 아니고, 알 수도 없고 모를 수도 없고, 어떻게 할 수가 없는 일이에요. 온 천지가 (손가락을 들며) 그냥 이거잖아요! 그냥 이 일입니다! 전혀 다른 일이 없어요. 그냥 이 하나의 일이 있을 뿐이에요! (손가락을 세우며) 생생한 겁니다. 임제 스님은 이것을 "활발발하다" 그랬어요. 생생하고 또렷합니다.

(손가락을 흔들며) 명확한 일이지 이것은! (손을 흔들며) 이것만이 진실한 거죠! (법상을 두드리며) 이 일입니다!

딱! 딱! 딱! (죽비 소리)

10.
중생의 본성이 불성이다

달마혈맥론 열 번째 시간입니다.

만약 본성을 보지 못하고도 12부 경전의 가르침을 말한다면, 이 것은 모두 마귀의 말이며 마귀 집안의 권속이지, 불교 집안의 제 자는 아니다. 이미 흑백을 구분치 못하는데, 무엇에 의지하여 생 사를 면할 것인가?

만약 본성을 본다면 곧 부처이고, 본성을 보지 못하면 곧 중생이 다.

만약 중생의 본성을 떠나서 따로 얻을 불성(佛性)이 있다면, 부처 가 지금 어디에 있는가? 중생의 본성이 곧 불성이다. 본성 밖에 부처가 없고, 부처가 곧 본성이다. 이 본성을 제외하고는 얻을 부 처가 없고, 부처를 제외하고는 얻을 본성이 없다.

우리가 본성이라고 말하지만, 이것은 이름입니다. 본성이라는 이 름일 뿐이고, 본성이라 하든, 부처라 하든, 마귀라 하든, 다 이름이 다를 뿐이죠. 지금 본성이라 할 때나, 부처라 할 때나, 마귀라 할 때 나, 실제 진실은 다를 바가 없습니다. 왜냐? (손을 흔들며) 다만 이 일 이니까. 이 하나의 일이니까. 이름을 따라가면 본성이라는 뭐가 있 고, 부처라는 뭐가 있고, 마귀라는 뭐가 있고, 이렇게 무엇이 따로 있는 것처럼 달라지는데, 그것은 우리가 세속을 그렇게 살아와서 그런 겁니다. 세속의 일을 여기에서 얘기할 필요는 없습니다.

여기서 우리가 얘기를 해야 하고, 실감을 해야 하고, 체험을 해야 하는 것은 이름이 아닙니다. 어떤 이름을 말하든지 간에, 어떤 말을 하든지 간에, (손가락을 흔들며) 이 진실 하나, 어떤 이름이나 모습이나 느낌이나 의미나 뜻이나 생각이 아닌, 그냥 (손가락을 흔들며) 이 하나, 이 일 하나입니다.

여기서는 이것을 말씀드리는 것이고, 우리는 이것을 한번 확인해 봐야 되는 것이죠. 그냥 이것 하나입니다! 이것에는 아무런 의미가 없고, 아무것도 없기 때문에, 생각할 수도 없고 설명할 수도 없습니다. (손가락을 흔들며) "단지 이것 하나다!" 이렇게 가리킬 수밖에 없는데, 이것을 '본성'이라 하든, '부처'라 하든, '잣나무'라 하든, '삼 서 근'이라 하든, 아무 상관이 없는 겁니다. 어떻게 이름을 붙이든 간에, 또는 아무 말을 하지 않더라도 이것은 달라지지 않습니다.

진실은 이 하나뿐입니다. 이것 하나에 통달이 되어야, 생각하지 않고 생각에 의지할 필요 없이 세상을 살아가고, 생각에 의지할 필요 없이 진실이 항상 분명합니다. 지금 (손을 흔들며) 이 하나의 일입니다. 여기에 통해야 하는 것이지, 그 외에는 아무 말할 게 없어요.

좋다 나쁘다 할 수도 없고, 이렇다 저렇다 할 수도 없고, 그냥 이것입니다. "이게 뭐냐?" 물으면 "시계다." "죽비다." "하늘이다." "땅이다." (손가락을 흔들며) 이렇게 말할 수도 있는데, 그렇다고 사물을 가리키는 것은 아닙니다. "시계"라고 말한다고 해서 사물을 가리키는 것으로 오해하면, 그것은 세간의 이해일 뿐입니다. 그러면 중생이라 하는 겁니다.

"시계다" 할 때도 "이것"을 가리키는 것이고, "죽비다" 할 때도 (손을 흔들며) "이것"을 가리키는 겁니다. 죽비라는 말을 사물을 가리키는 것으로 알고 분별하면 그것은 중생심이죠. 이것과는 아무 상관이 없습니다.

시계라 할 때도 사실은 (손가락을 흔들며) 이 일 하나고, 죽비라 할 때도 (손가락을 세게 흔들며) 바로 지금 이것이거든요! 바로 이 일이다! 바로 이것이다! 어쨌든 이것이 한번 와닿아야 합니다. 이것은 이해가 아니고, 이것은 한번 통해야 합니다. 한번 체험이 돼야 합니다.

하여간 이것이 밝아져야, 이것이 분명해져야, 어떤 일이 일어나도 전혀 아무 일이 없습니다. 다른 일이 없거든요. 모든 일은 단지 이 하나의 일입니다. 아무런 특별한 일이 없어요. 이것은 분별될 수가 없습니다. 있는 것도 아니고, 없는 것도 아니에요. 그렇게 분별되는 게 아니니까요. 아무튼 이것이 한번 와닿아야 해요! 말로써 설명이 안 되는 건데.

이것을 방편으로는 '견성'이라고 표현을 합니다. 여기에 통하는 것을 '본성을 본다'라고 방편으로 표현을 하는 겁니다. 여기에 통해서 이 일이 이렇게 한번 실감이 나고 밝아지는 것을 "본성을 본다"라고 방편의 말로써 표현하는 것이죠.

이것을 "본성을 본다"고 하는 대신에, "본래면목을 본다" "부처를 본다" "진여를 본다" 이렇게 해도 됩니다. 이름이야 붙이기 나름이죠. 그런데 "모습을 본다"라고 하지는 않습니다. 왜냐하면 이것은 모습이 아니거든요. 본성이라고 할 때는 모습이 아니라는 뜻이 들어 있습니다. 방편을 쓸 때는 모두 말의 의미를 가지고 쓰는데, 성(性)이라는 말은 모습이 없다는 뜻입니다. 그 반대말은 상(相)이라는 말입니다. 모습이란 말이죠. 방편을 쓸 때에는 성(性)과 상(相) 이 두 가지 말을 상대적으로 씁니다.

본성을 본다는 것은 모습을 보는 게 아니다 이 말이에요. 모습을 보는 것이 아니라 이 하나를 가리키는 겁니다. 이것은 모습이 아니고 분별하는 일이 아닙니다. 뭘 하든지 (손가락을 흔들며) 이 하나의 일인데, 이것은 분별하는 게 아니죠. 분별이 아니기 때문에 생각할 수가 없고 이해할 수가 없고, 반드시 체험을 해야 한다고 말하는 겁니다.

하여튼 (손가락을 흔들며) 이것뿐이에요! 이 일 하나다! 이 일 하나뿐이다! 모습을 가지고 분별하는 것, 이를테면 하늘이다, 땅이다, 사람이다, 사물이다, 이렇게 모습을 분별하는 것은 이미 우리가 잘 알고 있고, 그건 세간의 일입니다. 본성은 하늘의 본성, 땅의 본성, 사람의 본성, 사물의 본성, 이런 게 따로 없어요. 이 우주의 본성은 하나뿐입니다. 모습이 없는 이 하나밖에 없어요. 본성은 둘이 없어요. 이 하나뿐이에요. 그래서 본성을 불이법(不二法)이라고 하는 겁니다. 본성은 불이법이다!《육조단경》에 분명하게 나와 있죠. "법성(法性)은 불이법(不二法)이다." 두 번째가 없어요. (손가락을 흔들며) 이것 하나란 말예요!

이것은 모습이 없지만 살아 있는 것이고, 사실은 이것이 모든 모습을 드러내고 분별하는 근본이죠. 이것이 진짜고, 모습을 분별해서 춥다, 덥다, 하는 것은 이것이 일으키는 분별일 뿐입니다. 이것만이 분별될 수 없는 진짜배기입니다.

그래서 이것을 일러 진실, 유일한 진실이라고 하는 겁니다. (손가락을 들며) 이것입니다. 이것은 분별되는 것이 아니어서 "도가 뭐냐?" "뜰 앞의 잣나무." "도가 뭐냐?" "동산이 물 위로 간다." "도가 뭐냐?" "나무토막이다." "도가 뭐냐?" "밥은 먹었습니까?" 이런 식으로 이것을 가리키는 겁니다. 이것을 가리키는 것은, 말을 따라가라는 것이 아니고, 분별을 따라가라는 것이 아니고, 단지 (손을 높이 들며) 이것 하나를 가리키는 겁니다. 이것은 항상 이렇게 드러나 있습니다. 이것은 끊어지지 않아요. 끊어지거나 이어지지 않아요. 한순간도 사라지거나 새로 생기거나 하지 않습니다. (손들 번쩍 들며) 이렇게 드러나 있어요. 이것에 한번 딱 계합이 되고 통하기만 하면, 잃어버릴 염려가 없어요. 왜? 이것은 항상 이렇게 드러나 있으니까요!

또한 모든 일이 다 이것에서 일어나니까 잃어버릴 수가 없죠. (손을 흔들며) 이것인데, 이것이 잘 와닿지가 않으니까 자꾸 반복해서 가리키는 것입니다. 이렇게 반복해서 자꾸 접하다 보면 생각이 문득 탁 놓이고, 여기에 한번 딱 통할 때가 있어요. 여기에 통할 때 생각은 아무런 역할이 없습니다. 생각은 아무 쓸모가 없는 거예요. 생각은 저절로 놓여 버려요, 여기에 탁 통할 때는! 이것은 생각이 아닙니다. 하여튼 이 일이, 이 진실이 한번 분명해지는 것이지, 공부란 게 특별한 건 없어요.

이것을 견성(見性)이라 하죠. 그렇지만 반드시 여기에 통달해야 합니다. 눈으로 보는 것이 아닙니다. 볼 견(見) 자를 써서 견성(見性)이라고 하더라도 눈으로 보는 것은 아니에요. 본성에 통달해서 본성이 드러나니까 명백하다는 말인 겁니다. 문자를 보면 볼 견(見) 자에 성품 성(性) 자를 쓰니까 성품을 본다고 해석이 되는데, 이러면 전부 마귀의 말입니다.

눈으로 보는 게 아닙니다. 견성은 곧 깨달음이고 체험이고 실감입니다. 한번 통하는 것이죠. 그러니까 바로 이 일이에요. 따로 있는 게 아니고 항상 이렇게, (손을 흔들며) 모든 일이 이 하나의 일이다 그 말이에요. 모든 것이 이 한 개의 일이라니까요. 모든 일이 다만 이 하나의 일이다!

이것이 한번 와닿아야 해요. 이것이 와닿으면 저절로 알아요. 의문이나 궁금한 것이 없다는 것을.

만약 본성을 보지 못하고서 12부 경전의 가르침을 말한다면……

경전의 가르침은 전부 이것을 가리키기 위한 방편의 말들인데, 진실은 모르고 방편의 말만 익혀서 앵무새처럼 흉내를 내듯 말하는 것은 전부 엉터리죠. 그러니까 늘 말씀드리지만, 불교 공부는 먼저 깨닫고 그 다음에 경전 공부를 하는 것입니다. 자기 본성을 먼저 보고 그 다음에 경전에서 어떻게 말하고 있는가를 보는 겁니다. 그게 불교 공부지, 깨달음 없이 문자만 보고 있으면 아무짝에도 쓸모없는 중생의 망상을 하고 있는 거예요.

어리석은 사람들은 경전을 보다 보다 안 되니까 달달 외워 버려요. 외우면 무슨 일이 일어나는 것처럼. 그래도 안 되면 열심히 받아써요. 별별 짓을 다해요. 쓸데없는 짓을 하고 있는 거지요. 이것을 한번 깨달으면 경전의 말이란 모두 '이것'을 가리키기 위한 방편의 말에 불과한 것인데, 그게 무슨 대단한 것이라고 거기에 매달려 가지고 그런 짓을 하고 있어요. 물론 깨달음이 없으니까 그런다는 것이 이해가 되기는 해요.

그러니까 이런 얘기를 하는 겁니다. 본성을 보지 못하고, 즉 깨닫지 못하고서 경전을 말한다면 그것은 전부 마귀의 말이다. 왜? 그것은 전부 망상이거든요. 자기 생각에 불과하니까요. 사실 이 진실 하나를 깨달으면 경전은 필요 없어요. 굳이 몰라도 돼요. 쉬운 비유로 이런 거예요. 금강산을 남들이 구경하고 온 얘기만 듣다가, 자기가 직접 가서 구석구석 골짜기 골짜기 다 봤다 이거예요. 자기 눈으로 직접 본 거죠. 그러면 남들이 금강산 구경한 얘기를 굳이 들을 필요는 없죠. 물론 그 사람이 금강산 얘기를 제대로 하고 있는가 하고 들어 볼 수는 있겠지만 그런 것과 같다는 얘기예요.

말만 듣고서는 안 되는 것이고, 반드시 (손가락을 흔들며) 이것에 한번 통달이 돼야 하고, 통달이 되면 자기 스스로 경험이 되는 일이니까, 꼭 경전을 볼 필요는 없습니다. 경전을 보면 남이 어떻게 말하는가 구경하는 재미도 있고, 그 나름대로 견문도 넓어지는 효과도 있지만, 어쨌든 첫째는 여기에 통달하는 것입니다. 깨달음 없이는 경전을 읽어 봐야 아무 소용이 없어요.

(손가락을 흔들며) 불법, 즉 본성이란 자기 마음이고, 이 일이에요. 자기의 존재라 해도 좋고, 자기의 근본, 본질이라 해도 좋습니다. (손가락을 흔들며) 이 일이란 말이에요! 이것이 모든 사람의 근본이고 본질입니다. (손을 흔들며) 여기에 한번 통해서 밝아져야 궁금한 게 없습니다. 의문이 안 생겨요. 왜? 이 하나의 일이 온 천지에 명백하게 드러나 있으니까요.

이리저리 생각으로 궁리해 보거나, 느낌이나 기분이나 감정을 탐구해 보거나 하는 것들은 모두 쓸데없는 짓입니다. 이것과는 아무런 상관이 없습니다. 이것은 생각도 아니고, 감정도 아니고, 느낌도 아니고, 기분도 아니에요. 그런 것이 아닙니다. 반드시 여기에 통달이 돼서, 이것이 명확해져야 하는 겁니다. 그런 뒤에 경전에 나온 얘기를 보면 다 알 수가 있어요. 전부 이것을 말하고 있는 거니까요.

그러니까 경전을 읽어서 깨달음을 얻겠다 하는 것은 아주 어리석은 짓이고, 깨달음은 바로 (손가락을 높이 흔들며) 이것 하나에서 결정되는 겁니다! "도가 뭐냐?" (손가락을 흔들며) "이것이다!" 여기서 바로 결정되는 거예요. 여기서 통하면 통하는 것이고, 통하지 못하면 그냥 꽉 막혀 있는 것이죠.

문자에서 이해하고 알아야 할 것은 전혀 없습니다. 살아 있는 이 하나의 마음은 모양이 없습니다. 여기에는 문자 같은 게 없어요. 뜻이 없다고요. 모양이 없고 냄새나 맛이나 색깔이 없어요. 아무 분별할 게 없어요. 여기에 무슨 뜻이 있을 수가 없고, 문자로써 표현할 수가 없단 말예요. (손가락을 흔들며) 그냥 이렇게 명백하고 분명할 뿐인 거지! 그냥 이렇게 분명할 뿐인 것이지, 이것이 어떤 맛이다, 어떤 냄새다, 어떤 색깔이다 하고 말할 수는 없어요. 그런 게 없습니다. 이것은 그냥 이렇게 (법상을 두드리며) "명백하다." 이렇게밖에 말할 수가 없어요. 너무나 분명하니까!

하여튼 이 일 하나입니다! 책을 보고, 경전을 보고, 진언을 외우고, 수행을 하는데, 그것은 쓸데없는 짓입니다. 수행해서 되는 것이 아니에요. 왜 수행을 해서 되는 것이 아니냐? 본래 완전하고 부족한 게 없기 때문에! 완전하게 이렇게 갖추어져 있기 때문에! 갈고닦아서 되는 일이 아닌 겁니다. 그럴 필요가 없는 거예요. 깨닫기만 하면 됩니다. (손가락을 흔들며) 여기에 한번 통하기만 하면 아무 일이 없어요. (손가락을 들며) 이 하나의 일입니다. 통하기만 하면 이런저런 일이 없는 겁니다.

만약 본성을 보지 못하고도 12부 경전의 가르침을 말한다면 이것은 모두 마귀의 말이며, 마귀 집안의 권속이지 불교 집안의 제자는 아니다.

진짜 불교 공부를 하고자 한다면, 문자를 가지고 알음알이를 키울 게 아닙니다. 자기의 본성이라든지, 본질이라든지, 불교에서 본성이라고 하는데 우리는 그걸 모르잖아요. 자기에게 지금 미심쩍고,

뭔가 맑고 투명하지 못하고, 알 수 없는 일들을 지금 바로 해결해야 하는 겁니다. 이 일이 밝아지면 이게 우주 전체의 근원이에요.

하늘도 사실은 여기서 나타나는 것이고, 땅도 여기서 나타나는 것이에요. 사람이고, 사물이고, 동물이고, 식물이고 전부 여기서 나타나는 겁니다. 그러니까 이것이 근본입니다. 근본을 바르고 확실하게 하면 그 나머지 어떤 모습이냐 어떻게 되느냐 하는 것은 전부 말단의 일입니다.

모든 게 여기서 나타나니까 아마도 다른 종교에서는 이것을 창조주라 표현을 하는데, 그것도 방편으로 얼마든지 할 수 있는 표현입니다. 왜냐? 뭐든지 여기서 나오니까! 이것을 벗어나는 것은 없다 그 말입니다. 여기서 벗어나는 일은 없어요. 어떤 일이 일어나더라도 여기서 벗어나는 일은 없어요. 모두가 다 이 안에서 일어나는 일이니까! 그러므로 그런 말을 할 수가 있는 거죠. 하지만 모두가 방편의 말입니다.

이미 흑백을 구분하지 못하는데, 무엇에 의지하여 생사를 면할 것인가?

이 법(法)에 통달을 해서 명확해지지 못하면, 반대로 분별망상에 밝아져요. 법이 밝으면 분별은 허깨비입니다. 분별망상은 그냥 순간순간 나타나고 사라지는 허깨비지 아무것도 아닙니다. 그런데 법이 밝지 못하면 분별이 주인공 노릇을 한다고요. 분별이 모든 것을 밝히니까요. 분별이 주인공이 되지 않도록 하려면 (손가락을 흔들며) 이 것이 밝아져야 해요, 이 일 하나가!

이 일 하나가 밝아지면 어떤 일이 있어도 저절로 이 일이지, 여러 가지 일이 없습니다. 이 하나의 일입니다. 이 세상의 모든 일이 전부 단지 이 하나의 일입니다. (손가락을 흔들며) 이것이 이렇게 분명해져 야 해요, 이 일 하나가! 이것을 가지고 염불도 하고, 참선도 하고, 기 도도 하고, 절도 하고, 다 하는 거거든요.

이것이 근본이니 이 일 하나가 분명하면 염불을 하든 안 하든 아 무 상관이 없고, 기도를 하든 안 하든 아무 상관이 없어요. 좌선을 하든 안 하든 아무 차이가 없어요. 언제든지 이 일 하나뿐이니까요. 이 일 하나뿐입니다. (손가락을 흔들며) 이 일 하나가 분명해져야 하는 겁니다. 아무 다른 일이 없어요. 근본은 그냥 이것뿐이니까! 여기에 는 사람이라 할 것도 없고, 부처라 할 것도 없습니다.

만약 본성을 본다면 곧 부처이고, 본성을 보지 못하면 곧 중생이 다.

방편으로 하는 얘기입니다. 부처, 중생 하는 것도 다 방편으로 만 든 이름일 뿐이에요. 여기에 통달이 되면 부처라 할 것도 없고 중생 이라 할 것도 없는 겁니다. (손가락을 흔들며) 모든 일이 이 하나의 일 이지, 이 하나의 일! 깨달음이라고 할 뭔가가 따로 있지 않고, 무슨 일이든지 다 하는데 아무 일이 없어요. 무슨 일이든지 전부가 이 한 개의 일이니까 잃어버려서 헤매고 찾고 하는 일이 없어요.

그리고 '뭔가 특별하고 신기한 일이 또 있는가?' 하는 의구심 같은 게 사라져 버려요. 그런 호기심이나 의구심이 있을 수 있는데, '아, 이것이 전부인가? 무언가 특별한 일이 없을까?' 하는 의심이 있을 수 있고, 호기심이 있을 수 있는데, 이것이 정말 분명하면 그런 게 안 생기고, 설사 생긴다 하더라도 그런 의심이나 생각 자체가 바로 이 일이기 때문에, 생기는 것이 곧 생기지 않는 것이 되어서 싱겁게 끝나 버려요. 아무 일이 없어요. (법상을 두드리며) 이 일 하나예요, 이 일 하나!

이것이 분명해지는 겁니다. 아무 다른 일이 없어요. 이것을 "본성을 본다"라고 방편으로 말하죠. 부처, 진여, 깨달음, 불성…… 여러 가지 이름을 붙이는 것이지만, 단지 방편으로 그렇게 하는 것이고, 이것은 다른 일이 아닙니다. 언제 어디서든지 삼라만상 위에 단지 (손가락을 들며) 이것 하나가 있을 뿐입니다!

이것이 이렇게 분명해지면 아무 일이 없습니다. 이 일은 어떤 일이 아니기 때문에! 사물사물 위에서 이렇게 밝고 분명하지만, 특별한 '무엇'이라고 할 게 없으니까요. 아무 일이 없거든요.

공부는 아주 단순한 겁니다. 이것 하나만 확실하게 통하면 되니까! 이것 하나만 딱 분명하면 되니까! 불법 공부는 복잡하지 않아요. 아주 단순하죠. (손을 흔들며) "이 일 하나죠!" "이 일 하나입니다!" 여기서 딱 끝이 나야 해요! 여기서 한번 확 통해서 끝이 나야 합니다.

만약 중생의 본성을 떠나서 따로 얻을 불성이 있다면, 부처가 지금 어디에 있는가?

중생, 부처, 불성, 본성…… 이름이 다를 뿐입니다. 똑같습니다. (손을 흔들며) 여기서 중생이라 하기도 하고, 부처라 하기도 하고, 불성이라 하기도 하고, 본성이라 하기도 하고, 깨달음이라 하기도 하고, 미혹함이라 하기도 하고, (손을 흔들며) 여기서 말을 하고, 보고, 듣고, 느끼고 하는 거거든요.

이것이 분명하면 말을 해도 말이 진실한 게 아니고, 이것이 진실한 것입니다. 그래서 말에 끌려가지를 않아요. 뭘 본다고 해도 사물이 진실한 게 아니고 이것이 진실하니까 보이는 사물에 끌려가지를 않아요. 보이는 게 진실한 것은 아니니까, 보이는 것은 허망하고 이것이 진실한 거니까. 어떤 소리를 듣는다고 해도 소리가 진실한 게 아니라 이것이 진실한 것이니까 소리에 끌려가지를 않고, 무슨 느낌이나 생각이나 감정이 있더라도 그런 게 진실한 게 아니고 이것 하나가 진실하고 분명하니까 항상 청정하고 깨끗해서 아무 일이 없는 겁니다.

그러니까 보기도 하고, 생각도 하고, 느끼기도 하지만, 항상 청정 불국토에 있는 거예요. 왜? 아무 일이 없으니까! 아무 일 없이 밝고 분명하니까 청정 불국토라는 이름을 붙일 수가 있죠. 하여튼 (법상을 두드리며) 이 일 하나입니다.

"도가 뭐냐?"

"이것이다!"

"부처가 뭐냐?"

(법상을 두드리며) "똑·똑·똑!"

"깨달음이 뭐냐?"

(법상을 두드리며) "똑·똑·똑!"

"진여가 뭐냐?"

(법상을 두드리며) "똑·똑·똑!"

이겁니다! 여기에 통해야 해요. 이것뿐입니다! 생각하고 헤아리면 전부 망상입니다. 그냥 이거예요. 이 일 하나! 그냥 이것뿐입니다! 아무 다른 것이 없어요.

"도가 뭐냐?"

(법상을 두드리며) "똑·똑·똑!"

"진여가 뭐냐?"

(법상을 두드리며) "똑·똑·똑!"

이 일 하나! 이겁니다! 여기에 통해야 해요. 그냥 이것뿐이에요! 생각하고 헤아리면 전부 망상입니다. (법상을 두드리며) 그냥 이거예요, 이것 하나! 그냥 이것뿐입니다! 아무 딴 것 없어요.

"도가 뭐냐?"

(법상을 한번 치며) "딱!"

"부처가 뭐냐?"

(법상을 한번 치며) "딱!"

"견성이 뭐냐?"

(법상을 한번 치며) "딱!"

"깨달음이 뭐냐?"

(법상을 한번 치며) "딱!"

아무 다른 일이 없어요. 여기에 한번 통하는 것이고, 이것이 분명해지는 것이지, 다른 일은 아무것도 없습니다.

만약 중생의 본성을 떠나서 따로 얻을 불성이 있다면, 부처가 지금 어디에 있는가?…… 이름이 중생이고, 이름이 부처고, 이름이 불성이지, 다를 게 아무것도 없다 이겁니다.

중생의 본성이 곧 불성이다.
본성 밖에 부처가 없고 부처가 곧 본성이다. 이 본성을 제외하고는 얻을 부처가 없고, 부처를 제외하고는 얻을 본성이 없다.

둘이 없다 이 말입니다. 이름이 다를 뿐이지 다른 것은 없다. 단지 (손을 흔들며) 이 하나다! 이름이 다를 뿐이지, 다만 (손을 흔들며) 이 일 하나뿐이다 이겁니다! 지금 모든 사람이 다 이것을 가지고 하루 스물네 시간을 사는 겁니다. 자기는 모르고 있지만 이것 하나 가지고 스물네 시간 살고 있고, 삼백육십오 일을 살고, 평생을 사는 거예요. 깨닫지 못하고 있을 뿐이죠!

이것을 모르고 살 때는 헤매는 삶이 되고, 이것을 깨달으면 헤매는 일이 없어지는 거예요. 똑같이 이것을 가지고 살면서, 헤매고 사느냐, 아니면 헤매는 일이 없느냐? 헤매는 일을 번뇌라고 그러잖아요? 깨닫지 못하면 번뇌 속에 있는 것이고, 깨닫게 되면 너무나 당연하고 평범하게 항상 이것 하나를 가지고 살아가는 게 인생입니다. 인생이라는 게 따로 없습니다. 인생이라는 말도 사실 여기서 하는 말이니까 그런 말도 필요 없죠. 이것은 과거·현재·미래가 없어요. 과거·현재·미래도 여기서 하는 말이니까, 이 근본에는 그런 차이가 없습니다.

모든 차별되는 생각과 말들과 차별되는 모습들은 전부 여기서 비롯되는 것이니까, 이것이 분명하면 차별되는 건 차별되는 게 아니고 한결같이 이 하나의 일입니다. 어쨌든 이것이 분명해져야 차별 세계에서 벗어날 수 있습니다.

묻는다.
"만약 본성(本性)을 보지 않더라도 염불하고 경(經)을 외우고 보시(布施)하고 계(戒)를 지키고 정진(精進)하고 널리 복되고 이로운 일을 한다면, 성불(成佛)할 수 있습니까?"
답한다.
"성불할 수 없다."
다시 묻는다.
"어찌해서 성불할 수 없습니까?"
답한다.
"얻을 수 있는 조그마한 법(法)이라도 있다면, 이것은 유위법(有爲法)이고 인과법(因果法)으로서 과보(果報)를 받는 것이니 곧 윤회(輪

廻)하는 법이다.
생사(生死)를 벗어나지 못하고서, 어느 때 불도(佛道)를 이룰 수 있겠느냐?
성불이란 모름지기 자기 본성을 보는 것이다."

다시 보조. "만약 본성(本性)을 보지 않더라도 염불하고 경(經)을 외우고 보시(布施)하고 계(戒)를 지키고 정진(精進)하고 널리 복되고 이로운 일을 한다면, 성불(成佛)할 수 있습니까?" 답한다. "성불할 수 없다."

좋은 일을 하는 것이나 수행을 하는 것은 깨닫는 것과는 아무 상관이 없습니다. 그것을 혼동하면 안 됩니다. 좋은 일은 좋은 일이니까 좋은 일로서 권해야지, 좋은 일을 하면 깨닫는다고 하면 그것은 사기죠. 수행이라는 것은 수행의 효과가 있어요. 우리가 매일 절을 108배씩 하면 건강해지고 하심도 생기죠. 좌선을 매일 한 시간씩 하면 단전에 힘이 생겨서 어느 정도 건강을 도모할 수도 있겠죠. 하지만 그렇게 얘기를 해야지, 염불을 하고 좌선을 하면 깨닫는다는 것은 말도 안 되는 얘기입니다. 아주 잘못되어 있는 겁니다.

깨달음은 그런 수행이나 선행하고는 아무 상관 없습니다. 좋은 일은 좋은 일이니까 당연히 해야 되죠. 하도록 권하는 것도 좋고, 심신을 갈고닦는 수련 역시 나쁜 건 아니죠. 심신을 갈고닦아서 육체적으로 정신적으로 건강하게 산다는 것은 좋은 일이죠. 그렇게 권할 수는 있지만, 그렇게 해서 깨닫는다고 하면 말도 안 되는 소리예요. 하여튼 이것을 경험해 보면 알아요. 깨달음은 복을 많이 짓고 수행을 많이 하는 것하고는 아무 상관이 없는 일이구나 하고. 체험을 해 보면 알 수가 있어요.

이것은 누구든지 다 갖추고 있는 일입니다. 누구나 본성을 이미 가지고 있습니다. 마음을 다 가지고 있어요. 그렇기 때문에 본각(本覺)이라는 말도 하잖아요? 날 때부터 본래 깨달아 있다는 말입니다. 이미 다 (손가락을 흔들며) 이것을 가지고 있는 겁니다. 이것을 가지고 사는 거예요. (손을 흔들며) 이것은 수행을 하거나 좋은 일을 하는 것하고는 상관이 없어요. 이것에는 아무런 좋고 나쁜 게 없고, 더럽고 깨끗한 게 없는 겁니다. 갈고닦아서 깨끗한 게 아니고, 악한 것을 선하게 하는 것도 아니에요. 전혀 그런 게 아닙니다. 여기에는 좋고 나쁨이 없고, 깨끗하고 더러움이 있는 게 아닙니다. 그런 차별이 있는 게 아니에요. 언제든지 변함없이 (손을 흔들며) 이 하나의 진실일 뿐입니다!

과거에는 이 부분이 저도 많이 혼동되는 부분이었는데, 세속에선 좋은 일을 많이 하고 뭔가를 열심히 하는 것에 대해서 상당히 가치를 부여하기 때문에, 깨달음이란 뭔가 인간에게 좋은 일이 되어야 하고 깨닫고자 한다면 뭔가를 열심히 해야 하지 게으름을 피워서야 되겠느냐? 우리는 일반적으로 무엇을 열심히 하는 것을 굉장히 긍정적인 시각으로 보고, 뭔가 사람들에게 도움이 되는 일을 늘 좋은 일이라고 알고 있죠? 그러니까 깨달음이라고 하는 것도 그런 식으로 뭔가 생활에 도움이 되거나 사회에 도움이 되는 그런 건가? 열심히 하다 보면 성취되는 일인가? 이런 잘못된 관념을 갖기가 매우 쉽습니다.

하지만 실제 깨달음은 그런 것과는 전혀 상관이 없습니다. 그 관계를 혼동하면 자기의 공부에 방해를 받아요. 그러면 아주 포악한 사람도 깨달음을 얻을 수가 있고, 나쁜 짓을 하고 도둑질을 하고 강도를 하고 사기를 치는 사람도 깨달음을 얻어서 부처가 될 수 있느냐? 가능할 거예요. 그런 사람이 됐다는 소리는 못 들어 봤지만, 가능할 겁니다. 그러나 만약에 그런 사람이 깨달아서 부처가 됐다면 그 순간부터 그 사람은 틀림없이 바뀔 겁니다.

왜냐하면 그렇게 나쁜 짓을 하는 사람들은 굉장히 이기적이고, 욕심이 많고, 집착이 심하고, 이런 내면을 가진 사람들일 것 아니에요? 그런데 진짜로 이런 사람들이 깨달음의 체험을 한다면 자기 내면에서 그런 일들이 사라지거든요. 그래서 사람이 바뀌죠.

일반적으로 이기심이나 욕심이나 시기 질투심, 싸우고자 하는 시비심(是非心) 같은 것이 내면에 가득한 사람이더라도 그것을 즐기지는 않습니다. 그것 때문에 자기가 힘들잖아요? 하지만 워낙 습관이 되어서 벗어나지를 못하니까, 그것에 휘둘리고 고통스러워하고 그럴 겁니다. 예를 들어 '분노'도 그렇잖아요? 이 분노도 내가 맘대로 할 수 있다면, 분노에 휩쓸려서 분노를 폭발시키고 그러지는 않을 겁니다. 왜? 내가 맘대로 조절할 수 있으니까요. 그러나 맘대로 조절이 안 되니까 분노에 확 젖어들어서 폭발하고 그러잖아요?

아무튼 어떤 악한 일을 하던 사람이 이 공부에 뜻을 두어 공부를 하다가 깨달았다 그러면, 물론 공부에 뜻을 둘 때부터 마음이 좀 바뀌어 있겠지만, 깨달음을 얻었다면 반드시 180도 마음이 바뀌어 가지고 전혀 새로운 사람이 됩니다. 그렇지 않다면 제대로 깨달은 게 아니라고 봐야겠죠. 이기심, 시기심, 질투심, 잘난 척하는 마음, 이런 것들은 깨달았다면 사라져야 합니다. 아직 사라지지 않았다면, 뭔가가 남아 있는 거잖아요? 아상(我相)이 있고, 시기 질투심이 남아 있다면, 그건 깨달았다고 할 수가 없는 겁니다.

진실로 깨달았다면 그런 것에서 벗어나 완전히 새로운 사람이 됩니다. 그런 것들에 걸림이 없게 되는 것이죠. 그러니까 공부하기 전에 나쁜 짓을 한다고 해서 공부를 못 한다고 할 수는 없는 겁니다. 자기가 뜻을 두고 하기만 하면 되죠.

어쨌든, 여기에 나와 있다시피 염불(念佛)을 하고, 경전(經典)을 외우고, 보시(布施)를 하고, 계(戒)를 잘 지키고, 늘 앉아서 눕지 않으면서 열심히 정진을 하고, 복되고 자비로운 일을 많이 한다고 해서 성불하는 것이 아닙니다. 이러한 것들은 깨달음과 직접적으로 관련이 없습니다. 다시 말하지만, 그렇게 하는 것이 나쁘다고 하는 것은 아닙니다. 좋은 일을 많이 하는 것은 좋은 일이죠. 그러나 그렇게 해야만 깨닫는다는 것은 말이 안 되는 소리다 이 말입니다. 제대로 공부를 하려면 이런 안목을 반드시 갖춰야 해요.

깨달음이란 우리 각자의 근본, 우리의 진실을 깨닫는 것입니다. 그러니까 뭘 한다 또는 하지 않는다는 것은 깨달음과 아무 관계가 없는 겁니다. 계를 지킨다거나 지키지 않는다는 것과는 관계가 없죠. 그러나 이런 것을 권하기는 합니다. 뭘 권하느냐? 이 공부를 하는 사람은 "마음에 걸리는 일을 안 하는 게 좋다." 이렇게는 권하기도 하죠. 왜냐하면 뭔가 마음에 걸리는 일을 만들면 그것 때문에 공부에 방해를 받거든요. 공부에 순일하게 몰입할 수가 없어요. 뭔가 마음에 걸리는 일이 생기면 계속 신경을 쓰게 되니까, "좋은 일이든 나쁜 일이든 마음에 걸리는 일은 하지 마시오" 하는 정도는 권할 수 있습니다.

예를 들어서 누구한테 거짓말을 했으면 마음에 자꾸 걸리잖아요? 그리고 누구한테 좋은 일을 하더라도 빨리 잊어버리세요. '내가 누구한테 좋은 일을 했는데……' 하고 생각을 하면 또 마음에 걸리잖아요? 그러니까 좋은 일을 하더라도 빨리 잊어버리고, 나쁜 일은 물론 안 하는 게 좋고. 그게 마음에 걸림이 없도록 하는 요령입니다.

좋은 일을 한다고 해서 마음에 담아 두면 그것도 공부에 방해가 됩니다. 좋은 일 하는 것은 좋지만 공부에 장애가 돼요. 그래서 분별 없이 보시하라는 무주상보시(無住相布施) 아닙니까? 나쁜 일도 안 하는 게 좋지요. 글쎄요, 요즘 사이코패스라는 사람들이 있다던데, 그런 사람들은 마음에 걸림 없이 나쁜 일을 막 하는지 모르겠는데, 일반적인 사람들은 그렇지 않죠. 나쁜 일을 하면 양심에 가책이 되어서 항상 마음속에 걸려 있습니다. 그러면 공부에 방해가 되죠.

"양심에 가책이 되는 일이나, 마음에 집착이 되는 일은 만들지 마시오." 이 정도로 말씀을 드릴 수가 있습니다. 그 나머지 계(戒)를 지켜야 되고, 염불해야 되고, 경전을 외워야 되고, 자비행을 해야 되고, 하는 것들은 굳이 공부하고 관련지을 필요가 없습니다.

"어찌해서 성불할 수 없습니까?"
답한다.
"얻을 수 있는 조그마한 법이라도 있다면 이것은 유위법(有爲法)이고 인과법(因果法)으로서……

'좋은 일을 했으니까 결과적으로 깨닫는다' 하는 것은, 원인을 두고서 결과를 말하는 것이죠. 그렇게 해서는 깨달을 수가 없습니다. '어떤 수행을 열심히 했으니까 깨달을 것이다.' 똑같은 겁니다. 원인을 열심히 제공해서 결과를 바라는 것, 즉 인과법이죠. 인과법은 세속법입니다. 말하자면 분별법이란 말이에요.

그러나 이 법(法)은 불이법(不二法)이지 인과법(因果法)이 아닙니다. 불법은 인과법이 아닙니다. 보통 비인비과(非因非果)라고 하는데, 원인도 아니고 결과도 아닙니다. '열심히 무엇을 하면 결과적으로 어떻게 될 것이다'라고 생각하지 마십시오. 그런 생각이 벌써 분별이고 망상입니다. "법이 뭡니까?" (손가락을 높이 들며) "이겁니다!" 그냥 이렇게 (손가락을 세우며) 가리키잖아요! 통하면 통하고 안 통하면 또 새로운 기회가 있는 거지! (손가락을 흔들며) 이것이 다입니다! 공부는 이게 다예요!

"불법이 뭡니까?" (손가락을 세우며) "이겁니다!" 통하면 그냥 이 자리에서 봉하는 것이고, 못 통하면 또 새로운 기회가 있습니다. (손을 흔들며) 이것뿐입니다! 공부는 이것이 다예요. 다른 것이 없습니다. 그러니까 "뭘 어떻게 해야 합니다" 하는 것은 그냥 세속적인 말입니다. 이 공부는 비인비과(非因非果)라서 인과법(因果法)이 아니에요. 과거·현재·미래가 없고 앞·뒤가 없습니다. (손가락을 흔들며) 둘이 없다는 말이에요! "도가 뭡니까?" (손가락을 높이 들며) "이겁니다!" 여기서 통하면 그냥 통하는 것이고, 안 통하면 언제든지 새로운 기회가 있습니다. 언제든지!

설법을 듣는 공부는 계속 듣다가 문득 기회를 얻기 위해서 하는 것이죠. 예를 들어 "설법을 열심히 들으십시오" 할 때, 100시간을 들으면 깨달을까? 200시간을 들으면 깨달을까? 그런 게 아닙니다. 설법을 듣는다는 것은 통할 수 있는 기회를 한번 얻고자 하는 것뿐이에요! 한 번을 듣든지, 열 번을 듣든지, 백 번을 듣든지, 천 번을 듣든지, 똑같은 겁니다. 언젠가 기회는 한 번 오는 거니까!

인과법에서는 "몇 시간을 수행하면, 또는 몇 년을 수행하면 깨어날 것이다" 이러지만, 이건 원인과 결과거든요. 그런데 이 깨달음은 그런 게 아니에요. 어떤 사람은 단번에 깨달을 수가 있고, 어떤 사람은 십 년이 지나야 겨우 깨달을 수가 있어요. 그러나 깨닫고 나면 똑같아요. 물속에서 물을 찾는 것과 같다고 했잖아요? 당장 물속에서 물을 찾아서 자유롭게 헤엄쳐 다닐 수도 있고, 십 년 동안이나 고민하다가 드디어 깨달아서 자유를 얻어 헤엄칠 수도 있는데, 깨닫고 나서 보면 결국 똑같아요. 다를 게 없어요. 그러니까 이것은 원인도 아니고 결과도 아니다 이거예요.

(손을 흔들며) 이것뿐이에요. 이 일 하나뿐이라고요! 선행을 권장하지 않는 게 아니에요. 좋은 일 많이 하십시오. 열심히 사시고요. 다 좋다 이겁니다. 하지만 그래야만 깨닫는다는 사고방식은 갖지 마십시오. 그건 잘못된 사고방식이니까!

(손을 흔들며) 이 일입니다, 이 일 하나! 여기서 통하든지 말든지 다른 것은 없습니다. 뭔가를 열심히 해서 얻겠다는 그런 사고방식을 가져서는 안 됩니다. 이미 우리는 다 가지고 있기 때문입니다. 얻을 게 없습니다. 이미 다 갖고 있지만 확인이 안 될 뿐이에요. "평상심(平常心)이 도"라고 그러잖아요? 평소에 가지고 있는 이 마음이 도입니다. 다만 깨닫지 못하고 있을 뿐이에요. 그래서 "얻을 법은 없다"고 하는 겁니다. 《금강경》과 《반야심경》에서 얻을 법은 없다고 얘기하잖아요? 이미 다 가지고 있으니까! 한번 확인만 하면 돼요. 한번 확인만 하면 되는 겁니다.

(손가락을 들며) 이 일 하나만!

얻을 수 있는 조그마한 법이라도 있다면 이것은 유위법(有爲法)이고 인과법(因果法)으로서 과보(果報)를 받는 것이니, 곧 윤회(輪廻)하는 법이다.

분별을 해서 원인과 결과를 말하면 그것이 곧 윤회하는 법입니다. 생로병사 하는 윤회하는 법입니다. 윤회라는 것이 다른 게 아니고, 그런 사고방식을 가지고 그런 시각으로 세상을 바라보는 것이 바로 윤회하는 법이다 그 말입니다.

이 법을 딱 확인하고 진실로 이것이 분명해지면, 과거·현재·미래가 없고 시간은 흐르는 것이 아닙니다. 시간은 딱 고정이 되어 있습니다. 장소도 없고, 이곳 저곳이 따로 없습니다. (손가락을 흔들며) 언제든지 어디서든지 항상 똑같습니다. 그냥 이 하나일 뿐입니다! "이 하나가 영원히 꺼지지 않는 불꽃." 이런 표현도 할 수가 있고, "영원히 꺼지지 않는 불꽃이 항상 밝게 타고 있다." 그렇게도 표현할 수가 있겠죠. (법상을 두드리며) 이 일 하나예요, 이 일 하나!

이것은 인과법이 아니고, 윤회법이 아닙니다. 언제든지 단지 이 일 하나뿐입니다! 이것이 분명하면 아무 일이 없어요. 모든 일이 다 있는데, 아무 일이 없습니다. 참 묘한 일이죠. 이것은 이해할 수 없는 정말로 묘한 일입니다. 온갖 일이 다 있는데, 아무 일이 없습니다. 이렇게 말할 수밖에 없어요.

하여튼 (법상을 두드리며) 이 일 하나! 이 일 하나다! 다른 일은 없습니다. 다만 바로 지금 (손을 흔들며) 이것입니다.

딱! 딱! 딱! (죽비 소리)

11.
견성성불

달마혈맥론 열한 번째 시간입니다.

생사를 벗어나지 못하고서 어느 때에 불도를 이룰 수 있겠는가?
성불이란 모름지기 본성을 보는 것이다.
만약 본성을 보지 않으면 인과 등의 말들은 외도의 말이다.
만약 부처라면 외도법을 익히지 않는다.
부처는 업을 짓는 사람이 아니니, 부처에게는 인과가 없다.
다만 얻을 수 있는 조그마한 법이라도 있기만 하면, 모두 부처를
비방하는 것이니 어떻게 성불하겠는가?

생사를 벗어나지 못하고서 어느 때에 불도를 이룰 수 있겠는 가?…… 생사, 불도, 즉 삶과 죽음, 부처님의 도리, 이런 말은 그냥 우리가 배워서 아는 말입니다. 별 의미가 없다 이겁니다. 생사라 하거나 불도라 하거나, 말이 아니고 (손을 흔들며) 이거, 이 하나, 이거는 우리가 손댈 수 없는 겁니다. 손댈 수 없는 이 하나, 이게 분명해져 야 합니다. 이게 이렇게 드러나 있으니 여기에 통달되어야 하는 거 지요. 이게 통달되면, 이것을 마음이나 불도라 하기도 하고, 진여라 이름을 붙이기도 하지만, 그 이름 역시 우리가 생각하여 붙인 이름 이니까 의미가 없습니다. 실제로 이것에는 아무 이름이 없고, 이것이 이런 이름 저런 이름을 배우기도 하고 생각도 하고 말도 하고 하는 거니까, 진짜는 (손을 흔들며) 이것 하나입니다. 이게 분명해져야 합니다.

생사라 해도 사실은 이것이고, 불도라고 해도 이것입니다. 뜻을 따라가면 삶과 죽음이 따로 있고, 불도라는 것은 삶과 죽음에서 해탈하고 열반하여 삶과 죽음에서 벗어나는 길, 이렇게 서로 다른 뜻이지만, 그것은 방편으로 만든 분별이죠. 진실은 생사라고 해도 이거고, 불도라고 해도 이거고, 다른 일은 없습니다. 삶과 죽음이라는 것은 이것이 '살아 있다' '죽었다' 하고 분별하는 것이니, 살아 있다 할 때도 그냥 이것이고, 죽었다 할 때도 그냥 이거죠. 불도도 마찬가지고, 부처님이니 보살님이니 여래니 하는 것도 전부 이것이 하는 말이거든요.

진실은 단지 이거 하나뿐인 거니, 여기에 통달이 되어 이것이 분명해져야 하는 겁니다. 이거는 생각할 수도 없고 말할 수도 없는 거지만, 이렇게 명백하고 분명하죠. 사실 생각이라는 것은 이차적인 겁니다. 머리를 굴린 거니까 이차적인 거고, (손을 흔들며) 이게 일차적인 거죠. 머리를 굴리기 이전이라고 해도 좋고 생각보다 앞선다고 해도 좋은데, 언제나 이것이란 말이에요. 이 하나!

(손을 흔들며) 이게 어쨌든 분명해져야 하는 거지, 이름은 아무 상관 없습니다. 여기에 한번 통달이 되어 이게 분명해지면, 여기에는 모든 이름과 뜻과 분별이 없고 삶에 대한 얽매임도 없고 죽음에 대한 두려움도 없어요. 이건 자기가 경험해 보면 알 수 있는 건데, 이

자리가 분명하고 이 일뿐이면 아무 일이 없어요. 어떤 걱정거리라든지, 신경 쓸 일이라든지, 소중한 그런 무엇이 없어요. 아무 일이 없으니까 생사를 벗어났다고 말하는 거죠.

겉보기에 육체가 살아 있느냐 죽었느냐 하는 그런 문제와는 전혀 다른 문제입니다. 육체의 문제가 아니고 마음의 문제이기 때문에. 육체는 어차피 병들고 죽는 거니까 그런 것을 문제 삼을 수는 없고, 문제는 마음의 문제입니다. 마음의 문제! 육체가 멀쩡한데도 마음은 병들어 있을 수 있고, 육체에는 아무 고통이 없어도 마음은 고통스러울 수 있으니까 그 문제를 해결하는 거예요.

육체가 자기 자신이라고 집착하는 사람 입장에서 이 공부는 아주 멀고 먼 공부가 되는 겁니다. 사실은 '나다' '나 스스로다' '육체가 내 존재의 근본이다' 이렇게 생각하고 이렇게 말하는 것 자체가 마음이란 말이에요. 우리가 그렇게 주장할 수 있거든요. "모든 건 육체가 근본이고 물질이 결정한다." 이렇게 말할 수 있는데, 그렇게 말하는 것, 그것을 일러 마음이라고 한단 말이에요. '이게 육체구나' '물질이 이런 원리로 돌아가는구나'라고 생각하는 이게 바로 마음이거든요. 마음이라는 무엇이 따로 있는 게 아니에요.

그러니까 육체조차도 마음속의 육체지, 마음 밖의 육체가 아닌 겁니다. 마음에서 육체가 어떻고, 물질이 어떻고, 느낌이 어떻고, 욕망이 어떻고, 생각이 어떻고, 의식이 어떻고, 이런 얘기 저런 얘기 다 하는 거고, 이런 생각 저런 생각 다 하는 거지요. 그러니까 근원은 (손가락을 흔들며) 단지 이 하나다 이거예요. 이 하나의 일. 이걸 마음이라 하든 뭐라 하든 관계가 없지만, 어쨌든 지금 이것이 하는 일이고, 이것이 세상이 어떻고 사람이 어떻고 지구가 어떻고, 그런 얘기를 하는 거거든요. 하여튼 이것입니다. 이게 한번 분명해져야 합니다.

생사를 벗어나지 못하고서 어느 때에 불도를 이룰 수 있겠는가?

불도니 생사니 이런 뜻은 몰라도 관계없어요. 지금 "생사" "불도" 할 때 이 순간 이 한 개 진실, (손가락을 흔들며) 이거! 이것이 분명하면 되는 거거든요. 생사라고 말할 수 있고, 죽비라고 할 수도 있고, 시계라 할 수도 있고, 하늘, 땅, 국가, 사회⋯⋯ 얼마든지 말할 수 있습니다. 그렇지만 그 단어의 뜻은 머릿속에서 생각하는 것이고, 진실은 그게 아니죠. 지금 국가라 하든지, 사회라 하든지, 죽비라 하든지, 시계라 하든지, 부처라 하든지, 보살이라 하든지, 지금 이 순간 (손을 흔들며) 이게 뭐냐 이거예요. (손을 흔들며) 이게 진실이거든요. 이 하나가. 개념은 모두 망상이에요. 어떤 이름을 말하고 어떤 개념을 세우더라도, 사실은 (손가락을 세우며) 여기에서 그런 개념과 이름을 다 생각하고 말하는 거죠. 그러니까 이 진실이 분명해져야 한단 말이에요.

예를 들어, "불도"라고 말하면, "불도가 뭐냐?" 하고 머리로 생각을 하는데, 진실은 '불도'라고 하는 그 이름에 있는 게 아니고, 지금 "불도" 또는 "불도가 뭐냐?" 하고 있는 (손가락을 흔들며) 이게 진실한 거고, 이것이 불도를 의심하기도 하고, 생사를 의심하기도 하고, 여래가 뭐냐, 보살이 뭐냐, 라고 하기도 하는 거거든요. 진실은 이거 하나뿐이란 말이에요. 여기서 그런 온갖 생각을 하고, 온갖 이름을 만들어 내고, 온갖 말을 다 하는 거니까요. 그러니까 그런 생각을 따라가지 말고, 지금 이 자리에서 (손가락을 흔들며) 이 진실에 한번 통달이 되어야 합니다.

그래서 방편으로 "밖으로 가지 말고 방향을 돌려서 스스로에게 돌아와라"라고 회광반조(回光返照)라는 말을 한 거거든요. 우리는 "불도"라는 말을 들으면 "불도"라는 이름을 따라서 저기 바깥으로 갑니다. "불도"라고 할 때 "불도가 뭐지?" 하는 바로 여기로 돌아오라 이겁니다. 방편으로 얘기하면 그렇습니다. 그러니까 진실은 언제든지, 무슨 생각을 하든지, 무슨 말을 하든지, 어떤 행동을 하든지, 뭘 보고 있든지, (손을 흔들며) 단지 이 자리에 있는 겁니다. 이렇게 나타나 있고, 이렇게 명백한 거예요. 우리는 여기서 벗어날 수가 없고, 떠날 수가 없는 거예요. 그러니까 (손가락을 흔들며) 이게 한번 이렇게 딱 통달이 되면, 이름이나 개념이나 생각을 따라서 헤매는 일이 끝나 버린다는 말이에요. 그럼 원래 아무 일이 없어요. 원래 아무 일도 없는 거거든요.

(법상을 두드리며) 이것뿐이에요. 이것뿐! 따로 찾을 것도 없고, 그냥 이것뿐이에요. (손가락을 흔들며) 이 일 하나밖에 없습니다. 따질 것도 없고, 생각할 것도 없고, 이리저리 찾고 이해하고 할 것이 없습니다. 다만 이 일 하나뿐입니다.

생사를 벗어나지 못하고서 어느 때에 불도를 이룰 수 있겠는가?…… 불도와 생사가 하나입니다. 하나! 이름이 다를 뿐이지요. 온갖 것은 이름이 다를 뿐이지, 진실은 둘이 될 수가 없어요. (손가락을 세우며) 이것 하나뿐이에요. 경전을 읽으면 한마디 한마디 말이 다 새롭게 달라지지만, 아무리 다른 말이 나와도, 진실은 그냥 (손을 흔들며) 이것뿐이에요. 여기서 다 하는 거거든요. 여기서! 그래서 "만법이 곧 하나다"라고 말하는 겁니다. 그냥 이 일이잖아요? 우리가 태어날 때부터 죽을 때까지 변함없는 것은 이것뿐입니다. 태어나서 죽을 때까지 늘 가지고 있는 것은 이 일 하나밖에 없어요. 변함없는 것은 이 일뿐입니다. 이걸 가지고 밥도 먹고, 학교도 가고, 직장에도 가고, 결혼도 하고, 아이도 낳고, 다 하는 거예요. 이것 가지고!

모습은 자꾸 변하지만, (손가락을 흔들며) 이것은 변하지 않아요. 이거는 어떤 경우에도, 학교 공부 할 때도 이거고, 집에서 일할 때나, 잠잘 때나, 밥 먹을 때나, 화장실 갈 때나, 이거는 (손가락을 흔들며) 항상 이 하나밖에 없거든요. 항상 이 자리고, 늘 이 일 하나밖에 없죠. 24시간의 삶이 다만 이 하나의 일입니다. 하나의 일이에요. (법상을 두드리며) 다만 이 하나의 일입니다. 이게 분명해져야 하는 겁니다. 이것 가지고 글도 쓰고, 그림도 그리고, 악기도 연주하고, 운전도 하고, 직장에 가서 일도 하고, 기계도 다루고, 다 하는 거죠.

생사를 벗어나지 못하고서 어느 때에 불도를 이룰 수 있겠는가?…… 여기에 통달하면 생사가 곧 불도이기 때문에, 불도를 말하자면 본래 이루어져 있습니다. (법상을 두드리며) 여기에 통달하면 삶과 죽음이라는 다사다난한 일들이 (손가락을 흔들며) 다만 이 하나의 일이기 때문에, 불도라는 것은 태어나서 죽을 때까지 변함없이 이루어져 있어요. 언제든지 이 일 하나죠. 이 일 하나. 그런데 이게 명확하지 못하면, 우리는 생각에 의존을 하게 됩니다. 이 체험이라는 것은 머리에 의지해서 살다가, 분별하고 헤아리는 데 의지해서 살다가, 거기에 의지하지 않고, 여여하고 변함없는 이 하나를 확인하는 겁니다. 이것은 표현을 이렇게 하지만, 사실 아무것도 없거든요. 뭐라고 할 게 없어요. 그렇지만 모든 것이 여기서 벗어나지를 않습니다.

그러니까 (손을 흔들며) 여기에 통달해서 이 힘으로 삶이 여기서 이루어지느냐, 아니면 삶이 생각 속에서 이루어지느냐, 그게 중생과 부처를 결정하는 차이점입니다. 삶이 생각에서 이루어지면 다 중생이에요. 삶이 (손을 흔들며) 여기서 이루어지면 부처예요. 머리가 분별하고 생각하는 것은 전부 장애물이 되고 번뇌가 돼요. 여기에는 아무것도 없어요. 번뇌가 될 물건이 없다고요, 여기에는.

사실 생각은 허깨비입니다. (손을 흔들며) 이게 진짜인데, 비유를 들자면 이게 물이고, 생각은 물결이란 말이에요. 그렇다고 생각이 여기에서 벗어나 있는 것은 아닙니다. 생각은 물결, (손을 흔들며) 이게 물인데, 이게 진짜배기죠. 이 진짜배기를 한번 확인해 보자 이거죠. 뭐 다른 것은 없어요, 공부라는 게. (법상을 두드리며) 이것을 확인하면, 아무 일이 없어요. (법상을 두드리며) 이 일 하나. 다만 이 일 하나입니다. 이거 하나뿐이지, 다른 것은 없어요.

성불이란 모름지기 본성을 보는 것이다.

성불이라는 것은 이룰 성(成) 자에 부처 불(佛) 자를 써서 부처가 된다는 말입니다. 다른 말로 하면 깨닫는다는 말이고, 해탈한다는 말이죠. (손을 흔들며) 이것을 일러서 본성이라고 해요. 이것을 일러서, 불성, 본성, 진여, 자성, 여러 가지 그런 이름을 붙입니다. 그러나 그냥 붙인 이름입니다. (손을 들고) 이걸 본다고 그러는데, 눈으로 보는 건 아니고, 이게 한번 체험이 되고 뚫어져서 이 진실이 한번 이렇게 탁 드러난다고 할 수 있습니다. (손을 흔들며) 이게 명백해진다 이거예요.

도는 아주 간단한 겁니다. "도가 뭡니까?"(손가락을 세우며) "이겁니다." 이거거든요. (손가락을 흔들며) 이 일이라고요. 이 일 하나. 따라다니면 안 돼요. 바깥으로 나갈 필요도 없어요. 모든 사람에게는 단지 이 일 하나가 이렇게 있을 뿐입니다. 그런데 이렇게 단순하고 간단하고 너무나 당연한 일인데도 이게 잘 안 돼요. 왜? 지금까지 생각에 의지해서 너무 오랫동안 살았기 때문에, 그 버릇에서 잘 벗어나지 못해서 이게 잘 안 되는 겁니다. 그래서 이쪽에 뜻을 갖고, 이쪽 이야기를 자꾸 들어야 해요. 설법이라는 것은 (손을 흔들며) 이것을 말해 주는 거거든요. 머리를 갖고 분별하고 헤아리면서 사는 그런 세속의 지혜를 얘기해 주는 게 아닙니다.

세속에서 지혜롭고 똑똑하다고 하는 것은, 머리가 정밀하고 비상하게 잘 돌아가서 굉장히 깔끔하고 말끔하고 논리적이고 이치가 딱 딱 들어맞는 그런 얘기들을 기발하게 잘하는 사람들을 지혜롭다고 하죠. 들어 보면 깜짝 놀라죠. '아! 어떻게 저런 생각까지 하지?' 하면서.

그러나 이 출세간의 지혜, 반야의 지혜는 그것과는 전혀 다릅니다. 머리에 기름칠을 하는 게 아니고, 머리에 녹이 슬게 하는 겁니다. 머리에 기름칠을 하지 않아서 녹이 슬고, 대신에 (손가락을 흔들며) 이 자리에, 말할 것도 없고 생각할 것도 없고 모든 사람이 항상 가지고 살고 있는 이 일 하나, 아주 단순한 이걸 가리키는 거거든요. 이건 생각할 필요가 없어요. 한번 확인만 하면 되는 거예요. 다 갖고 있기 때문에. 그러니까 이것은 기발하고 현묘한 얘기가 아니에요. 너무나 당연한 것이고, 모든 사람이 항상 갖고 살고 있는 겁니다.

(손가락을 흔들며) 그래서 이걸 본질이라고 말할 수가 있는데, 본성이니 본질이라는 것은 알고 보면 본래 이겁니다. 이게 우리의 본질이란 말이에요. 그래서 이것을 본성이니 뭐니 하고 있는 거거든요. (법상을 두드리며) 그냥 이 일이에요. 이 일 하나. 아주 간단하죠. 우리의 본질이 뭐냐? (법상을 두드리며) 이거다. 우리의 본성이 뭐냐? (법상을 두드리며) 이거다. 이건 생각을 할 게 없습니다. (법상을 두드리며) 이건 하나의 울림을 주는 건데, 이 울림에 공감을 해서 탁 통하면 되는 거예요. (법상을 두드리며) 이건 울림이거든요. 소리가 아닙니다. (법상을 두드리며) 본성에 이심전심으로 통할 수 있도록 울림을 드리는 거라는 말이에요. 이 울림에 한번 탁, 전기가 통하듯이, 한번 탁 통해 버리면 그냥 이것뿐이에요.

하나하나 전부 이 일이에요. 원래 우리가 이것 가지고 다 살아왔어요. 우리는 망상을 하며 살아왔다고 알고 있는데, 나중에 이걸 확인해 놓고 보시면 본래 망상하는 게 아니고, 전부가 이것 갖고 살아온 겁니다. 전부 이 일이에요. 망상과 실상이 따로 없습니다. 다만 이 한 개 일일 뿐인데, 자기 스스로가 이걸 확인하지 못하니까 자꾸 다른 생각을 하는 거죠. 그래서 출세간의 진실은 머리 좋은 사람이 필요 없어요. 깊이 숙고하고 깊이 생각할 필요가 없어요. 그렇게 하는 게 아니고, (법상을 두드리며) 그냥 이거라니까요, 이거! 아주 단순한 거라. 모든 사람에게 갖추어져 있는 바로 지금 이 일 하나. 누구에게나 이게 지금 작동을 하고 있습니다. 이게 사실은 본질이에요. 이 일 하나라.

(법상을 두드리며) 여기에 한번 탁 통해 버리면 이걸 지혜라고 하지요. 이게 모든 것을 알아서 저절로 이렇게, 생각으로 짜 맞추고 조절하고 정리하고 할 필요 없이 저절로 다 돌아가거든요. 가만히 두면 저절로 자연스럽게 여법해진단 말이에요. 그러니까 이걸 지혜라고 하는 거죠. 지혜. (법상을 두드리며) 이 일 하나예요. 이 일 하나. 하여튼 이것뿐입니다. 아주 단순한 거예요. 바로 지금 이거예요. 생각하는 게 아니에요. 생각을 하면 안 되고, 바로 지금 이 일이에요. 생각을 하면 바로 생각에 속아서 엉뚱한 짓을 하는 겁니다.

성불이란 모름지기 본성을 보는 것이다…… 본성이라는 것은 배워서 얻는 것이 아닙니다. 본성이라는 말을 쓰는 이유는, 그게 배우는 게 아니고 타고난 것이기 때문에 본성이라는 말을 쓰는 거거든요. 배울 필요가 없는 거예요. (손가락을 흔들며) 본래 갖추고 있는 이 하나거든요. 배울 필요가 없어요. 본래 갖추고 있어요. (손을 흔들며) 이 하나거든요. (법상을 두드리며) 바로 지금 이 하나라고요. 뭘 하든지, 이 자리에서 이 일을 하는 거죠. 여기 이 한 개 진실일 뿐입니다.

이것을 왜 진실이라고 하느냐면, 이것은 변함이 없으니까요. 생기지도 않고 사라지지도 않습니다. 모양이 없기 때문에 없는 것 같지만, 무슨 일을 하든지 확인하는 것은 다 이것뿐이거든요. 잘 때는 의식이 없으니까 모르지만, 눈을 뜨면 바로 (손바닥을 펼치며) 이 일이지 다른 것은 없어요. 잘 때 모른다고 해도 역시 이거지 다른 게 있는 건 아니죠.

하여튼 (손가락을 흔들며) 이거는 잔다, 깬다, 그렇게 머리로 상상할 것도 없고, 바로 지금 이거예요. 언제든지 앞뒤가 없습니다. 앞뒤가 없고, 아래위가 없어요. 과거, 현재, 미래가 없다고요. 바로 이거니까. (법상을 두드리며) 바로 지금 이 일이다. 생각을 하면 앞이 있고 뒤가 있죠. 그러니까 안 맞아요. (법상을 두드리며) 바로 이거다. 생각이 곧 바로 이겁니다. 생각이 따로 있으면 그건 망상이에요. 생각이 이걸 떠나서 따로 있으면 그건 망상이 되고, 생각이 곧 이거라면 생각 생각 자체가 진실입니다. 망상이 없어요. (법상을 두드리며) 생각 역시 이거지, 생각이 따로 놀면 안 돼요. 생각이 따로 노니까 자꾸 망상이 되는 거예요.

만약 본성을 보지 않으면 인과 등의 말들은 외도의 말이다.

본성을 보지 못하면 인과법에 떨어진다는 말인데, 원인이니 결과니 하는 것은 벌써 분별이잖아요? 생각 속의 일이에요. 원인과 결과는 세속법이라고 하는데, 분별된 세상을 세속이라고 하거든요. 우리가 살아가는 이 세상은 사실 하나의 세계지만 두 개의 세계라고도 말할 수 있어요. 하나의 세상인데, 두 개의 세계예요. 분별로써 이루어지는 세계와 분별이 없는 세계. 근데 이건 하나의 세계입니다. 하나의 세계인데, 우리는 마치 두 개의 세계처럼 살고 있어요. 그래서 분별로써 얘기하자면, 과거 · 현재 · 미래가 있고, 원인과 결과가 있고, 이쪽저쪽이 있고, 모든 게 다 나누어져서 다 분별이 되고 이해가 됩니다. 그걸 세속이라고 해요.

(법상을 두드리며) 그러면 이거는, 이거는 분별할 수가 없어요. 두 개가 없다고요. 여기에서는 원인이니 결과니, 과거 · 현재 · 미래니, 안이니 밖이니, 그런 얘기를 할 수가 없어요. (법상을 두드리며) 이거는 언제든지 하나예요. 과거 · 현재 · 미래라고 분별하지만, 과거라고 할 때도 사실은 이거고, 현재라고 할 때도 이거고, 미래라고 할 때도 이거죠. (손을 흔들며) 원인을 얘기하고 결과를 얘기하지만, 원인을 얘기할 때도 지금 이 일이고, 결과를 얘기할 때도 지금 이 일입니다.

그렇기 때문에 분별의 세계와 분별이 없는 세계는 하나의 세계입니다. 이게 하나예요, 하나. 원인을 얘기할 때도 그냥 이거지, 결과를 얘기할 때도 그냥 이거고. 그래서 여기에 통달하면, 아무리 원인을 얘기하고 결과를 얘기하고, 과거 현재 미래가 있고, 미혹함이 있고, 깨달음이 있고, 부처가 있고, 중생이 있고, 아무리 이렇게 분별을 하더라도, 역시 아무 분별이 없어요. 아무 차별이 없다고요. 아무 일이 없어요. 그냥 똑같아요, 항상.

그러니까 생로병사 속에 살면서도 해탈열반이라고 하는 거예요. 그렇게 표현할 수가 있는 겁니다. 생로병사라는 것은 분별의 세계죠. 태어나고 늙고 병들어 죽는다…… 이건 분별이거든요. 내가 몇 살이다. 몇 년을 살았다, 이건 분별이죠. 그런데, "내가 몇 살이다." "몇 년을 살았다." "태어나고 늙고 병들어 죽는다." 이거 하나하나가 뭐예요? (손을 흔들며) 그냥 이 일이라고요. 이 일. 이것을 벗어나는 일은 없죠. 이거는 과거도 아니고 현재도 아니고 미래도 아니고, 어떤 분별도 해당이 안 되는 거거든요, 이거는. 모든 분별이 여기에 있지만, 이거는 어떤 분별에도 해당이 안 되는 거예요.

그러니까 결국 분별 없는 세계와 분별 있는 세계는 하나입니다. 하나! (손을 흔들며) 이것 하나예요, 하나. 삶이 여러 가지가 있는 게 아니에요. 세상이 여러 가지 있는 것도 아니고, 그냥 하나의 세계입니다. 하나의 세계인데, 어떤 사람은 오로지 분별 속에서만 살고 있고, 어떤 사람은 분별 속에 살면서도 전혀 분별이 없는 세계에 살고 있고, 그런 차이가 있다 이거예요. 여기에 통달하면, 분별 세계 속에 살면서도 분별 없는 세계에 살 수가 있습니다.

우리는 육체를 가지고 세속에 살고 있으니까 항상 분별을 해야 해요. 기차를 타려면 기차 시간도 알아야 되고, 좌석 번호도 알아야 되고, 이게 다 분별이잖아요. 표도 끊어야 되고, 돈도 계산해야 하고, 다 분별이잖아요. 그런 걸 다 하나하나 할 때도 결국 그런 일이 진실한 게 아니고, 모든 일은 그냥 이 한 개 일이란 말이에요. 그러니까 기차 시간을 보든지, 돈을 계산하든지, 좌석 번호를 보든지, 표를 사든지, 그냥 (손을 흔들며) 이거예요. 이 일 하나! 다른 일이 없어요. 항상 24시간이 똑같은 일이라고요. (법상을 두드리며) 24시간이 여여해요. 다른 일이 없어요. (법상을 두드리며) 이 일 하나예요. 이것뿐입니다. 하여튼 여기에 한번 이렇게 와닿아야 해요.

만약 본성을 보지 않으면 인과 등의 말들은 외도의 말이다.
만약 부처라면 외도법을 익히지 않는다.

우리가 이 공부를 하기 전에는 전부 분별, 차별만 하고 살아왔고, 이 공부를 시작하면 처음부터 듣는 게 뭡니까? "깨달음은 분별을 떠난 것이다." 처음부터 이런 얘기를 듣거든요. 공부를 시작할 때부터, 깨달음은 불이법이니 중도니 연기법이니 하면서 분별을 떠난 것이다. 이런 얘기를 듣는다는 말이에요. 그러면 '아! 분별을 떠난 것이 있구나' 하고 공부를 하게 되죠. 그러나 아직 그게 뭔지는 모르죠. 그래서 분별을 떠난 것에 대한 관심을 갖고 계속 법문을 듣고 공부를 하다가, 한번 탁 하고 체험이 오면 본인이 알죠. '이래서 분별을 떠난 것이라고 하는구나!' 하고 자기가 실감을 하죠. 이것이 실감이 온다고요. 이것이 실감이 오죠. (손을 흔들며) 이것이 분명하기 전에는 다 분별 속에 있는 겁니다. 여기에 탁 들어오면 분별에서 벗어나고 아무 일 없으니까, 그때부터는 여기에 익숙해져야 해요.

분별을 하는 것은 세속의 삶이죠. 분별이 문제인 것은 번뇌가 된다는 겁니다. 많이 알고 많이 따지고 하는 것은, 편하고 가볍고 즐겁고 그 속에서 아주 푹 쉴 수 있는 것은 아니죠. 요사이 "쉬어라" 하고 쉴 휴(休) 자를 많이 쓰고 유행이죠. 한자로 하면 휴(休)고, 영어로 하면 릴랙스(Relax)라고 하면서 요즘은 유행처럼 그렇게 하지만, 여기에 딱 통하면 저절로 쉬어져요. 저절로 할 일이 없어져요. 마음이 힘들게 작동하지 않고 저절로 쉬어져 버려요. 할 일이 없으니까. 그러나 여기에 통하지 못하면 아무리 쉬고자 해도 쉬고자 하는 노력을 또 해야 하니까 진짜로는 쉴 수가 없어요. 그런데 여기에 탁 통하면 마음이 저절로 쉬어져 버려요. 할 일이 없어요. 그래서 "마음이 사라진다"라는 표현까지 한단 말이에요. "마음이 없어져 버린다"고도 하는데, 없어지는 건 아니지만 마음이 존재를 드러내지 않는다고요. 마음이라는 놈이 쉬어져 버리니까요. 뭔가 활동을 해야 존재감이 드러날 텐데 활동을 안 하니까 안정이 되면서 저절로 다 쉬어져 버려요. 할 일이 없어요.

(손을 흔들며) 여기에 이렇게 통달하면 쉬어지고 할 일이 없어요. 이 자리에서 푹 쉬어 버리는 게 좋아요. 푹 쉬어 버리고 이 속의 사람이 되면 여러 가지 세속의 분별이나 세간의 일을 볼 수 있는 안목이 새로 생깁니다. 쉬려면 완전하게 확 쉬어 버려야 해요. 몸이 쉬는 것은 진실로 쉬는 게 아닙니다. 몸은 가만히 누워 있어도 마음은 얼마든지 시끄러울 수 있으니까요. 몸은 오히려 적당히 움직여 주는 게 좋죠. 안 움직여 주면 몸은 문제가 생기니까요. 그러나 마음은 완

전히 쉬어 버리는 게 좋아요. 완전히 쉬어지면 마음이 안 움직이는 듯 하지만 할 일은 다 합니다. 가만히 내버려 둬도 필요한 일은 저절로 다 해요. 자동적으로.

할 일이 없어요. 일부러 해야 할 일이 없다고요. 이 공부가 좋은 게 그거라. 이게 한번 탁 뚫어져서 확 쉬어져 버리면, 마음을 갖고 애써서 일부러 노력할 그럴 일은 없어요. 마음을 쓴다고 하잖아요? 마음을 쓸 일이 없어져 버려요. 마음이 안 쓰여요. 마음 쓸 일이 없다고요. 그러니까 쉬어져 버리는 거지요. 육체도 덩달아 좀 쉬고 싶어 하긴 하지만 육체는 그래도 움직여 줘야 소화도 되고, 살아가려면 필요한 일도 있으니까 움직여야죠. 몸을 쓰든 가만히 있든 어차피 늙고 병들어 죽을 거니까 적당히 쓰는 게 좋지요, 뭐. 그러나 마음은 힘들게 쓰면 번뇌가 됩니다.

만약 부처라면 외도법을 익히지 않는다…… 분별하고 따지는 그런 것을 익히지 않는다는 말이죠. 그냥 쉬어 버린다는 거죠. 열반이라는 말이 무슨 말입니까? 완전하게 쉬는 겁니다. 열반은 적멸이라는 말이거든요. 고요하게 사라져 버린다 이 말이에요. 완전히 쉬는 거예요. 몸이 아니고 마음이 사라져 버리는 거예요. 얼마나 쉬어져서 꼼짝도 안 하길래 사라졌다는 표현까지 하겠어요? 마음이 없는 것은 아니에요. 말도 하고, 쳐다보기도 하고, 느낌도 있고, 생각도 다 하고 있으니까 마음이 없는 건 아니죠. 필요한 일은 다 한다고요. 그런데도 완전히 쉬어져 버려요.

그러니까 부처님 법이 참 묘한 법이에요. 참 희한한 거죠. 부처님도 엄청나게 쉬고 싶었겠죠. 번뇌라는 말은 불꽃이 탄다는 뜻이거든요. 쉬지 못한다는 말이에요. 불꽃이 타듯이 마음이 쉬지 못하고 활활 시끄럽게 타는 거죠. 그런데 그게 불이 꺼지듯이 확 쉬어져 버린단 말이에요. 그런 일이 벌어지는 거예요. 이게 체험이에요. 그러니까 열반은 몸이 죽는 게 아니고, 마음이 완전히 쉬어져 버리는 게 열반이에요. 해탈이라고도 할 수 있죠. 어디에 얽매이는 게 없으니까요. (법상을 두드리며) 하여튼 이 일이에요. (손을 흔들며) 이겁니다. 여기에 한번 통하면 저절로 그런 일이 벌어지는 겁니다.

부처는 업을 짓는 사람이 아니니, 부처에게는 인과가 없다.

업을 짓는 사람이 아니다…… 업(業)이라는 것은 보통 삼업(三業)이라고 하죠. 신구의(身口意) 삼업! 몸으로 행동하는 것을 신업(身業)이라고 하고, 입으로 말하는 것을 구업(口業)이라고 하고, 머리로 생각하는 것을 의업(意業)이라고 해요. 의는 생각한다는 말이니까. 그런데 그게 왜 업이 되느냐면, 업이라는 건 기본적으로 업보(業報)라고 하죠. 원인이 돼서 결과를 불러온다는 뜻에서 업이라고 하는 겁니다. 과보를 불러오는 게 업이죠. 과보를 불러오지 않는 건 업이 아닙니다. 행동을 하고 생각을 하고 말을 해도, 과보가 없으면 그건 업이 아니죠. 업이라는 것은 기본적으로 과보를 가져오는 게 업이니까요. 그런 개념으로 방편을 만든 거예요.

그런데 업은 어떤 행동을 하거나 생각을 하거나 말을 할 때, 그 행동이나 생각이나 말이 객관적인 결과를 가져온다는 그런 뜻은 아닙니다. 업(業)은 기본적으로 자업자득이에요. 자기가 한 행동이나 자기가 한 말이나 자기가 한 생각에 자기가 얽매일 때, 그걸 업(業)이라고 합니다. 업은 자업자득이지 다른 객관적인 것, 얘를 들어 볼펜을 잡고 딱 부러뜨리는 행동을 했는데 볼펜이 뚝 부러졌다면 그게 업보가 되느냐? 그런 걸 말하는 게 아니에요. 그러나 볼펜을 뚝 부러뜨렸는데, 부러뜨린 뒤에 자기가 '이걸 왜 부러뜨렸지' 하고 번뇌가 온다면, 그건 업이 되는 거예요. 부러뜨린 행동에 대한 결과를 자기가 번뇌로써 받으니까요. 업은 자업자득이에요. 다른 어떤 객관적인 사실을 말하는 것은 아니에요. 그건 인과법이죠.

왜 이런 업보, 자업자득이라는 방편을 만들었느냐? 이게 번뇌와 관계가 되기 때문이에요. 어떤 행동이나 말이나 생각이 그것으로 말미암아 자기가 번뇌를 당할 때, 자기가 그것 때문에 번뇌를 일으킬 때, 그건 자기에게 불행한 일이죠. 장애가 되는 일이고. 불법이란 기본적으로 번뇌로부터의 해탈이란 말이에요. 그러니까 번뇌에서 해탈을 해야 하는데 계속해서 번뇌를 일으키는 문제가 있다면, 그것은 해탈을 가로막는 장애물이 되잖아요. 그러니까 업장이라는 얘기를 부처님이 하신 거예요. 번뇌하고 관계가 없는 것이라면 부처님이 굳이 그것을 얘기할 필요가 없죠. 우리 목적이 번뇌에서 해탈하는 건데요. 그러니까 업이라는 것은 자기 스스로에게 번뇌를 불러오는 원인이 될 때, 그것을 업이라고 하는 겁니다.

일반적으로는 사람들은 어떤 행동을 하거나 말을 하거나 생각을 하면, 거기에 얽매여요. 자기도 모르게 그 행동이나 말이나 자기가 했던 생각에 얽매여서 계속 매이게 되고, 그렇게 얽매이는 것 자체가 번뇌거든요. 계속 얽매이니까 자유가 없단 말이에요. 그래서 업이라고 하는 겁니다. 계속 얽매여서 번뇌가 되기 때문에.

(법상을 두드리며) 여기에 통달해서 진실로 이 법이 확실하다면 어떻게 되느냐? 어떤 업을 지었는데 업에 얽매이지 않는다는 게 아니고, 애초에 업이 성립이 안 되는 겁니다. 무슨 얘기냐면, 행동을 하는데 행동이라는 그런 분별된 일이 있는 게 아니고, (손을 흔들며) 그냥 이 일이라니까요. 행동을 하는데, 아무것도 안 하고 있는 거예요. 말을 하는데, 아무 말도 안 하고 있는 거라고요. 생각을 하는데, 아무 생각도 안 하고 있는 거예요. 그러니까 애초에 업이라는 게 안 생겨요, 이거는.

말을 하자면 그렇게 할 수 있는 겁니다. 업을 지어 놓고 그 결과를 안 받는다는 그런 게 아니에요. 그렇게 되면 말이 안 되죠. 행동을 하는데 행동을 하는 게 아니에요. 아무것도 안 하는 거예요. 말을 하는데 말을 하는 게 아니고 아무것도 안 하는 거라고요. 객관적인 입장에서는 행동을 하는 것이고 그 행동의 결과를 받는 거죠. 예를 들어 남을 한 대 때렸다면, 요즘은 벌금이 150만원이라던데, 내야죠. 객관적으로는 결과를 받아야죠. 몸이 허약한 사람이 얼음물을 확 뒤집어쓰면 그 다음 날 감기에 걸리죠. 객관적으로는 그런 게 있단 말이에요.

업이 없다는 것은 그런 게 없다는 게 아니에요. 본인에게 번뇌의 요소가 없다 이 말이에요. 그게 부처에게는 업이 없다는 거고, 업장이 소멸한다고 하는 겁니다. 불법이라는 것은 항상 번뇌로부터의 해탈입니다. 그게 항상 중심에 딱 자리 잡고 있는 거고, 그것에 관해 모든 얘기를 하는 겁니다. 다른 얘기를 하는 게 아니에요. 번뇌로부터의 해탈이 중심에 딱 있고, 그게 항상 궁극적인 목적이기 때문에 모든 얘기는 그것에 관계해서 하고 있는 거예요.

그러니까 업이 없다는 것은 번뇌가 되지 않는다는 거예요. 번뇌가 안 생긴다는 말이죠. 어떤 행동을 했는데, 객관적 결과가 없다는 뜻은 아니라고요. 그렇게 하면 그것은 외도법이죠. 원인이 있으면 결과는 당연히 있는 겁니다. 부처님 법은 인과법이 아니라는 것은, 객관적으로 원인이 주어져도 결과가 안 생긴다는 그런 뜻이 아닙니다. 당연히 생기죠. 생기지만 본인 스스로에게는, 본인의 내면에서는, 본인의 마음에서는, 원인도 없고 결과도 없다 이거예요. (손을 흔들며) 아무것도 없어요. 항상 똑같아요. 똑같은 일이거든요. 허공과 같다고 하듯이 아무 모양도 없고, 늘 아무 일이 없는 거거든요.

우리가 살아가면서, 행동을 안 할 수가 없고, 말을 안 할 수 없고, 생각을 안 할 수가 없습니다. 석가모니 부처님이 행동을 안 했습니까? 죽은 듯이 가만히 있었습니까? 온갖 행동을 다 하고, 온갖 말을 다 하고, 온갖 생각을 다 했어요. 그렇지만 업이 없다고 그랬다고요. 그러니까 겉으로 드러난 모양을 갖고 얘기하는 게 아닙니다. 이건 어디까지나 자기 스스로 내면의 문제일 뿐이에요. 번뇌가 생겨서 불안하고 불편하고 시달리느냐? 아무 일이 없느냐? 그냥 그거라.

(법상을 두드리며) 이게 물론 쉽지는 않습니다. 이것도 지혜인데, 아무것도 없을 수 있는 지혜와 힘이 자리를 잡아야 하고, 그러려면 오래 공부해야 합니다. 체험이 있다고 금방 그렇게 되는 것도 아니고, 많은 시간이 필요합니다. 법 속의 사람이 완전히 되어야 하는 겁니다.

만약 부처라면 외도법을 익히지 않는다. 부처는 업을 짓는 사람이 아니니, 부처에게는 인과가 없다…… 부처에게 인과가 없다는 것은, 앞서 말씀드렸듯이, 객관적인 원인과 결과가 없다는 게 아닙니다. 예를 들어 부처님이 마지막 돌아가실 때, 춘다인지 하는 사람이 준 음식을 먹고 식중독인가, 배탈이 나서 돌아가셨잖아요? 원인과 결과가 있는 겁니다. 그렇지만 부처님은 항상 인과법에서 벗어나 있고, 원인도 없고 결과도 없다고 얘기를 하는 겁니다. 겉모습을 갖고 얘기하는 게 아니라는 말이에요. 부처님 스스로에게는 원인도 없고, 결과도 없고, 아픈 것도 없고, 죽음도 없고, 아무 그런 일이 없어요. 그냥 항상 아무 일이 없어요. 행동을 해도 행동을 하는 게 아니고, 말을 해도 말을 하는 게 아니고, 생각을 해도 생각을 하는 일이 없다니까요. 아무 일이 없어요. 항상 똑같아요. 겉모습으로야 온갖 일들이 당연히 인과법을 따라서 이루어지는 거죠. (법상을 두드리며) 하여튼 이런 지혜가 생기려면 여기에 통달이 되어야 해요. (손을 흔들며) 통달이 되어서 이 일이 분명하고, 이 속의 사람이 되어야 합니다.

부처는 업을 짓는 사람이 아니니, 부처에게는 인과가 없다.
다만 얻을 수 있는 조그마한 법이라도 있기만 하면, 모두 부처를
비방하는 것이니 어떻게 성불하겠는가?

뭔가 있다고 하면 그것은 업이 되는 겁니다. 거기에 얽매여 버리니까요. 분별할 만한 뭔가가 있다고 하는 그런 느낌이 전혀 없다 이 말이에요. 아무것도 없어요, 항상. 아무 일이 없어요, 아무것도 없어요. 어떻게 행동하고, 어떻게 생각을 하고, 무슨 말을 하더라도, 아무것도 없고 아무 일이 없어요. 그냥 항상 똑같아요. 그래서 허공이라는 표현을 많이 쓰죠. 허공처럼 아무 일이 없다고. 뭔가가 있다고 하면 그게 업이 되는 거죠. 거기에 매이고 장애를 받으니까.

그래서 열반적멸이라고 하는 겁니다. 아무것도 없다는 거예요. (법상을 두드리며) 여기에, 하여튼 여기에 한번 통달을 하면, (손을 흔들며) 이것뿐입니다. 여기에 한번 통달을 하면 본인 스스로 알아요. 아무것도 없구나 하는 그게 확인이 되는 겁니다. 아무 일이 없어요. 하여튼 진실은 (손을 흔들며) 이겁니다. 이거 하나. 여기에 통달이 되어야 해요.

제가 드리는 말씀이 듣고 아는 얘기가 아니라, 자기의 지혜가 되고, 자기의 살림살이가 되어야 해요. 그러려면 (손을 흔들며) 이게 한번 통달이 되어야 해요. 이게 한번 체험이 되어야 한다고요. 여기에 통달이 되어야 합니다. 이 일 하나가 진실한 거거든요. (법상을 두드리며) 이 한 개 진실이 있을 뿐입니다. 이것뿐입니다. 진실은 그냥 이

하나뿐이에요. 여러 가지 얘기할 것이 없어요. 여기에 통달이 되어서 이게 명확해지면 지혜는 저절로 생겨요. 배우고 익히고 이해하고 할 것은 없습니다.

(손가락을 흔들며) 진실은 이 하나, 이 하나가 진실이기 때문에. 하여튼 이 일뿐이에요. (법상을 두드리며) 이 하나뿐이에요. 여기에 통달을 하면 뭐라고 할 게 아무것도 없습니다. 아무 일이 없어요. 그래서 텅 빈 허공과 같다는 표현을 많이 하죠. 뭐라고 할 게 아무것도 없으니까요. 없으면서도 할 건 다 해요. 생각도 하고, 말도 하고, 행동도 하고, 느끼기도 하고, 다 합니다. 다 하는데도 여전히 아무것도 없어요. 아무 일이 없다고요.

(손가락을 들며) "이겁니다." 이렇게 드러내지만 뭐가 있어서 이러는 게 아닙니다. 온 천지에 이게 이렇게 분명히 드러나 있고, 삼라만상이 전부 여기서 벗어나는 게 없습니다. 단지 이 하나인데, 그런데도 불구하고…… 이게 참 표현할 길이 없어요. "모든 있는 일이 아무것도 없는 일이다." 신심명에 이렇게 표현하고 있죠. 이렇게밖에는 말할 수가 없어요. "모든 있는 것은 없는 것이다. 없는 것인데도, 모든 게 다 있다." 표현은 이렇게밖에 할 수가 없지만, 역시 하나의 표현입니다. 문제는 표현이 아니고, 우리 스스로가 (손을 흔들며) 이 한 개 진실입니다. (법상을 두드리며) 이 한 개뿐입니다. 바로 지금 이 자리고, 이 일입니다. 이게 분명해져야 하는 겁니다.

말로써 표현하는 것은 아무것도 아니에요. 진실은 말 속에 있는 깃이 아니고, 이처럼 온 천지에, 사물사물에, 순간순간에, 보고 듣고 느끼는 모든 경험에서, 모든 경우에, (손가락을 들며) 다만 이 한 개 일입니다. 볼 때나 들을 때나 느낄 때나 행동할 때나 단지 이 한 개 일입니다. 그럼 이 하나는 뭐냐? 이거는 아무것도 아니에요. 아무것도 아니지만, (손가락을 흔들며) 이렇게 명백한 겁니다. 아무것도 아니면서도, (손을 흔들며) 만법의 진실이죠. 이거야말로 유일한 진실입니다. 그러니까 이것뿐이라니까요, 이 일 하나뿐. (법상을 두드리며) 여기에만 통달하면 돼요. 이 일 하나뿐이에요. 아무것도 아니지만, 볼 때나 들을 때나 생각할 때나 행동할 때나 느낄 때나 뭘 하더라도 그냥 단지 이것뿐이거든요. 이 일뿐. 이 일 하나뿐이죠. 이 일 하나뿐.

근데 이거다 하지만, 이것은 사물이 아니니까 모양이 있는 것도 아니고, 색깔이 있는 것도 아니고, 아무 그런 게 없습니다. 볼 수도 없고, 들을 수도 없고, 느낄 수도 없고 알 수도 없지요. 그래서 《유마경》에서는 "보고·듣고·느끼고·아는 것은 보고·듣고·느끼고·아는 것이지, 그것은 법이 아니다"라고 하는 겁니다. 이것은 볼 수도 없고, 들을 수도 없고, 느낄 수도 없고, 알 수도 없으니까요. (손가락을 흔들며) 그러나 볼 때도 이 일이고, 들을 때도 이거고, 생각할 때도 이거고, 말할 때도 이거예요.

보고·듣고·느끼고·아는 것이 곧 법은 아니지만, 또한 보고·듣고·느끼고·아는 것을 벗어나서 따로 법은 없습니다. 보고·듣고·느끼고·아는 것이 법을 벗어나 따로 있는 게 아닙니다. 지금 이 일입니다. 이 하나의 일이죠. 이 하나의 일. (법상을 두드리며) 생각을 하거나 말할 수 있는 게 아닙니다. 이게 한번 확인이 되어야 하고, 이게 한번 통달이 되어야 해요. 한번 통해야 해요. (손가락을 흔들며) 이겁니다. 여기에 한번 통해야죠. "통해야 합니다" 하는 게 나중에 보면 쓸데없는 말입니다. 왜냐? "통해야 합니다"가 바로 이건데 뭐. 지금 이것뿐이란 말이죠. 이 일 하나뿐. "통해야 합니다"가 이 거잖아요? 뭘 하든지 이것 하나뿐이에요. (법상을 두드리며) 이 법 하나뿐인 거죠.

이것은 말할 수 없으니 불립문자라고 하죠. "도가 뭐냐?" (손가락을 세우며) "이겁니다." "도가 뭐냐?" (법상을 두드리며) "이거다." "잣나무!" 이게 말하는 게 아닙니다. "잣나무!", "똥막대기!" 이게 말을 하는 게 아니고, 이걸 그냥 드러내고 있는 거지. (손가락을 세우며) 이렇게 하는 거나, "똥막대기" 하는 거나, (법상을 두드리며) 이렇게 하는 거나, "잣나무" 하는 거나, 이게 똑같은 거예요. 말을 하는 게 아니고 (손을 흔들며) 이것을 드러내고 있는 거니까. 이거 하나를. (법상을 두드리며) 이것 하나를 드러내고 이것 하나를 가리키고 있는 거거든요.

딱! 딱! 딱! (죽비 소리)

12.
부처는 부처가 아니다

달마혈맥론 열두 번째 시간입니다.

하나의 마음에든, 하나의 능력에든, 하나의 이해든, 하나의 견해든, 머물기만 하면 부처는 전혀 용납하지 않는다. 부처에게는 지키거나 범할 것이 없다.

하나의 마음에든, 하나의 능력에든, 하나의 이해든, 하나의 견해든…… '하나의 마음'이라는 이름이, 말이 '하나의 마음'이지요. 말은 상관없습니다. 말을 알려고 하는 게 아니죠. 하나의 마음이라 하든, 둘의 마음이라 하든, 하나의 돌멩이라 하든, 하나의 막대기라 하든, 이름은 상관이 없는 것이고, 우리가 어떻게 할 수 없는 것, 언제든지 변함이 없고 진실한 것은 (손을 흔들며) 이것 하나뿐인 겁니다. 이것 하나뿐!

지금 여기에 와닿고 이것이 분명해지면 그냥 이것뿐인 것이지, 생각으로 '하나의 마음이다' '하나의 본성이다' '불성이다'라고 할 것은 없습니다. "중생이냐 부처냐 하는 경계가 어디에 있느냐?" 할 때 생각을 가지고 이해하면 다 중생입니다. 하나의 마음이라고 할 때에 생각으로 이해하는 것이 아니고, 변함없는 이 하나의 일이, 언제든지 어떻게 할 수 없는 이 하나의 일이 분명하면 부처라고 할 수 있는 겁니다.

　이것이 분명하면 어떻게 생각을 하든지 생각은 아무 상관이 없습니다. 이것이 진실한 것이고 이것이 진짜배기인 거니까! 그래서 이 일이 한번 이렇게 와닿아야 되고, 이것이 분명해져야 하는 것이죠. 말이야 우리가 무슨 말인지 다 알 수가 있고 생각이야 무슨 생각이든지 다 알 수가 있지만, 그것은 아무 의미가 없어요. 그것은 전부 머리로 배운 것을 가지고 장난을 치고 있는 것이지요. 진실은 다만 바로 지금 이 자리, 이 일 하나입니다!

　이게 어쨌든 한번 와닿아야 해요. 이게 와닿으면, "일이 없다"라고 할 수가 있지요. 아무 일이 없어요. 무슨 일을 하든지 똑같은 일이거든요. 마음이라 할 것도 없고 도(道)라 할 것도 없고, 아무것도 없어요. 그냥 이 자리고 그냥 이 일이지요.

　(법상을 두드리며) 이것에 통달이 되면 이것뿐인 겁니다. "안녕하세요?" "당신 이름이 뭐요?" "어디서 왔습니까?" "뭐하는 사람입니까?" "오늘은 몇 월 며칠인데 무슨 일이 있습니까?" 무슨 얘기를 하더라도 그 말이 진실한 것이 아니고, 언제든지 단지 이 하나의 일입니다. 이 한 개의 일일 뿐입니다!

　이게 한번 분명해지는 것이고, 다른 것은 없습니다. 법이니 마음이니 하고 말한다면, 모두 생각으로 하는 말이니, "마음이다" "도(道)다" "법(法)이다"라는 말들은 방편으로 그냥 만들어 낸 이름일 뿐입니다. 이 하나의 진실은, 마음이니 도(道)니 이런 말을 못 배워서 전혀 모르는 사람이라도 항상 이렇게 갖추고 있는 겁니다. 바로 (법상을 두드리며) 이것이니까! 누구에게든지 단지 지금 이 일밖에 없으니까. 모든 것을 다 긍정할 수도 있고 부정할 수도 있고 알 수도 있고 모를 수도 있는데, 이것은 그런 것과는 관계가 없습니다. "안다" 할 때나 "모른다" 할 때나 "맞다" 할 때나 "틀리다" 할 때나 이것 자체가 어떻게 되는 건 아니에요.

여기에는 어떤 이름도 어떤 말도 붙을 수가 없고, 그냥 이렇게 명백하고 분명할 뿐이죠. 어떤 이름이 붙을 수 없고, 그냥 이렇게 명백하고 분명하고 항상 다른 일이 없죠. 여기서 이런저런 생각도 하고, 말도 하고, 행동도 하고, 여러 가지를 하므로 그 모든 생각과 말과 행동의 본질은 그냥 이 일입니다, 이 일 하나다! 본질이라는 말도 방편으로 하는 말입니다. 하여튼 (손을 흔들며) 이 일 하나입니다!

이것은 모든 사람이 지금 이렇게 다 가지고 있습니다. 우리가 불성을 가지고 있지만 불성이 어두워서 밝혀야 되는 게 아닙니다. 어두워서 그러는 게 아니에요. 원래 어둡지가 않고 따로 밝힐 것도 없지만, 우리가 아직 깨닫지 못하고 (손가락을 흔들며) 여기에 한번 계합을 못하고 체험을 못해서 이런저런 생각과 말 속에서 헤매는 것일 뿐이에요. 누구든지 이게 항상 이렇게 명백하게 드러나 있지, 어두운 게 아닙니다. 숨어 있는 것도 아니에요. 여래장(如來藏)이라 해서, 여래가 숨어 있다 그런 표현을 하는데, 역시 방편의 말입니다. 숨어 있는 것도 아닙니다. 언제든지 이렇게 드러나 있고 명백한 거죠. 하여튼 이게 한번 분명해져야 해요.

하나의 마음에든, 하나의 능력에든, 하나의 이해든, 하나의 견해든, 머물기만 하면 부처는 전혀 용납하지 않는다.

어디에도 머물러서는 안 된다는 말인데, '이게 마음이다' 하고 마음에 머물거나, 어떤 능력이라는 것 즉 "뭘 할 수 있다"는 그런 것에 머물거나, "알겠다" 하는 것에 머물거나, "이것은 이런 이치다" 하는 그런 견해에 머물거나 하면 전부 분별이죠, 분별.

마음이라고 하는 이름에 해당하는 "이게 마음이다"라고 할 물건은 없습니다. 그렇게 분별할 수가 없어요. 마음이라는 이름은 방편이죠. 이것을 가리키려고 하는 방편. 이것을 확인하면 마음은 이렇게 분명합니다. 그러나 "이게 마음이다"라고 이름을 붙일 수는 없어요. 뭐가 있어야 이름을 붙이지요.

(법상을 두드리며) 이렇게 명백하고 이렇게 분명하지만, "이게 마음이다" 하고 이름을 붙일 수는 없습니다. 이름을 붙이면 바로 분별이 되고 망상이 되어 버립니다. 이름을 붙이면 거기에 머물게 되죠. 이것을 마음이라 하든, 본성이라 하든, 주인공이라 하든, 부처라 하든, 반야·진여라 하든, 이름을 여기다 붙이면 바로 분별이 되기 때문에 망상이 돼 버려요. 그럼 모든 이름은 뭐냐? 그것은 하나의 방편일 뿐입니다.

방편이라는 것은 "달을 보면 손가락은 잊어라"라는 말로 간단히 알 수가 있죠. "마음을 깨달아라!" 하는 말을 듣고 공부를 해서 이 일이 이렇게 밝아지면, 마음이라는 말은 의미가 없다 이겁니다. 부서라는 말을 방편으로 공부를 해서 자기 살림살이가 이렇게 명백해지면, 부처라는 말은 잊어버리게 돼요. 왜? 여기에는 이름이라는 게 필요가 없으니까! 이름이라는 것은 뭐가 눈에 보였다가 보이지 않았다가 나타났다가 사라졌다가 할 때, 잊어버리지 않게 이름을 붙이는 건데, 이것은 그런 게 아닙니다.

이것이 한번 확인이 되면 절대 왔다 갔다 잃어버렸다 찾았다 하는 게 아닙니다. 한 번만 제대로 확인이 되고 계합이 되면, 다른 생각을 하거나 다른 일을 하면서 마음이 다른 데 가 있어도 이 자리가 없어지는 게 아니고 항상 이 자리일 뿐이에요. 그러니까 이름을 붙일 이유가 없지요. 지금 이것입니다. 누구든지 단지 (법상을 두드리며) 이것이 염불도 하고, 절도 하고, 좌선도 하고, 진언도 외우고, 기도도 하는 거거든요. 이게 분명하면 기도를 하든, 차를 마시든, 염불을 하든, 노래를 부르든, 달리기를 하든 똑같습니다. 아무 다를 게 없어요. 다 똑같은 일입니다. 언제든지 이 하나밖에 없는 겁니다!

좌선을 하면 삼매에 들어서 흔들림이 없고, 달리기를 하면 왔다 갔다 흔들린다면, 아직 (손을 흔들며) 이 법에 계합을 못한 겁니다. 이 법은 그런 게 아닙니다. 앉아 있고 걸어 다니고 하는 경계를 따라다니는 것은 다 차별 경계일 뿐이니까 모두가 허망한 겁니다. 어떤 경계에서도 전혀 달라질 수 없는 것은 딱 이 하나밖에 없습니다. 이거지, 이 하나! 여기에 한번 이렇게 통달해야 수행이라는 것도 필요 없고, 깨달음이 따로 있는 것도 아니고, 항상 똑같은 이 하나인 겁니다. 언제든지 이 하나밖에 없습니다.

불교니 부처니 다 방편입니다. 우리의 근본은 다만 이 하나입니다. 이것 하나! 하여튼 이게 분명해져야 하고, 다른 건 없습니다.

부처에게는 지키거나 범할 것이 없다.

지켜야 할 것도 없고 어길 것도 없습니다. 지켜야 될 뭐가 있는 것도 아니고, 그렇다고 어길 뭐가 있는 것도 아니죠. 물론 (손가락을 흔들며) 여기에 계합이 됐을 때 할 수 있는 얘깁니다. 만약 깨달음이 따로 있으면 깨달음을 지켜야죠. 해탈이 따로 있으면 해탈을 지켜야죠. 진여가 따로 있으면 진여를 지켜야 하고, 삼매가 따로 있으면 삼매를 지켜야죠. 하지만 그런 공부는 전부 부처 되는 공부가 아니고, 경계에 집착되어 있는 도깨비 공부예요. 경계에 집착해 있는 공부는 도깨비의 공부예요, 도깨비의 공부.

머물러야 할 자리가 없습니다. 《금강경》에도 나오잖아요. "머무름 없이 항상 그 마음을 내라." 그러니까 불법을 무주법(無住法)이라 하죠. 머무는 자리가 없다. 그러니까 '이 자리가 깨달음의 자리다' '여기가 삼매의 자리다' '여기가 진여의 자리다'라고 할 그런 것은 없습니다. 그런 것이 있는 게 아니고, 모든 사람한테 항상 이게 드러나 있는 것이고, 우리가 늘 가지고 있는 겁니다. 이것이 한번 분명해지는 것뿐이에요. (손을 흔들며) 이게 분명해지는 거예요. 이것이 한번 분명해지면 뭘 하더라도 여기서 벗어나는 일이 없어요. 자나 깨나 똑같아요. 깨어 있다고 해서 이게 밝게 드러나 있는 것도 아니고, 잔다고 이게 어둡게 숨어 있는 것도 아니고, 전혀 다른 일이 없습니다.

우리가 공부를 하다 보면, 여기에 아직 확실히 계합하기 전에는 항상 뭔가가 있어요. 뭔가가 있고 어딘가에 머물러야 될 또는 의지해야 될 뭐가 있어요. 그래서 계속 그것에 의지를 하고 거기에 머물고 하면서 그것을 놓치지 않으려고 애를 쓴다고요. 어찌 보면 어쩔 수 없는지도 몰라요. 아직 완전한 자유가 없으니까 매여 있을 수밖에 없죠. 그래서 계속 공부를 하시라는 겁니다. 하시다가 여기에 딱 계합을 하게 되면 그런 게 없어져요. 가지고 있는 게 아무것도 없어요. 머물 자리가 없습니다.

"이게 마음이다" "이게 도(道)다"라고 하는 어떤 정해진 것이 없습니다. 그냥 온 천지 모든 것이 다 똑같습니다. 어디를 가든지 다 똑같아요. 꺼릴 것도 없고 조심해야 될 것도 없어요. 지켜야 될 것도 없고 버려야 될 것도 없다 이 말이에요. 뭘 지키고 있는 것도 아니고 어긋나 있는 것도 아닙니다. 이게 바로 대자유라고 하는 겁니다. 뭘 지키고 있으면서 그 안에서 자유로운 것은 대자유가 아닙니다. 그것은 상대적인 자유죠. 뭔가로부터의 자유, 이렇게 되면 안 돼요. 정신적인 대자유라는 것은 아무것도 가지고 있지 않고 어디에도 머무르지 않고, 말하자면 진리라는 것이 따로 없는 겁니다. 따로 없고 모든 일어나는 일들이 언제든지 어디서든지 뭘 하든지 똑같아요. 그냥 이 하나일 뿐이에요. 이 하나!

단지 (법상을 두드리며) 이 하나일 뿐입니다! 이게 어쨌든 딱 계합이 되어야 자유자재하게 되는 거죠. 그렇지 않으면 뭔가 꺼림칙한 게 있고, 편한 게 있고, 불편한 게 있고, 그런 차별이 항상 있어요. 편한 자리가 있고 불편한 쪽이 있어서 불편한 쪽을 피하고 편한 쪽을 취한다면, 그것은 완전한 자유가 아닙니다.

꾸준히 공부를 하시다 보면 점차 그런 차별이 사라집니다. 불편한 게 있고 편한 게 있다는 것은 자기가 뭔가 가지고 있다는 말이에요. 자기 물건, 살림살이를 따로 가지고 있는 거예요. 농담 삼아 그런 얘기 하잖아요? 집 안에 귀중한 물건이 있으면 도둑이 두렵지만, 아무것도 없으면 문 활짝 열어 놓고 그냥 자는 거예요. 인간심리가 그런 건데, 하여튼 (손가락을 흔들며) 지금 이 일 하나예요. 다른 게 없습니다. 거리낄 게 없어요.

육조 스님이 말씀하시길 "나에게는 거리낄 일이 없다"라고 했습니다. 《육조단경》에 그런 구절이 나와요. 나에게는 거리낄 일이 하나도 없다. 똑같은 말입니다. 지킬 일도 없고 어길 일도 없다. 말하자면 이 불이법(不二法)에 틈 없이 계합했을 때 할 수 있는 말이죠. 사실 그런 느낌들이 금방 쉽게 들지는 않습니다. 공부를 계속 하다 보면 한번 이렇게 안정이 되는 체험이 있고, 뚫려서 마음이 착 가라앉는 체험이 있다 해도, 처음부터 틈이 싹 사라지는 것은 아니에요. 뭔가 분별되는 것이 계속 있습니다.

그래서 저쪽으로 가면 다시 끄달리는 것이 있고, 이쪽에 있으면 아무 일이 없고 하는 두 가지 경계가 있게 됩니다. 아무 일이 없는 곳에 익숙해져야 하는데, 그렇게 익숙해져서 시간이 자꾸 가면 일 없는 경계와 끄달림의 경계의 틈이 없어지는 때가 와요. 그런 체험이 반드시 다시 있습니다. 그렇게 되면 훨씬 자유로워집니다. 단순히 번뇌로부터의 해탈이 아니고, 번뇌도 없고 해탈도 없어요. 번뇌로부터의 해탈이 아니라, 번뇌도 없고 해탈도 없다고 말할 수가 있단 말이죠.

공부를 하시다 보면 저절로 그렇게 공부가 더 정밀해져 갑니다. "부처에게는 지키거나 범할 것이 없다." 지켜야 될 것이 있고 범할 규칙이 있다면, 그것은 맞지 않다. 즉 부처라 할 수가 없습니다.

마음의 본성은 본래 공(空)이니 역시 더럽지도 않고 깨끗하지도 않다.
모든 법은 닦을 것도 없고 깨달을 것도 없고 원인도 없고 결과도 없다.
부처는 계율을 지키지도 않고, 선(善)을 닦지도 않고, 악(惡)을 짓지도 않고, 정진하지도 않고, 게으르지도 않다.
부처는 만드는 일이 없는 사람이니 마음에 머물러 부처를 본다면 용납되지 않는다.
부처는 부처가 아니니, 부처라는 견해를 만들지 마라.

다시 보죠. "마음의 본성은 본래 공이니 역시 더럽지도 않고 깨끗하지도 않다." 더럽다거나 깨끗하다는 것은 분별이죠. 하지만 (법상을 두드리며) 여기에는 더럽고 깨끗함이 없어요. 그러나 방편으로 이 자리를 깨끗한 자리라고 얘기를 합니다. 방편으로 일러서 청정법신불

(淸淨法身佛)이라고 하는데, 그럴 때의 "깨끗하다" "청정하다"는 말은 "더럽다"의 반대로 "깨끗하다"라기보다도, 더러움과 깨끗함이라는 두 가지의 경계가 사라졌기 때문에 "청정하다" "깨끗하다"라고 하는 겁니다. 더러움에 대한 상대적인 깨끗함이라면 끊임없이 청소를 해야 하잖아요? 그러나 더러움과 깨끗함의 경계가 사라져 버리면 청소할 일이 없지요. 그게 진짜 깨끗한 것 아녜요? 청정법신불이라는 것은 그런 뜻에서 하는 얘기예요. 청소할 일이 없는 깨끗함이다 그 말입니다.

그것이 불이법(不二法)이고 (손을 흔들며) 불법(佛法)인 겁니다. 더러움을 닦아 내고 깨끗함을 취한다면 그것은 깨끗함이 아니죠. 더러움과 깨끗함이 따로 없이 언제든지 똑같다 이 말입니다. 단지 (손가락을 흔들며) 이 일 하나뿐이고, 이게 진짜 깨끗함이죠. 불법을 표현하는 방편의 말들을 분별심으로 이해하면 안 됩니다. 분별심으로 이해할 수 있는 게 아닙니다. 불이법을 말하는 방편이기 때문에, 깨끗하다는 것을 '더럽지 않고 깨끗하다'는 뜻으로 이해하면 안 돼요. 그건 분별심이죠.

불법(佛法)은 곧 불이법(不二法)입니다. 그러나 이런 이해는 나중에 저절로 지혜가 생기니까 지금은 내버려 두죠. 말을 이해하는 것은 우리에게 지금 필요한 일이 아니니까요. 우리에게 필요한 것은 정말 둘이 없는 바로 지금 이 하나, 이 진실 하나, 이것이 이렇게 실감이 되고, 이것이 드러나고, 이것을 체험하고, 이것이 분명해져야 하는 겁니다. 다른 일이 있는 게 아니고 (법상을 두드리며) 이 하나, 이것뿐입니다!

이것을 가리키기 위해서 "똥막대기다" "잣나무다" "삼서근(麻三斤)이다" "수미산이요" "방하착이요" "개한테 불성이 없다"고 말하기도 하고, 고함을 지르기도 하고, 주장자를 휘두르기도 하고, 죽비를 치기도 하고…… (죽비를 흔들며) 다만 이것 하나밖에 없어요. 이것 하나!

우리 모두에게 날 때부터 죽을 때까지 변함없이, 이것은 절대 변할 수가 없어요. 이 법은 변할 수가 없고, 단지 변하는 것은 우리 스스로가 법에 계합을 못하고 망상을 하기 때문이죠. 그러므로 문제는 여법(如法)하냐, 입니다. 즉, 법과 하나가 되느냐? 아니면 다른 생각을 하고 있느냐? 그 부분입니다.

육조 스님도 그런 얘기를 했잖아요? "법에는 둘이 없다. 깨달음도 없고 미혹함도 없고, 부처도 없고 중생도 없다. 더러움도 없고 깨끗함도 없다. 다만 사람이 어리석어서 미혹함도 있고 깨달음도 있고, 깨끗함도 있고 더러움도 있어서 헤매는 것이다."

우리에게는 이 하나가 항상 있어서 전혀 변함이 없습니다. 우리 스스로가 이리저리 따지고, 헤아리고, 생각하고, "안다" "모른다" 하면서 이것을 놓치고 있는 거죠. 어리석은 거예요. 그래서 여기에 통달하면 아상·인상·중생상·수자상이 없다고 하잖아요. 그런 분별이 여기에는 해당이 안 된다 이 말입니다. 그런 게 없죠. 그냥 언제든지 이것 하나지, 다른 게 뭐 있어요? (손을 흔들며) 이 하나지! 여기서 분별을 일으키면 '나다' '사람이다' '중생이다' '목숨이다' 그렇게 분별하는 것이죠. 아무리 그렇게 분별해도, 이것은 변함이 없어요. 이것은 항상 똑같은 거지요. 이게 어떻게 달라질 수는 없어요. 이것은 언제든지 똑같이 이것 하나지!

어쨌든 이것이 분명해져야 합니다. 이게 명확해지지 않으면 생각을 가지고 만들어 낸 분별에 오염이 되어서 헤매 다니는 겁니다.

"마음의 본성은 본래 공(空)이다." 공이라는 말도, 마음이 곧 공이라는 법칙이 있거나 이치가 있는 게 아니고, 공이라는 말 역시 방편으로 만든 이름일 뿐입니다. 여기에는 이름이 없습니다. 어떤 이름도 여기에는 해당이 안 됩니다. 여기에 대한 모든 이름들은 방편으로 만든 이름이란 말예요. 어떤 이름도 여기에 해당이 안 돼요.

여기에 대해서 수많은 이름을 만들어 놓고 있거든요. 불성, 자성, 진여, 반야, 공(空), 살림살이, 본래면목, 진리, 본질…… 수많은 이름을 만들지만, 다 방편으로 만든 이름이고, 여기에는 아무 그런 게 없어요. 여기엔 이름이 없는 겁니다. 온갖 이름을 여기서 다 만들어 내지만, 이것은 아무 이름이 없습니다. 하여튼 이것이 이렇게, 이게 한번 이렇게 명확해져야 되고, 이게 분명해져야 하는 겁니다. (손가락을 흔들며) 이게 한번 이렇게 와닿고 분명해져서 아무 일이 없어야 합니다. 이것만 분명해지면 아무 일이 없어요. 아무 일이 없고 무엇이든지 뭘 하든지 다 이 일이죠. 여기서 벗어난 바깥이라는 건 없습니다.

하여튼 (법상을 두드리며) 이 하나예요, 이 하나! 여기에 한번 이렇게 와닿고 감이 와야 합니다. 이것뿐이에요. "감이 온다." "체험한다." "와닿는다." 모두 방편의 말이에요. 뭐가 따로 있는 게 아니고 바로 여기서 다 나오는 것이기 때문에. 그래서 《원각경》에서 이런 얘기를 하는 겁니다. "공부하는 것도 꿈이고, 깨닫는 것도 꿈이고, 다 꿈이다." 알고 보면 원래부터 이것 하나뿐인데, 이 속에서 공부를 한다, 깨닫는다, 그런 헛된 짓을 한다 그 말이죠.

그런데 역시 또 공부를 해서 깨닫지 않으면 원래 이것뿐이라는 것을 알 수가 없고, 그냥 계속 망상 속에서 사는 것이지요. 깨달음이란 여러 가지 비유가 있지만 꿈을 깨는 것과 같습니다. 꿈을 꾸고 있는데, 특히 악몽을 꾸고 있으면, 빨리 꿈을 깨야겠다 해도 쉽게 잘 안 깨져요. 그러니까 발버둥을 치겠죠. 꿈을 깨고 싶어서…… 그러다가 문득 깨고 나면 원래 아무 일이 없었죠. 꿈을 깨기 전에는 정말 힘들고 온갖 경계에 사로잡혀서 굉장히 고통스럽지만, 깨고 나면 원래 아무 일이 없거든요. 원래 아무 일이 없습니다. 우리 마음이라는 게 참 묘한 겁니다.

마음의 본성은 본래 공(空)이니 역시 더럽지도 않고 깨끗하지도 않다.

더럽다거나 깨끗하다는 것은 전부 분별입니다. 이 자리, 이것이 분명하면, 말은 "더럽다" 하지만 (손가락을 흔들며) 이게 더러운 건 아니고, 말은 "깨끗하다" 하지만 (손가락을 흔들며) 이게 깨끗한 건 아니죠. 이것은 똑같습니다. 그러면 더럽고 깨끗한 것은 뭐냐? 경계를 분별해서 하는 말이죠. 경계를 분별하면 그렇게 되는 것이고, 진실은 더럽다 할 때도 이것이고 깨끗하다 할 때도 이것이지 다른 것이 아닙니다. 그러니까 (법상을 두드리며) 그냥 이 하나예요. 이게 분명해져야 하는 겁니다.

모든 법은 닦을 것도 없고 깨달을 것도 없고 원인도 없고 결과도 없다.

법 자체는 그런 겁니다. 그러나 우리가 겪고 있는 분별되는 경험은 그렇지 않습니다. 경험 속에서는 번뇌가 있고 깨달음이 있고, 구속이 있고 해탈이 있고, 어둠이 있고 밝음이 있고, 이렇게 분별이 되지만, 이 법을 체험하고 깨닫고 나서 보면 이렇게 말할 수가 있어요. 본래 어둠이 없는데 어둠이 있다고 착각을 했고, 어둠이 없으니 당연히 밝음이라는 게 따로 없고, 어둡다 할 때도 여기 이 마음이 어둡다 하는 것이고, "밝다" "어둠이 없다" 할 때도 역시 이것이 여기서 "밝다" "어둠이 없다" 하는 것입니다.

원래 이 마음 하나밖에 없다 그 말이에요. 마조 스님이 말했듯이 "중생의 마음이나 부처의 마음이나 똑같다. 하나도 다를 게 없다." 그러나 본인 스스로는 다르게 느낍니다. 법은 다를 게 없지만 본인 스스로는 전혀 다르게 느끼죠. 깨달음이 없으면 계속해서 경계를 따라서 헤매고 힘들어하고 고통스러워하고 불편을 느끼고 하니까요. 뭔가 명확하지가 않죠. 항상 의문스럽고 찾아서 헤매게 되고 이렇게 된단 말이죠. 그러나 이 자리가 딱 분명하면, 밝고 어둡고 할 게 없어요. 그냥 항상 똑같은 겁니다. (손을 흔들며) 그냥 이 하나의 일입니다.

달마 스님이 하는 이런 말들은 이 법을 깨닫고 나서 깨달은 입장에서 하는 얘기니까, 사실 달마의 입장이 되지 못한 사람에게는 납득이 되지 않는 얘기입니다.

모든 법은 닦을 것도 없고 깨달을 것도 없고 원인도 없고 결과도 없다…… 공부하는 사람이 '달마가 왜 이런 얘기를 할까?' 궁금할 수 있죠? 달마가 이렇게 말하는 이유가 있습니다. 아무 이유 없이 얘기하지는 않죠. 방편을 쓸 때는 나름의 이유가 있는데, 이유는 뭔가 닦을 것이 있고 닦아야 된다는 견해를 가지고 공부를 하면 결코 깨달을 수가 없다는 것입니다. 왜? 그것 자체가 분별심이기 때문이죠.

분별심 속에서는 아무리 애를 써 봐도 분별심을 벗어날 수가 없어요. 달마는 분별심을 벗어난 것을 말하고 있죠. 뭔가를 어떻게 닦아야 된다, 노력을 해야 된다, 수행을 해야 된다고 해서 그런 관념과 견해를 가지고 어떤 행동을 반복한다면, 그것은 계속 분별심 속에서 어떤 일을 반복적으로 하고 있는 것에 불과한 겁니다. 깨달음과는 아무 상관이 없어요. 깨달음이란 분별심을 무력화시켜서 힘을 못 쓰게 만들어 가지고 결국 분별심이 스스로 넘어져서 더 이상 우리를 지배하지 못하게 만드는 겁니다.

분별심 속에서는 아무리 노력을 해도 그게 안 돼요. "도가 뭡니까?" (손을 흔들며) "이겁니다!" 여기에 분별심이 작동하면 안 되는 겁니다. 분별심이 작동할 수 없는 것을 지금 이렇게 가리키고 있는 거라는 말예요. 도가 뭐냐? (법상을 두드리며) 이것이다! 여기에 어떠한 분별을 해서는 안 된다고요. 분별할 수 없는 것을 가리키기 때문에, 분별할 수 없는 것을 가리키는 것이기 때문입니다.

분별할 수 없는 이쪽으로 끌어들이는 좋은 설법, 즉 효과적인 설법은 분별할 수 없는 것을 가리키는 거예요. "부처가 뭐냐?" "뜰 앞의 잣나무다." 이건 분별할 수가 없는 겁니다. 여기에 생각을 가지고 '아, 그래서 이렇게 하는구나!' 하고 분별을 하면, 꿈을 깨야 하는데 계속 꿈속에서 살아가고 있는 거예요. 분별은 꿈이에요. 헤아리고 분별하는 것이 바로 꿈이거든요. 헤아리고 분별하고 이해해서는 안 되고, (손가락을 흔들며) "부처가 뭐냐?" "이거다." 분별할 수 없는 것을 가리키는 거예요.

잠을 깨야 합니다. 우리가 잠을 잘 때에는 시체처럼 힘이 없잖아요? 축 늘어져서 깨어 있지 못하다 이 말이죠. 그러나 잠을 깨면 일어나 활동하잖아요. 그런 것처럼 우리가 생각 속에 있으면 힘이 없어요. "생각은 힘이다" 그랬는데 그것은 세속에서 하는 얘기이고, 이 깨달음에서 생각은 힘이 없어요. 생각이 아닌 이 본래면목이 한번 딱 이렇게 살아나야, 생각에서 깨고 꿈에서 깨어나 이것이 힘을 가지게 되는 겁니다. 그러면 사물사물이, 모든 삶의 순간들이, 경험들이, 눈앞에 드러나고 나타나는 모든 것들이 전부 살아서 생동합니다. 이것이 힘을 가지고 있단 말입니다. 살아서 생동을 하고, 힘을 가지고 다 살아 있다고 할 수 있습니다. (법상을 두드리며) 생각이나 느낌이나 감정 속에 빠져 있으면 힘이 없어요. 그건 전부 꿈이지요. 반드시 한번 꿈에서 깨어나야 하는 겁니다. (법상을 두드리며) 이게 한번 와닿아야 해요. 이것이 한번 와닿아서 명확해져야 하는 겁니다.

 모든 법은 닦을 것도 없고 깨달을 것도 없고 원인도 없고 결과도 없다…… 이게 분명하면 이 자리에는 그런 게 없죠. 이 자리에서 보면 무슨 깨달음이 있는 것도 아니고, 부처가 있는 것도 아니고, 수행이 있는 것도 아니고, 원인과 결과가 있는 것도 아니고, 아무 그런 차이가 없어요. 만법이 다 똑같아요!
 이 입장에서는 만법이 다 똑같은 겁니다. 그냥 이 한 개의 일로서 다 똑같습니다. 아직 이 자리에 계합하지 못한 입장에서는 분별 속에 있으니까, '공부를 해서 깨달아야지'라고 생각할 수가 있는데, 그러나 그런 생각을 가지고 있으면 안 됩니다. '내가 공부를 해서 깨달아야지' 하는 것도 망상입니다. 그런 생각도 하면 안 돼요. (손을 흔들며) 이것뿐입니다! 여기서 한번 확 하고 깨달으면 돼요! '내가 공부를 해서 깨달아야지' 하는 것도 자기가 만들어 낸 망상이고 잡념인 겁니다.
 그래서 깨달음을 기다리는 사람에게는 깨달음이 오지 않는다고 옛날부터 얘기를 했거든요. 왜냐? 그것도 자기가 일으킨 망상이기 때문이에요. 깨달음도 없고 미혹함도 없고 부처도 없고 중생도 없고, 다만 진실은 (손을 흔들며) "이것 하나다!" 이렇게 가리켜 드리는 겁니다. 사실은 이것뿐인 겁니다. 이것은 깨달음도 아니고 미혹함도 아니고 부처도 아니고 중생도 아니고 그냥 이것뿐이에요! (법상을 두드리며) 이것뿐!

　자기가 할 수 있는 것은 아무것도 없습니다. '아! 내가 어떻게든 해 봐야지'라고 생각하지만, 적어도 이 법에 관해서는 의도적이고 의식적으로 할 수 있는 일은 단 하나도 없습니다. 여기에는 아무것도 없습니다. 그러니까 단지 이렇게 딱 보여 드릴 뿐입니다. (손가락을 흔들며) "이 자리, 이 하나!" 이렇게 드러내서 보여 드리잖아요! (손을 흔들며) 이게 한번 확인만 되면 돼요. 아무것도 필요 없어요, 아무것도! 이것이 확인만 되면, 아무것도 필요가 없는 겁니다. (손가락을 흔들며) 여기에 확인만 한번 되면 모든 일이 여법하게 다 이루어져요!

　(법상을 두드리며) 이 마음을 확인만 하면 돼요! 대개 배운 것을 가지고 짜 맞춰서 생각을 하게 되는데, 보고 들은 것을 짜 맞추는 것은 전부 망상입니다. 진실은 생각할 필요가 없는 겁니다. 헤아릴 필요가 없고 분별할 필요가 없고 알 수가 없는 겁니다. (손가락을 들며) 이 하나입니다, 이것 하나! 여기에 한번 통하면 되는 겁니다.

　공부는 사실 아주 단순한 겁니다. 아무것도 할 일이 없고, (손을 흔들며) 여기에서 한번 깨달으면 돼요! 이것은 생각할 수가 없고, 알 수가 없고, 분별할 수가 없는 것입니다. 이것을 깨달으면 돼요. 여기서 확 하고 한번 분별망상의 잠을 깨는 거예요. 이게 한번 와닿으면 된다니까요! 아무 다른 게 없고, 할 일이 없죠. 배운 지식을 가지고 생각하는 것은 100퍼센트 다 망상이에요. 전부 꿈입니다. (법상을 두드리며) 단지 이것 하나뿐입니다!

마음의 본성은 본래 공(空)이니 역시 더럽지도 않고 깨끗하지도
않다.
모든 법은 닦을 것도 없고 깨달을 것도 없고 원인도 없고 결과도
없다.
부처는 계율을 지키지도 않고, 선(善)을 닦지도 않고, 악(惡)을 짓
지도 않고, 정진하지도 않고, 게으르지도 않다.

부처는 계율을 지키지 않는다…… 우리가 이것을 분별심으로 이
해하면 '부처는 계율을 지키지 않고 제멋대로 행동을 한다. 계율을
어긴다'라고 이해를 하겠지만, 그런 뜻이 아닙니다. 부처에게는 계
율이 없다는 말이에요. 정해진 게 아무것도 없는 겁니다. 아무것도
정해진 게 없습니다. 계율은 우리가 생각으로 분별해서 만들어 낸
거죠. 그것은 그냥 분별의 소산이잖아요. 분별해서 만들어 낸 거지,
이 법(法)과는 아무 상관이 없는 겁니다. 물론 그런 계율을 만들 때
는 그 나름대로 이유는 있습니다. 공부하는 사람이 계율을 지켜야
하느냐 말아야 하느냐 고민을 하는데, 계율을 만든 취지를 이해하
면 저절로 문제가 해결이 돼요.

계율을 보면 소위 양심의 가책을 일으킬 만한 일들이나 또는 마
음을 흐리게 만드는 일, 그런 일들을 하지 말라고 되어 있습니다. 거
짓말을 하거나, 남을 해코지하거나, 도둑질을 하거나, 이런 일들이

양심의 가책이 되는 일들이잖아요? 양심의 가책이라는 것도 자기 마음속에 하나의 장애물이기 때문에 공부에 방해가 된단 말예요. 그리고 술을 마시거나, 마약을 하거나, 그런 것들은 뭡니까? 정신을 흐리게 만들잖아요. 공부를 할 수가 없어요. 그러니까 공부에 방해가 되는 일은 하지 말라는 거죠. 계율의 취지가 바로 그런 겁니다. 공부에 방해가 되는 일은 하지 마라, 공부를 잘하고 싶으면. 그것이 계율의 취지예요. 자기 스스로 알 것 아닙니까? '내가 경험해 보니까 이런 것은 자꾸 신경이 쓰이고 자꾸 마음이 흐트러지고 끄달리고 공부에 도움이 안 된다.' 그런 게 있으면 피해야죠.

이 하나의 문제, 이 진실은 다만 이 하나일 뿐이라고 확실히 제시를 했습니다. 공부를 하려면 어쨌든 이 하나에 관심이 있어야 하는 것이고, 늘 마음이 이쪽으로 와 있어야 되는 것이죠. 우리는 흔히 "자기 마음이 간다" "마음 가는 곳에 몸도 간다" 그런 말을 하는데, 관심이 있고 좋아하게 된다 이 말입니다. 공부를 좋아해야 해요. 공부에 관심이 있고, 공부를 좋아하게 돼야 해요. '나는 공부하는 것이 바라는 일이고 좋아하는 일이다.' 그래야 공부를 오래도록 할 수가 있고, 깊이 있게 할 수가 있죠. 좋아하고 바라는 일이니까 공부에 몰입이 될 수 있고, 그러면 이 공부에만 마음이 항상 와 있으니까 여타 세속적인 일들은 별로 그렇게 중요하지도 않고 크게 신경을 쓰지 않게 되죠. 저절로 그렇게 돼요.

사실 공부에 있어서 힘든 부분은 바로 그런 부분입니다. 세속적인 일에 더 관심이 가느냐? 아니면 이 공부에 관심이 더 가느냐? 이 사이에서 사람들이 방황을 많이 합니다. 제대로 공부를 하는 사람이라면 세속적인 일들을 다 버리고 이 마음을 공부에다 쏟게 됩니다. 그러면 이 공부를 깊이 있게 할 수 있게 되지만, 세속적인 일에도 마음이 반쯤 걸쳐 있고, 공부에도 반쯤 걸쳐 있으면 선무당이 되는 겁니다. 이 공부를 해 보니까 별 재미가 없다면 세속으로 돌아가 버리게 되죠. 이 부분이 실제로 이 공부를 하는 데 있어서 성패를 결정짓는 가장 중요한 요인입니다.

세속에도 관심이 가고 마음이 이끌리는 일들이 많거든요. 우리는 그렇게 살아왔죠. 그런데 그런 일에 계속 이끌리고 끄달리면, 출세간 속으로 들어올 수가 없어요. 발목이 꽉 잡혀 있기 때문에……. 이 공부를 하는 데 있어서 그런 것을 발심이라 하고, 근기라고 하는 겁니다. 출세간, 즉 이 공부 쪽에 더 많이 이끌리고, 더 마음이 가고, 이쪽을 더 좋아하게 되고, 이쪽으로 마음이 더 기울어지는 사람이 근기가 높고 공부를 할 수 있는 사람이고, 세속적인 일에서 관심을 놓지 못하고 계속 거기에 마음이 가 있는 사람들은 결국 공부를 깊이 있게 할 수 없고, 해 봐야 선무당처럼 대충 하는 거죠. 제 경험으로 보더라도, 그 사이에서 완전히 공부 쪽으로 마음이 확 넘어오느냐 아니면 세속적인 곳에 관심을 걸치고 있느냐 하는 것이 중요합니다. 사실 이게 힘듭니다. 그게 잘 안 되거든요. 자기 의지대로 잘 되지도 않고 상당한 기간 헤매게 되니까요.

공부를 진실로 하고 싶고 '정말 내가 세속의 일이 아니고 출세간 일에서 제대로 성취해 보겠다' 그런 뜻이 있으면 이쪽으로 완전히 마음이 기울어지게 됩니다.

부처는 계율을 지키지도 않고, 선(善)을 닦지도 않고, 악(惡)을 짓지도 않고……

말하자면 선을 좋다고 추구하지도 않고, 반대로 악을 싫어하여 경계하고 신경을 쓰지도 않는다. 그것은 이 공부에 뜻이 있으면 저절로 그렇게 돼요. 선·악이란 세속적인 문제거든요. 세속에서의 선·악이라는 것과, 우리 불교에서 선·악이라고 하는 것은 개념이 다릅니다. 세속에서의 선·악은 도덕적이고 양심적인 측면에서 선(善)이냐 악(惡)이냐 그렇게 분별을 하지만, 우리 불법에서 선·악을 얘기할 때는 깨달음에 도움이 되면 선(善)이고, 망상번뇌 쪽으로 끄달려 가면 악(惡)이라고 합니다. 이렇게 개념이 다릅니다.

그러니까 세속적인 의미에서의 선·악에 대해서는 관심이 없는 것이고, 이 공부를 하게 되면 방편으로 선이니 악이니 하지만 신경쓸 필요가 없고, 오직 (손가락을 흔들며) "이 하나, 진실은 다만 이것 하나뿐이다!" 이것만 밝아지면 됩니다. 이것에만 관심을 가지면 공부는 저절로 되는 거니까, 선이니 악이니 따질 필요가 없습니다.

정진하지도 않고, 게으르지도 않다.

열심히 애를 쓸 필요도 없고, 그렇다고 공부를 하는 둥 마는 둥,

관심이 있는 둥 마는 둥, 그렇게 해서도 안 되는 것이고, 공부라는 것은 자기가 할 수 있는 만큼 하는 것이라고 할 수 있습니다. 제 경험으로 보면 이 공부에 더 뜻이 있고 더 하고 싶지만 어떤 선을 넘지를 못하겠어요. 어떤 선을 넘어가면 내가 의도적이고 조작적으로 한다는 게 딱 표시가 되기 때문에 그 선을 넘으면 안 되거든요. 의도적이고 조작적인 것은 다 가짜인데, 가짜라면 공부가 아닌 겁니다.

그 선을 넘을 수는 없고 그렇다고 공부에 뜻이 없는 것도 아니니까, 항상 공부에 뜻은 있는데 뭔가 할 수 있는 일은 없고 그런 입장이 돼요. 공부하는 사람은 공부에 관심이 있으니까 이쪽으로 귀도 기울여 보고, 책도 찾아보고, 관심이 있으니까 그렇게 하지만, 공부를 잘하기 위해서 뭘 해 봐야지 하고 뭔가를 하려고 하면 그것은 바로 자기의 의도고 조작이라는 것을 알기 때문에, '아! 이것은 아니다' 하고 판단이 서죠. 어떻게 보면 일종의 딜레마에 빠진 것처럼 보일 수도 있는데, 그런 입장이 될 수밖에 없어요.

(법상을 두드리며) 이 공부에 관심은 있고, 이 공부를 해서 빨리 체험을 해야 하는데, 이 공부를 위해서 할 수 있는 건 없단 말예요. 그런 입장이 될 수밖에 없어요. 이것을 체험해 봐야 하는데, '이것을 체험하기 위해서 뭘 어떻게 해야 되느냐?'라고 물어봤을 때, 할 수 있는 것은 아무것도 없거든요. 기껏해야 법문을 듣거나 찾아가서 질문을 해 보거나 할 수밖에 없는데, 그건 노력이라고도 할 수 없는 거죠. 하나의 인연을 만드는 거지요. 그 이상 할 수 있는 일은 없습

니다. 만약에 그 선을 넘어가서 자기가 매일매일 뭘 열심히 자기 나름대로 한다면, 그것은 도리어 공부에 방해가 됩니다. 조작을 하고 있기 때문에 오히려 공부에 방해가 되는 거죠.

비유를 하자면 이런 것과 같습니다. 목이 마른데 물이 눈앞에 있어요. 그러나 내 양손은 묶여 있어요. 떠 마실 수가 없어요. 물에서 풍겨 오는 습기랄까 물의 냄새가 나는데 이것을 떠 마실 수가 없어요. 이 공부를 하는 사람은 딱 그런 상황이 되는 겁니다. 그것을 우리가 은산철벽(銀山鐵壁)이니 의단(疑端)이니 금강권(金剛圈), 율극봉(栗棘蓬)이니 하고 표현을 합니다. 공부하는 사람은 그런 입장일 수밖에 없어요. 그런 입장에 있다가 한순간에 모든 문제가 싹 해결이 되어 버립니다. 가서 물을 마시는 것이 아니라 목마름이 싹 없어지고, 물이 필요가 없게 돼요.

하여튼 (법상을 두드리며) 반드시 체험을 해 봐야 한다! 체험을 반드시 해 봐야 하는 겁니다. (손가락을 흔들며) 이 하나거든, 이것 하나! 아무 다른 것이 없습니다. 다만 이 하나다! 이것을 한번 체험해 봐야 해요. 머리로 헤아리면 절대 안 됩니다. 전부 가짜예요. 물을 앞에 놓고 생각으로 얼마든지 맛있게 물을 마시고 있다고 상상할 수가 있지만, 목마름이 실제로 해소되지는 않는 겁니다.

어떻게 해야 물을 마실 수 있을 거라고 얼마든지 생각으로 이해할 수 있지만, 목마름은 해소되지 않습니다. 목마름은 오직 물을 마셔야 해소되는 겁니다. 그러니까 오로지 (손가락을 흔들며) 이것을 한번 체험해 볼 수밖에 없는 거예요. (법상을 두드리며) 이 하나뿐이에요!

이 하나밖에 없다! 다만 이것 하나뿐입니다!

딱! 딱! 딱! (죽비 소리)

13.
부처는 일 없는 사람

달마혈맥론 열세 번째 시간입니다.

부처는 만드는 일이 없는 사람이니, 마음에 머물러서 부처를 본다면 용납되지 않는다. 부처는 부처가 아니니, 부처라는 견해를 만들지 마라.
만약 이러한 일을 알지 못한다면, 어느 때든 어느 곳에서든 결코 본래 마음을 깨닫지는 못할 것이다.
만약 자성을 보지 못하고 언제나 '만드는 일이 없다'라는 생각을 하려고 한다면, 이것은 큰 죄인이고 어리석은 사람이고 무분별의 허공 속에 떨어져 어둡기가 술 취한 사람과 같아서, 좋고 나쁨을 판별하지 못한다.
만약 만드는 일이 없는 법을 닦으려 한다면, 먼저 반드시 자성을 본 연후에야 인연에 얽매인 생각이 쉬어지는 것이다.

부처는 만드는 일이 없는 사람이니, 마음에 머물러서 부처를 본다면 용납되지 않는다…… 부처, 여래, 세존…… 이것은 다 이름입니다. 이런 이름, 저런 이름, 어떤 이름을 얘기하더라도 이름과는 관계없는 이것! 변함이 없고, 손댈 수도 없고, 어떻게 할 수 없는 이것! 이 하나! 이것이 이런 이름을 말하고, 저런 이름을 말하고, 이름을 말하지 않기도 하고, 그렇게 하는 거죠. 어떠한 이름도 전혀 의미가 없어요. 부처님이라 하든 여래, 세존, 중생, 범부, 어리석은 사람, 뭐라고 하든지 간에 이름과는 관계없이 (손가락을 흔들며) 이것! 결코 어떻게 될 수 없고, 항상 이렇게 변함없이 드러나 있는 이 하나! 여기에 한번 통하고, 이걸 한번 확인하고, 이게 밝아져야 하는 겁니다.

그래야 무슨 생각을 하든지 생각에 끄달리지 않고, 무슨 말을 하든지 말을 따라가지 않게 되는 힘을 얻을 수가 있습니다. 이름이나 생각을 따라가서는 아무 소용이 없습니다. 그걸 "끄달려 다닌다" 하는 것이고, 그렇게 끄달려 다니는 것을 일러 번뇌라 하는 겁니다. 지금 그렇게 끄달려 다니는 번뇌가 아닌, (손가락을 흔들며) 이 하나! '번뇌다' '아니다' 이런 말조차도 이 하나의 일입니다. 온갖 생각을 하고 온갖 말을 하지만 생각이 진실한 게 아니고, 말이 진실한 게 아니고, 다만 (손을 흔들며) 이것이죠. 언제든지 이 하나죠!

이것이 한번 확인되면, 이것은 숨어 있는 것을 찾아내는 것도 아니고, 없는 것을 남한테 받는 것도 아니고, 지금까지 항상 가지고 살아왔던 것이고, 늘 눈앞에 있던 일이죠. 어떤 행동을 하고, 어떤 종교를 믿고, 어떤 철학을 공부하고, 정치나 경제 활동을 하더라도 이것을 발견하고 보면 결국 여기서 벗어난 일은 하나도 없습니다. 전부 여기서 '이런가 보다' '저런가 보다' 하는 거죠.

이것을 확인하면 어떤 일이 일어나더라도 그저 이 하나의 진실이 변함없을 뿐이고, 그 나머지 일어나고 사라지는 일들은 허망하고 무상한 일이에요. 무상하지 않고 허망하지 않은 일은 바로 (손가락을 흔들며) 이것밖에 없습니다. 바로 이것!

이것은 항상 이렇게, 한순간도 벗어나지 않습니다. 항상 이렇게 이 자리에 있고, 항상 드러나 있고, 항상 이 자리를 벗어나지 않습니다. 바로 이것이니까!

그래서 (손을 흔들며) 이것만 한번 확인하고 이것에만 통하면, '확인한다' '통한다' 이런 말도 아무 의미가 없고, 다 이 일입니다! 이런 말조차도 단지 이 하나의 일일 뿐입니다! 그래서 "깨달음을 얻으면 깨달음이란 없다"라고 얘기하는 거예요. 깨달음이란 그냥 이 일이니까! 원래 항상 있었던 이 한 개의 일이기 때문이에요. 지금 이 일입니다! 이것은 누구에게나 전혀 신비스러울 것도 없고 희한할 것도 없어요. 모든 사람에게 항상 이렇게 갖추어져 있어요. 스물네 시간, 삼백육십오 일 한순간도 이것 아닌 일이 없거든요. 늘 이것을 가지고 아침에 일어나고 밥도 먹고 양치질도 하고 세수도 하고, 그냥 (손가락을 흔들며) 이거거든요! 이 일 하나! 이렇게 명백한 겁니다. 이렇게 명백한데도 잘 와닿지 않고 계합이 안 되는 것은 자꾸 오염을 시키기 때문인데, 뭐가 오염을 시키느냐? 우리의 생각이 오염을 시키는 겁니다. 생각, 감정, 느낌, 이런 것이 자꾸 눈앞을 가로막아서 그것에 오염이 되는 바람에 이것이 명백하지 못해요.

이것을 한번 딱 체험하고 계합한다는 것은, 그런 생각이나 느낌이나 감정의 오염에서 벗어날 수 있는 길을 찾는 거죠. 그렇다고 완전히 벗어났다고는 할 수 없고, 벗어날 수 있는 길이 어디인지 감을 잡은 거죠. 그리하여 생각이나 감정이나 이런 것들을 따라가지 않고, 이 자리를 거듭거듭 확인하고 늘 여기에만 이렇게 마음을 두고 있으면, 마음이라는 게 따로 있는 게 아니고 그냥 이 일 하나밖에 없는데, 어쨌든 아무 일이 없어져요. 아무 일이 없고 한 물건도 없다고 할 수가 있습니다.

"부처는 만드는 일이 없는 사람이다"라는 것은, '할 일이 없는 사람이다'는 말입니다. '만들다'라고 번역을 했지만, 할 일이 없는 사람이다, 해야 될 일이 아무것도 없다는 거죠. 왜? 이 불법은 항상 완전히 갖추어져 있는 것이라서, 할 일이 전혀 없어요. 불법에 대해서 어떤 일을 한다는 것은 오염시키고 망가뜨리는 일이죠. 실제로는 이것이 오염되거나 망가지지 않는데, 우리가 자기 스스로를 속이는 겁니다.

이 법에 대해서는 아무것도 할 일이 없습니다. 모든 사람에게 날 때부터 죽을 때까지 이것은 손을 전혀 댈 필요가 없이 완전하기 때문입니다. 불교에선 보통 이것을 허공에다 비유를 합니다. 허공에 어떻게 손을 댑니까? 허공은 손댈 필요도 없고 손댈 수도 없는 겁니다. 허공 속에 여러 가지 사물을 놓고서 이러쿵저러쿵하는 것은 우리가 망상을 하는 거죠. 우리는 이것을 허공에다 비유를 하거든요. 손댈 수가 없고 어떻게도 할 수가 없는 거예요. 어떻게 할 일이 전혀 없는 겁니다. 단지 (손을 흔들며) 이것이 한번 체험이 되고, 이것이 한번 계합이 되어서, 할 일이 없어지고, 망상을 부리지 않게 되는 거죠.

깨달음이라는 것은 망상을 부리지 않게 되는 것이지, 실상을 얻는 게 아닙니다. 망상을 부리지 않으면 실상은 본래 이 자리에 있는 거예요. 흔히 이런 비유를 하잖아요? 흙탕물이 있는데, 자꾸 손을 대서 그것을 깨끗하게 하려고 휘저으면 안 깨끗해져요. 가만히 놔두면 진흙이 가라앉고 맑은 물이 되죠. 마찬가지로 진실이 감추어져 있는 것이 아닙니다. 이렇게 드러나 있고 언제나 이 자리인데, 우리 스스로가 자꾸 알음알이와 분별심을 가지고 어떻게 하려고 하거나, 느낌을 따라가고 기분을 따라가고 생각을 따라가죠. 생각을 가지고 해석을 하려고 하는 게 아주 나쁜 버릇인데, 어떤 기분이나 느낌이나 눈에 보이는 현상이 나타나고 몸에서 어떤 현상이 나타나면, 그것을 생각으로 해석하려고 해요. 그 느낌이 나타나는 자체가 이미 망상인데, 해석을 덧붙이면 망상에 또 망상을 더하는 식으로 가는 거니까 아주 안 좋은 거죠.

하여튼 (손가락을 흔들며) 이것은 아무 해석할 게 없습니다. 그냥 이렇게 명백할 뿐이지 아무것도 해석할 게 없어요. 언제나 이렇게 명백하고 뚜렷한 것이지, 아무런 이해와 해석이 필요 없는 겁니다. 이것은 알음알이가 해당이 안 되는 것이니, 지혜라고 하죠. 지식과 이해는 여기에 해당이 안 됩니다.

지금 (손가락을 흔들며) 이 일이에요! 이렇게 명백하고 분명한 겁니다. 이것 하나지, 아무 다른 것은 없습니다. 생각할 것 없고, 따질 것 없고, 찾을 것 없습니다. 물속에서 물을 찾는다고 하잖아요? 뭘 찾을 겁니까? 찾을 게 없어요. 바로 지금 (손가락을 흔들며) 이것이니까! 찾을 게 없습니다. 이렇게 명백하게 항상 완선히 갖추어져 있는 거예요. 찾을 게 없어요. 바로 지금 (손가락을 흔들며) 이 일이라고요!

그런데 분별심으로 헤아려서 '이게 뭐냐?' 하면, 이미 전혀 엉뚱한 망상을 하고 있는 겁니다. 헤아려서는 안 돼요. 이것이 한번 딱 와닿는 것을 "체험한다" "계합한다" "깨닫는다" 이런 표현을 쓰죠? "이해한다" "안다" 이런 표현은 안 씁니다. 이해하고 아는 게 아니에요. 반드시 (손가락을 흔들며) 이것이 한번 이렇게 딱 와닿아야 해요. 이 일이에요! 이 일! 와닿는다는 말조차도 사실 필요 없는 말인데, 왜냐? 그냥 이것이니까! 이 일 하나죠!

손가락 한번 올릴 때, 이미 여기서 법을 100퍼센트 다 드러낸 겁니다. 한 시간 내내 무슨 말을 하고, 어떤 행동을 하고, 뭘 하더라도 똑같은 것을 계속해서 드러내고 지적해 드리는 겁니다. 법(法)에는 이 법, 저 법, 여러 가지 법이 없어요. 딱 이 법 하나밖에 없습니다. 법에는 다만 이 법 하나밖에 없어요. 이것 외에 이런저런 분별, 이런 경험 저런 경험, 이런 느낌 저런 느낌, 이런 여러 가지 것들은 모두 망상이에요. 생기는 것은 사라지는 겁니다. 무상한 것이고, 헛된 겁니다. 이것은 생기지도 않고, 당연히 사라지지도 않습니다. 그래서 (손가락을 흔들며) 이것만 한번 확인하면 되는 겁니다.

부처는 만드는 일이 없는 사람이다…… 마음에 머물러서 부처를 본다고 하면 마음이라는 게 있고, 부처라는 게 있고, 보는 게 있고 보이는 게 있으니 전부 분별이고 망상이에요. 마음이라는 것도 하나의 이름이고, 부처라는 것도 하나의 이름이고, 본다는 것도 하나의 이름입니다. 마음도 이 일이고, 부처도 이 일이고, 본다는 것도 이것입니다. 이 하나의 일인데, 우리가 분별을 해서 "마음이다" "부처다" "부처를 본다"라고 하니 이건 전부 망상입니다. 모든 것은 단지 이 하나의 일이고, 나머지는 모두가 분별을 해서 이름을 붙인 겁니다. 이것에다 "마음이다" "부처다" 이름을 붙이는 것도 방편으로 붙이는 거죠. 방편이란 가짜이고 가명(假名)입니다. 가짜 이름이죠. 진실은 지금 (손가락을 흔들며) 이것 하나뿐입니다!

이 진실이 확실해져야 관념적인 일이 없어져요. 관념적인 일이 없어지고 생생하단 말이죠. 불법을 모르고 세간에 사는 사람들은 물질적인 육체나 느낌이나 생각이나 감정이나 욕망이나 이런 것이 실제이고, 불법은 관념으로 보입니다. 왜냐하면 그 사람들은 그런 것에 오염이 되어 있기 때문에 매일 그런 것만 겪으니까, 육체가 어떻고, 생각이 어떻고, 느낌이 어떻고, 욕망이 어떻고, 이런 소리를 합니다. 그러나 불법을 딱 확인해서 이것이 진실해지면, 오히려 육체·느낌·감정·생각·욕망 이런 것이 전부 헛된 관념이에요. 관념이란 실체가 없다는 것입니다. 허망하다는 거죠. 오직 이것 하나만 진실한 거죠. 이 일 하나가 진실하고, 그 나머지는 모두가 허망한 겁니다.

우리가 법을 확인하고 이 법에 익숙해진다는 것은 이 세상의 본질이, 즉 자기가 느끼는 세상이 전혀 달라지는 겁니다. 겉으로는 똑같은 세상인데, 겉모습은 그냥 그대로 살아가는데 전혀 다른 세상을 살아가는 겁니다. 법을 통달한 사람은 이 하나가 진실할 뿐, 그 나머지 모든 것은 그냥 지나가는 꿈같이 허망하게 사라지는 것이고, 변함없는 것은 다만 (손가락을 흔들며) 이 하나밖에 없습니다! 그러나 이것이 뭔지 모르면 결국 아는 것은 육체·느낌·감정 이런 것밖에 없으니까, 그런 것에 끄달려 다니는 거죠. 그것을 중생이라 하죠. 하여튼 지금 (손가락을 흔들며) 이것입니다! 이것 하나만이 유일하게 진실합니다. 이것을 "진실하다"라고 하는 것은, 여기에 계합하면 불편함이 없기 때문이에요. 지금까지 살아오면서 느꼈던 불편함이 여기에는 없어요. 그래서 "번뇌가 없어진다"라고 하죠. 번뇌는 불편함이잖아요? 육체의 불편함이 아니고, 마음의 불편함이지요. 육체야 어차피 육체의 원리에 따라서 생·노·병·사 하는 거니까.

마음의 불편함이 전혀 없습니다. (손가락을 흔들며) 이것이 이렇게 분명하면 아무 일이 없어요. 이것이 언제나 또랑또랑하고 명백하죠. 모든 일이, 물 한 모금 마시든지, 숨 한 번 쉬든지, 손가락 한 번 움직이든지, 뭘 보고 듣고 하든지, 모든 일이 그냥 (손가락을 흔들며) 이 하나의 똑같은 일이에요! 이 일뿐이에요! 늘 그냥 똑같아요. 이 하나의 일이에요! 이것이 이렇게 확실해지고 분명해지는 것이지 다른 것은 없습니다.

마음에 머물러 부처를 본다는 이것은 분별이니까 용납할 수가 없다는 거예요.

부처는 부처가 아니니, 부처라는 견해를 만들지 마라.

《금강경》에서 이런 얘기를 하죠.

"부처는 부처가 아니라 이름이 부처다. 여래는 여래가 아니라 이름이 여래다. 보살은 보살이 아니라 이름이 보살이다. 크다는 것은 크다는 게 아니라 이름이 크다는 것이다. 작다는 것은 작다는 게 아니라 이름이 작다는 것이다."

부처는 부처가 아니다. 왜? 부처라는 말은 방편의 말이기 때문이에요. 방편이라는 것은 뭡니까? 손가락으로 달을 가리킨다 할 때, 손가락이 방편이잖아요? 손가락은 달을 가리키는 역할을 할 뿐이지, 달은 아니잖아요?

부처라는 말은 이 공부를 하도록 자극하고 유도하는 말에 불과한 것이죠. "부처가 뭐냐?" "이것이다" 할 수도 있고, "부처가 뭐냐?" "부처는 부처다." 이렇게 할 수도 있습니다. 이럴 때 한번 딱 와닿으면 여기에 대해서는 원래 이름이 있을 수가 없고, 있을 필요도 없고, 여기에 있는 모든 말은 하나의 방편이라는 것을 알 수가 있습니다. 방편은 자기가 안목이 생기면 이해할 수가 있죠. '이게 다 방편이구나' 하는 것을 말입니다.

하여튼 부처라고 하는 뭐가 있는 게 아니에요. 깨달음이라고 하는 뭐가 있는 게 아니고, 깨달음·부처·진여·참선·삼매·깨어남·해탈·열반 등의 말을 듣든지, 또는 "차 한 잔 해라" "당신 이름이 뭐요?" 이런 말을 듣든지, 손가락을 세우는 걸 보든지, 혹은 다른 어떤 계기로 이게 확인이 한번 탁 되면, 이 일이 한번 확인이 되면, 여기에 부처가 있는 게 아니고, 중생이 있는 것도 아니고, 차별되는 이름을 붙일 수도 없습니다. 그런 게 없어요. 그런 모든 차별되는 이름은 그냥 사물을 분별할 때 붙이는 이름일 뿐이에요.

추우면 "춥다" 하고 더우면 "덥다" 할 때, 그것은 우리가 느낌을 분별하는 것이고, "시계다" "법상이다" 이런 것은 사물을 분별하는 것이고, "슬프다" "기쁘다" 할 때는 기분을 분별하는 것이고, "서울은 북쪽에 있고, 부산은 남쪽에 있다"는 것은 장소를 분별하는 것이고, 하여튼 이것은 전부 분별이거든요. 이름은 모두가 분별해서 붙이는 것이죠. 그러나 어떤 이름을 붙이고 어떻게 이름을 붙이더라도 이것은 전혀 달라질 수가 없습니다.

"북쪽이다" 할 때도 이것이고, "남쪽이다" 할 때도 이것이고, "춥다" 할 때도 이것이고, "덥다" 할 때도 이것이지, 이것이 달라지지는 않습니다. 이것이 달라질 수는 없어요. 이것은 항상 이렇게 명백한 것이지, 어떤 생각을 하고 어떤 말을 하고 어떤 분별을 하더라도 그렇게 하는 것 자체가 이것이지, 다른 것은 없다 이겁니다. 보면 보는 것 자체가 이것이고, 들으면 듣는 것 자체가 이것이에요. 따로 어떤 뭐가 없는 거예요.

법(法)을 물으면 법(法)이라는 것을 말하지 않고, "차 한 잔 해라" 하든지, "뜰 앞의 잣나무다" 하든지, "겨울에는 춥고 여름엔 덥다" 하든지, "하늘은 푸른데 흰 구름은 흘러간다" 이렇게 말해요. 법을 물었는데 엉뚱한 소리를 하는 것 같지만, 엉뚱한 게 아니에요. 이 법을 가리키는 거예요. 이 법을! (손을 흔들며) 이것입니다! 이것 하나! 하늘을 보든 땅을 보든 이것 하나를 가리키는 것이지 아무 다른 것이 없습니다. 아주 단순하고 명확한 것이고, 너무나 당연한 겁니다. 이 하나를 가리키는 것이고, 이것 하나를 확인하는 것이죠.

부처는 부처가 아니니, 부처라는 견해를…… 견해를 만들면 전부 망상입니다. 견해와 개념은 《금강경》에서도 '상(相)'이라는 말로 쓰죠. 그것은 개념입니다. 개념이라는 것은 분별과 생각에서 나오는 것이니까, 또 그 개념이 모여서 견해가 되죠? 모두가 망상이에요. 이것을 한번 깨달으면 어떤 개념이나 견해를 만들더라도 전부가 이 일이기 때문에, 그렇게 되면 견해를 만들든 개념을 만들든 아무 상관이 없어요. 개념은 개념이 아니고, 견해는 견해가 아니고, 하나하나의 개념이 '이것'이고, 하나하나의 견해가 다 '이 일'이니까 아무 상관이 없습니다.

"생각하고 분별하면 깨닫지 못한다"라고 하지만, 그건 생각 속에서 법을 알려고 하면 안 된다는 말이고, 이것을 확인하고 난 뒤에는 생각을 하든 분별을 하든 아무 상관이 없어요. 생각 자체가 이것이고, 분별 자체가 이것이니까요. 다만 이것 하나가 분명하지 못하면, 여전히 생각을 따라가고 분별을 따라가 버리기 때문에 힘이 없죠. 그래서 이것이 분명해져야 한다 이겁니다. 이것이 분명해지면 아무리 생각을 하더라도 생각을 하지 않는 거예요.

업장소멸이라는 얘기도 그때 할 수가 있는 겁니다. 업장이란 신(身)·구(口)·의(意) 삼업(三業)이라고 하죠? 의(意)는 생각입니다. 아무리 생각을 해도 생각이 없어요. 전부 이것이니까요. 아무리 말을 해도 말이 없어요. 왜? 말이 아니라, 한마디 한마디가 전부 이 일이지, 말이 아니라는 말이죠. 어떤 행동을 해도 행동이 없어요. 행동 하나하나가 전부 이 일이지, 이것이지, 이 법이죠! 그래서 업장을 다 소멸한다고 하는 겁니다. 업장을 소멸한다고 천도제를 지내고, 재(齋)를 지내고, 여러 가지 수행을 하고 그러는데, 그런다고 되는 것이 아니에요.

이 법이 밝아지면 저절로 업장은 소멸됩니다. 업장이란 우리의 망상분별이거든요. 망상분별에 끄달려 다니는 게 바로 업장이에요. 생각을 하면 생각에 끄달려 가죠. 그게 업장이에요. 말을 하면 그 말에 구속이 되어서 따라가 버리죠. 그게 업장이죠. 행동을 하면 행동에 구속이 되어서 따라가 버리면 그게 업장인 겁니다. 모든 곳에서 자유로울 수 있는 유일한, 어떤 일이 있어도 아무 일이 없을 수 있는 유일한 것은 단지 (손가락을 흔들며) 이 법 하나입니다. 이 법 하나! 온갖 일이 있는데 아무 일이 없을 수 있는 유일한 것. 그래서 이것을 해탈(解脫)이라고도 하고, 열반(涅槃)이라고도 하죠. 열반이란 뭡니까? 모든 것이 다 사라지고 아무것도 없다는 말이거든요. 열반은 인도 말을 음역한 것이고, 한자로 번역하면 적멸(寂滅)이라고 합니다.

이것이 분명하면 아무것도 없어요. 아무 일이 없어요. 언제든지 그저 이 일 하나뿐인 거지. 그러나 생각이 쏙 들어오면 또 이런 일이 있고 저런 일이 있고, 끄달려 다닌단 말이에요. 생각에 발목이 확 잡혀 버려요. 그래서 이 법을, 언제든지 이것을 더욱 확실하게 하고, 그렇게 할수록 생각과 말과 행동으로부터 자유로워집니다. 이것을 한번 분명하게 확인하면 더 확실하게 자유로워지고, 이것을 아직 분명하게 확인을 하지 못해도, 설법을 계속 들으면 자기도 모르게 조금씩 풀려나요. 자기도 모르는 사이에 내면의 변화가 일어납니다. 아무 일이 없는 자리를 자꾸 가리켜 드리기 때문에, 우리의 마음은 고정된 것이 없으니까 이끄는 대로 훈습이 되는 겁니다. 설법을 자꾸 들으라고 말씀드리는 이유는, 설법을 계속 들으면 아무 일 없는 여기에 훈습이 되기 때문이에요. 자기도 모르는 사이에 얽매이고 끄달리는 것으로부터 자유롭게 돼요. 그것은 의식적으로 그렇게 되는 것이 아닙니다. 자기도 모르게 저절로……. 훈습(薰習)이라는 게 그런 것이거든요. 자기가 알고 그렇게 하는 게 아니고, 자기도 모르게 저절로 그렇게 되는 거죠. 그래서 설법을 자꾸 들으면서 이 법에 훈습이 돼야 한다고 하는 겁니다. 다른 공부라는 건 없어요.

부처는 부처가 아니니, 부처라는 견해를 만들지 마라…… 이 법은 불가사의(不可思議)하기 때문에 여러 가지 말을 하더라도 법에 대해서는 설명할 수가 없고, 바로 (손가락을 흔들며) "이겁니다!" 하고 가리켜 드릴 뿐입니다. 불가사의하지만 명백한 것이기 때문에 바로 탁 드러내는 거죠. 이렇게 말하면 생각에 젖어 있는 사람은 '이치적으로 설명하고 이해를 하고 납득을 해서 접근하는 게 아니고, 계속 듣고 훈습이 된다면 일종의 세뇌를 당하는 게 아닌가? 마취를 당하는 게 아닌가?' 하고 생각할 수가 있어요. 그러나 세뇌나 마취와 이 법이 다른 점은, 우리가 세뇌를 당하고 마취를 당하면 스스로의 자유가 없잖아요? 그냥 거기에 계속 다 얽매이게 되는 거죠? 그런데 이것은 얽매이는 게 없습니다. 얽매이는 게 없고, 더욱더 자유로워집니다. 그 자유로움을 스스로가 느껴요. 그 자유로움을 느끼고 오히려 모든 얽매임으로부터 풀려나는 것을 느끼죠.

마쳐나 세뇌라는 것을 육체에 비유하면, 어떤 목적을 갖고 운동을 계속해서 특정한 근육을 단련시키는 것과 같죠. 이 설법이라는 것은 그런 게 아니고 이 육체에 잘못 버릇이 들고, 자기도 모르게 고정되어 있는 습관들을 풀어 주는 거죠. 그래서 어떤 고정된 습관이나 버릇에 얽매이지 않게 만드는 겁니다. 그래서 해탈(解脫)이라고 하죠. 해탈이란 '풀어서 빼낸다'는 뜻이잖아요?

잘 모르고 '얽매이는 게 아닌가?' 하는 얘기를 하지만, 실제 공부를 해 보면 전혀 그렇지가 않습니다. 더 큰 자유를 느끼고, 더 크게 얽매이지 않게 되는 거죠. 뭘 어떻게 강하게 단련시키는 게 아니고, (손가락을 흔들며) 이것뿐입니다. 설명은 사실 필요가 없고 자기가 직접 경험해 보면 분명하게 압니다. 이것뿐인 겁니다. 이것은 절대로 이해가 되는 게 아니기 때문에 많은 오해를 할 수밖에 없어요. 이 법에 대해서 생각을 가지고 이해를 하려고 하면 안 돼요. 생각을 가지고 이해하려고 하니까 오해가 생겨요. (손을 높이 흔들며) 여기에 세뇌될 것이 뭐가 있습니까? 뭘 외우라고 합니까? "도가 이것이다" 하는데 여기에 뭐가 세뇌될 것이 있습니까? 하루 종일 외우라고 합니까? 하루 종일 손을 들고 있으라고 합니까? 전혀 그런 게 아닙니다. 그냥 이 일 하나를 가리키고, 여기서 자기가 한번 체험이 되면 되는 겁니다.

부처는 부처가 아니니, 부처라는 견해를 만들지 마라…… 견해를 만드는 게 세뇌고, 그것이 바로 사람을 마취시키는 겁니다. "부처님은 위대하고, 우리를 구원해 주고, 우리의 본질이니까 절대적으로 믿고, 항상 부처님을 잊지 말고……" 이런 것이 세뇌겠죠.

부처는 부처가 아니에요. 부처가 아니고 부처라는 이름이 바로 (손가락을 흔들며) 이것입니다! 여기서 무엇을 설명할 게 있어요? 부처는 곧 우리가 지금 보고, 듣고, 물 마시고, 밥 먹는 것이다 이겁니다. (손가락을 흔들며) 이게 바로 부처라고요! 이것을 일러 부처라는 가짜 이름을 붙인 것이라고요. 자기가 본래 가지고 있는 살림살이라는 말예요. 자기 본질이죠. 부처라는 이름을 굳이 붙일 필요가 없어요. (손가락을 흔들며) 이게 분명해지면, 굳이 이것을 부처니 마음이니 이렇게 할 필요가 없어요. 이름을 붙일 필요 없이 명백한 겁니다. 이름을 붙일 이유가 없이 이렇게 분명하고 명백한 거예요.

부처는 부처가 아니니, 부처라는 견해를 만들지 마라.
만약 이러한 일을 알지 못한다면, 어느 때든 어느 곳에서든 결코 본래 마음을 깨닫지는 못할 것이다.

견해에 매달려 있고 개념을 버리지 못하면, (손가락을 흔들며) 이것이 밝아지지 못한다 이겁니다. 여기에 통하려면 견해와 개념에 매달리지 마십시오. 진실은 (손가락을 계속 흔들며) 이 하나뿐입니다! 바로 이겁니다! 누구에게나 있는 일입니다. 다 보고 있고, 다 듣고 있고, 모든 사람에게 이렇게 명백하게 드러나 있는 겁니다. (법상을 두 드리며) 지금 바로 이것이라고요. 모든 사람에게 명백히 드러나 있는 것이에요. 한순간도 이것 아닌 것이 없어요. 항상 이렇게 드러나 있어요. 이것뿐이에요. 이것뿐!

생각에 사로잡혀 있는 것, 그것도 버릇이에요. 생각이나 개념이나 견해에 사로잡혀 있는 것은 오랫동안 우리가 익혀 온 버릇입니다. 그 버릇이 한번 극복이 돼야 합니다. 극복이 되면 이 일이 이렇게 진실해지는 거거든요.

그런데 이것이 한번 체험되더라도, 체험이 되고도 생각이 쉬지를 못하고 '아, 이게 법인가?' 하고 알려고 하는 습성이 굉장히 안 없어집니다. 그런데 시간이 쭈욱 지나면 머리로써 '이게 법이다!' 하고 알 수 있는, 지금까지 알아 왔던 것, '아마 이런 걸 거야!'라고 막연하게 짐작했던 것들이 전부 사라져요. 왜? 그런 것이 아니거든요. 전혀 아무것도 모르게 되는데, 아무것도 모르는데 문득 보면 이 진실이 눈앞에 훤히 드러나 있단 말예요. 아무것도 아는 게 없는데, 문득문득 자기도 모르는 사이에 '이것은 어떻게 할 수가 없구나!' '그냥 이 일뿐이구나!' 하고 점차점차 드러나요. 보고, 듣고, 생각으로 아는 것은 전부가 헛된 겁니다. 이것은 그렇게 아는 게 아니고, 저절로 문득문득 이렇게 존재가 확인이 되는 겁니다. 이 일뿐이구나 하는 게……

그렇게 이 진실은 저절로 드러나는 거예요. 배워서 아는 것은 진실한 게 전혀 없습니다. 진실은 우리 스스로가 본래 다 갖추고 있는 것이어서 저절로 드러나죠. 이게 확실해지면 언제든지 어디서든지 아무 다른 일이 없습니다. 늘 이 하나의 일일 뿐인 거죠.

만약 자성을 보지 못하고 언제나 '만드는 일이 없다'라는 생각을 하려고 한다면, 이것은 큰 죄인이고 어리석은 사람이고 무분별의 허공 속에 떨어져 어둡기가 술 취한 사람과 같아서 좋고 나쁨을 판별하지 못한다.

자성을 보지 못하고…… 이것을 체험하지 못하고 말만 가지고 "무위법(無爲法)이다" "아무 하는 일이 없다" "무조건 쉬자" 이렇게 한다면 이것은 큰 죄인이고 어리석은 사람이고, 무분별이라는 허공, 즉 어둠 속에 떨어져서 어둡기가 술 취한 사람과 같아서 좋고 나쁨을 분별하지 못한다. 그러니까 이것을 체험해서 이것이 분명해지고 저절로 모든 것이 쉬어져서 아무 할 일이 없어져야 하는데, 그러지 않고 '불법(佛法)은 무위법(無爲法)이고 아무 할 일이 없는 법이다'라고 생각하고서, 무조건 생각도 쉬고 모든 노력을 다 쉬고 자꾸만 쉬어야 된다, 하고 그렇게 알고서 그렇게 하려고 노력을 한다면 그것은 참 불쌍한 사람이죠.

그것은 마치 우리가 아플 때 약을 먹고 열을 내려야 되는데, 약은 먹지도 않고 생각으로만 '열이 내려야지. 열이 없어져야지' 하는 것과 같은 거예요. 그것은 진실을 보지 못하는 어둠 속으로 계속 떨어지는 겁니다. 이 법에 대한 방편의 말이 굉장히 많습니다. 그러나 어떤 방편의 말이라도 이것을 스스로가 깨닫고 체험한 뒤에야 그 진실한 뜻을 알 수가 있습니다. 여기에 통하지 못하고 단지 자기의 생각으로 이해해서 '이렇게 된다' '이런 게 공부다' '이런 게 법이다'라고 한다면 똑같이 불쌍한 사람이에요. 그냥 생각의 꿈속에 빠져 있는 사람인 겁니다. 구제하기가 굉장히 어렵죠.

이것은 무조건 한번 계합이 되어야 해요. 여기에 계합이 안 되면 아무것도 모르는 거예요. 그냥 설법만 들으세요. 자기 스스로 판단을 해선 안 됩니다. 이런 말도 굉장히 귀에 거슬리는 분이 있을 거예요. "자기 스스로 판단하지 말고 설법만 들어라!" 그러면 '그것은 맹목적이잖아!' 하고 말이죠? 이 법에 대해서는 맹목적일 수밖에 없습니다. 왜? 이 법 자체가 불가사의한 법이기 때문에 생각을 가지고 이해를 하려고 하면 오히려 반대쪽으로 가 버린다고요.

생각으로 이해를 하려고 하면 반대로 가 버려요. 왜냐하면 그것은 분별망상하는 것이니까요. 맹목적이라지만, 이 법을 가리키는 데 맹목적으로 "이리 해라" "저리 해라" 시키는 것은 없습니다. 어떤 생각을 주입하는 것도 없고, 맹목적이긴 하지만 위험한 것은 전혀 없어요. 어떤 생각을 주입하거나 행동을 조정해서 "이리 해라" "저리 해라" 시킨다면 위험한 거죠. 여기에는 전혀 그런 게 없다고요. 설법에서 바른 법을 가리킬 때는 시키는 게 아무것도 없습니다. 주입되는 생각은 아무것도 없어요. 단지 그냥 (손가락을 흔들며) "이것이다!" 알 수 없는 이것 하나를 가리킬 뿐이라고요. 전혀 위험할 게 없습니다. 알 수 없지만 진실한 것, 생각할 수 없는 것, 이것 하나를 가리키는 것뿐이에요. 맹목적이라고 해도 위험하거나 나쁠 게 전혀 없는 겁니다.

하여튼 생각으로 접근하면 안 됩니다. 생각으로 할 수 없다는 말은 귀에 못이 박히도록 많이 들은 말이잖아요? 생각을 가지고 이해를 해서 공부할 수는 없는 일이고, "이 마음이 뭐냐?"(손가락을 흔들며) "이것이다!" 이건 뭔가 아주 단순하지만 강력하잖아요? 분명하잖아요? 아주 단순하지만 강력하죠? (손을 계속 흔들며) 눈앞에 딱 제시를 하니까요. 여기서 딱 확인이 되어야 돼요. 분명하게 제시해 드리니까요. "마음이 뭐냐?"(손가락을 흔들며) "이것이다!" 이 하나죠. 아무 다른 일이 없습니다. (법상을 두드리며) 여기서 한번 와닿아야지 아무 다른 게 없습니다.

만약 자성을 보지 못하고 언제나 '만드는 일이 없다'라는 생각을 하려고 한다면, 이것은 큰 죄인이고 어리석은 사람이고 무분별의 허공 속에 떨어져 어둡기가 술 취한 사람과 같아서 좋고 나쁨을 판별하지 못한다.

수행하는 사람들 중에서 어떤 사람들이 이런 부류에 속하냐면, 좌선삼매에 들어가 있는 사람들, 좌선하면서 눈을 감고 아무 생각 없이 시간 가는 줄 모르고 있는 사람들이 바로 이런 사람들이죠. 어리석기 짝이 없는 사람들입니다. 그래 가지고는 절대 깨달을 수 없습니다. 옛날 대혜종고 스님이 그것을 표현하기를 "검은 산 아래 귀신굴 속에 살고 있다"라고 했어요. 검은 산이란 컴컴한 어둠 속에 귀신처럼 살고 있다는 겁니다. 마음이라는 것은 이렇게 밝고 늘 활동하고 있고 살아 있고 명백한 겁니다. 이 법이라는 것은 어둠 속에 고요하게 죽어 있는 게 아니에요. 이렇게 분명하거든요. 참선한다고 가부좌 틀고 앉아서 시간 가는 줄 모르고 있다면 아주 어리석은 겁니다. 그렇게 하는 게 아니에요.

법은 이렇게 (손가락을 들며) 명백한 겁니다! 이렇게 (법상을 두드리며) 분명합니다! 설사 그렇게 좌선을 하다가 편안함을 느껴도 그 순간이에요. 길어 봐야 몇 시간이잖아요? 일어나면 다시 망상에 휘둘리는 것이거든요. 그러나 여기에 딱 계합하면 스물네 시간 동안 무슨 일을 하든 망상 같은 것은 없어요. 언제 어디서나 온갖 일들이 딱 이 하나의 일이니까요. 이것이 바로 일행삼매(一行三昧)라고도 하고, 일상삼매(一相三昧)라고도 하는 겁니다. 일행삼매(一行三昧)는 "상행일직심(常行一直心)"이라고 《육조단경》에 나오는 말이죠. "자나 깨나 늘 이 하나의 마음을 쓸 뿐이다"라는 말입니다. 무슨 일을 하든지 간에 앉아 있든, 서 있든, 좌선을 하든, 염불을 하든, 뭘 하든지 간에 다른 일이 전혀 없다는 말이죠. (손가락을 흔들며) 이 하나의 일일 뿐입니다! (법상을 두드리며) 이 일이지 아무 다른 일이 없습니다!

만약 할 일이 없는 법을 닦으려 한다면, 먼저 반드시 자성을 본 연후에야 인연에 얽매인 생각이 쉬어지는 것이다.

자성(自性)을 본다는 것은 견성(見性)한다는 것인데, (손을 흔들며) 이것을 체험하는 것이죠. 이것을 한번 확인하면 저절로 할 일이 없어져요. 할 일이 없어요. 모든 게 쉬어져요. 아무 할 일이 없어요. 그것은 역시 불가사의해요. 설명할 수도 없고, 이해할 수도 없습니다. 이것이 한번 확인되면 저절로 온갖 생각이나 망상이나 이런저런 의식과 욕망이 저절로 쉬어지거든요. 인연 따라 나타나는 일이 다 똑같고 아무 할 일이 없어요. 영원히 쉬는 길이죠. 쉬어지는 길은 어쨌든 (손가락을 흔들며) 이것이 한번 분명해져야 해요.

이것이 분명해지기 전에는, 이것에 통하기 전에는 전혀 쉴 수 없어요. 지금 이 일뿐이거든요. 모든 분들에게 단지 이 일 하나밖에 없습니다. 이것이 한번 확인되기 전에는 쉬는 게 아니라, '쉰다'라는 어떤 일을 하고 있는 거예요. 그것은 쉬는 게 아닙니다. 진실로 쉬어진다는 게 무슨 말인지는 역시 이것을 체험해 봐야 알아요. 보통 세속에서 "쉰다"라면 "몸과 마음을 쉰다"고 하는데, 그것과는 차원이 다른 겁니다. 몸과 마음이 완전히 쉬어집니다. 완전히 쉬어진다고요. 몸과 마음이 활동을 하고 있는데, 완전히 쉬는 상태에서 활동을 하는 거라는 말예요. 그러니까 이것은 자기가 경험을 하지 않으면 알 수가 없어요. 세속 사람이 쉰다고 하는 것은 몸과 마음이 활동을 안 하는 것이고, 불법에서 쉰다는 것은 몸과 마음이 일상생활에서 활동을 하고 있는데도 완전히 쉬고 있는 겁니다. 그것을 바로 열반적멸(涅槃寂滅)이라고 하는 겁니다.

그렇기 때문에 불교 공부는 이것 하나를 확인하는 것일 뿐입니다. 이것 하나를 확인하는 것, 법 하나를 확인하고 여법해지는 것, 불법은 이것 하나밖에 없습니다. "쉬어진다" "벗어난다" "해탈한다" 라고 하는 말들은, 이것을 확인한 것을 표현한 말일 뿐입니다. 법만 분명하면 돼요. 법 하나만 분명하면 저절로 벗어나고, 저절로 쉬어지고, 저절로 할 일이 없고, 저절로 번뇌가 없고, 저절로 끄달림이 없는 거예요.

공부하는 사람이 할 일은 단지 (손가락을 들며) 이것 하나를 체험하는 것뿐입니다! 이 일 하나밖에 없습니다! 의식적으로 하면 안 됩니다. 잘못하여 '알아차림 공부'라는 식으로, 의식적으로 방향을 잡아서 애를 쓰고 노력을 하는데, 깨달음은 그런 게 아닙니다. 그렇게 하면 안 돼요. 그건 전부 망상이에요. 이 공부는 저절로 아무 할 일이 없고, 아무 노력도 하지 않습니다. 어떤 방향을 잡고 있는 것도 아니에요. (법상을 꽝 두드리며) 이게 한번 딱 와닿으면 저절로 쉬어지고, 저절로 드러나고, 저절로 만(萬) 가지 일이 없어져요. 이 하나의 일입니다. 의도적으로 해야 할 일은 없어요.

알아차림이란 자기가 의도적으로 알아차리려는 노력을 해야 되잖아요? 그것이 나중에 습관화되면 노력을 덜 하고도 저절로 되는지는 모르겠지만, 그렇게 하는 게 아닙니다. 그렇게 해서는 안 돼요. 그러면 알아차림이라는 틀을 못 벗어나잖아요? 간혹 이것을 오해하는 사람들이 있어요. 계속 "이겁니다!" "이겁니다!" "이렇게 명백합니다!" 하니까, 의도적이고 의식적으로 뭔가를 알아차리고 있는 것처럼 그렇게 오해를 하시는 분들이 있는데, 그런 게 절대 아닙니다. 알아차리는 게 아니에요. 할 일이 없어지는 겁니다. 아무것도 하는 게 없습니다. 아무것도 하는 게 없고, 그냥 저절로 만법이 다 똑같아요. 똑같고 명백하게 이 일이고, 아무 다른 일이 없는 거예요.

그러나 가리킬 때는 "이겁니다!" 하고 들어오는 문을—이것을 '문 없는 문'이라고 하죠?—문 없는 문을 제시해 드려야, 어쨌든 이것을 통해서 이쪽으로 들어올 수 있으니까요. 그래서 "이겁니다!" "이겁니다!" 하고 가리켜 드리는 건데, 이것을 마치 알아차리는 것처럼 의식적이고 의도적으로 그렇게 하면 안 됩니다. 가끔 보면 그런 분들이 있더라고요. 그것은 이 설법을 전혀 엉뚱하게 듣고 있는 겁니다. 그래서 설법을 들을 때는 자기의 의도를 개입시키지 말고, 뭘 하려고 하지 말고 단순히 들으시라 이 말입니다. 무슨 얘기를 하는가 하고 설법하는 사람의 말에만 귀 기울이시라 이 말입니다. 자기가 뭘 하려고 하지 말고. 할 일이 없다고 그렇게 말씀드리잖아요? 아무 할 일이 없어요. 아무 할 일이 없는데, 자꾸 뭘 하려고 하는 그게 잘못된 겁니다. 아무 할 일이 없는 거예요. (법상을 두드리며) 이것이다! 아무 할 일이 없어요.

이 법을 가리키는 설법을 들을 때는 가리키는 사람의 말만 들으면 되는 것이지, 자기가 뭘 하려고 하지 마세요. 아무 할 일이 없는 겁니다. 듣고 있다 보면, 저절로 쉬어지고, 저절로 안정이 되고, 저절로 통하고, 저절로 깨닫게 돼요. 세상에서 이 공부만큼 쉬운 게 없어요. 이 공부가 어렵고 힘들다고 느끼는 분들은 지금 뭔가를 잘못하고 있는 겁니다. 이것만큼 쉬운 게 없어요. 아무 할 일 없이, 아무 생각 없이, 노력하지 않고 듣기만 하는데 뭐가 어려울 게 있습니까? 다만 (법상을 두드리며) 이것 하나입니다! 이것을 가리켜 드리는 것은 이것밖에 없기 때문이에요. (손가락을 흔들며) 이 일 하나! 누구든지 바로 지금 이것! 모든 분에게 다 드러나 있는 겁니다. 딱 이 하나뿐이거든요! 모든 분에게, 누구에게든지, 남녀노소를 불문하고 오직 진실은 이 일 하나밖에 없습니다. 이 일만 변함없이 늘 드러나 있습니다. 늘 변함없이 이렇게 명백하단 말예요. (법상을 두드리며) 딱 이것밖에 없습니다!

딱! 딱! 딱! (죽비 소리)

14.
견성해야 한다

달마혈맥론 열네 번째 시간입니다.

자성(自性)을 보지 못하고도 불도(佛道)를 이룰 수 있는 경우는 절대로 없다. 어떤 사람은 인과(因果)를 무시하고 마구 악업(惡業)을 짓고는 망령되이 말하기를 "본래 공(空)이니 악(惡)한 일을 해도 허물이 없다"라고 한다. 이러한 사람은 무간(無間) 흑암지옥(黑暗地獄)에 떨어져 영원토록 벗어날 기약이 없다. 만약 지혜로운 사람이라면 이와 같은 견해를 만들지 마라.

자성을 보지 못하고도 불도를 이룰 수 있는 경우는 절대로 없다…… 자성, 불도 이런 말을 하지만, 역시 이름입니다. 자성, 불도는 이름이고, 자성이라 할 때나 불도라 할 때나, 또는 어떤 이름을 말하든지 간에 그 이름과는 아무런 상관이 없는 지금 이것, 이 일이죠. 이 자리, 이것이 이렇게 분명해져야 하는 겁니다. 자기가 어떤 생각을 해서 '이런 생각은 진실하고 저런 생각은 진실하지 않다'라고 하는 것은 꿈속에서 꿈과 깸을 얘기하는 것이고, 망상 속에서 망상과 실상을 얘기하는 겁니다.

이것은 이런 생각을 하든, 저런 생각을 하든, 이런 말을 하든, 저런 말을 하든, 아무 상관이 없습니다. 언제든지 그냥 이것이죠. 이 일이고, 이 자리입니다. 이것이 부처를 말하고, 자성을 말하고, 견성을 말하고, 선(禪)을 말하고, 교(敎)를 말하고, 그렇게 하는 거지만, 이것 자체는 그런 어떤 무엇이 아닙니다. 선도 아니고, 교도 아니고, 부처도 아니고, 중생도 아니고, 아무 그런 게 아니고, 그냥 이것일 뿐이에요. 아무것도 아니지요. 아무것도 아니지만, 아무것도 아니라는 말조차 사실은 이것에 해당이 안 되는 것이고, 단지 이 하나죠!

이것은 우리가 '아느냐?' '모르냐?' '생각하냐?' '안 하냐?' '말을 하냐?' '침묵하냐?' 그런 것하고는 아무 상관 없이 지금 바로 이 일이고, 바로 이것입니다. "당신이 누구요?" "나는 누구다." "건강하냐?" "아프냐?" "배고프냐?" "배부르냐?" "춥냐?" "덥냐?" 이것이 그렇게 다 말하는 겁니다. 그런데 이것은 아무것도 아니죠. 아무것도 아니지만, 항상 모든 일이 여기서 벗어나는 일이 없습니다. 어떤 것도 여기서 벗어난 것이 없습니다. 그냥 이 하나의 일인 거죠. 그래서 이것을 한번 확인하면 언제든지 어떤 일이 있더라도 그런 일은 지나가는 일이어서 아무 진실함이 없고, 이것만 언제든지 진실하죠. 언제나 이 자리, 이것은 어떻게 말을 할 수가 없어요. 진실하다는 것조차도 말로써 하는 방편이죠. 이 하나입니다! 이 하나! 하여튼 이게 한번 와닿는 것이고, 다른 것은 없습니다.

이것을 확인하면 '견성(見性)'이라고 하는데, 견성은 육조 스님이 얘기했듯이, 다른 말로 하면 '불이법문(不二法門)에 통달한다'는 말이죠. 왜 이게 불이법문에 통달하는 것이냐 하면, 여기에는 "이것이다" "저것이다"라고 할 게 아무것도 없으니까요. 이것을 마음이라 부르지만 방편으로 마음이라 일컫는 것이지, 마음이라는 뭐가 있는 게 아니죠. 부처라 해서 부처라는 뭐가 있는 게 아니고, 모두가 방편으로 하는 얘기일 뿐이죠. 어떤 이름도 여기에는 해당이 안 됩니다. 이것은 마음이라 할 수도 있고, 부처라 할 수도 있고, 똥막대기라 할 수도 있고, 돌멩이라 할 수도 있는 것이고, 중생이라 할 수도 있는 것이지만, 이름은 아무 상관이 없는 겁니다.

이 진실이 분명하냐, 아니냐? 이것밖에 없는 것이죠. 그래서 이것이 한번 와닿고 이게 분명하면 되는 것이지, 생각과 말로써 하는 것은 다 허깨비입니다. 다 허망한 짓이고, 진실은 생각이나 말이 아니고 이것이에요. 이것이 어쨌든 한번 확인이 되어야 하는 것이죠. 하여튼 이것입니다. 불이법(不二法)이라고 하는 것은 뭐라고 분별할 수 있는 게 아니고, 이법(二法)이라고 하는 것은 "뭐다" 하고 분별이 되는 것을 이법이라고 해요. 불이법이나 이법은 다 방편의 말인데, 이법이란 '이것이다' '저것이다' 분별되는 것을 이법이라고 하고, 불이법이란 '이것이다' '저것이다'를 분별할 수 없는 것을 불이법이라고 하지요. 이것은 "이겁니다!" 하고 말은 하지만 방편의 말이고, 결국 생각할 필요 없이 이심전심으로 이렇게 분명하게 통하는 것이지, 생각을 가지고 '이게 뭐냐?' 하는 것은 전혀 엉뚱하고 안 맞는 겁니다.

생각으로 하는 것이 아니고, 이게 한번 와닿으면 이것밖에 없는 거죠! 언제든지 이 일 하나뿐인 것이죠! 이것이 분명하면 보이는 것들마다, 들리는 소리마다, 일어나는 생각, 느낌, 냄새, 맛, 하여튼 눈앞에 일어나는 모든 것들이 전부 똑같이 이 한 개의 일입니다. 전부 똑같이 이 일이고, 이 자리일 뿐이에요. 다른 일은 없습니다. 그렇지 못하고 하늘 따로 있고 이 법 따로 있고, 죽비 따로 있고 법 따로 있고, 사람 따로 있고 법 따로 있고, 생각 따로 있고 법 따로 있고 하면 안 돼요. 그러면 이 법이 하나의 분별이 되고 경계가 되기 때문에 안 돼요. 법은 이름일 뿐이지, 법이라는 무엇이 따로 있지 않습니다. 어떤 일이 일어나든지 간에 전부가 다만 이 한 개의 일일 뿐입니다.

이것을 가리켜 화두니 공안이니 마음이니 깨달음이니 불성이니, 별의별 얘기를 다 하고 있지만, 그러나 "이것은 뭐냐?" 이것은 아무 것도 아니에요. 사실은 이름을 붙일 수 없이 늘 이 자리고, 늘 이 하나일 뿐인 거죠. 앞도 없고 뒤도 없습니다. 단지 이 하나인데, 하여튼 (손가락을 흔들며) 이것이 한번 이렇게 와닿아야 하는 겁니다. 그렇지 않고 깨달음의 자리, 마음의 자리, 생각이 끊어진 자리, 텅 빈 공(空)의 자리, 이런 게 따로 있다고 한다면, 그러면 곤란합니다. 따로 있는 게 아니고, 결국 이 일 하나로 귀결이 되어서 스스로 알 수가 있어요. 이것 이외에 다른 것은 전부 얻을 수도 있고 잃을 수도 있고, 알 수도 있고 모를 수도 있고, 경험이 되기도 하고 안 되기도 하는데, 이것만은 그럴 수가 없어요. (손가락을 흔들며) 이것만은 그럴 수가 없죠!

이 자리에 있으면서도 스스로 망상을 하면, 물속에서 물을 찾는다고 하는 겁니다. 항상 이 자리에 있고 늘 이 일밖에 없는데, 편하다 불편하다, 맞다 틀리다, 이렇다 저렇다, 딴 생각을 하는 겁니다.

그건 그냥 자기가 스스로를 속이는 것이고, 이 자리엔 그런 게 없어요. 언제든지 이 일 하나지!

이것이 이렇게 명확해질 때까지 꾸준하게 공부하시다 보면 언젠가 분명해집니다. 그렇게 되면 법이 따로 있고 깨달음이 따로 있고 견성이 따로 있는 게 아니고, 언제든지 어떤 일이 일어나더라도 전부 똑같아요. 그냥 (손가락을 흔들며) 이 하나의 일일 뿐입니다! 어떤 일이 일어나더라도 전부 이 하나의 일입니다!

그래서 도를 물으면 "차 한 잔 해라" 하기도 하고, "지금이 몇 시냐?" 하기도 하고, 아무 말 없이 쳐다보기도 하고, 부채만 부치고 앉아 있기도 하는 거죠. 딴 일이 있는 게 아니에요. 생각을 하면 안 됩니다. 다만 (손을 흔들며) 이 하나의 일입니다!

처음 이 법을 대하는 사람들은 "부처가 뭐냐?" "이것이다!" "도가 뭐냐?" "이것이다!" 이러면 이게 생소한 일일 것이고, 아무런 재미도 없을 거예요. 그러나 진실은 언제든지 우리 스스로에게 갖추어져 있는 겁니다. 언제든지 이렇게 눈앞에 딱 드러나 있는 겁니다. 눈에 보이는 것은 아니지만, 진실은 언제나 이 일이지, 다른 일은 있을 수 없어요. 온 우주는 항상 여기에 동시에 이렇게 다 드러나 있는 겁니다. 이것을 "자성을 본다"라고 표현합니다. "자성을 본다"는 말은 견성(見性)이라는 말을 풀어서 한 말이니, 이것을 견성이라 해요.

불법이라는 것은 어쨌든 이 자리가 이렇게 한번 계합이 되어서 아무 일이 없는 것, 어떤 한 물건에도 걸림이 없는 것, 얘기를 하자면 그렇게 되는 것이죠. 그러면 만(萬) 가지 법이 다 똑같습니다. 이 일 하나뿐입니다. 설법이라는 것도 말을 많이 하니까, 말을 듣고서 이해하는 부분이 없지 않아 있죠? 그러나 말 듣고 이해하는 것은 아무 쓸모 없는 겁니다. 자기 스스로에게 긍정도 부정도 할 수 없는 하나의 진실이 있어요. 이것을 스스로 한번 확인해 봐야 합니다. 자기가 '그래, 이것이구나!' 하고 긍정할 수도 없고, '이것이 아니다' 하고 부정할 수도 없는 것이 있어요. 왜? 긍정할 때도 긍정하는 것과 관계없이 이것이 분명하고, 부정할 때도 부정하는 것과 관계없이 이것이 분명하거든요. 이런 일이 하나가 있다고요. 이 하나가 딱 확인이 되어야 비로소 세상에 있는 모든 말과 이름과 생각과 보고, 듣고, 느끼고 하는 경계로부터 자유로울 수가 있어요.

생각으로 이해하면 안 됩니다. 반드시 (법상을 두드리며) 이것이 한번 이렇게 확인이 되고 와닿아야 합니다. 그러면 이 일뿐인 겁니다. 온갖 일이 다만 이 하나의 일일 뿐입니다. 이것이 한번 이렇게 체험이 되고 통해야, '풀려난다'는 얘기를 할 수가 있습니다. 지금까지 세상에 얽혀 있다가 거기서 풀려나는, 마치 이 우주 속에 자기 혼자 있는 듯한, 아무것도 없는 것 같은 그런 느낌이 들죠. 그래서 해탈이라 하기도 하죠. 불법이란 그런 자유랄까, 모든 것에서 다 풀려난다고 할까, 그런 효과를 누리는 것이죠. 그게 일시적인 것은 아닙니다. 일시적으로 잠시 풀려났다가 또 얽매이고 하면 아직까지 공부가 제대로 자리를 잡지 못한 것이죠. 이것이 진실로 자기한테 와닿으면 일시적으로 잠시 그런 게 아니고, 언제나 이 속의 사람이 돼요.

이 속의 사람이 되어서 항상 이것이 진실한 것이고 항상 이 일 하나뿐이면, 지금까지 알아 왔던 온 세상의 모든 일들은 다 허망한 거예요. 하나도 진실한 게 없죠. 다 지나가는 헛된 일들이고 아무 가치가 없어요. 가치가 있고 없고를 떠나서 어떻게 할 수 없는 것은 유일하게 딱 이것이에요. 이 일 하나입니다. 어떻게 할 수 없는 것은 딱 (손가락을 흔들며) 이 일 하나죠!

이것 하나가 진실한 거죠. 이것은 생각으로 알 수 있는 것이 아닙니다. 이것은 명백한 체험입니다. 이것은 생각을 하든 안 하든 관계가 없어요. 생각을 해도 생각생각 자체가 바로 이 일이고, 말을 해도 말하는 것 자체가 바로 이것이죠. 그러니까 생각을 한다고 해도 생각을 하는 게 아니라 그냥 이것이고, 말을 한다고 해도 말을 하는 게 아니라 바로 이 일이죠. 이것을 자기 살림살이라고 하는 이유는 평생 동안 이것 하나를 가지고 살고 있기 때문이죠.

그리고 우주 전체가, 우리 앞에 나타나 있는 게 다 우주인데, 어떤 일이 일어나든지 간에 여기서 벗어나는 일은 없습니다. 다 이 속의 일이고, 결국 다 이 일입니다. 어떤 모습이냐? 어떤 색깔이냐? 어떤 소리냐? 어떤 맛이냐? 어떤 촉감이냐? 어떤 냄새냐? 어떤 느낌이냐? 이런 것은 그냥 다 지나가는 것이니까 아무 의미가 없습니다. 단지 그 순간에 지나가 버리는 거죠. 오직 이 일 하나만이 절대로 오지도 않고, 가지도 않고, 생기지도 않고, 없어지지도 않고, 한결같이 지금 (손가락을 흔들며) 이 일이란 말예요!

이렇게 온갖 말씀을 드리지만 말로써 설명하는 것은 다 허망한 겁니다. 진실은 <u>스스로</u>에게 있어요. 우리 각자 <u>스스로</u>에게 있어요.

각자 스스로에게 이 진실이 완전히 갖추어져 있다고요. 그래서 육조 스님은 도명 상좌가 쫓아오자…… 육조 스님이 의발을 받아서 도망갈 때 쫓아온 사람이 도명 상좌거든요. 그 도명 상좌를 육조 스님이 가르쳤죠. "좋은 것도 생각하지 말고, 나쁜 것도 생각하지 마라. 이때 당신의 본래면목이 뭐냐? 당신 스스로가 뭐냐?" 이런 식으로 방편을 써서 도명 상좌를 가르쳤는데, 이때 도명이 뭔가 체험을 하고, 깨닫고서 질문을 하나 하죠. "이것을 이제 알겠는데, 부처님께서 지금까지 전해 온 비밀스러운 가르침이 있다는데 그건 뭡니까?" 하고 묻죠. 그러자 육조 스님이 뭐라고 했어요? "어떤 비밀이 있다면 그것은 전부 당신 스스로에게 다 있는 것이다. 부처님이 무슨 비밀스러운 것을 준 것은 없다."

어떤 비밀이 있더라도, 우리 각자가 다 갖추고 있는 겁니다. (손가락을 흔들며) 이것이거든! 이 일 하나! 사실 비밀이라는 것은 없습니다. 비밀스러운 일도 없고 비밀이랄 것도 없어요. 단지 여기에 계합을 하지 못하고, 이게 분명하지 못해서 자꾸 생각을 가지고 알려고 하는 거죠. 이것이 분명하지 못하면 생각이 발동을 하거든요. 이것이 분명하면 이것을 생각할 필요가 없으니까요. 생각은 우리의 사회생활 즉 세속생활에 필요하죠. 하지만 이 공부, 이 자리에는, 자기의 본래면목에는 생각이 필요 없습니다. 생각할 필요 없이 이것은 이렇게 명백한 겁니다. 그런데 이것이 분명하지 못하고 명백하지 못하면 생각을 하게 돼요. 생각이라는 것은 상상을 하는 것인데, 자꾸 상상을 하죠. 상상을 하는 것은 이것이 명백하지 않으니까 상상을 하는 겁니다. 이것이 명백하면 상상할 필요가 없는 거예요. 이렇게 분명한데 뭣 때문에 상상을 합니까? (손을 흔들며) 이렇게 명백하고 이렇게 분명하고 이렇게 확실한 건데, 상상할 필요가 없는 거거든요. 그러니까 이것이 확실하고 분명해져야 하는 겁니다.

어쨌든 공부하시다 보면 이것이 한번 실감이 되죠. 이 자리가 이렇게 실감이 되면 온갖 번뇌가 쉬어지고 그냥 아무 일이 없어요. 아무것도 아무 일도 없는데, 온 세상은 있는 그대로 명백하고 명확하단 말예요. 그래서 우리가 마음을 얘기할 때는 "본래 한 물건도 없다" "얻을 것이 없다" "허공과 같다"라고 하면서도 "온 우주 삼라만상이 마음 아닌 게 없다" 이렇게도 얘기한단 말입니다. 말만 들어 보면 완전히 모순되는 얘기죠.

"마음이 뭡니까?" 그러면 "마음이라는 물건은 없다. 얻을 수도 없고, 한 물건도 없고, 허공과 같아서 잡을 수도 없고 놓을 수도 없다." 이렇게 얘기를 하거든요. 그럼 '아무것도 없구나' 하고 이해가 되는데, 그렇게 하면 안 된다고요. 그런 사람한테는 "온 우주에 있는 삼라만상이 마음 아닌 게 없다"라고 말하죠. 그런데 이렇게 말하면 그건 말이 앞뒤가 안 맞는 거죠? 아무것도 없다 해 놓고선 보이는 것마다 마음이고, 들리는 것마다 마음이고, 냄새 맡는 것마다 마음이고, 말하는 것마다 마음이라고 하면, 말이 앞뒤가 안 맞잖아요? 그건 말을 따라가기 때문에 그런 겁니다. 말에 말려 들어가서 법을 보는 안목이 없으니까, 앞뒤가 안 맞다고 생각하는 거죠.

자기 스스로 이것을 한번 체험하고 여기에 통하면, 그 두 가지 말이 전혀 모순된 말이 아닙니다. 아무것도 없고 아무 일도 없으면서도, 온 천지 모든 일이 이 일 아닌 일이 없어요. 여기서 벗어나는 일이 없어요. 그러면서도 마음이라는 이름을 붙일 만한 것은 티끌만큼도 없습니다. 티끌만큼도 없지만 온 천지의 모든 일은 단지 (손가락을 흔들며) 이 한 개의 일일 뿐입니다! 여기서 벗어나는 일이 없어요. 그래서 "만법이 하나로 돌아오고, 하나가 만법이고, 만법이 하나다"라는 말을 하는 겁니다.

(법상을 두드리며) 이 하나죠! 지금 이 일이란 말예요. (손가락을 높이 들며) 이렇게 분명하고 이렇게 명백한 겁니다! 여기에 한번 이렇게 계합이 되어서 이것이 한번 확인이 되고 그냥 이렇게 통해야지, 다른 일은 없습니다. 이것을 옛날 사람들은 "마음의 눈이 열린다"라는 표현을 했지만, 여기에 대한 "감이 생긴다"라고 해도 상관없습니다. 다 방편으로 하는 얘기거든요. 하여튼 이 일이에요. 이런저런 말이 필요가 없어요. "도가 뭐냐?"라고 물으면, 아무 말 없이 손을 한번 잡고 흔든다든지, 아무 말 없이 차를 마신다든지, 또는 주먹을 한번 쑥 내 보일 수도 있죠. 이것은 말로써 하는 게 아니고, 이것을 한번 확인하는 길밖에 없거든요.

결국 다른 일이 있는 게 아니에요. 모든 사람은 날 때부터 죽을 때까지 항상 이 자리에 있고, 여기서 행동을 하고 말을 하고 생각을 하는 겁니다. 그러니까 어떤 행동을 하더라도 행동이 진실한 게 아니고, 행동은 지나가는 것이고, 이것이 항상 변함없는 진실입니다. 무슨 말을 하더라도 말이 진실한 게 아니고, 이것이 온갖 말을 다 하는 거죠. 그래서 "알겠다" 해도 이것이고 "모르겠다" 할 때도 이것이니까, 이것은 알고 모르고와는 아무 상관이 없는 겁니다. "밝다" 해도 이것이고 "어둡다" 해도 이것이니까, 이것은 밝고 어둡고하고는 상관이 없어요.

여기에 대해서 "밝다" "텅 비었다"고 말하는 것은 전부 방편의 말이고, 실제 여기에 해당하는 말은 없습니다. 방편이란 달을 가리키는 손가락, 즉 손가락이 곧 달은 아니죠? 진실은 바로 지금 (손을 흔들며) 이것! 이렇게 명백하고 분명하죠. 그래서 "뭡니까?" 할 때 "이겁니다!" 여기서 확 통하면, 사실 말이 필요가 없어요. 자기 마음이고 자기 살림살이예요. 말이 필요가 없죠. 자기 스스로에게 이것밖에 없는 거예요. 모든 사람에게 (손가락을 들며) 이 일 하나밖에 없는 거죠!

설법을 들을 때 말은 잊어버리세요. 잊어버리고, 자기의 살림살이, 자기의 진실, 그러니까 생각할 수도 없고, 긍정·부정을 할 수 없는 (손가락을 흔들며) 이 하나의 일! 이것 하나를 명백하게 해야 돼요. 명확한 일은 이것밖에 없습니다! 그러니까 설법은 들으시더라도 말은 잊어버리십시오. 듣는 순간에 듣고 그냥 잊어버리는 게 좋아요. 지금 말을 하든 손짓 발짓을 하든지 간에 실제로 가리키고 드러내어 이렇게 확인시켜 드리려고 하는 것은 (손을 흔들며) 이것뿐이거든요! 이것 하나를 확인하시라 이겁니다. 아무 다른 것 없습니다. 이것 하나를 확인하는데, 분별을 가지고 확인하면 안 돼요. 분별은 다 가짜니까 그것으로는 안 돼요. 분별이 아니고, 그러니까 우리가 한번 "체험을 한다" "통한다" "불가사의 해탈법문이다" "깨닫는다" 이런 얘기를 하는데, 분별을 가지고 하는 게 아니고, 한번 확 통해서 분별할 필요 없이 분명하고 밝게 되어야 합니다. 그렇게 한번 통하는 겁니다. 그래서 방편으로 "자성을 본다" "견성을 한다"라고 말하는 겁니다.

견성 없이 불도를 이룰 수 있는 길은 없다.

보통 불교에서 "복(福)을 많이 짓는다"라고 하는데, 진짜 복(福)은 견성해서 모든 것으로부터 벗어난 길을 가는 게 진짜 복이고, 그 외에 복이라고 할 것은 없습니다. 세속적으로 뭔가 좋아지는 것, 그것은 복이라고도 할 수 없죠. 하여튼 세속적인 복을 말하는 것은 아니에요. 세속적으로 복 많이 짓는 것도 좋은 일이긴 하지만, 그것은 불법은 아니고 불도를 이루는 것도 아니고, 우리가 진짜로 원하는 것은 그런 게 아닌 겁니다. 진짜로 원하는 것은 뭔가 좋은 일이 일어나는 그런 게 아니고, 좋고 나쁘고 하는 그런 경계에서 완전히 벗어나는 겁니다. 좋을 것도 없고, 나쁠 것도 없고, 그런 분별세계에서 해방이 되는 것이죠.

말로써 표현하면 이렇게 표현하지만 역시 이것도 말이니까 사실 설득력이 떨어지는 것이고, 한번 체험을 해 봐야 해요. 체험을 해 보면, 자기 내면에서 그토록 갈증을 느끼고 갈망하고 해결되지 못했던 일이 해결되거든요. 어떻게도 설명할 수는 없는 일이죠. 이것을 우리가 깨달음이라 일컫지만, 사실 깨달음이 어떤 것인지 모르잖아요? 그러니까 본인 스스로도 어떤 일이 일어날지 알 수가 없습니다.

잘 모르지만 하여튼 지금 이런 상황은 뭔가 불편하다⋯⋯ 뭔가 한번 바뀌어야 한다, 정신적인 상황이⋯⋯ 그런 욕구는 있겠죠? 그러니까 공부를 하다 보면 이렇게 한번 확 하고 변화가 일어난단 말예요. 그러면 지금까지 힘들었던 일들이 사라지고 아무렇지도 않아요. 지금까지는 굉장히 골치 아프고 힘들고 부담스러웠는데, 이상하게도 그런 게 전혀 아무렇지도 않게 되는 그런 변화가 있습니다. '세상이라는 게 아무 일이 없는⋯⋯ 이렇게 아무 문제가 없었나?' 하고 깜짝 놀라게 되죠. 그런 변화가 있고, 그러면서 아무 일이 없는 자리랄까, 모든 것으로부터 벗어난 자리랄까, 여기에 감각이 생기는 겁니다.

그러나 일 있는 세상이 따로 있고 일 없는 법이 따로 있는 것이 아니고, 모두 하나가 되어 버리는 겁니다. 온갖 일이 다 있는 세간이 따로 있고 아무 일이 없는 출세간이 따로 있는 게 아니고, 하나의 세계, 하나의 세상, 온갖 일들이 전부 단지 아무 일이 없는 이 하나! 이런 식으로 자꾸자꾸 변화들이 일어나는데, 어쨌든 이렇게 들어와 체험을 하면, 일이 없어지고, 편안해지고, 헤매지 않고, 어떤 일이 일어나더라도 전부가 다 자기 살림살이고, 자기라고 하는 것이 따로 있지를 않고, 온 우주 전체가 자기가 되어 버리고, 그런 식으로 변화가 자꾸 일어나는 겁니다.

눈에 보이는 변화가 아니고, 스스로 그렇게 느낀단 말입니다. 그렇게 느끼는 내면의 변화죠. 결국 진실은 지금 이것 하나밖에 없는 겁니다. 이런 일 저런 일이 있는 것이 아니고, 이 하나밖에 없는 거예요.

어떤 사람은 인과(因果)를 무시하고 마구 악업(惡業)을 짓고는 망령되이 말하기를 "본래 공(空)이니 악(惡)한 일을 해도 허물이 없다"라고 한다.

이것도 결국 안목과 지혜의 문제인데, 불법은 인과법이 아닙니다. 원인도 없고, 결과도 없고, 과보도 없습니다. 그래서 해탈이라 하고, 열반이라 하는 거거든요. 여기는 업장도 없고, 과보도 없어요. 원인도 없고 결과도 없다고요. 아무 일이 없어요. 그렇지만 세간에서는 반드시 원인이 있고, 결과가 있고, 업이 있고, 과보가 있습니다. 그것을 혼동하면 안 됩니다. 그것은 생각으로 이해할 수 있는 것이 아니고, 지혜입니다. 불생불멸하여 원인도 없고 결과도 없는 이 법과, 생멸하여 원인과 결과로 이루어져 있는 세간은 두 개가 아니고, 하나입니다. 하나의 세계예요.

이런 것은 자기 스스로가 갖추어져야 할 안목이지, 설명해서 이해할 수 있는 것이 아닙니다. 다만 그런 지혜를 갖추고 그런 안목을 갖추는 데 도움이 되는 말씀은 조금 드릴 수 있죠. 그것은 법과 세간의 모습을 혼동하면 안 된다는 것입니다. 우리는 그런 혼동을 굉장히 많이 합니다. 불교를 공부하는 사람들이 가지고 있는 생각을 들어 보면, 불교를 공부해서 법을 얻으면 그 법의 힘으로, 법에 무슨 힘이 있는 것처럼, 그 법의 힘을 가지고 세간의 많은 일들을 바꿀 수 있지 않을까, 라고 생각해요.

그것은 어떤 사고방식이냐 하면, 마치 기독교인들이 '하느님이 무궁무진한 힘을 가지고 이 세상을 바꿀 것이다'라고 하는 그런 방식과 유사한 겁니다. 불교 안에서도 미륵불이 바로 그런 사고방식의 일종인데, "미륵불이 언젠가는 용화수 밑으로 내려와서 이 세상을 완전히 제도해서 바꿀 것이다" "불국토를 만들 것이다"라고 하는데, 그런 말들은 전부 방편의 말로서 지금 현재 우리 눈앞에 있는 법계의 실상을 얘기하고 있는 말인데도, 사람들이 오해를 하는 겁니다. 그런 오해를 하는 기본적인 이유는 바로, 법이 따로 있고 세상이 따로 있다고 여기는 사고방식 때문입니다. 그래서 '이 불법을 얻으면, 그것에 엄청난 힘이 있어서 세간의 현재 모습들을 여법하게 바꿀 수 있다' 이렇게 생각하는데, 굉장히 잘못된 사고방식입니다.

불법과 세간법은 하나라고 그랬잖아요? 지금 이렇게 수많은 문제와 모습을 가지고 있고 온갖 고통과 번뇌로 가득 차 있는 사바세계 속에, 이미 불법이 완전하게 실현되어 있습니다. 불법은 본래부터 완전하게 다 갖추어져 있다고요. 이 세계가 어리석은 중생들에게는 번뇌와 고통이 가득한 사바세계지만, 불성에 통달한 부처에게는 아무 문제가 없는 불국토일 뿐이에요. 원래 세계는 하나밖에 없어요. 그런데 마치 불국토가 따로 있는 것처럼 여기고서 '뭘 어떻게 바꾸겠다'고 하는 사고방식은 잘못된 생각에서 비롯된, 지혜가 없는 견해에서 비롯된 생각일 뿐인 겁니다.

깨달음을 "법성을 본다" 또는 "견성을 한다"라고 하죠? "자성을 본다"라고 하기도 합니다. 그러면 왜 "본성을 본다"라고 하느냐? 본성과 반대되는 말은 겉모습이라는 상(相)이잖아요? 성(性)과 상(相)은 서로 반대말입니다. 우리 중생들은 이 세상의 겉모습만 보고 있다는 말이에요. 그러나 부처는 그 겉모습의 본성을 본다는 말이거든요. 세상은 하나의 세계입니다. 이 세상을 겉모습만 보고 있으니까 온갖 차별과 온갖 문제들이 가득 있죠. 그 본성을 보면 아무 문제가 없습니다. 아무 차별이 없는 겁니다.

이렇게 말하면 이해가 잘 안 되는데, 비유를 들어 말하면 물과 물결을 말할 수 있죠. 강에 물결이 보이죠? 물결에는 여러 가지 모양이 나타나 있죠. 물결을 보면 여러 가지 모양이 보인단 말예요. 그러니까 다양한 차별이 있죠. 그런데 사실은 물결을 보는 게 물을 보는 거잖아요? 우리는 물결을 볼 수도 있고, 물을 볼 수도 있는 겁니다. 물을 보면 아무런 차별이 없습니다. 전체가 하나의 물일 뿐인 거죠. 비유입니다.

밀가루를 비유로 말할 수도 있어요. 밀가루를 가지고 빵집에서 빵을 만드는데, 여러 가지 빵을 만든단 말이죠. 빵 모양을 보면 여러 가지 모양들이 있죠. 모양만 보면 다 달라요. 그런데 그 본질은 뭡니까? 다 똑같이 밀가루잖아요? 말하자면 이 세상의 모습과 본성이라는 것은 따로 있지 않다 이 말입니다. 따로 있지 않기 때문에 세상의 본성을 깨달았다고 해서 '세상의 모습이 달라진다' 이런 착각을 하면 안 되는 겁니다.

다만 자기 스스로를 보자면, 깨닫기 전에는 온갖 차별 속에서 헤매고 다녔기 때문에 삶이 굉장히 힘들었죠. 좋아하고 싫어하는 삶이 굉장히 힘들잖아요? 좋아한다고 해서 맘대로 되는 것도 아니고, 싫어한다고 하는 것도 힘들어요. 싫어한다고 해서 도망갈 수도 없고, 인생이라는 것이 그렇잖아요? 이렇게 사바세계에서 좋아하고 싫어하면서 살면 굉장히 힘이 듭니다. 그런데 견성을 해서 세계의 본성에 탁 통달을 하면 그런 것이 없어져 버려요. 아무 의미가 없어요. 옛날에 좋았던 것이 좋은 게 아니고, 나빴던 것이 나쁜 게 아니고, 아무 차별이 없어요. 진실은 항상 이것이니까요. 아무 차별이 없는 것이니까요! 진실은 차별이 없기 때문에 허공과 같다고도 하는데, 좋은 것도 없고 나쁜 것도 없는 것이거든요.

그러니까 바깥의 상황은 똑같은데, 자기 내면의 삶은 완전히 달라지는 겁니다. 밖의 상황은 여전히 똑같이 문제투성이겠지만, 자기 내면에서는 아무 일이 없어요. 아무 일이 없다고요.

물론 쉽사리 이렇게 되지는 않습니다. 말은 이렇게 쉽지만 왜 잘 안 되느냐? 우리가 바깥에 집착하고 살아왔던 세월이 너무 길기 때문에 거기서 쉽게 빠져나오질 못하기 때문이에요. 문득 빠져나와서 아무 일 없는 세계를 체험했다 하더라도 여전히 한쪽 발은 거기에 걸치고 있는 그런 상황이 상당 기간 계속된다고요. 그렇기 때문에 여전히 밖의 상황들이 계속해서 번뇌를 일으킬 수가 있습니다. 그것은 세상이 잘못되어 그런 게 아니고, 자기 공부가 부족해서 그런 거예요. 공부가 깊어질수록 세상의 일들이 자꾸자꾸 더 의미가 없어져요. 자꾸자꾸 아무렇지도 않게 되죠.

이 공부는 전적으로 자기에게 달린 문제입니다. 세간의 일 중에 바꿀 것이 있으면 바꿔야 되겠지만, 그런 일을 이 공부와 굳이 연결시킬 필요는 없어요. 그건 세속의 지혜로 다 할 수 있는 것이니까요.

그러나 사람들은 잘못된 관념을 가지고서, 불법을 공부하는 사람은 뭔가 세상을 바꿀 수 있는 힘이 있는 것처럼 그런 착각들을 합니다. 그러나 실제로 불법을 깊이 공부한 사람들 가운데 그냥 세상을 버리고 산속에 들어가서 혼자 조용히 공부를 하다가 사라지는 그런 경우가 많죠. 간혹 어떤 사람들은 세상일에 좀 관여도 하지만, 석가모니부터가 벌써 세상일에서 손을 뗐잖아요? 그냥 출가하여 산에 들어갔는데 나중에 제자들이 모이니까 함께 했지, 세상일에는 손을 뗐습니다. 원래 불교의 성격이 그런 거예요.

그러나 불교인이든 불교인이 아니든, 우리가 사회 속에 살고 국가 속에 살고 시민으로서 국민으로서 살면, 그 역할은 해야 되잖아요? 그것은 꼭 불교와 연관시킬 필요 없이 그냥 하면 되는 거죠. 사회운동을 하고 싶으면 불교와 연관시키지 말고 스스로 하면 되는 거예요. 불법 자체는 원래 세속의 모습을 바꾸는 것이 본질은 아닌 겁니다.

어떤 사람은 인과(因果)를 무시하고 마구 악업(惡業)을 짓고는 망령되이 말하기를 "본래 공(空)이니 악(惡)한 일을 해도 허물이 없

다"라고 한다.

이것은 아주 나쁜 경우입니다. '막행막식'이라고 하는 말이 있죠? "아무 행동이나 마구 하고 뭘 먹어도 거리낌이 없다." 그런 뜻입니다. 어떻게 보면 좋은 말일 수도 있죠. 자유롭다는 뜻도 있으니까요. 하지만 자유롭다는 게 제 마음대로 함부로 행동한다는 뜻은 아니죠. 공부하는 사람이 어떤 행동이든지 자기 하고 싶은 대로 해서 다른 사람에게 해를 끼치거나, 남의 눈살을 찌푸리게 한다거나, 그렇게 해서는 안 되는 겁니다. 무인도에서 혼자 산다면 뭐라도 할 수 있겠지만, 다른 사람에게 피해를 주거나 해를 끼치면서 "나는 자유롭다"라고 한다면 그건 공부하는 사람이 아니죠. 그렇게 하면 공부를 더럽히게 되고, 공부하는 사람들을 욕먹이는 일입니다. 공부하는 사람들은 그런 짓을 해서는 안 됩니다. 또 실제로 공부하는 분들이 그렇게 하지도 않죠. 이미 세속에 대해서 별 욕심이 없는데, 세속에 대해서 함부로 하겠습니까?

인과를 무시해서는 안 된다는 말인데, 이것은 안목의 문제입니다. 아무리 견성을 투철하게 해서 철저히 불법을 보는 안목이 있다고 하더라도, 인과법에서 자유로울 수는 없습니다. 석가모니 부처님을 보면 알 수 있잖아요? 마지막에 돌아가실 때 상한 음식을 먹고 식중독에 걸려서 설사를 6개월 정도 하다가 돌아가셨잖아요? 그게 바로 인과법이잖아요? 상한 음식이 원인이 되어서 결국 죽었단 말예요. 그게 바로 인과법이에요. 부처님은 완전히 깨달은 분이죠. 완전히 해탈한 분이고. 그렇다고 해도 육체는 인과법에서 자유로울 수 없다 이 말입니다. 그러니까 그것을 혼동하면 안 된다 그 말입니다.

이러한 사람은 무간(無間) 흑암지옥(黑暗地獄)에 떨어져 영원토록 벗어날 기약이 없다. 만약 지혜로운 사람이라면 이와 같은 견해를 만들지 마라.

무간 흑암지옥이 따로 있는 것이 아니고, 어리석다는 말이죠? 깜깜한 어리석음 속에 떨어져 있다 이 말이에요. 종교 중에 그런 종교도 있습니다. 이 육체를 가지고 영원히 죽지 않고, 아주 젊고 활기찬 육체를 유지하면서 죽지 않고 영원히 산다고 하는 종교가 있죠. 종교뿐만 아니고, 영화나 소설 같은 데서 그런 상상을 많이 해요. 그런 것을 동양에서는 신선(神仙)이라고도 하고, 서양에서는 악마라 하기도 하고 신이라 하기도 하죠. 우리 동양에서는 신선이라고 하죠.
  신선은 본래 장생불사(長生不死)거든요. 영원히 살고 죽지 않는 거잖아요? 그런 상상을 합니다. 우리가 세속에서 지금 육체를 가지고 살고 있는데, 젊고 건강하고 활기찬 육체를 가지고 살 때는 이 육체를 가지고 사는 것도 꽤나 즐겁거든요. 즐길 만한 부분이 많이 있잖아요? 병이 들지 않고 아직 늙지 않았을 때는. 그러니까 이렇게 젊고 활기찬 육체를 가지고 평생 즐기면서 살고 싶다는 욕구가 당연히 있겠죠. 그러나 그런 욕구를 하나의 희망으로 만들어 가지고, 죽지 않고 영원히 사는 신선이 있다는 그런 상상을 한다면, 그건 어리석음이에요. 이 세계의 실상을 보지 못하는 어리석음이죠.

초기 경전에 그런 이야기가 있잖아요? 자기 외동아들이 죽었는데, 어머니가 절반 미쳐서 석가모니한테 와서 "당신이 그렇게 위대하다고 하는데, 그러면 아들을 살려 내라"고 하죠? 그러니까 석가모니가 "살려 준다. 단, 조건이 있다. 이 동네에서 사람이 죽지 않은 집을 단 한 집이라도 찾아내면 당신 아들을 살려 주겠다." 그 여인이 동네를 다 찾아 돌아다녀도 사람이 죽지 않은 집은 한 집도 없잖아요? 그러니까 그것은 다 우리의 어리석음이에요, 어리석음! 우리의 어리석음이죠. 세속에 대한 욕심으로 말미암은 어리석음입니다. 이 세계의 실상을 보지 못하는 어리석음이죠.

세계는 생로병사 하는 겁니다. 끊임없이 생기고, 사라지고, 왔다 갔다 하고 변하는 거죠. 원인이 있으면 반드시 결과가 있는 겁니다. 그러나 우리가 이 법에 통달해서 안목을 갖추고, 이것 하나가 진실해지면, 비록 몸은 생로병사 하고 눈에 보이는 겉모습은 온 세상이 끊임없이 변하더라도, 또한 모든 것은 전혀 변하지 않습니다. 시간도 없고, 모습도 없고, 장소도 없죠. 법에 통달할 때 시간은 사라져요. 여기엔 시간이 없어요. 아무런 차별이 없어요. 모든 것이 항상 똑같아요. 언제나 (손을 흔들며) 이 하나밖에 없어요! 그래서 이것을 "불생불멸이다" "공이다" "불구부정이다" 이런 얘기를 하는 겁니다. "생사를 떠난 열반이다" 이렇게 얘기도 하는 것이고요. 어쨌든 이것을 한번 체험하고, (손가락을 흔들며) 이 자리에 이렇게 투철해야 하는 겁니다!

생각으로 이해하는 것은 지혜로울 수가 없습니다. 생각이 아니고 이것에 한번 통달해서 여법해지면, 생각할 필요 없이 저절로 안목이 생기고 지혜가 생기는 겁니다. 이것이 진짜 지혜입니다. 생각을 가지고 헤아려서 짜 맞추고 하는 것은 지혜로울 수가 없습니다. 세속에서는 그렇게 살지만, 해탈과 열반의 삶을 누리려고 하는 사람은 그렇게 해서는 안 됩니다. 생각이 아니고, (손가락을 흔들며) 이것에 통달을 해야 하는 겁니다!

여기에 통달을 해서 이 법의 안목이 생겨야, 세속과 이 법의 세계라는 것이 곧 둘이 아니라는 안목도 생겨요. 저절로 그렇게 되는 겁니다. 하여튼 (법상을 두드리며) 이것뿐이에요! (손가락을 흔들며) 이 하나! 그러면 이런 말도 필요 없고, 모든 일이 다 똑같아요. 다 똑같아서 (손가락을 흔들며) 이것 하나뿐인 겁니다!

딱! 딱! 딱! (죽비 소리)

15.
마음은 드러나 있다

달마혈맥론 열다섯 번째 시간입니다.

묻는다. "이미 움직이고 동작함이 언제나 모두 본래 마음이라면, 육체가 무상할 때 어떻게 본래 마음을 보지 못합니까?"
답한다. "본래 마음이 늘 앞에 드러나 있지만, 그대 스스로가 보지 못하는 것이다."
묻는다. "마음이 이미 드러나 있는데, 무슨 까닭에 보지 못합니까?"
답한다. "그대는 꿈을 꾼 적이 없는가?"
"꿈꾼 적이 있습니다."
"그대가 꿈을 꿀 때 그대의 몸은 그대의 본래 몸인가?"
"본래의 몸입니다."
"그대의 말과 움직임과 동작은 그대와 따로 있는가? 따로 있지 않은가?"
"따로 있지 않습니다."
달마가 말했다. "이미 따로 있지 않다면, 곧 이 몸이 그대로 본래 법신이고, 이 법신이 그대의 본래 마음이다. 이 마음은 헤아릴 수 없는 과거로부터 지금과 다르지 않아서 생기거나 사라진 적이 없다."

"이미 움직이고 동작함이 언제나 모두 본래 마음이라면, 육체가 무상하게 변할 때 어떻게 본래 마음을 보지 못합니까?" 움직이고 동작함이 본래 마음이다…… 그런데 말은 아무리 그럴듯해도 그냥 말일 뿐입니다. 말이 아니고, 지금 "움직인다" "움직이지 않는다" "동작한다" "동작하지 않는다" 어떻게 말하든, 그 말과 상관없이 이 일은 변함이 없습니다. 이 일은 "움직인다" 할 때나, "움직임이 없다" 할 때나, "동작을 한다" 할 때나, "가만히 있다" 할 때나, 직접 움직이기도 하고 가만히 있거나 할 때도 이것은 달라질 수가 없어요. 이것은 움직일 때도 이것뿐인 것이고, 가만히 있어도 이것뿐인 것이고, 언제든지 어떻게 되는 것은 아니죠. 바로 이것이 이렇게 분명해야 되는 것이고, 곧장 이것이 명확해야 되는 것이지, "움직이느냐?" "가만히 있느냐?" 하고 말로써 헤아리고 따지는 것은 아무 의미가 없습니다.

말과 생각은 다 허깨비이고 망상입니다. 어떤 말을 하든 하지 않든, 생각을 하든 하지 않든, 그것은 아무 상관이 없는 것이고, 진실은 언제든지 어떤 일이 있든지 변함없이 이렇게 분명한 것이죠. 이것이 이렇게 분명해져야 하는 것이고, 이것이 명확해져야 하는 것이죠. 이것이 딱 안정이 되어야 어떤 일이 있어도 아무 일이 없는 겁니다. 요지부동! 어떤 일이 있어도 아무 일이 없다! 이렇게 말할 수 있습니다. (손을 흔들며) 이것 하나입니다! 이런 행동을 하든 저런 행동을 하든 아무 상관이 없는 거예요. 이것은 항상 변함이 없는 거죠.

이것을 마음이라고 한다면, 마음을 가지고 마음을 알 수는 없습니다. 그러면 "마음을 어떻게 보지 못하느냐?" 이런 질문을 하는데, 마음을 가지고 마음을 볼 수는 없죠. 왜냐하면, 마음은 두 개가 아니거든요. 마음은 둘이 없습니다. 우리가 흔하게 그런 비유를 하죠. "눈을 가지고 눈을 볼 수는 없다." 마찬가지로 마음을 가지고 마음을 볼 수는 없어요. 그렇지만 우리가 눈을 가지고 눈을 보아서 자기 눈을 확인하는 것은 아니잖아요? 눈을 가지고 다른 것을 걸림 없이 다 볼 수 있는 것으로써 충분히 자기 눈이 확인되는 것이죠. 하지만 마음이 눈과 똑같은 것은 아니니, 뭘 보는 것을 마음이라고 하는 것은 아니죠. 그래서 "마음이 눈과 똑같다"고 할 수는 없죠. 어쨌든 마음은 둘이 없고 둘이 될 수가 없어요. 그렇기 때문에 뭘 보면 그냥 보는 대로, 보지 못하면 보지 못하는 대로, 알면 아는 대로, 모르면 모르는 대로, 다른 일이 없잖아요? (손을 흔들며) 이것이에요! 이것 하나!

마음은 객관이 될 수가 없습니다. 그렇다고 주관이라고 말할 수도 없으니, 주·객이 나누어지지 않기 때문이에요. 어떠한 일이 일어나더라도 이것은 똑같아요. (손가락을 흔들며) 이것이에요! 이것이 어떻게 되는 건 아녜요. 이게 변할 수는 없는 겁니다. 여기에 대해서 주관이니 객관이니, 보니 보지 못하니 한다면, 생각으로 망상하는 거예요. 여기에 대해서는 아무 할 말이 없죠. 그냥 언제든지 한순간도 끊어짐이 없이 항상 분명한 거니까요! 언제든지 이렇게 명백할 뿐인 거죠.

이것은 '이런 게 마음이다' 하고 우리가 눈으로 사물을 보듯이, 또는 생각을 가지고 뭘 알듯이 그렇게 아는 것은 절대 아닙니다. 그렇게 되면 마음이라는 물건이 따로 있겠죠? 그렇게 아는 게 아니에요. '뭘 안다' 하는 것은 분별인데, 예를 들어 우리가 '시계다' '죽비다' 이렇게 사물을 분별할 수도 있고, '춥다' '덥다'라고 느낌을 분별할 수도 있고, 또 '기분이 좋다' '우울하다' 하고 기분을 분별할 수도 있고, 또 '1+1=2' 이런 식으로 생각으로 헤아리는 것이 분별입니다. 그러나 느낌이든 사물이든 생각이든 기분이든, 이것이 달라지지는 않아요. 이것은 언제든지 분명한 것이거든요.

이것이 한번 확실해지면, 어떤 때는 마음인데 어떤 때는 마음이 아니라는 차별이 없고, 스물네 시간 삼라만상이 전부 다 똑같아요. 똑같이 (손을 흔들며) 이 하나일 뿐이에요! 맞고, 틀리고, 이런 식으로 하면 벌써 그것은 생각입니다. 어떤 때는 여법한데 어떤 때는 아닌 것 같다면, 자기가 망상을 한 거지 실제 이것이 분명하면 그런 차별은 없습니다.

언제든지 똑같아요. (손가락을 흔들며) 이것 하나뿐인 거죠! 이것 하나뿐! 여기서는 아무 분별할 게 없이 항상 똑같은 것인데, 그러면서도 분별하려고 하면 다 분별이 됩니다. 육체, 느낌, 생각, 감정, 다 분별이 돼요. 분별하는데도 분별이 진실한 게 아니라, 이것이 진실하죠. 분별은 한순간 지나가 버리는 헛된 일이죠. 그러나 이것은 변함이 없습니다.

그렇다고 지나가는 분별과 이 일이 따로 있느냐? 그렇지 않습니다. 《반야심경》에 나오잖아요? 색(色) · 수(受) · 상(相) · 행(行) · 식

(識)이 공(空)이라 그랬거든요. 색 · 수 · 상 · 행 · 식을 떠나서 따로 공(空)이 있다고 한 게 아니라는 말이죠. 분별하고 헤아림에 하나하나 드러나 있는 것이 바로 변함없는 이 하나의 일이죠. 이것을 자기가 직접 확인해 보면, '아! 이것뿐이구나!' 하게 되는 겁니다. 어떤 일이 일어나도 전혀 다른 일이 없어요. 이 일 하나뿐이에요. 저절로 초점이 딱 맞아야 해요. (손가락을 흔들며) 이걸 가리키는 겁니다. 이렇게 가리킬 때 손가락 하나를 흔드는 것 같지만, 사실상 여기에는 팔만 사천 가지 법문이 다 갖춰져 있는 겁니다.《반야심경》이 이 안에 다 들어 있고,《화엄경》이 다 들어 있고,《법화경》이 다 들어 있어요. 《화엄경》이 바로 (손가락을 흔들며) 이것이고,《반야심경》이 바로 이것이고,《법화경》이 이것이고, 모든 경전의 팔만 사천 법문이 모두 여기에 들어 있어요! 그런 지혜가 스스로에게 생기는 겁니다.

"이미 움직이고 동작함이 언제나 모두 본래 마음이라면, 육체가 무상할 때 어떻게 본래 마음을 보지 못합니까?"

육체라는 것이 무상하게 변할 때, 왜 변함없는 마음이 따로 드러나지를 않습니까? 하는 질문인데, 달마의 답변은,

"본래 마음이 늘 앞에 드러나 있지만, 그대 스스로가 보지 못하는 것이다."

마음은 늘 이렇게 드러나 있죠. 늘 드러나 있는 겁니다. 모든 사람이 이렇게 살아 있잖아요? 밥을 먹고, 물도 마시고, 인사도 하고, "춥다" "덥다" 하기도 하고, 일도 하고 다 하잖아요? 한순간도 이것은 숨겨진 적이 없습니다. (손가락을 흔들며) 이것이거든요. 모든 사람에게 딱 드러나 있는 '이것' 하나인데, 이것은 숨겨진 적이 없어요. 항상 드러나 있는데도 우리가 이것을 제대로 보지 못하니, "망상을 가지고 본다"라고 말하는 것입니다. 진실하고 여법하게 보지 못하고, 망상분별을 가지고 이것을 보기 때문에 봐도 보지 못하는 겁니다. 못 봐서 못 보는 게 아니고, 봐도 보지 못하는 것입니다.

그래서 비유를 들잖아요? 물과 물결! 늘 물결을 보는데도 물은 못 본다…… 사실은 물을 보고 있습니다. 그러나 물결의 모양을 분별하고 있는 바람에 물에 대한 깨달음이 없는 거죠. 그런 것처럼 모든 사람에게 이 살림살이 하나가 항상 이렇게 드러나 있고, 이것 하나 가지고 우리는 살아가고 있습니다. 다른 일이 있는 것은 아니에요. 그래서 이것을 확인하고 보면 '아, 이것은 원래부터 항상 있었던 일이잖아!' 하고 알 수가 있어요. '늘 이것을 가지고 살고 있으면서도 왜 그렇게 까마득했는가?' 하고 본인 스스로 생각할 수가 있죠. 모를 때는 법이 까마득하지만, 알고 보면 법이란 너무나도 평범하고 너무나도 당연한 것이고, '왜 이것을 모르고 살았지?' 하고 오히려 그게 더 이상합니다. '이것을 모르고 왜 헤매고 다녔지?' '왜 엉뚱한 망상 속에서 번뇌에 시달렸지?' 하고 말이죠. 하여튼 단지 (손을 흔들며) 이것 하나뿐입니다! 바로 지금 이것이든요. 누구에게든지 아주 단순한 거예요. 그냥 이것 하나! 물론 이렇게 쉽게 말하지만 실제로 경험한 입장에서 보면, 그게 쉽사리는 되지 않아요. 우리가 오랫동안 생각 속에서 망상을 하면서 살아온 습관이 있어서 그렇습니다.

본래 마음이 늘 앞에 드러나 있지만, 그대 스스로가 보지 못하는 것이다…… 마음을 육체의 눈으로 볼 수는 없습니다. 눈으로 보는 것은 아니고, 어쨌든 이것이 한번 확 와닿으면, 이것은 안팎이 없고 주관과 객관이 없습니다. 그래서 '내가 법을 안다' 이런 생각이 전혀 없습니다. '나'라고 할 게 없어요. 그냥 만(萬) 가지 법(法)이 다 평등하고 똑같아요. 그냥 똑같이 이 하나의 일일 뿐이에요.

우리가 내면이라고 하는 생각, 느낌, 욕망도 모두 이 일이고, 외면이라고 하는 죽비, 컵도 이 일이니 모두 똑같습니다. 이 하나의 일인 겁니다. 그래서 "마음이 뭡니까?" 하고 물으면 대개 사물을 가리킵니다. "잣나무." "똥막대기." 손가락을 세우기도 하고, 손을 흔들기도 하죠. 마음을 물었을 때, 대체적으로 사물을 가리킵니다. 마음이라는 것이 안팎이 없기 때문에 그런 거예요.

안팎이 없이 어디든지 드러나지 않는 곳이 없거든요. 어디든지 다 드러나 있어요. 이것에는 시간이 없습니다. "과거에 있는 것도 아니고, 현재에 있는 것도 아니고, 미래에 있는 것도 아니다"라는 것은 경전에도 나와 있죠. "과거심불가득(過去心不可得), 현재심불가득(現在心不可得), 미래심불가득(未來心不可得)." 정해진 시간이 없어요. 그러면 뭐냐? 항상 앞에 있어요. 과거·현재·미래에 있는 것이 아니고, 항상 (손가락을 흔들며) 이것이거든요! 그래서 "눈앞을 떠나지 않는다" "발밑을 떠나지 않는다"라고 하기도 하죠. (법상을 두드리며) 항상 이렇게 명백한 일입니다! 항상 이렇게 분명한 일이에요! 이것은 분리될 수가 없어요. 토끼가 간을 빼놓고 다닌다는 식으로 마음을 떼놓고 다닐 수는 없어요. 말은 그렇게 할 수가 있죠. "내가 마음을 놓고 왔다" 그러는데, "마음을 놓고 왔다"는 이것은 또 누구의 마음입니까? 말은 그렇게 "내가 마음을 놓고 와서 요새 기억이 하나도 없다" 하지만, "마음을 놓고 왔다"고 하는 이것은 누구의 마음입니까?

이것은 분리될 수가 없는 것이에요. 항상 (손가락을 흔들며) 이렇게! 생각으로 해서는 절대 안 됩니다. 이렇게 분명하고 명확하게 모든 사람에게 날 때부터 죽을 때까지 변함없이 늘 갖춰져 있지만, 이것을 우리는 깨닫지 못하죠. 여기에 계합이 안 되는 이유가 뭐냐? 장애물은 생각입니다, 생각! 생각이 이것을 가로막는, 깨달음을 가로막는 유일한 장애물이에요. 그래서 "중생심은 분별심이다" 즉 "중생심은 생각하는 마음이다"라고 하는 겁니다. 생각으로는 절대 안 되는 겁니다. (손가락을 높이 흔들며) 이렇게 명백하게 가리켜 드리지 않습니까? 이렇게 분명하게 가리켜 드리는 겁니다. 생각이 아니라 이것이 한번 딱 와닿아야 해요. 깨달을 수 있는 길은 이것 외에는 없습니다. (손을 흔들며) 이것이 한번 딱 와닿으면 된다니까요!

명상이나 여러 가지 수행을 하다 보면 굉장히 다양하고 희한한 여러 가지 경험들을 많이 합니다. 그러나 그런 것들은 마음이 일으키는 일종의 아지랑이나 무지개 같은 환상입니다. 진실로 마음이 딱 분명하면 아무런 무엇이 없어요. 아무런 무엇이 없지만, (손가락을 흔들며) 이렇게 분명하다고요! 명백하고 분명하죠! 아무 모양이 없습니다. 그래서 이것을 "허공(虛空)이다" "공(空)이다" 하고 말하는 거예요. 이런 느낌, 저런 느낌, 이런 기분, 저런 기분, 희한한 경계를 체험하고, 이상한 경험을 하는 것은 전부 마음이 일으켜 놓은 여러 가지 무지개 같고 아지랑이 같은 환상입니다. 그런 것에 일절 상관하지 마십시오.

마음은 이렇게 분명하고 명백한 것입니다. 아무 색깔이 없습니다. 아무 모양이 없고, 아무 맛이 없습니다. 그렇지만 이 우주의 모든 생명력의 근원이라 해도 좋아요. 왜? 모든 것은 여기에서 비롯되고 여기에서 나타나는 것이기 때문이죠. 모든 일은 여기서 다 일어나는 겁니다. 그래서 일체유심조(一切唯心造)라고 하는 거예요. 모든 것은 마음이 만든다는 말이죠. 여기에서 다 이루어지는 것이니까요. 이것이 어쨌든 한번 분명해지는 것이지 다른 것은 없습니다.

예를 들어, 그림을 그릴 때에 붓끝에서 그림이 다 나오잖아요? 붓끝의 움직임에 의해서 나오죠. 그런데 붓끝의 움직임 그 자체는 아무 그림이 아닙니다. 그러나 우리는 붓끝의 움직임은 보지 않고, 그림만 본단 말이죠. 그게 바로 중생입니다. 마음이라는 것이 이렇게 분명하거든요. 이것은 어떠한 것도 아니지만 이렇게 분명하단 말예요. 생각해서는 안 되고, (손을 흔들며) 이것이 한번 이렇게 딱 와 닿아야 해요! 그러면 온 세상이 이 하나입니다! 이쪽과 저쪽이 없고 안팎이 없어요. 언제든지 이 하나의 일일 뿐입니다! 그야말로 나도 없고, 사람도 없어요. 《금강경》에서 얘기하죠? 아상 · 인상 · 중생상·수자상이 없다고요. 나도 없고, 사람도 없고, 중생도 없고, 목숨도 없고, 아무런 개념이 없어요. 그 어떤 장애가 될 만한 것도 없어요. 하여튼 이 하나입니다! 이것 하나뿐이에요!

묻는다. "마음이 이미 드러나 있는데, 무슨 까닭에 보지 못합니까?"

달마가 비유적으로 방편을 쓴 겁니다.

"그대는 꿈을 꾼 적이 없는가?"
"꿈꾼 적이 있습니다."
"그대가 꿈을 꿀 때 그대의 몸은 그대의 본래 몸인가?"
"본래의 몸입니다."
"그대의 말과 움직임과 동작은 그대와 따로 있는가? 따로 있지 않은가?"
"따로 있지 않습니다."

비록 우리의 꿈은 환상이지만, 환상이라 하더라도 꿈이 따로 있고 내가 따로 있는 것은 아닙니다. 꿈은 환상이지만, 꿈이 따로 있고 내가 따로 있는 건 아닙니다. 비유적으로 말하면, 비록 물결이 순간 순간 지나가는 허망한 것이라 하더라도 물 밖에 따로 있는 것은 아니죠. 물에서 물결이 일어나는 것이죠. 그런 것처럼, 분별되는 온갖 일들, 색깔·소리·냄새·맛·촉각·의식의 현상세계, 우리가 분별하는 이 현상세계가 비록 허망하긴 하지만, 이 현상세계의 밖에 따로 진실한 우리의 본래 마음이 있는 것은 아닙니다. 이 현상세계와 진실한 본래의 마음은 둘이 아니고 하나입니다!

그런데 이런 말도 방편으로 하는 말이죠. 실제로 공부를 하는 사람이 스스로 여기에 딱 계합을 하면 그냥 일상생활이죠. 일상생활의 순간순간 일어나는 모든 일이, 경험하는 모든 일이 항상 똑같아요. 있는 것도 아니고, 없는 것도 아니고, 말하자면 아무 일이 없죠. 그래서 "만법(萬法)이 하나고, 하나가 만법(萬法)이다"라는 말을 하기도 하지요. 하여튼 설명하고 이해하는 문제는 아니고, 이것이 한번 명확해져야 해요. 우리 모두에게 단지 "이 하나뿐이다!" 하는 사실이 명확해지면, 그냥 일상생활은 인연 따라서 무심결에 하죠. 대개 무심코 생활을 하는데, 그런데도 온 천지에서 일어나는 모든 일이 다 이것이에요. 그래서 항상 다른 일 없이 "깨어 있다"라고 말할 수가 있습니다. 다른 일 없이, 항상 이 일이 분명하니까요. 하여튼 지금 "이 일 하나뿐이다!"라는 게 한번 와닿아야 됩니다. 생각으로는 절대 알 수 없는 일이니, 생각은 소용이 없는 겁니다.

달마가 말했다. "이미 따로 있지 않다면, 곧 이 몸이 그대로 본래 법신이고, 이 법신이 그대의 본래 마음이다."

"몸과 마음과 법신이 구분되지 않는다"는 말입니다. 불교에서는 몸을 색신(色身)이라 하죠? 마음을 법신(法身)이라 하기도 하죠? 이름이 그냥 그렇다는 것이지요. 실제로는 "내 몸이 어떻다" 할 때도 이 일입니다. 다른 일이 아니에요. "마음이 어떻다" 할 때도 이 일이고, "법신이 어떻다" 할 때도 역시 다른 일이 없습니다. 그냥 이 하나의 일이 있을 뿐이죠. 항상 여기서 몸을 말하고, 몸을 생각하고, 몸을 느끼고, 몸을 분별하고, 똑같이 마음도 분별하고, 생각하고, 말하고, 느끼고 하는 거거든요. 그래서 실제로는 이것 하나밖에 없는 겁니다. 여기서 몸을 알고, 마음을 알고, 불교를 알고, 세속을 알고, 여기서 다 하는 거거든요. 실제로 (손을 높이 흔들며) 이것뿐인 겁니다! 이 하나뿐이라고요!

이것은 뭐냐? 뭐라고 할 수가 없어요. 아무것도 아니에요. "만(萬) 가지 일이 단지 이 일 하나다!"라고 억지로 이렇게 말할 수밖에 없는데, 이것을 한번 체험하면, 여기에 대한 지혜는 말로써 설명할 수가 없어요. 체험을 통해서 자기 스스로가 경험을 해 봐야 되는 거예요. 그래서 이것을 한번 체험해 보라는 겁니다.

우리가 "이 깨달음은 물을 마시고 그 물맛을 아는 것과 같다"라고 얘기를 하는데, 물을 마실 곳까지는 이끌어 줄 수가 있어요. 그런데 그 물을 마시고 그 물맛을 아는 것은 본인 자신이 경험하는 거죠. 누가 설명을 해 줘야 되는 것이 아니고 자기가 직접 체험하는 거죠. 지혜라는 것은 스스로에게서 다 나오는 것입니다. 이 체험만 하면 그렇게 된다 이 말입니다. (손가락을 흔들며) 이것에 제대로 통하기만 하면 지혜는 자기 스스로에게서 다 확인이 되는 것입니다! 하여튼

(손가락을 흔들며) 이것입니다! 이것 하나!

이미 따로 있지 않다면, 곧 이 몸이 그대로 본래 법신이고, 이 법신이 그대의 본래 마음이다…… 몸이라든지, 법신이라든지, 마음이라든지 다 똑같아요. 다를 게 없어요.

이 마음은 헤아릴 수 없는 과거로부터 지금과 다르지 않아서 생기거나 사라진 적이 없다.

실제 이것을 한번 경험을 해서 이 자리가 분명해지게 되면, 그 순간에 시간이 사라져 버립니다. 여기에는 시간이 없어요. 시간도 없고 장소도 없습니다. 시공간이 사라진다고 해야 하나? 그러나 겉으로는 다 있습니다. 분별을 하면, 해가 뜨고 배가 고프면 '아 시간이 됐구나!' 이렇게 다 분별을 하는데, 그렇지만 매 순간순간 이것은 변함이 없어요. 아무리 시간이 흘러가고, 해가 떴다 지고, 배가 고파서 밥을 먹고, 또 다시 배가 고파지고, 아무리 그렇게 하더라도, 이것은 항상 똑같아요. 그러니까 분별되는 현상은 끊임없이 시간을 따라 흘러가고 장소도 바뀌지만, 이 법은 그런 게 없어요. 항상 똑같습니다.

그래서 이 법을 딱 확인해 버리면, 그 순간에 '시공간을 벗어난다'라고 표현할 수가 있습니다. 그런 개념이 여기는 없으니까요. 한결같이 똑같으니까요. 이 일뿐이거든요. 언제든지 어디를 가든지 똑같거든요. 확인되는 것은 이것 하나뿐이니까요. 그래서 이것은 불생불

멸, 곧 생겨나지도 않고 사라지지도 않고, 부증불감 불구부정, 어둡
지도 않고 밝지도 않고 깨끗하지도 않고 더럽지도 않다 하고 표현
을 하는 겁니다. 이것을 확인해 보면 이 순간에 시간이 멈춘다고 해
도 좋고, 시간이 없어진다고 해도 좋아요. 시간이 딱 멈추죠. 겉모습
으로 분별하면 끊임없이 흘러갑니다. 계속 변하고 있으니까요. 그런
데 자기 존재랄까 이 우주의 진실이랄까 이걸로 말하면, 딱 멈춰 버
려요. 왔다 갔다 하는 것이 없어요. 그래서 이것을 "시간 밖에 있다"
"공간 밖에 있다"라고 표현하기도 합니다. 이것입니다. 이것이 어쨌
든 한번 명확해지는 것이고, 딴 것은 없습니다.

모든 사람은 항상 이것 하나에서 고민도 하고, 생각도 하고, 이리
저리 행동도 하고, 웃기도 하고, 울기도 하고, 다 하고 있는 겁니다.
그런데 그런 일들은 다 지나가는 일이지만, 이것은 항상 변함없이
그대로입니다. 그래서 "좀 전엔 울었다가 지금은 웃는구나!" 하고 백
장 스님이 말씀했죠. 이것은 울 때나 웃을 때나 똑같거든요. 이것을
한번 제대로 확인하면, 어떻게 되느냐? 효과가 바로 나타나요. 온갖
번뇌망상들이 가라앉고 편안해져요. 아무 일이 없어요. 살펴보면 이
것 하나가 진실할 뿐, 그 나머지는 아무 의미가 없어요. 이 공부가
그렇게 됩니다. 이것을 확인하면, 이것 하나가 진실할 뿐이고, 그 나
머지는 아무 의미가 없고, 의미가 없으니까 끄달릴 것이 없죠. 진실
한 것은 단지 이것 하나밖에 없는 거죠. (손가락을 흔들며) 이것 하나
뿐!

이것을 확인하면 항상 어디를 가든지, 언제든지 이 하나뿐이니까,

갈 데도 없고, 하고 싶은 일도 없고, 언제든지 (손가락을 흔들며) 이것만 이렇게 분명할 뿐인 겁니다!

생기지도 않고 소멸하지도 않고, 증가하지도 않고 감소하지도 않고, 더럽지도 않고 깨끗하지도 않고, 좋지도 않고 나쁘지도 않고, 오지도 않고 가지도 않고, 옳지도 않고 그르지도 않고, 남자도 아니고 여자도 아니고, 승(僧)도 아니고 속(俗)도 아니고, 남녀노소도 아니고, 부처도 아니고 범부도 아니고, 닦아서 깨닫는다는 그런 일도 없고, 원인도 없고 결과도 없고, 근육의 힘도 없고, 얼굴이나 몸의 모습도 없다.

이것을 말하자면 이렇습니다. 여기에는 아무런 뭐라고 할 게 없거든요. 그냥 (손가락을 들며) 이것뿐인 거죠! 이렇게 명백한 이 하나뿐인 겁니다! 여기에는 뭐라고 할 게 아무것도 없습니다. 물론 우리는 여기서 온갖 분별을 다 합니다. 중생·부처·깨끗하다·더럽다·옳다·그르다·좋다·나쁘다, 온갖 분별을 다 하죠. 그러나 그것은 진실한 것이 아니고, 순간순간 인연 따라서 하는 것이고, 진실한 것은 변함없이 항상 이것 하나뿐인 겁니다.

하여튼 여기서 이것을 한번 확인하고, 여기에 통해서 이것에 의지해서 살아야 된다고 할까요? 이것이 유일한 진실입니다. 경전이나 조사어록에서 그런 얘기를 많이 하죠? "중생은 자꾸 밖으로 쫓아나긴다." "밖으로 쫓아다니면서 뭘 찾는다." 밖과 안이란 뭐냐? 이것이 안이고, 여기에 계합하면 바깥이 없어요. 이 우주에 안팎이 없어요. 그런데 여기에 계합하지 못하면, 분별에 떨어져 버립니다. 그러면 온갖 생각·느낌·감정·사물 이런 것을 쫓아다녀요. 이것이 바로 밖으로 쫓아가는 거죠. 마음이라고 하는 게 따로 있다면, 그것도 또한 바깥의 일입니다. 마음은 따로 있는 게 아니고, 지금 바로 (손가락을 흔들며) 이것이거든요! 마음이라 하든, 몸이라 하든, 사물이라 하든, 육체라 하든, 이름은 상관이 없어요. 단지 이것 하나거든요! 이것 하나입니다!

이것이 분명하면 만법이 다 여기에 있습니다. 바깥이 없습니다. 온 우주가 여기에 다 있습니다. 밖이라는 것이 없어요. 그런데 이것이 희미해지고 이것을 놓쳐 버리면, 우리에게는 분별밖에 남는 게 없는데, 그것이 다 바깥의 일이에요. 분별하면 모두가 밖의 일이에요. 이것이 분명하면 분별은 없습니다. 분별할 게 없어요. 만법이 전부 이 하나의 일이기 때문에 분별할 필요가 없습니다. 그런데 이것을 놓치게 되면 분별을 따라가요. 이것을 놓치고 분별을 따라가는 것을 일러 "바깥으로 찾아다닌다." 이렇게 말하는 겁니다. 지금 바로 이 하나입니다. 이렇게 명백하고 분명한 겁니다. 이것이 분명하면 아무 일이 없어요. 옛날 선사들이 늘 하는 말이 있죠? "이것을 몰랐을 때는 항상 사물을 따라다녔는데, 이것을 깨닫고 보니 온 세상의 삼라만상이 나를 따라오는구나!" 이제 그런 말도 알 수가 있어요. 왜 그런 말을 하는지.

만법(萬法)이 (손을 흔들며) 여기에 다 있거든요! 온 세계가 여기에

다 있습니다! 안팎이 없고, 멀고 가까움이 없고, 이쪽저쪽이 없고, 온 세계가 단지 이 하나일 뿐입니다. 이쪽저쪽이 없고, 멀고 가까움이 없습니다. 옛날 제가 이걸 처음 확인하고 들떠 있을 때, 저도 모르게 "아, 이 우주가 이차원의 세계구나! 하나의 평면으로 된 세계구나!" 그런 생각이 나더라고요. 왜? 이쪽저쪽이 따로 있다는 느낌이 없고, 온 우주가 이것뿐이구나 하고 경험이 되니까요.

하여튼 (손가락을 흔들며) 이것입니다! 아무 다른 게 없어요. 불교니 선(禪)이니 해서 보고 듣고 한 것은 제발 다 내버리세요. 쓸데없는 쓰레기들입니다.

자기 마음입니다. 자기가 태어날 때부터 갖추고 있는 자기 살림살이예요. 누구한테 배워서 안다는 게 말이 안 되는 소리예요. 자기 스스로가 확인하기만 하면 됩니다. 자기가 늘 갖추고 있는 것이니까요. 세속과 불법의 차이가 뭐냐 하면, 세속의 가르침이라는 것은 예를 들어 유교만 하더라도 "훌륭한 군자는 이런 것이다"라고 표준을 만들어 놓고 있습니다. 그러면 우리는 그렇게 만들어 놓은 인간이 되려고 노력을 해요. 자기를 버리고 성인들이 만들어 놓은 모델에 자기를 끼워 맞춰야 하죠.

말하자면 옷에다가 내 몸을 맞춰야 된다고요. 그것이 바로 세속에서의 가르침이에요. 세속에는 모두가 그런 표준을 만들어 놓고, "이렇게 해라 저렇게 해라" 하고 그 표준에 맞추도록 교육을 시킵니다. 우리의 옷이란 뭡니까? 전부 보고, 듣고, 배운 것이잖아요? 시키는 대로 하는 것이죠. 그러나 불법은 뭐냐? 모든 옷을 벗어던지고,

타고난 이 몸이 본래의 몸입니다. 어떤 옷도 만들어 놓지 않습니다. 불교에서는 오히려 입고 있는 옷을 벗겨 낸다고요. 해탈한다는 게 바로 그런 거잖아요? 풀어내는 겁니다.

불성(佛性)은 본성(本性)입니다. 타고난 것이에요. 옷을 입힐 이유가 없는 겁니다. 본래 아무 일이 없어요. 본래 우리는 중생으로 태어난 게 아니에요. 본각(本覺)이라고 그러잖아요? 본래 깨달은 부처로 태어났지, 어리석은 중생으로 태어난 게 아닙니다. 태어난 이후에 이런저런 옷을 입어서 중생 노릇을 하는 거죠. 본래 부처로 태어난 겁니다. 그것을 회복하고 찾는 거예요. 그러면 원래 우리에게는 아무 일이 없어요. 원래 아무 일이 없다니까요.

그러나 불교에도 여러 가지 말이 많죠? 경전이니 조사어록이니 하는 그것을 무슨 좋은 옷인 양 입고 있으면 가장 불쌍한 사람이에요. 경전의 말씀이나 조사의 말씀은 우리가 입고 있는 옷을 벗겨 주는 하나의 방편이에요. 조사나 부처에게서 배운 옷을 입고 있으면, 그것은 부처님의 가르침과 조사의 가르침을 거꾸로 실천하는 거예요. 제대로 실천하는 것이 아닌 겁니다.

자기의 마음입니다. 자기 스스로 백퍼센트 다 갖추고 있습니다. (손가락을 흔들며) 이것만 확인하면 됩니다! 이것만! (법상을 두드리며) 이것만 분명하면 돼요! 이 일이거든요! 이렇게 분명하고 명백하고 본래 가지고 태어난 것이어서 한순간도 벗어나지 않습니다. 태어나면서부터 죽을 때까지. 그래서 마지막 죽을 때, 염라대왕에게 내보일 것은 이것 하나밖에 없습니다. 태어난 이후에 보고 듣고 배운 것은 죽을 때 다 버리고 가기 때문에 염라대왕에게 가지고 갈 수가 없어요. 비유를 하자면 그렇다 이 말입니다.

실제로 목숨의 위급함을 느낄 때 그런 경험들을 할 수가 있는데, 그럴 때 그 순간에 남는 것은 이것의 힘밖에 없죠. 보고 듣고 배운 것은 다 잊어버리게 됩니다. 배운 것이 생각날까요? 생각이 나 봐야 그게 무슨 소용이 있겠어요? 이것의 힘만이 딱 남아서 아무렇지도 않아요. 그러니까 이것만이 근원이죠. 내쫓을 수도 없고 내버릴 수도 없고 부정도 긍정도 할 수 없는 이 근원을 확실하게 확인을 해서 이것이 분명하면, 그 다음엔 할 일이 없습니다. 아무것도 할 게 없습니다. 단지 언제든지 (손가락을 흔들며) 이 하나밖에 없는 거죠!

생기지도 않고 소멸하지도 않고, 증가하지도 않고 감소하지도 않고, 더럽지도 않고 깨끗하지도 않고, 좋지도 않고 나쁘지도 않고, 오지도 않고 가지도 않고, 옳지도 않고 그르지도 않고, 남자도 아니고 여자도 아니고, 승(僧)도 아니고 속(俗)도 아니고, 남녀노소도 아니고, 부처도 아니고 범부도 아니고, 닦아서 깨닫는다는 그런 일도 없고, 원인도 없고 결과도 없고, 근육의 힘도 없고, 얼굴이나 몸의 모습도 없다.

우리의 분별을 부수는 말이죠. "닦아서 깨닫는다"는 말은 방편입니다. 실제로 우리가 이것을 확인하면 이것은 본래부터 완전히 갖추어져 있는 것이기 때문에 닦아서 깨닫는다는 말이 해당이 안 돼요. 그렇기 때문에 닦아서 깨닫는다는 것은 방편의 말이에요. 날 때부터 죽을 때까지 변함없이 갖추어져 있는 것은 이것 하나뿐이거든요. 여기에서 뭘 닦는다는 것은 말이 안 돼요. "깨닫는다" 하는 것도 그 순간의 경험을 말하는 것이죠. 이것은 원래부터 있었던 일이니까, 닦음도 깨달음도 없고, 원인도 결과도 없고······.

원인과 결과라는 것은 다 분별 속의 일이어서 세간의 일입니다. '생긴다' '사라진다' '증가한다' '감소한다' 이 모두는 세간의 분별입니다. '더럽다' '깨끗하다' '좋다' '나쁘다' 전부 분별이죠? '온다' '간다' '옳다' '그르다' '남자다' '여자다' '승이다' '속이다' '성인이다' '범부다' '부처다' '중생이다' 모두가 분별입니다. '닦아서 깨닫는다' 이것도 분별이죠? '원인이다' '결과다' 분별입니다.

근육도 없다는 것은 힘도 없고, 용모 즉 모습도 없다는 말이죠. 힘이라는 말이 나와서 방편으로 한 말씀 드려야 되겠는데, 이것을 육체에서 느끼는 어떤 에너지나 힘으로 표현하는 사람들이 왕왕 있어요. 특히 명상을 한 사람들은 이것을 그렇게 받아들이고 있더라고요. 그런 경우들이 종종 있는데, 망상입니다. 분별이죠? 에너지, 힘, 배운 말입니다. 분별이에요. 날 때부터 알고 있습니까? 에너지, 힘이라고? 망상입니다. 그런 분별 때문에 발목이 잡혀서 공부가 깊이 들어갈 수 없고, 세밀해질 수가 없어요. 그냥 이것인데, 왜 여기에 자꾸 이름을 붙이냐고요? 이름을 붙이는 것은 전부 배워서 생긴 분별망상을 하고 있는 거예요.

그런 경우는 대개 육체나 의식에서 오는 어떤 느낌 같은 것에 매달려 있습니다. 얘기를 들어 보면 다 알 수가 있어요. 어떤 사람은 에너지가 어쩌고저쩌고 하는데, 순전히 자기 망상 속에서 하는 소리입니다. 옛날에 인도에서 몇 년 동안 요가를 하고 돌아와서 요가 학원을 하는 사람이 있었는데, 설법을 듣고서 나중에 하는 얘기가, 제가 설법을 하는데 뒤에 어떤 빛이 서려 있더래요. 자기는 그것을 오오라라고 하더라고요. 망상 그만 하고 공부 좀 똑바로 하라고 했죠. 그런 식으로 공부를 하면 전부 외도입니다. 왜냐? 분별을 못 벗어나요. 계속 분별 속에서 발을 못 빼요. 그래 가지고 언제 해탈을 할 겁니까? 해탈을 못합니다. 계속 분별 속에 있으니까요. 뭔가가 있다 하면 그건 전부 분별이에요. 전혀 아무 일도 없습니다.

불교에서 허공이라는 표현을 왜 하겠습니까? 왜 허공이라 하겠어요? 제발 망상 좀 하지 마라 이거예요. 왜 공(空)이라 하겠습니까? 아무것도 없으니까요. 아무것도 없어요. 이렇게 명백하고 분명하지만, 무엇이 있다고 할 수가 없어요. 수행을 한다면 자기 의식에 속는 겁니다. 의식이라는 놈이 아주 미묘한 장난을 치기 때문에 속기가 아주 쉽습니다. 그런 것을 다 조복시키지 못하고 의식의 망상에 말려들어 가 있으면 발을 빼기가 힘들어요.

하여튼 여기에 제대로 계합을 하고 제대로 경험을 하면, 실제 아무 일이 없습니다. 뭘 보는 것도 아니고, 느끼는 것도 없고, 아무런 그런 게 없습니다. 육식(六識) 속에 해당이 되지 않습니다. 보고 느끼고 할 아무 그런 게 없어요. 그렇지만 이렇게 분명하단 말예요. 분명하죠. 이 이상 분명한 게 없죠. 그런데 이것을 제대로 경험하지 못하고 뭔가 자기 나름대로 경계를 보게 되면, 그것을 자꾸 의식화하여 모양을 그리려고 하죠? 이 의식이라는 놈은 자꾸 뭘 의식화시키려고 해요. '이런 게 아닌가?' 하고…….

거기에 속으면 안 됩니다. 의식화하여 '이것이 아닌가?' 하고, 이 마음이라는 놈이 자꾸 그렇게 하려고 해요. 그게 전부 망상이거든요. 아무 그런 일이 없어요. 언제든지 이렇게 분명하고 명백할 뿐, 여기는 아무 그런 게 없어요. 그렇기 때문에 불교에서 이것을 공(空)이라고 표현해요. 이름 붙일 게 아무것도 없기 때문입니다.

마치 허공과 같아서 가질 수도 없고, 버릴 수도 없고, 산이나 강이나 석벽이 가로막을 수도 없다.

산이나 강이나 석벽 즉 성벽에 가로막히지 않는 게, 만약 몸이 막힘없이 성벽을 통과하고, 산을 통과하고, 강을 통과하면, 그건 외도의 신통입니다. 불법의 신통은 몸이 아니고, 마음이 그렇다는 겁니다. 마음이 그런 거예요. 이 세상은 단지 하나의 마음이에요. 옛날에 그런 마술사가 있었잖아요? 아주 오래된 얘긴데, 전 세계에 생중계를 했었죠? 만리장성을 통과하는 마술을 했어요. 미국의 유명한 마술사였는데, 물론 그것은 쇼였습니다. 그런 것은 외도들이 하는 신통이고, 우리 불법에서 산에 가로막히지 않고, 강에 가로막히지 않고, 성벽에 가로막히지 않는다는 신통은 바로 이 법을 가리키는 겁니다. 여기에 통달이 되고, 계합을 하면 장애물 자체가 없습니다.

산, 강, 바다, 성벽이 상대가 안 돼요. 상대가 없어요.

《반야심경》에 "반야바라밀다에 의지하면, 모든 장애가 사라진다"라는 얘기를 하죠? 똑같은 말입니다. 여기에는 상대가 없고, 장애 될 게 없습니다. 만법이 다만 (손가락을 들며) 이 하나의 일입니다! 장애가 없다는 말은 상대가 없다는 말입니다. 이 마음에는 상대가 없어요. 이 우주 자체가 하나의 마음이고 하나의 법이지, 이 마음이 있고 또 다른 어떤 것이 있고, 그렇게 되지 않습니다. 상대가 없습니다. "가로막을 수도 없다"는 말은 "상대가 되지 않는다" "상대가 없다"는 말입니다.

하여튼 이것은 설명해서 이해할 문제는 아니고, 자기 스스로 여기에 한번 계합을 해서 이 일이 한번 분명해지면, 자기 입으로 저절로 이런 얘기를 하게 됩니다. "어디에도 상대가 없구나!" "가로막힐 게 없구나!" 하고 자기 입으로 그런 말이 나오게 되어 있죠. 여기에 계합하면 똑같은 지혜가 나오는 겁니다.

하여튼 (손을 흔들며) 이 일 하나뿐이에요! 다른 일이 없습니다. 모든 사람에게 다만 바로 지금 (손을 흔들며) 이것뿐입니다! 이런 일 저런 일이 따로 없습니다. 다만 이것 하나뿐입니다! 여기서 이것이 온갖 망상을 다 하는데, 이게 분명하면 아무리 생각을 해도 망상이 되지 않아요. 그래서 이 법이 여법하면, 생각해도 생각이 망상이 안 돼요. 그런데 이게 분명하지 못하면, 생각을 하면 백퍼센트 망상이 됩니다. 이것이 분명해야 마음대로 생각하고, 보고, 듣고, 느끼고 해도 전혀 허망함이 없습니다. 한결같이 이 하나일 뿐입니다. 보고, 듣고,

느끼고 하는 일이 다만 (손가락을 흔들며) 이 하나입니다!

딱! 딱! 딱! (죽비 소리)

16.
신령스레 통한다

달마혈맥론 열여섯 번째 시간입니다.

나타나고 사라지고, 가고 옴에 자재하고, 신령스러이 통한다. 오온(五蘊)의 산을 통과하고 생사(生死)의 강을 건너니, 어떤 업(業)이라도 이 법신(法身)을 구속할 수 없다. 이 마음은 미묘하여 보기가 어려우니, 이 마음은 색신(色身)과 같지 않기 때문이다. 이 마음이 곧 부처이니 사람들은 모두 볼 수 있기를 바라지만, 이 광명 속에서 손을 움직이고 발을 움직이는 것이 헤아릴 수 없이 많은데도, 사람들에게 물어보면 전혀 말하지 못하는 것이 마치 나무로 만든 사람과 같다.

나타나고 사라지고, 가고 옴에 자재하고, 신령스러이 통한다……
나타나고 사라지고 하는 것은 분별이죠. (손을 흔들며) 이것은 뭐가 나타난다고 해서 나타나는 것이 아니고, 뭐가 사라진다고 해서 이것이 사라지는 것은 아닙니다. 바로 지금 이렇게 언제든지 변함없이 이 하나뿐인 것이고. 뭐가 '나타난다' '사라진다' 한다면 여러 가지로 변하는 모습을 분별해서 하는 말이죠.
해가 나든지 구름이 덮이든지 달이 있든지 별이 있든지 상관없고, 어쨌든 이 법은 바로 지금 이겁니다. 바로 지금 이것이기 때문에 뭔가를 헤아려서 찾으면 안 됩니다. 헤아리든 헤아리지 않든, 그것과는 상관이 없는 것이기 때문이죠. 헤아려도 여기서 헤아리는 것이고, 헤아림이 없어도 여기서 헤아림이 없는 것입니다. 이 법이고 이것이죠. 여기서 어쨌든 한번 곧장 딱 맞아떨어지면 이런저런 일이 없죠.

언제든지 이 일 하나밖에 없고, 이렇다 저렇다 할 법이 없어요. 사실은 입을 열 수가 없죠. 왜냐? 입을 열어서 얘기할 거리가 없거든요. 입을 여는 게 이것이고 다무는 게 이것이기 때문에, 입을 여는 데서 이것이 이렇게 분명하고 입을 다무는 데서 이것이 이렇게 분명하니까, 따로 입을 열어서 얘기할 거리가 없단 말예요. 그렇다고 해서 의식으로 '이것이다' 하고 생각하면 안 됩니다. 이것은 내 머릿속의 의식과 관계없이 저절로 온 천지에 드러나 있고 나타나 있는 것이니까요. 그래서 설법은 사람이 하는 것을 듣는 게 아니고, 산천초목이 하는 설법을 들어야 하는 겁니다.

(손가락을 흔들며) 이겁니다! 다른 일이 있는 게 아닙니다. 산천초목에서 드러나 있는 것은 단지 이 하나의 일입니다. 마음 역시 이것이 마음이라고 말하기 때문에 마음이라는 말도 방편의 말입니다. 이것에 관해서 법이라는 말은 당연히 방편의 말이고, 말을 하지 않고 침묵하고 있어도 그냥 이것이고, 이것을 일러서 이러쿵저러쿵해도 그냥 이것이거든요.

어쨌든 지금 바로 이것이에요. 누구든지 지금 당장 이것뿐이거든요. 이 법을 보는 눈이 있다면, 온갖 색깔과 소리와 냄새와 맛과 생각과 느낌 위에 눈이 달려 있는 겁니다. 눈이 없는 데가 없어요. 사람 머리에 눈이 붙어 있는 것이 아니고, 온 천지에 다 붙어 있단 말입니다. 온 천지에 이 법이 다 드러나 있으니까요. 그러니까 이 일 하나뿐이에요.

나타나고 사라지고, 가고 옴에 자재하다…… 나타나든 사라지든 아무 걸릴 게 없단 말입니다. 가든 오든 아무 걸릴 게 없다…… '자재하다'는 것은 걸릴 게 없다는 거잖아요? 알든 모르든, 보든 보지 않든, 생각을 하든 생각하지 않든, 소리가 나든 고요하든, 밝든 어둡든, 아무 상관이 없어요. 자재하다는 것은 아무 상관이 없다는 겁니다. 어두우면 어둠이 설법을 하고, 밝으면 밝음이 설법을 하는 것이고, 시끄러우면 시끄러움이 설법을 하고 있고, 고요하면 아무 소리 없는 고요함이 설법을 하고 있는 겁니다. 그러니까 걸릴 게 없는 것이죠.

(손을 흔들며) 이 일뿐이에요! 다른 일이 있는 게 아니고 단지 이 하나인데, 이게 명확하지 않으니까 자꾸 생각이 움직입니다. 이 법이 분명하면 생각은 할 일이 없고, 이 법이 분명치 못하면 생각이 일을 하게 돼요. 그렇기 때문에 법이 분명한 사람은 말이 없고 생각할 게 없습니다. 법이 분명치 못하면 이치에 맞는 말을 찾아서 이러쿵저러쿵 말이 많아요. 머리로써 헤아리는 게 아니고, 이 하나의 일입니다. 이것이 어쨌든 분명해져야 하고, 이것이 명확해져야 합니다. 하여튼 여기에 한번 통달이 되어야 하는 겁니다.

나타나고 사라지고, 가고 옴에 자재하고, 신령스러이 통한다. 오온(五蘊)의 산을 통과하고 생사(生死)의 강을 건너니……

지금 "오온" 하고 말하는 여기서 이것이 분명하면 더 이상 말할 것도 없는 것이지만, "오온의 산을 통과하고……" 방편으로 이런 말을 하니까요. 오온이라는 것은 우리 불교에서 말하는 방편의 말이 잖아요? 색(色)·수(受)·상(想)·행(行)·식(識)에서 색(色)은 육체, 수(受)는 느낌, 상(想)은 생각, 행(行)은 욕망, 식(識)은 의식, 이것은 우리가 경험하는 것들을 총합해서 하는 말입니다. 우리 앞에 나타나 있는 모든 것을 총합해서 하는 말이죠. 산을 통과한다는 것은 걸림이 없다는 말이죠.

이 법이 진실해지고 이것이 이렇게 명확해지면, 이 세상에 진실이란 이것 하나뿐입니다. 그러면 육체가 어떻고, 느낌이 어떻고, 생각이 어떻고, 욕망이 어떻고, 이런 것들이 나타나지 않는 것은 아니고 나타나긴 하지만 그냥 허깨비처럼 아무 의미가 없어요. 진실은 이것 하나뿐이죠. 이것 하나만이 진실할 뿐이죠. 왜 이 하나만 진실하냐 하면, 언제든지 변함없는 것은 이것 하나뿐이고, 항상 나타나 있는 것은 이것 하나뿐이니까요. 언제든지 변함없는 것은 이것 하나뿐이고, 항상 이렇게 나타나서 이것은 의심할 수가 없는 거죠. 이것 하나는 의심할 수가 없어요. 몸이 어떻고 마음이 어떻고 하는 것은 그냥 그때그때 지나가는 느낌이고 생각이니 지나가는 일이죠. 지나가지 않는 것은 단지 이것 하나뿐입니다.

그래서 "오온(五蘊)의 산을 통과한다" 즉 "오온(五蘊)에 걸리지 않는다"라고 하는 겁니다. 그것은 이 자리, 여기에 한번 계합을 하여 체험을 하고 난 뒤에 공부를 계속 하면, 저절로 알 수가 있습니다. '아, 이것만이 유일하게 진실하고, 지금까지 추구하고 살아왔던 그런 온갖 물질적이고 정신적인 일들이 다 허망하구나' 하는 것을 저절로 알 수가 있습니다. 그러니까 내면의 삶이 바뀌죠. 이 공부는 내면의 삶을 바꿔 놓는 겁니다. 그것이 바뀌지 않으면 지금까지 살아오면서 끄달렸던 번뇌에서 벗어날 수가 없죠.

공부는 진실하고 변함없는 것이 이렇게 명확해지는 겁니다. 세속의 삶, 사바세계의 삶이라는 것은 별 의미가 없어요. 여기서 삶과 죽음의 문제도 해결되는 겁니다. 우리가 이 자리에 있으면 '내가 살아 있다' '잘 살아야지' 이런 생각 자체가 일어나지 않아요. 그냥 이것뿐이에요. 단지 이 하나일 뿐이에요. 여기에는 삶도 죽음도 인생도 없어요. 그런 개념과 생각이 일어나지 않아요. 단지 이것만 뚜렷하고 명확해서 전혀 이런저런 갈등이 없으면 더 이상 일이 없는 것이고, '인생을 어떻게 살아야 하고, 죽을 때 어떻게 죽어야 하고, 사람은 이름을 남기고 짐승은 가죽을 남긴다던데……' 하는 생각을 안 한다고요. 그런 생각이 없어요.

깨달음이란 결국 자기라고 하는 존재가 없어지는 겁니다. 그것이 바로 해탈인데, 그렇게 되면 아무 일이 없습니다. 보람 있고 위대한 삶을 살기 위해서 공부를 하는 게 아닙니다. 진실 속에서 삶이라는 그림자는 사라집니다. "생사의 강을 건넌다"는 말은 그런 면에서 하는 말이죠. 진실에 통하면 삶과 죽음, 삶에 의미를 부여하고 죽음에 의미를 부여하는 그런 어리석은 짓을 하지 않는다는 겁니다.

어떤 업(業)이라도 이 법신(法身)을 구속할 수 없다.

자기 생각, 자기 말, 자기 행동, 그런 것들이 무의식중에 자기에게 영향을 미칠 때, 업장(業障)이라고 하죠. 우리는 무의식중에 그런 것에 사로잡혀 있어요. 자기 생각, 자기 말, 자기 행동…… 업(業)이란 기본적으로 삼업(三業)입니다. 신(身)・구(口)・의(意) 삼업(三業)이라 합니다. 그런데 이 법에 딱 계합을 하면, 희한하게도 생각을 하지만 생각이 진실한 게 아니고, 생각생각 자체가 단지 이 일입니다. (손가락을 들며) 이 일입니다! 이것뿐이에요! 순간순간 생각을 하고 있지만, 생각이라는 존재가 없습니다. 그냥 언제나 이 일이 있을 뿐입니다. 순간순간 생각을 하죠. 그러나 생각이라는 존재가 없어요. 항상 이것뿐이에요. 말도 마찬가지고요. 순간순간 말을 하는데도 말이라는 존재가 있는 게 아니고, 항상 이것뿐이죠. 행동도 마찬가지예요. 생각도 하고 말도 하고 행동도 하는데도 그런 존재가 전혀 없고, 그냥 이 법 하나가, 이것 하나가 명백할 뿐이죠. 그러니 어디에 업(業)이 있고 과보(果報)가 있겠습니까? 이것은 항상 똑같거든요. 언제나 똑같고 변함없는 것입니다. 그러니 무슨 원인이 있고, 결과가 있고, 업이 있고, 과보가 있겠어요?

이 법이 진실해서 모든 것으로부터 해탈하여 벗어나느냐, 아니면 이런저런 분별망상에 사로잡혀 있느냐? 하여튼 이것 하나입니다. 이것이 분명해지면 항상 똑같이 이것 하나뿐입니다. 여기에는 과거·현재·미래가 없고, 이쪽저쪽이 없어요. 언제든지 항상 똑같아요. 이것 하나뿐이에요.

이 법에 제대로 계합을 하면, 그 순간 시간이 딱 멈춰 버립니다. 겉으로야 시간이 흐르고 달력에 날짜도 지나가고 하지만, 자기 스스로에게는 시간이 딱 멈춰 버려요. 시간이라는 게 없어요. 딱 이것 하나뿐이에요. 진실에는 앞뒤가 없어요. 그냥 이것 하나뿐인 겁니다. 그러니까 이런 말을 하는 거예요. "생사(生死)의 강을 건너니, 어떤 업(業)이라도 이 법신(法身)을 구속할 수 없다." 하여튼 지금 바로 이 일입니다. 누구에게나 있는 일이고, "누구에게나 있는 일이고" 하는 자체가 바로 이 일입니다.

(법상을 두드리며) 바로 지금 이것 하나입니다! 이것에만 딱 맞아떨어지면 돼요. 어떤 생각을 하거나 취하거나 버리면 안 됩니다. 그건 다 망상이에요. (손을 흔들며) 이것이 딱 맞아떨어지면, 취하고 버리고 하는 것은 세간사(世間事)고, 이 법에는 취할 것도 없고 버릴 것도 없습니다. 일어나지도 사라지지도 않아요. 경전에도 그렇게 나와 있죠. "불생불멸(不生不滅) 부증불감(不增不減)." 이것은 분명하고, 항상 이것뿐이에요. 다른 일이 없어요. 여기에 생각을 개입시키면 안 된다고요. 생각이 개입하면 망상이 되는 겁니다.

그런데 이것이 분명하면, 생각을 해도 생각 자체가 이것이기 때문에 생각이 더 이상 망상이 아니에요. 생각이 있는 것이 아니고, 언제든지 이것 하나이기 때문이죠. 그래서 업장은 스스로 소멸되는 겁니다. 업장이 따로 있어서 그것을 없앤다고 하는 것은 말이 안 되는 소리죠. 이것이 여법해지고 이것이 이렇게 명백해지면 여기에는 이름 붙일 게 아무것도 없는데, 법이라고 할 것도 없는데, 업은 또 어디에 있겠습니까? 《금강경》에 나오듯이, "법(法)도 얻을 수 없는데, 비법(非法)은 또 어디서 얻을 수 있겠는가?" 법도 얻을 수 없는데, 법 아닌 것은 또 어디서 얻을 것인가? 이것은 뭐라고 할 수 있는 게 아니에요. 법이라는 것도 역시 방편의 이름일 뿐이에요. 이것은 뭐라고 할 수 있는 게 아니므로 법도 얻을 수 없는데, 업은 또 어디서 생기냔 말이죠. 이것만 분명하게 되면, 모든 일이 다 적멸하고 아무 일이 없습니다. 그냥 이것뿐이고, 아무 일이 없다 하는 것도 방편의 말이죠.

업장소멸은 재(齋)를 지내고, 참회를 하고, 천도(薦度)를 해서 되는 게 아닙니다. 예전 사람들은 어쩔 수 없이 그렇게 했는지 모르지만, 다 꿈속의 일입니다. 꿈속의 일이고, 진실은 언제든지 이것 하나뿐이에요. 다른 일이 없어요. 그냥 이 일뿐이에요. 이것은 항상 이렇게 명백하고 분명하지만, 여기에는 아무것도 없습니다. 아무 일도 없고, 아무것도 없습니다. 하여튼 (손가락을 흔들며) 이 일 하나예요! 지금 바로 이것이거든요! 누구에게든지 단지 이 일 하나! 이렇게 바로 지금 이것밖에 없단 말예요.

모든 사람은 이 자리에 있습니다. 모든 사람에게 이것이 유일한 진실이라고요. 변하지 않는 진실! 이것 외에 우리가 내 몸이 어떻고,

기분이 어떻고, 생각이 어떻고, 감정이 어떻고 하는 것은 하루에도 열두 번이 아니라, 한 시간에도 수십 번 변하죠. 어느 하나도 진실한 게 없습니다. 단지 이것 하나만이 언제든지 변함이 없습니다. 이것이 명백해지면 사바세계의 차별경계 속에 살면서도 아무 일이 없는 겁니다. 반드시 이 법, 이것에 계합을 해야 합니다.

이 마음은 미묘하여 보기가 어려우니, 이 마음은 색신(色身)과 같지 않기 때문이다.

미묘하다, 현묘하다는 말을 많이 합니다. 현묘하고 미묘함이라는 것은 원래 무슨 뜻이냐 하면, 뭔가가 분명히 있긴 한데 무엇인지는 알 수 없다는 말입니다. 분명히 뭐가 있긴 한데 도저히 그게 어떤 것인지 알 수가 없다. 그런데 마음공부를 처음 시작할 때 그런 생각이 들죠. 내가 마음을 가지고 살고 있는 것은 분명한데, '내 마음이 뭐냐?' 이렇게 물으면 알 수가 없단 말이죠. 안다고 하는 사람들의 말을 들어 보면, 자기 생각이나 느낌이나 감정이나 기분이나 그런 것을 말하지 마음을 말하지는 않습니다. 그런 것을 마음이라고 착각하는 거죠.

그런데 자기가 분명히 마음을 가지고 살고 있다는 것은 알고 있죠. 마음이 없으면 사람이 아니죠? 마음을 가지고 살고 있잖아요? 그런데 알 수가 없단 말이에요. 제가 처음에 이 마음공부를 시작할 때 그런 생각이 들었거든요. 분명히 나에게 마음이 있으니까 보기도 하고 듣기도 하고 생각도 하고 하는데, 뭔지 알 수가 없다는 의문을 가지고 처음에 시작을 했습니다. 그래서 처음에는 마음에 관해서 심리학 책을 좀 봤어요. 말 그대로 '심리' 하면 마음의 이치를 가리키는 것이니까, 제대로 가리키고 있는가 보니까 전혀 그런 얘기는 없더라고요. 온갖 쓸데없는 얘기들만 가득하고, 이름만 심리학이지 전혀 이쪽 얘기를 하는 게 아니더라고요.

그런데 불교를 보니까 "마음이 곧 부처다" "마음을 깨달아야 한다" 이런 말을 해요. '아! 부처님이 마음을 깨달았구나. 불교 공부를 하면 되겠구나' 그래서 불교를 열심히 공부해 보니까 마음에 관해서 엄청난 분량의 설명을 하고 있는데, 그냥 설명일 뿐이더라고요. 마음에 관해서 그럴듯하게 설명만 하고 있어요. 《유식학》이나 《구사론》을 보면 굉장히 그럴듯하게 설명하고 있죠. 그러나 설명이 너무 현학적이고 복잡한 이치만 말하고 있고, 실제 현실적으로 지금 내가 당장 찾고 있는 이 마음에 관한 얘기가 별로 없더라고요. 뭐가 아주 복잡해요. 우리는 쉬운 것을 원하잖아요?

그러다가 선(禪)을 알게 됐죠. 선을 경절문(徑截門)이라고 합니다. 경절(徑截)이란 지름길이란 말이죠. '아, 선이야말로 마음을 깨닫는 지름길이구나, 선을 해 보자.' 선에서는 "마음이 뭡니까?" 하니까 손가락을 한 번 탁 세우죠. "마음이 뭡니까?" 하니까 법상을 톡톡 칩니다. 손가락을 세우고, 법상을 치는 것에서 '아, 그렇지!' 하는 뭔가 감이 올 것 같은데, 쉽게 오지는 않고, '그래, 그렇지. 마음이라는 게 지금 이렇게 활동하고 있는 것인데……' 그래서 손가락을 세우고, 법상을 치고, 그렇지 여기서 활동을 하고 있는 건데……' 하고 찾고만 있어요. 그래도 그것이 잘 와닿지가 않죠. 어떻게 한번 해 보려고 애를 쓰려고 해도 잘 안 됩디다.

그러다가 결국 '이것은 비록 내 마음이지만, 내가 애를 쓴다고 알 수 있는 게 아니구나' 하고, 선(禪) 공부를 한 삼 년 하니까 그런 생각이 비로소 들더라고요. '아, 이것은 비록 내 마음이지만, 내 힘으로 알 수 있는 마음이 아니구나.' 그러니까 완전히 좌절을 하게 되죠. 좌절해서 힘이 쫘악 빠져 버린 거죠. 좌절을 해서 힘이 쫘악 빠진 상태에서도 공부는 포기 못하고, 계속 "도가 뭐냐?" 하고 듣고 있는데, 어느 날 스승님이 "탁!" 하고 방바닥을 치는데, 정신이 번쩍 드는 거예요. 그리하여 전혀 알 수 없는, 기대를 하지 않았던, 알지 못했던, 그런 세계의 문이 확 열린 것 같았는데, 그러나 지금까지 기대했던 그런 마음은 아니에요. '마음은 이런 걸 거야' 하고 막연하게 기대하고 있었는데, 그런 게 아니었어요. 전혀 알 수 없는 어떤 새로운 세계의 문이 열립니다. 그러면서 마치 오랫동안 어둠 속에 있다가 비로소 밝은 빛 속으로 나와서 드러나듯, 죽었던 사람이 살아나듯이 생기가 도는 거예요. '아, 이것이구나!' 지금까지 기대하고 생각해 왔던 것은 전부 머리로만 해 왔는데, 이것이 터져 나올 때는 머리에서 나오는 것이 아니고, 뭐라 말할 수는 없지만, 머리가 아니고 가슴이라고 말하기도 하지만, 사실 가슴이라고도 할 수 없죠. 어쨌든 이것 하나예요.

지금까지 내 마음이라고 여겼던 게 아닌 거예요. 전부 망상이었던 거예요. 이것은 전혀 그런 일이 아니에요. 하여튼 이것이 한번 확 열려야, 마음이라는 게 허공처럼 끝이 없는 것이고, 정해진 물건이 없는 것이고, 그러면서도 항상 이렇게 명백하고, 전혀 다른 일이 없는 겁니다. 하여튼 이것이 한번 와닿아야 됩니다.

(손가락을 흔들며) 이 일 하나뿐입니다! 여러 가지가 있는 게 아니고, 다만 이것 하나뿐인데, 이것은 우리가 알 수 있는 게 아닙니다. 머리로써는 아무리 해도 알 수가 있는 게 아니에요.

이 마음은 미묘하여 보기가 어려우니…… 마음을 "안다"고 하지 않고, "깨닫는다" "통한다" "체험한다"고 표현합니다. 이 마음을 "안다" "이해했다"라고 하지는 않습니다. 이해라는 것은 머리로 망상을 하는 거예요. 마음을 이해하는 것이 아니고, 생각하고 분별하는 이 망상이 더 이상 작용하지 않고, 마음 자체가 그냥 이렇게 드러나는 것입니다. 일거수일투족, 보고, 듣고, 알고, 행동하는 것에 전부 다 마음이 드러나 있습니다. 산하대지, 삼라만상에 전부 다 마음이 드러나 있어요.

하여튼 지금 이것 하나예요. 이런저런 여러 가지가 있는 게 아니고 다만 이것 하나다! (법상을 두드리며) 이것 하나인데, 이것은 우리 각자 자기의 살림살이예요. 다른 데서 찾으면 안 되고, 머리로 이해하는 것이 아닙니다. 머리로 이해하는 것은 전부 망상이에요. 머리라는 꿈을 깨고, 본래 마음이 한번 이렇게 확인이 되어야 하는 겁니다. 머리로써 그림을 그리는 것은 전부 꿈이에요. 망상입니다. 그 꿈에서 깨어나, 본래 마음이 한번 드러나야 된다고요. 그래야 그 다음부터는 무슨 일이 일어나더라도 모두가 이 일이고, 이 자리예요. 다른 일이 없어요. 똑같아요. 자기라는 존재가 따로 없습니다. 자기라는 존재가 있는 게 아니고, 단지 이 일 하나가 있을 뿐입니다. 우리가 육체를 가지고 사니까, 육체에서 일어나는 여러 가지 느낌도 있지만, 다 똑같은 겁니다. 육체에서 일어나는 느낌이나, 사물을 보고 귀로 듣는 것이나 모두가 똑같이 이 하나의 일이다 이겁니다.

하여튼 부정할 수 없는, 아니 긍정도 할 수 없는, 긍정할 필요도 없는, 너무도 당연한 진실은 단지 이 하나입니다! 이것이 한번 분명해져야 하는 겁니다. 이것이 분명해져야 의심이 일어나지 않아요. 이것이 명백하지 않으면 '이것이 맞는가? 또 뭐가 있지 않을까?' 하는 의심이 끊임없이 일어납니다. 이것이 정확하게 딱 맞아떨어져야 더 이상 의심이 일어나지 않아요. 왜냐하면 그런 의심이 일어날 어떤 이유도 없거든요. 이렇게 명백하니까요. 너무나 분명하니까요. 어디를 보든지, 무슨 생각을 하든지, 무슨 말을 하든지, 무슨 행동을 하든지, 뭘 먹고 마시고 하든지 간에 항상 이 일이니까요. 항상 이 일이 명백하니까요. 의심이 일어날 틈이 없어요. 뭔가 어두운 틈이 있어야 '아, 저기 뭐가 있지?' 하고 의심이 생길 텐데 그런 게 없으니까요. 하여튼 (법상을 두드리며) 이 일 하나예요! 이 일 하나!

이 마음은 미묘하여 보기가 어려우니, 이 마음은 색신(色身)과 같지 않기 때문이다…… 색신(色身)은 육체입니다. 물론 이 일은 육체적인 것하고는 전혀 맞지 않는 것이고, 하여튼 지금 (손가락을 들며) 이 일입니다! 누구에게든지 이 하나의 진실이 있을 뿐입니다. 이것은 의심할 수가 없습니다. 누구에게든지 지금 이것 하나가 있을 뿐이거든요. 이 자리가 밝게 딱 드러나면 모든 것이 다 밝아서 조금도 의심이 생기지 않는 것이고, 여기에 어두우면 뭔가 틈이 생겨요. 그렇게 되면 '또 뭐 다른 세계가 있는가?' 하고 의심이 생기죠.

(손가락을 흔들며) 이것 하나입니다! 생각이나 느낌이나 감정을 따라다니면 안 됩니다. 육체에서 일어나는 느낌을 따라다니면 안 돼요. 모든 일이 여기서 명명백백하게 드러나고 있단 말입니다. "춥다" 하면 추운 게 바로 이거예요. "덥다" 하면 더운 게 바로 이것입니다. "배고프다" 하면 배고픈 게 이것이고, "배부르다" 하면 배부른 게 이거죠. 모든 일은 여기에서 다 드러나는 거예요. 이 우주 전체가 여기서 다 나타나는 겁니다. 여기서 다 나타나는 거예요. 여기에 다 있죠. (법상을 두드리며) 이 일 하나예요! 이 일 하나!

법을 모르면 사물이 따로 있죠. 그러면 내가 사물을 따라가야 해요. 그러나 법이 분명하면 사물이 따로 없어요. 왜? 사물이 여기 다 있으니까요. 따라갈 사물이 없어요. 그래서 이것을 "사물이 나를 따라온다"라고 해요. "법을 모를 때는 내가 사물을 따라가고, 법을 깨닫고 보니까 사물이 나를 따라온다"라고 옛날 선사들이 말했죠. 그런 말을 할 수가 있는 겁니다.

이 마음이 곧 부처이니 사람들은 모두 볼 수 있기를 바라지만, 이

광명 속에서 손을 움직이고 발을 움직이는 것이 헤아릴 수 없이 많은데도, 사람들에게 물어보면 전혀 말하지 못하는 것이 마치 나무로 만든 사람과 같다.

모든 일을 여기서 다 하고 있으면서도 막상 이것은 모른단 말이에요. 이것을 깨닫지 못하고 있다 이 말입니다. 모든 것을 여기서 다 하고 있으면서, 하루 스물네 시간, 일 년 삼백육십오 일, 이 우주 전체에서 일어나는 모든 일이 여기서 다 일어나고 있는데 막상 이것은 몰라요. 말하자면 영화 화면에서 모든 장면이 처음부터 끝까지 스크린에서 다 나타나고 있는데, 장면만 볼 줄 알고 스크린은 모른다, TV 모니터 위에서 모든 장면이 다 나타나는데, 그림만 보고 모니터는 모른다는 말과 같은 겁니다. 비유를 하자면 그런 말인데…… 옛날에는 영화나 TV가 없었으니까, 거울이나 마니주에 비유를 들었습니다. "거울 위에 모든 모습이 다 나타나는데, 모습만 쫓아다니고 거울은 모른다" 하기도 하고, 마니주라는 투명한 수정 구슬인데, "수정 구슬 속에 모든 모양이 다 나타나는데, 그 모양만 따라다니고 수정 구슬은 모른다"는 식으로 비유를 하기도 하죠.

지금 (손을 흔들며) 이 일이에요! 여기서 모든 일이 다 벌어지고 있는데, 여기서 모든 일이 다 나타나고 이 일 하나뿐인데, 이것 자체는 전혀 모르고 그냥 모양만 따라다닌다 이겁니다.

생각 따라가고, 눈에 보이는 것 따라가죠. 육진경계(六塵境界)라고 하죠. 보이는 것, 들리는 것, 냄새, 맛, 느낌, 생각을 따라다니는 거죠. 이런 것들 전부가 여기서 다 일어나고 있는 겁니다. 모든 일이 단지 이 하나의 일이다 이겁니다. 그래서 "만법이 하나고, 하나가 곧 만법이다" 이렇게 말하는 겁니다.

그냥 (법상을 두드리며) 이 일 하나예요! 단지 이 하나의 일일 뿐이죠! 이것은 어떻게 할 수 있는 게 아니에요. 이것을 흐리게 하는 것은 우리의 생각이거든요. 자기의 생각이나, 자기의 의도나, 자기의 어떤 욕망이나, 하여튼 자기가 하고자 하는 것, 이렇게 했으면 좋겠다고 추구하는 의도적이고 인위적인 것들이 이 본래면목을 흐려 놓아요. 그래서《금강경》에서도 "모든 유위법(有爲法)은 허망하다"라고 한 겁니다. 이것을 무위법(無爲法)이라고 하는 이유는, 이것에 한번 계합하고 나면 할 일이 없어지기 때문이에요. 손을 놓게 된다고요. 이것을 흐리게 만들지 않게 됩니다. 뭘 할 게 없어요.

공부하는 사람이 끊임없이 무언가를 해야 한다면, 그것은 공부하는 게 아닙니다. 그것은 조작(造作)이고 유위법(有爲法)이죠. 망상(妄想)을 하고 있는 겁니다. 아무 할 일이 없어요. 아무 할 일이 없고 자기가 조작을 하지 않으면, 진실은 저절로 드러나게 되어 있습니다. 흙탕물의 비유를 들기도 합니다. 가만히 놔두면 흙이 가라앉아서 맑게 되는데, 그것을 맑게 하겠다는 욕심이 앞서서 계속 손을 대거든요. 그렇게 되면 진흙이 가라앉지 않게 되잖아요? 마찬가지로 우리가 체험을 한번 하면, 흙탕물을 일으키려고 하는 욕망이 쉬어지는 겁니다. 그래서 아무 할 일이 없게 되죠. 자기 스스로 할 일이 없구나 하고 말하게 된다고요. 자꾸 흙탕물을 일으키려고 하는 마음이 쉬어지면, 저절로 이 자리가 맑게 드러나는 거예요. 그래서 이것을 무위법(無爲法)이라고 하는 거죠.

 이 공부 하는 사람도 자꾸 뭘 어떻게 해 보려고 하는 심리를 가지고 있습니다. 자기 힘으로 어떻게 해 보면 되겠지 하고……. 그것은 세속적인 사고방식이죠. 세속적인 일은 뭔가를 끊임없이 노력해야 이루어지니까요. 그러나 이 공부는 세속 공부와는 다릅니다. 아무 것도 할 일이 없는 게 이 공부입니다. 무위의 공부죠.《노자》에 의하면 "이 공부는 자꾸자꾸 들어내고 들어내며, 놓아 버리고 놓아 버려서 배움이 끊어지는 길이다"라고 말하고 있죠. 아무것도 할 일이 없는 공부입니다. 배움이 끊어진다는 것은 아무것도 할 일이 없다는 거죠. 그렇게 표현하듯이, 뭘 배워서 아는 것이 아닙니다. 제가 계속 가리켜 드리는 여기서 저절로 확 쉬어지게 되면, 할 일이 없어집니다. 쉬어지면 저절로 자기 본래면목이 밝아져요. 금방 그렇게 되는 것은 아니지만, 시간이 지나면서 점차점차…… 쉬어지는 것도 금방 그렇게 쉬어지는 것은 아닙니다. 자꾸 손대는 버릇이 있어서 금방 그렇게 푹 쉬어지진 않습니다. 많은 시간이 필요합니다. 결국 (법상을 두드리며) 이것뿐이에요! 결국은 이것뿐이지 여러 가지가 있는 게 아닙니다.

이 마음이 곧 부처이니 사람들은 모두 볼 수 있기를 바라지만……

"이 마음이 곧 부처다." 이런 말은 선(禪)에서는 굉장히 많이 쓰죠. 즉심즉불(卽心卽佛), 부처라는 것은 곧 깨달음이죠. "마음이 곧 부처다." 이 말은 "마음이 곧 깨달음이다"는 거예요. 깨달음은 다른 데 있는 것이 아니다. 마음이 밝혀지면 그게 바로 깨달음이란 겁니다. 그래서 "마음이 곧 부처다"라고 하는 거죠. "마음이 곧 부처님이다" 하니까 또 부처님이라는 개념을 따라가면 안 됩니다. 자꾸 개념을 만드는 것은 망상입니다. 법은 불이법(不二法)입니다. 개념이 다 소멸해 버리고, 모든 것이 둘이 아닌 평등한 하나로 귀결이 되는 겁니다.

하나라는 것도 사실 맞지 않는 말이죠. 개념이 만들어지면 안 됩니다. 공부하는 사람의 기본자세는 무엇을 분별하여 개념을 만들지 않는 것이 가장 기본입니다. 분별하고, 판단하고, 개념을 만들고, '이것은 이런 것 아닌가?' 이런 식으로 하는 것은 공부의 기본자세가 안 되어 있는 겁니다. 분명히 불이법이라고 말하잖아요? 불가사의한 것이고, 미묘한 것이고, 모든 분별을 떠난 것이고, 개념과 견해에서 벗어나 있다고 항상 말하잖아요? 개념과 견해가 아니고, 하여튼 (손가락을 들며) 이것이 한번 분명해져야 해요!

마음은 허공처럼 끝이 없고, 어떤 사물도 아니지만 살아 있는 겁니다. 죽어 있는 게 아니고, 이렇게 명백하게 살아 있는 거예요. (법상을 두드리며) 살아 있는 겁니다! 살아 있는 것! 그러니까 깨달음이 될 수가 있죠. 딱딱하게 죽어 있는 것은 깨달음이 될 수가 없죠. 깨달음이란 깨어 있다는 말과 같잖아요? 깨어 있다는 것은 살아 있다는 거잖아요? 하지만 "이렇게 분명하게 살아 있다. 깨어 있다"는 것도 방편의 말입니다. 그런 생각을 하면 안 돼요. 그렇게 되면 또 망상이에요. 이것이 한번 분명하면, 아무런 견해나 생각이나 개념 없이 그냥 항상 분명할 뿐이에요. 다른 일이 뭐가 있어요? 이것뿐인데. 이것이 딱 분명하면 저절로 아무 생각도 없고 견해도 없이 그냥 저절로 분명한 거죠. 여기에 다른 일이 있는 게 아닙니다. 항상 이 일밖에 없는 거죠.

하여튼 이것이 한번 와닿아야 되고, 이것이 확 통해 버리면 아무 일이 없습니다. "아무 일이 없다." 이것이 공부에서 우리가 효과를 보고 효험을 보는 부분인데, 의식적으로 '그래 바로 이거지!' 하고 알아 가지고는 번뇌가 소멸하지 않습니다. 반드시 모든 망상이 한번 쉬어져야 돼요. 반드시 그렇게 됩니다. 여기에 딱 계합을 하면 모든 망상이 다 쉬어져서 그냥 아무것도 없는 것 같아요. 아무것도 없어요. 그렇다고 해서 죽은 사람은 아니고, 살아 있는데 아무것도 없어요. 이 법이 이렇게 분명하고 뚜렷하면서도 전혀 아무것도 없는 겁니다. 법은 뚜렷하게 알 것 같은데, 그래도 계속해서 어떤 생각이나 욕망이나 여러 가지로 끄달린다면, 그것은 법을 모르는 겁니다. 자기가 생각으로 그렇게 하고 있는 것이죠. 반드시 망상과 번뇌가 다 쉬어져야 합니다. 쉬어집니다. 여기에 제대로 계합을 하면 말이죠.

이 법이 뚜렷하다는 것이 중요한 게 아니고, 번뇌가 쉬어져서 번뇌에서 해탈하는 게 중요한 거죠. 법이 명백하고 뚜렷하다는 것에는 물론 양 측면이 있습니다. 이런저런 경계에 속지 않는 밝음이 있다는 뜻이고, 물론 그것도 있어야 되지만, 완전히 쉬어져서 한 물건도 없이 아무 일이 없어야 합니다. 아무것도 없어야 해요. 그래서 오직 이것만이 진실할 뿐이고, 색·수·상·행·식의 육체와 감정과 생각과 느낌과 의식 같은 것은 허망하다고 할 수가 있는 겁니다.

오직 이 일 하나가 진실할 뿐, 그 나머지는 허망하다고 할 수가 있어요. 번뇌가 쉬어지지 않고 여전히 뭔가 끄달림이 있고, 걸리는 일이 있다면 제대로 계합을 한 게 아닙니다. 완전히 확 쉬어져서 아무 일이 없어야 해요. 아무 일도 없어요. 아무것도 없고, 아무 일도 없어요. (법상을 두드리며) 이 일입니다! 이 일!

여기에 계합을 하면 저절로 아무 일도 없고, 아무것도 없고, 그냥 이 일 하나뿐이죠. 이 일 하나뿐이라는 것도 설법을 하고 말을 하니까 그런 것이지, 말을 하지 않고 평소 생활할 때는 이 일뿐이라는 생각도 안 합니다. 그런 생각이 없어요. 어떤 일이 일어나더라도 아무 일이 없을 뿐이에요. 굳이 뭘 확인하려고 하면 단지 이 일 하나가 있을 뿐입니다. 하여튼 (법상을 두드리며) 이 일 하나예요! 이 일 하나뿐입니다!

딱! 딱! 딱! (죽비 소리)

17.
어리석은 중생

달마혈맥론 열일곱 번째 시간입니다.

모두 자기가 마음껏 사용하는데, 무슨 까닭에 알지 못하는가? 부처가 말하기를 "모든 중생은 전부 어리석은 사람이다. 이 까닭에 업(業)을 지어 생사(生死)의 강에 떨어져서 나오고자 하지만 도리어 잠겨 버리니, 단지 본성(本性)을 보지 못하기 때문이다"라고 하였다. 만약 중생이 어리석지 않다면, 무슨 까닭으로 물어보면 그 가운데 한 사람도 아는 사람이 없으며, 스스로 손을 움직이고 발을 움직이면서도 무슨 까닭에 알지 못하는가?

모두 자기가 마음껏 사용하는데, 무슨 까닭에 알지 못하는가?…… 자기가 마음껏 사용한다는 말은 놔두고, 사용한다 하든 사용하지 못한다 하든 말과는 상관이 없고, 사용한다 해도 단지 지금 이 일이고 사용하지 못한다 해도 지금 이 일입니다. 말이 어떻게 되든 말과는 상관이 없는 것이고, 이것이 이렇게 명백해야 이것이 진실한 거죠. 말을 따라서 그렇다 저렇다 하는 것은 그냥 생각이고 분별입니다. 말은 그냥 방편이에요. "자기가 마음껏 사용한다"는 것도 방편의 말인데, 그런 말을 듣다가 문득 체험을 할 수 있는 경우도 있겠죠. 방편이니까요.

그러나 말을 이해하는 것과 이것을 확인하는 것은 전혀 별개의 문제입니다. 말을 알든 모르든 그것과 관계없이 진실은 지금 이것이거든요. 사용한다 하든 하지 못한다 하든, 안다 하든 모른다 하든, 지금 여기에 달라지는 것은 없습니다. 이 일에서 달라지는 것은 없어요. 어쨌든 이것이 한번 이렇게 와닿아야 하고 명백해져야 합니다. 그러면 언제든지 항상 이 일이죠. 항상 이 하나만이 진실하다고 말하기도 하는데, 지금 이겁니다. 어떻게 할 수 있는 게 아니에요. 이해를 한다거나 못한다는 그런 문제가 아닙니다.

모두 자기가 마음껏 사용하는데……

이것을 이런 식으로 말할 수는 있겠죠. 늘 하는 일마다 이 일이고, 보고·듣고·느끼고·생각하고 하는 것이 다 이것이니까 이렇게도 말할 수 있겠죠. 그러나 그것은 그냥 말이죠, 말. 이것을 한번 확인해서 자기 느낌을 그렇게 얘기한다고 하더라도, 분명하게 말은 말이고 이건 이겁니다. 분명하게 구분이 되지 않으면, 말에 속게 된단 말이죠. 말은 그냥 말일 뿐인 것이고, 어쨌든 이 일이 분명해져야 합니다. 지금 (손가락을 흔들며) 이겁니다! 오직 지금 이 일 하나뿐입니다! 여기서 이러쿵저러쿵 말을 할 수도 있고 아무 말도 안 할 수 있는데, 진실은 이것을 한번 확인하고 이 일이 한번 분명해지는 것입니다.

"이겁니다!" 하는 것도 제가 쓰는 방편입니다. 왜냐하면 이것 또한 하나의 말이니까요. 방편의 말을 할 때는 그 방편의 말에 머물지 말고, 그 방편의 말이 가리키고자 하는 바에 통해야 하는 겁니다. 우리가 흔히 하는 말이 "달을 가리키면 손가락은 보지 말고 달을 봐라!"고 하는 것이 그 말입니다.

"이겁니다!" 할 때 말을 따라가지 말고, "이겁니다!" 하면서 제가 분명하게 가리켜 드리는 것이 있단 말이죠. 여기에 통해야 돼요. 이것이 분명해져야 하죠. 하여튼 여기에 한번 통해서 이것이 분명해져야 합니다. 이 일 하나뿐이에요. 법(法)이라는 게 이런 법이 있고 저런 법이 있고, 여러 가지 있는 게 아닙니다. 단지 언제든지 이 일 하나뿐인데, 이것을 놓치고 생각을 따라가고 보고 듣는 것을 따라가 버리니까, 여러 가지가 있는 것 같은 착각을 일으키지만, 진실로 (손가락을 흔들며) 이 일 하나뿐이죠! 언제나 똑같습니다. 언제든지 이 일 하나뿐입니다!

모두 자기가 마음껏 사용하는데, 무슨 까닭에 알지 못하는가?

까닭을 따질 것은 없습니다. 항상 자기 살림살이고 본래면목이고 우리가 한순간도 여기서 벗어날 수가 없는데, 왜 깨닫지를 못하느냐? 거기에 대해서 여러 가지를 말할 수가 있겠지만, 그 이유를 묻는 것도 생각이고 그 이유를 답하는 것도 생각이니, 생각 속에서는 문제가 해결되지 않습니다. 생각 속에 머물지 말고, 생각이 아닌 여기에 한번 통해서, "이것"이 한번 분명해져야 합니다. 그러면 이유도 없고 말할 것도 없어요. 말할 게 없고 항상 이 하나뿐인 거죠. 왜 그렇게 되느냐? 이유랄 것도 없습니다. 이유를 말한다면 그것은 전부 생각 속에서 하는 말이죠.

중생은 왜 어리석게 헤매느냐? 방편으로 이런 말을 할 수 있을지 모르지만, 그것에 대해서 이유를 생각하고 이유를 말하는 것은 아무 의미가 없는 겁니다. 늘 말씀을 드리지만, 우리 부처님께서 독화살 얘기를 했죠. 독화살이 박혀 있으면 빨리 빼내고 독을 제거해야죠. 당장 시급한 일이 바로 그거잖아요? 거기에 대해서 이러쿵저러쿵 얘기를 하는 것은 아무 도움이 되지 않습니다. 그런 것과 똑같습니다. 당장 여기에 통달하고 이 자리가 딱 분명해지면 아무 문제가 없어요. 그래서 이러쿵저러쿵 문제를 말할 것은 없는 겁니다.

우리가 여러 가지 망상을 하지만 그 망상을 버려야 진실이 나타나는 것은 아니죠. 망상은 취하거나 버릴 것도 없으니, 다만 그냥 이 진실에만 통달되면 저절로 망상은 없는 거예요. 그냥 이것뿐인 거죠. 그래서 "해가 떠오르면 어둠은 저절로 없는 것이다"라고 비유합니다. 어둠을 몰아내야 해가 뜨는 게 아니잖아요? 해가 뜨면 어둠은 저절로 없는 거죠. 이 공부가 그런 것과 같습니다. 이 법만 분명해지면 돼요. 아무것도 따질 것도 없고, 취하고 버릴 것도 없습니다. (손을 흔들며) 이 법만 분명하면 돼요! 이것만 한번 와닿아서, 이것만 분명해지면 아무 일이 없어요. (법상을 두드리며) 그냥 이것뿐인 것이죠! 망상은 상관하지 말고 단지 이 진실에만 통하면 됩니다. 지금 이 일입니다. 이런저런 여러 가지 일이 없습니다.

부처가 말하기를 "모든 중생은 전부 어리석은 사람이다. 이 까닭에 업(業)을 지어 생사(生死)의 강에 떨어져서 나오고자 하지만 도리어 잠겨 버리니, 단지 본성(本性)을 보지 못하기 때문이다."

여기에 통달하는 것을 견성(見性)이라고 이름을 붙였어요. 그것도 방편의 이름입니다. 여기에 한번 딱 계합을 하고 여기에 초점이 맞고 이것을 체험하는 것을 일러서, '본성을 본다' '견성을 한다'라고 방편의 이름을 붙인 겁니다. 그 역시 방편의 말일 뿐이고, 이것이 분명해지면 돼요. 이것이 분명해지면 그냥 (손을 흔들며) 이것뿐입니다. 이것뿐!

보고·듣고·느끼고·알고, 지금 당장 나타나는 모든 일이 다만 이 하나의 일이고, 여기서 벗어나는 일은 아무것도 없습니다. 지금 여기서 벗어나는 일은 아무것도 없어요. 삼라만상, 안과 밖에서 일어나는 모든 일이 여기서 벗어나는 일이 하나도 없어요. 모두가 다 여기서 일어나는 일입니다. 그러니까 이 일 하나가 진실할 뿐이에요. 여기에 한번 통해야 하는 거죠. 이 일밖에 없습니다.

생사(生死)에 떨어져서 업(業)을 짓고⋯⋯ 이런 말들은 방편으로 하는 말들입니다. 여기에 진실로 통하면, 말은 생사라고 하지만 생사라는 것이 없고, 말은 업이라지만 업이라는 게 없고, 말은 해탈이라지만 해탈이라는 게 없습니다. 만(萬) 가지 일이 단지 이 하나의 진실입니다. 차별되지 않는다고요. 그래서 이것을 불이법(不二法)이라 하고, 이 불이법을 본성(本性)이라 이름을 붙이기도 합니다. 해탈,

열반, 견성, 이런 말들은 다 방편으로 하는 말들입니다. 진실을 말하자면 아무 할 말이 없어요. 그냥 이것이죠. 온 천지의 모든 일이 다만 이것 하나니까 아무런 할 말이 없습니다. 이렇게 명백할 뿐인 거죠. 여기에 대해서 해탈이니 견성이니 보리니 깨달음이니 하는 것은 전부 방편으로 하는 말이니까, "달을 보면 손가락은 잊어라"고 하듯이, 이것이 분명하면 저절로 그런 말들은 아무 의미가 없어요. 그저 이 일 하나니까요. 만(萬) 가지 일들이 하나도 여기서 벗어나는 일이 없습니다.

그래서 여기는 마음이라 할 것도 없고, 의식이라 할 것도 없고, 육식(六識)이라 할 것도 없고, 아무런 차별되는 것이 없습니다. 그냥 이렇게 분명할 뿐인 거죠. 어떤 뭐라고 할 게 아무것도 없습니다. 뭐라고 할 게 있으면 그것은 분별입니다. 이렇게 분명하고, 당연히 이 일 하나뿐인 것이지, 여기에 '이것이다' '저것이다' 그렇게 분별할 건 없습니다. '이것이다' '저것이다' 분별하면 이미 생각을 하고 분별을 하고 망상을 하고 있는 겁니다. 단지 (손가락을 흔들며) 이것 하나뿐입니다! 다만 법은 이것 하나뿐이에요! 하여튼 여기에 얼마나 철저하게 계합이 되느냐가 바로 공부인 것이죠.

만약 중생이 어리석지 않다면, 무슨 까닭으로 물어보면 그 가운데 한 사람도 아는 사람이 없으며, 스스로 손을 움직이고 발을 움직이면서도 무슨 까닭에 알지 못하는가?

방편의 말인데, 우리가 손발을 움직이든지 보고 듣고 하든지 생각을 하든지 말을 하든지 어떤 행동을 하더라도, 여기서 벗어나는 일은 없습니다. 다 이 안에서 일어나는 일입니다. 그래서 이것을 "물속에서 물을 찾는다"고 하는 겁니다. 모두가 여기서 일어나는 일입니다. 모든 사람에게 있는 일은 단지 이것 하나뿐입니다. 여기서 색깔을 보고 노란색이나 빨간색이라고 하고, 소리를 듣고 바람소리나 물소리라고 하는 것이고, 생각도 하고, 느끼기도 하고, 추우냐 더우냐 하기도 하고, 다 여기서 일어나는 일입니다. (손가락을 흔들며) 이것 하나입니다!

이것이 분명하면 모든 일이 다 일어나는데 아무 일이 없어요. 왜냐하면 이것은 아무 일이 아니니까요. 그래서 (손가락을 흔들며) 이 일 하나입니다! 이게 한번 분명해지는 것, 이것뿐입니다. 다른 게 없습니다. 이것을 진여법성(眞如法性)이니 불성(佛性)이니 보리(菩提)니 반야(般若)니 본래면목(本來面目)이니 자기 살림살이니 하고 별별 이름으로 부르죠. 그러나 그런 이름은 모두가 만들어 낸 말이고, 진실은 언제든지 (손가락을 흔들며) 이 일 하나뿐입니다!

어떤 이름을 말하더라도 이름은 우리가 보고 듣고 만들어 낸 말들에 불과한 거죠. 진실은 언제든지 여기서 말을 하기도 하고 안 하기도 하고, 생각을 하기도 하고 안 하기도 하고, 생각을 해도 이것이고 안 해도 이것이고, 말을 해도 이것이고 말을 안 해도 이것이고, 이것이 달라지지는 않거든요. 이것을 일러 '자기 본래의 살림살이'라고도 하고, '본래 모습이다'라고 이름을 붙이기도 하죠. 지금 이것뿐이에요. 이것이 분명하면 이런저런 말들이 전혀 필요가 없어요. 어떤 말도 여기에는 붙을 수가 없어요. 온갖 방편의 말이 다 있지만, 여기에는 말이 없습니다. 본래 이 진실 속에는 단 한 마디 말도 있을 수가 없어요. 무슨 말을 하든지 다 이 일 하나뿐인 것이지, 말은 없습니다.

하여튼 지금 (법상을 두드리며) 이 일 하나예요! 여기에 계합이 되어도 '아, 내가 계합을 했구나'라고 생각하면 그것 또한 망상입니다. 그것도 생각이잖아요? 여기에 딱 계합이 되면, 그런 생각 저런 생각들이 쉬어지고, 저절로 온갖 일이 다 이 하나의 일입니다. '계합했구나' 하는 생각이 있는 게 아니고, 그런 생각이 있으면 그것은 망상이죠. 그냥 저절로 이런저런 생각들이 다 쉬어지고, 항상 뭘 하든지 이 일이고 이 자리죠. 생각을 하더라도 생각이 따로 있는 게 아니고, 생각 자체가 이 일인 거죠. 생각이라는 것은 세간에서 필요한 겁니다. 말과 생각은 세간사에서 필요한 거죠. 다 분별을 필요로 하니까요. 그러나 어떤 말을 하든 무슨 생각을 하든 어떤 분별을 하든, 이것은 달라지지 않습니다. 이것은 항상 이것이죠. 이것은 달라지지 않는 거예요. 하여튼 (법상을 두드리며) 이게 한번 이렇게 분명해져야 합니다!

그러므로 성인의 말은 잘못됨이 없는데, 어리석은 사람이 스스로 깨닫지 못한다는 사실을 알겠다.

모든 부처님의 말씀이든 보살의 말씀이든 조사의 말씀이든 간에, 여기에 관한 모든 말은 방편입니다. 사실 여기에는 말이라는 게 있을 수가 없죠. 그러나 보통 세간에서는 방편이라는 것을 잘 모르죠. 세간에서는 말을 하면 당연히 그 말에 해당하는 어떤 일이 있다고 알고 있으니까요. 예를 들어 이 자리를 무념(無念)이라고 하거든요. 무념이라는 것은 '생각이 없다'는 말인데, 세간적으로 알아들으면 '아! 모든 생각이 없어지고, 나무토막이나 돌멩이처럼 아무 생각이 없는 자리가 깨달음의 자리구나' 이렇게 이해를 하는 것이 세간적인 이해죠. 그러나 이 자리에서 무념이란 그런 뜻이 아닙니다. 그런 뜻이 아니에요.

그러니까 방편의 말을 이해하려면 자기가 직접 이 자리를 체험해서 이 자리에 있어야 그것이 어떤 말이라는 것을 알지, 그전에는 모르는 겁니다. 말만 이해해서 어떻게 알겠어요? 모르는 거죠. 오로지 스스로 여기 이것을 체험하는 것 외에는 길이 없어요. 부처님의 말씀을 중생의 생각으로 듣게 되면, 그것은 부처님의 말씀이 아니고 전부 중생의 망상이 됩니다. 방편의 말을 자기의 개념으로 알아들으면 다 망상이에요. 이것은 오로지 (법상을 두드리며) 이 하나의 진실에, 여기에 한번 딱 계합을 하고 체험이 되어서 앞뒤도 없고 안팎도 없이 이 자리가 딱 잡혀야, 경전을 보면 '아, 저것은 어떤 면에서 방편을 쓰는 것이고……' 조사의 말씀을 보면 '아, 저것은 어떤 면에서 방편을 쓰는 것이구나' 하고 이해가 됩니다. 그러니까 경전을 읽고 조사의 말씀을 읽고 거기서 깨달음을 얻겠다는 것은 맞지가 않죠.

그것은 그야말로 옛날 선사들의 말씀처럼 마른 나뭇가지에서 나무의 수액을 찾는 일이고 열매를 찾는 일입니다. 있을 수 없는 일이라는 겁니다.

진실은 문자 속에 있는 것이 아니고, 이렇게 지금 당장, 이 자리에, 이렇게 명백하게 드러나 있는 겁니다. 문자 속에서 머릿속으로 아는 게 아닙니다. 진실이라는 것은 항상 바로 지금 이렇게 살아 있는 것이고, 그래서 이것을 진실이라고 하는 겁니다. 진실이라는 것은 가짜가 아니라는 말이죠. 머릿속에서 그려지는 가짜가 아니고, 이렇게 살아 있는 것이고 명백한 것이죠. 실제라는 것이잖아요? 이것이 분명해져야 합니다. 선(禪)이라는 것은, 관념 속에서 죽어 있는 사람을 다시 살려 내는 일이 선(禪)인 겁니다. 관념과 생각이라는 망상 속에서 잠자고 있고 죽어 있는 사람을 다시 살려 내는 거예요. 생생하고 명백하고 또렷하게 살아 있는 사람으로 살려 내는 거예요. 우리가 관념이나 생각 속에 들어 있으면 여러 가지 그림을 그리게 되니까, 굉장히 여러 가지 망상이 생깁니다. 그림이라는 게 끝없이 그려지니까요. 그렇게 되면 여러 가지 두려움과 잡다한 번뇌가 많죠. 그러나 이 자리에 딱 계합을 하면 씻은 듯이 아무 일이 없어요.

그래서 옛날 사람들의 표현이 "물을 가지고 씻어 낸 듯이 깔끔하다"라고 하는 거죠. 아무 일이 없으니까요. 그냥 이것뿐이니까요. 이렇게 명백하고 아무 일이 없는 거니까요. (법상을 두드리며) 이 일이에요! 지금 이것뿐이에요! 하여튼 생각하면 안 되고, 바로 지금 (손가락을 높이 들며) 이것, 이 일 하나뿐이에요! 이런저런 법이 없습니다. 다만 이 일 하나뿐입니다.

그러므로 성인의 말은 잘못됨이 없는데, 어리석은 사람이 스스로 깨닫지 못한다는 사실을 알겠다. 그러므로 이것은 밝히기가 어려워서 오직 부처 한 사람만이 마음을 잘 알아차릴 뿐, 나머지 사람과 하늘사람과 중생들은 전혀 밝게 깨닫지 못한다.

그냥 이런 말을 합니다. 말하자면 이건 전부 방편으로 분별을 해서 하는 말인데, 이 자리에 이렇게 밝은 사람을 일러 부처라 하고, 밝지 못하고 개념과 분별 속에서 헤매는 사람을 중생이고 인천(人天)이라고 하죠. 하늘과 땅의 중생들이란 말이에요. 그런데 이런 말 자체가 분별의 말입니다. 진실로 여기에 밝으면 부처가 있는 게 아니고 중생이 있는 게 아니고 하늘과 땅이 있는 게 아닙니다. 단지 이 일 하나뿐인 거죠. 여러 가지가 있지 않습니다. 그러니까 이런 말들은 방편으로 하는 말들이에요. 진실로 분명하면 여기에 부처가 어디 있고 중생이 어디 있어요? 그냥 생각 속에서 하는 말이죠. 부처가 어디 있고 중생이 어디 있습니까? 부처라 할 때도 이 일이고, 중생이라 할 때도 이 일이죠. 여기에는 어떤 무엇이라 할 티끌 하나도 없습니다. '이것이 부처다' '이것이 중생이다' 하고 분별할 수 있는 티끌 하나도 없어요. 언제든지 이 일 하나뿐인 거죠. 그러니까 이런 말들은 전부 방편의 말들이에요. 방편의 말은 돌아볼 것이 없고, 이 하나의 진실, 이것이 분명하면 됩니다. 그러면 항상 (손가락을 흔들며) 이 하나뿐이에요!

만약 이 마음을 밝게 깨달으면 바야흐로 법성(法性)이라 이름하고, 해탈(解脫)이라 이름하니, 생사(生死)에 구속받지 않기 때문이다.

방편으로 하는 말인데, 왜 생사에 구속을 받지 않느냐? 이 자리가 분명하면 삶과 죽음이라는 그런 분별이나 개념조차 없습니다. 여기서 '살아 있다' '죽었다' 하는 분별을 만드는 것이지, 여기에 삶이 있고 죽음이 있는 것은 아니에요. 여기서 우리가 '삶은 이런 것이고 죽음은 이런 것이다'라고 생각을 하고 분별을 하는 것이죠. 이것은 삶도 아니고 죽음도 아니고 어떤 무엇이 아닙니다. 이것은 그 어떤 무엇이 아닙니다. 그래서 "본래 한 물건도 없다" "얻을 것이 없다" "머물 곳이 없다"고 하는 겁니다. 이것은 그 어떤 무엇이 아니니까요. 여기서 이런저런 분별을 해서 삶이 어떻고 죽음이 어떻고 하는 소리를 하는 거죠.

하여튼 그런 분별망상에서 한번 깔끔하게 빠져나와서 이 자리가 분명해야 합니다. 그것만이 해결책입니다. (손가락을 흔들며) 이것만이 진실을 보는 것이고, 이것만이 해결책이에요! 업장이 두꺼우니까 참회를 해야 하고 생사에서 해탈하려면 뭘 어떻게 해야 한다고 하는 말은 그저 분별 속에서 하는 소리지, 그 자체가 망상입니다. 그런 말이 곧 망상입니다. 방편으로 망상을 할 수는 있습니다. 그게 방편이라면 우리는 진실을 봐야 하지, 방편을 보고 있으면 안 돼요. 그러므로 공부하는 사람이라면 업장이 어떻고 해탈이 어떻고 윤회가 어떻고, 이런 얘기를 따지고 있지 마시라고요. 손가락을 보지 말고 달을 보라는 말예요. 자꾸 손가락을 보고 이러쿵저러쿵하고 있는 것은 공부하는 자세가 아닙니다. 달만 보면 됩니다. 모든 말은 손가락에 불과한 겁니다. 달은 그냥 바로 (손가락을 흔들며) 이것이거든요! 모든 사람 앞에 있는 일은 이것 하나뿐입니다! 달은 하나뿐이에요! 달은 하나밖에 없습니다. 가리키는 손가락은 수만 개 있을지라도 하늘에 달은 하나뿐이에요!

방편의 말이 아무리 많더라도 진실은 (손가락을 들며) 이 하나뿐이란 말입니다! 이것이 분명하면 됩니다. 이것만 분명하면 돼요. 이것을 확실하게 해야 해요. 방편의 말을 따라서 이러쿵저러쿵하면 그것은 쓸데없는 시간 낭비입니다. (법상을 두드리며) 하여튼 지금 이 하나예요! 이 일 하나! 이것만 분명하면 됩니다. 진실은 이것 하나뿐이거든요. 이것이 분명하지 못하면, 방편의 말을 붙잡고서 아무리 헤아려 봐야 모두가 꿈속의 일일 뿐입니다.

이 하나입니다. 이것을 분명하게 해야 합니다. 다른 일이 없어요. 이것은 어렵거나 쉬운 문제가 아닙니다. 모든 사람에게 항상 드러나 있습니다. 어렵거나 쉬운 문제가 아니에요. 어려울 것도 없고 쉬울 것도 없습니다. 모든 사람에게 항상 드러나 있어요. 단지 (법상을 두드리며) 이것이니까요! 모든 사람에게 항상 드러나 있습니다. 여기서 한 번만 체험을 하면 됩니다. 와닿으면 되는 것이라고요. 여기에서 한 번만 체험하면 돼요. 바로 (법상을 두드리며) 지금 이것이니까요! 바로 이 일이에요! 바로 이 일!

이것은 굉장히 어렵게 느껴질지 모르지만, 문득 이것을 확인하고 보면 '아, 이것! 원래부터 항상 있었던 것인데……' 그런 느낌이 들죠. 너무나 당연한 일이니까요. '아, 원래부터 있었던 일이고, 원래부터 알고 있었던 일인데 깜박 잊고 있었네!' 이런 생각까지 들어요. 그만큼 당연한 일이죠. 자기 마음인데 그것이 특별할 게 없잖아요?

다만 이것입니다! 그러나 여기에 단순하고 깔끔하게 계합이 못 되는 이유는 자꾸 머리가 개입을 해서 장난을 치기 때문이에요. 그러면 문제가 생겨요. 이 법을 무위법(無爲法)이라고 하는 이유는 머리가 개입하지 않고, 말하자면 자동적으로 부지불식간에 자기도 모르게 딱 계합이 되기 때문이거든요. 머리로 계산하고 헤아리는 것은 전부 가짜입니다. 자기도 모르게 딱 와닿으면 감이 생기니까, '아, 이것!' 하고 알 수가 있어요. 알아도 머리로 아는 것이 아니고, 감이 생기는 거죠.

그렇게 이 자리에 한번 자리가 딱 잡히면, 그때부터는 자유롭게 됩니다. 물론 처음부터 딱 들어맞을 수는 없고, 약간의 틈은 좀 있습니다. 그래도 이전하고는 전혀 다른 새로운 삶을 살게 되는 거죠. 겉으로야 똑같지만 내면적으로는 옛날과 다른 삶을 살 수가 있단 말예요. 이제는 흔들림이 없는 항상 이 자리! 왔다 갔다 할 것도 없고, 어디를 찾아다닐 필요도 없고, 어딜 가나 항상 이 자리! 이렇게 딱 안정이 되는 겁니다.

(법상을 두드리며) 다만 이 하나예요! 법이라는 게 "이것!"이지 다른 게 없어요. 무슨 신통방통한 그런 기적 같은 일이 있는 게 아니고, 너무나 당연해서 그야말로 아무 일이 없는…… 번뇌가 다 쉬어지고 아무런 두려움도 없고 걱정거리도 없고 이런저런 스트레스 받을 일도 없습니다. 요즘 사람들은 스트레스라는 말을 많이 하는데, 스트레스를 진짜 벗어나고 싶으면 꼭 이것을 한번 확인해야 해요. 스트레스가 없어요. 물론 육체적인 스트레스는 있습니다. 아무래도 몸은 힘이 드니까요. 그러나 이 자리에 딱 계합이 되면 스트레스 받을 마음이 존재하지 않아요. 아무 일이 없어요. 그냥 아무 일이 없죠. 늘 아무 일이 없으면서 생동감이 있고 즐거워요.

우리가 해야 할 어려운 일이 있을 때에 아직 그 일을 하기 전에는 그게 굉장히 부담스러울 때가 있지만, 그 일이 끝나고 나면 기분이 좋잖아요? 아주 가뿐하고 상쾌하고 비로소 큰 부담을 벗어나 본래 자기의 삶을 즐기는 것 같은 그런 느낌이 있죠. 그렇듯이 그냥 아무 일이 없어요. 아무 일이 없으니까 아무 걱정이 없어요. 이게 참 희한한 일이죠. 설명할 수도 없고 이해할 수도 없고, 단지 아무 일이 없고 아무 걱정거리가 없습니다. 인연 따라서 왔다 갔다 하는 것뿐이죠.

(손가락을 흔들며) 이게 법입니다! 다른 게 없습니다. 법이라고 할 어떤 그런 것이 따로 있는 게 아니고, 그냥 아무 일이 없는 거예요. 아무 일이 없으면서도 이렇게 분명히고, 항상 모든 일이 여기서 빚어

나는 일이 없고, (법상을 두드리며) 이 하나뿐입니다! 이것이 분명해져야 해요. 모든 사람에게는 다만 이것 하나가 있을 뿐입니다! 아무 다른 게 없습니다.

불교경전을 보면 마귀가 나타나고 악마가 나타나고, 여러 가지 정신적인 차원이랄까 아주 낮은 차원에서 높은 차원까지 온갖 일이 다 있는 것처럼 복잡한 얘기를 하는데, 모두 방편입니다, 방편. 방편이니까 그런 것은 돌아볼 필요가 없어요. 진실은 아무 다른 일이 없습니다. 그냥 단순하게 모든 사람에게 있는, 지금 누구에게나 다 이렇게 살아 있는 것이고, 명백히 나타나 있는 겁니다. 그냥 이 일이에요. 아무 다른 일이 없어요. 온 천지에 다 드러나 있는 거예요. 이 일뿐이라고요.

이것을 자기 살림살이라고 하는 것은, 누구에게나 똑같이 다 갖추어져 있고 드러나 있는 것이기 때문이죠. 그런데 사람들은 망상하는 것을 굉장히 즐깁니다. 왜 사람들은 영화를 만들고 연극을 하겠습니까? 소설을 왜 쓰겠어요? 망상을 즐기기 때문이에요. 백퍼센트 망상이에요. 사람들은 망상을 즐겨요. 중독이죠, 중독. 공포영화는 굉장히 무섭고 땀나고 두렵습니다. 그런데 열심히 봐요. 중독이에요. 나름대로 즐거움이 있거든요. 그러니까 참 희한한 거죠. 그런 두려움과 온갖 망상에서 벗어나고 싶어 하면서도 또 그것을 즐기고자 하는 측면이 있어요.

그런데 이 법은 그런 망상을 즐기는 욕구가 쉬어지고, 아무 일이 없는 겁니다. 망상을 즐기는 사람들은 육도윤회(六道輪廻)를 할 수밖에 없죠. 육도윤회 자체가 망상이니까요. 얼마나 여러 가지 일들이 많습니까? 온갖 희한한 일들이 많죠. 그 망상을 즐기는 거죠. 그러나 해탈이라 하면 아무 일이 없는 거예요. 아무 일이 없는 거죠. 그야말로 아무것도 없고, 우리가 청정하다고 하듯이 말끔한 거죠. 아무것도 없어요. 망상의 즐거움도 있지만, 아무 일이 없는 이 말끔한 즐거움이 훨씬 큰 즐거움입니다.

아무 일도 없고 한 물건도 없는 이 깔끔함의 즐거움을 즐기는 사람이 법을 즐기는 사람이고, 온갖 이런저런 육도윤회하는 천당과 지옥까지를 다 구경하고 싶은 사람들은 중생이라고 하죠. 그런 천당과 지옥을 즐기는 사람들에겐 항상 양 측면의 갈등이 있어요. 그게 재미도 있지만 거기서 벗어나고 싶은 그런 갈등이 항상 있어요. 그 모든 것에서 벗어나서 이 자리에 계합해서 아무 일이 없으면 그런 갈등하는 마음이 없어요. 인연 따라서 몸과 마음이 움직일 뿐이고, 뭘 특별하게 하고자 하는 일도 없고, 아무 일이 없죠. 모든 게 다 사라져 버리고 아무 일이 없는 거죠. 늘 똑같은 거죠. 그러면 여기서 다시 이 자리를 벗어나서 옛날에 즐기던 망상의 세계로 가고 싶은 욕망은 없습니다. 그런 욕구가 안 일어나요.

(법상을 두드리며) 우리가 다 똑같아요. 마음이 다 똑같은데 망상을 즐기느냐? 아니면 망상이 딱 쉬어져서 아무 일이 없는 이 청정한 이 자리를 즐기느냐? 그런 차이가 있겠지요. 굳이 이야기를 하자면요. 하여튼 이 청정한 이 자리를 즐기게 되면 결국 다른 것은 없습니다. 그냥 이것뿐인 거죠. 항상 이것뿐이고 아무 일이 없는 겁니다. 그렇

다고 못할 일은 없고, 뭐든지 다 할 수 있죠. 이 공부 하는 사람도 여행도 갈 수 있고 영화도 볼 수 있고 소설책도 볼 수 있는 거죠. 그런 걸 보면 별로 재미는 없어요. 왜냐하면 그런 장면 속에 빠져들어 가야 재미가 있는데, 빠져들어 가지를 않고 그 장면 장면들이 모두 이 하나의 자리니까요. 여행을 가더라도 어디를 가든 항상 이 자리에 있죠. 그러니까 별 재미가 없는 거예요.

이것은 참 묘한 것이지만, 이 재미가 가장 큰 재미라고 할 수 있습니다. 이 법의 재미! 늘 이 자리, 늘 이것이니까요. 이 이상 재미있는 일은 찾을 수가 없어요.

모든 법(法)이 그를 구속할 수 없으니 일컬어 크게 자유로운 으뜸가는 여래(如來)라고 하고, 또 생각과 말로써 표현하지 못한다고 하고, 또 성스러운 바탕이라고 하고, 또 영원히 살아서 죽지 않는다고도 하고, 또 큰 신선(神仙)이라고도 한다.

모든 법(法)이 그를 구속할 수 없으니 일컬어 크게 자유로운 으뜸가는 여래(如來)다…… 어떤 일이 일어나더라도 아무 일이 없으니까, 상대가 없으니까, 모든 일은 그냥 이 일이거든요. 이 일! 이 일은 있는 것도 아니고 없는 것도 아니고, 안도 아니고 밖도 아니고, 주관도 아니고 객관도 아닙니다. 그냥 이 일입니다. 하여튼 어떤 일에 끄달리거나 구속받는 그런 일은 피할 수 있습니다. 그런 것에 끄달릴 일은 없습니다. 만약에 혹시라도 그런 어떤 뭔가에 사로잡히고 끄달리고 얽매이고 하는 일이 생기면, 우선 굉장히 불편해요. 애들 방학하다가 학교 갈 날이 오면 굉장히 싫어하잖아요? 똑같은 거예요. (웃음)

방학 동안 자유롭게 지내다가 학교 가서 가만히 앉아 있으려면, 그 심리가 얼마나 불편해요? 그런 것처럼 자유롭게 아무 일 없이 늘 이 자리에 있는데, 뭔가 신경 쓰이게 되고 끄달리는 일이 생기면 불편하죠. 따라서 불편한 일은 안 하게 됩니다. 아이들이야 학교 가는 것이 의무니까 안 갈 수가 없지만, 마음이 해방되어서 전혀 끄달릴 게 없고 불편함이 없는데, 다시 그런 불편한 일을 만들고 싶지는 않죠. 물론 욕망이라는 것이 인간에게는 있으니까, 명예욕도 있고, 지식욕도 있고, 식욕, 성욕 등 여러 가지 욕망들이 있잖아요? 그런 것들이 완전히 조복이 안 된 상황에서는 자기도 모르게 힘없이 끄달려 갈 수밖에 없게 되지만, 끄달려 갈 때 그 순간에는 혹해서 끄달리더라도, 조금만 지나면 '불편해서 안 되겠구나' 이렇게 된단 말예요. 그러니까 다시 불편함에서 벗어나고 싶어 하게 돼요. 그렇게 됩니다. 우리 심리라는 게 뻔하거든요.

육체적으로야 의식주 문제가 있으니까, 의지를 하고 구속을 받지 않을 수 없습니다. 그러나 내면적으로 정신세계에서는, 마음은 뭘 먹고 사는 것도 아니고 입고 사는 것도 아니고 집 안에서 자야 되는 것도 아니거든요. 아무 그런 게 없어요. 마음에는 그런 게 필요가 없죠. 그러니까 끄달릴 일이 없는 거예요. 완전히 자유로울 수가 있는 겁니다. 우리가 이 공부를 해서 완전히 자유를 얻으면, 육체적으로야 어쩔 수 없이 세계 속에서 얽매여 살아야 하지만, 정신적으로는 완전히 자유를 얻을 수 있습니다. 어디에도 머물거나 구속받거나 얽매이지 않고, 그야말로 이 우주에서 머묾이 없는 그런 큰 자유를 누릴 수 있습니다.

모든 법(法)이 그를 구속할 수 없으니 일컬어 크게 자유로운 으뜸가는 여래(如來)라고 하고, 또 생각과 말로써 표현하지 못한다고 하고, 또 성스러운 바탕이라고 하고, 또 영원히 살아서 죽지 않는다고도 하고, 또 큰 신선(神仙)이라고도 한다.

부처님을 성인(聖人)이라고 하죠. 성스러운 바탕이란, 모든 것에서 벗어나 아무것에도 끄달림이 없는 대자유입니다. 이 자리에 있으면 어떤 것에도 속지를 않아요. 어디를 가든지 이렇게 자기 자리가 분명해서, 속아 끄달리지 않으니까요. '성인이다' '성스럽다' 하는 이유는 세속에 있는 보통 범부들과는 다른 삶을 산다는 그런 의미죠. 그래서 성스럽다고 이름을 붙인 거죠. 신선이라는 표현은 영원히 죽지 않는다는 의미로 도교에서 들어온 말이죠. 불교는 영원히 살아서 죽지 않는 게 아니고, 불생불멸(不生不滅)입니다. 생겨나지도 않고 죽지도 않는, 삶도 아니고 죽음도 아닌 불이법(不二法)입니다. 도교는 장생불사(長生不死)죠. 영원히 살아서 죽지 않는다는 표현이죠. 도교에서는 부처라 하지 않고 신선이라고 합니다. 영원히 살아서 죽지 않는 사람을 말하죠.

이 어록이 중국에서 만들어지면서, 이 말은 달마 스님의 말이 아니라 아마 후대에 첨가된 말이 아닐까 합니다. 중국 도교를 알고 있는 중국 사람들을 위해서 이런 방편의 말을 했을 겁니다. "너희들이 알고 있는 신선이 바로 부처님이다" 하면서 공부로 끌어들이기 위한 방편으로 말입니다. 실제 불교가 중국에 처음 들어올 때, 중국 사람들에게 부처라는 개념이 아직 없었기 때문에 '신선이 바로 부처다' 하는 식으로 소개를 했어요. 그것이 바로 일종의 격의불교라고 하는 것인데, 중국 사람들이 이해할 수 있는 말을 가지고 불교를 소개했죠. 그런 흔적이 남아 있는 거겠죠.

불교는 불생불멸(不生不滅)입니다. 불생불사(不生不死)입니다. 삶과 죽음이 따로 분별되는 것이 아니라 하나입니다. 불이법이죠. 우리가 교리적으로 불교를 말할 때는 그렇게 합니다. 도교는 장생불사입니다. 영원히 살아서 죽지 않는다는 말이죠. 이치적으로 맞지 않아요. 그런 경우는 없습니다.

불생불사…… 이것은 불이법을 깨달으면 알 수가 있죠. 육체를 가지고 하는 말이 아니죠. 불이법을 깨달아서 중도(中道)를 보는 불이(不二)의 눈을 가지고 세계의 실상을 보면, 삶이란 불생불사라고 말할 수 있습니다. 그러나 도교에서 장생불사하는 것은 중도나 불이법을 말하는 것이 아니고, 이 몸을 가지고 영원히 살면서 구름도 타고 학도 타고 영원히 즐기자는 아주 세속적이고 어리석은 얘기죠. 그것이 도교예요.

불교와 도교의 차이점을 알고 있으면, 헷갈리지 않을 수가 있겠죠. 그런 것보다도 우리는 어쨌든 (손가락을 흔들며) 이 하나가 진실해지고 명백해져서 이것밖에 없어야 저절로 '아, 불법과 도교에서 말하는 것은 이런 점이 다르구나' 하고 안목이 생겨요. 지식으로 알 문제는 아닙니다. 하여튼 진실은 다만 (법상을 두드리며) 이것뿐입니다! 온 세상의 어떤 일도 여기서 벗어나지 않습니다. 이것이 분명해지면 지혜라는 것은 저절로 생겨요. 이것이 분명해지면요. 이것이 분명해지면 지혜는 저절로 생깁니다. 진실은 (법상을 계속 두드리며) 이것뿐입니다! 이 일 뿐입니다!

딱! 딱! 딱! (죽비 소리)

18.
바탕은 하나다

달마혈맥론 열여덟 번째 시간입니다.

**이름은 비록 다르지만 바탕은 곧 하나이니, 성인이 여러 가지로 분명한 것이 모두 자기의 마음을 떠나지 않는다.
마음의 크기는 광대하고 인연에 응하여 작용함은 끝이 없다.
눈에 응해서는 색깔을 보고, 귀에 응해서는 소리를 듣고, 코에 응해서는 냄새를 맡고, 혀에 응해서는 맛을 알고, 나아가 움직이고, 동작하는 것이 모두 자기 마음이다.**

다시 보죠. "이름은 비록 다르지만 바탕은 곧 하나다." "이름은 다르지만 본질은 하나다." "바탕은 하나다." 여기서 이름, 바탕, 다르다, 하나다…… 이것 자체가 말이니까 이런 말을 따라가지 마시고, '이름'이라는 것도 이름이고 '바탕'이라는 것도 이름이고 '다르다' 하는 것도 이름이고 '하나다' 하는 것도 이름이니까 이런 것을 따라가지 마시고, 지금 이름이라 하든 바탕이라 하든 다르다 하든 같다 하든 그 말과 관계없이, 지금 이런 말을 하든 저런 말을 하든 어떻게도 될 수 없는 게 바로 늘 이렇게 있는 이 하나의 일이거든요. 이것이 분명해져야 하는 겁니다.

"이름은 다르지만 본바탕은 하나다"는 말을 이해하는 것이 아니고, 이름이라 하든 본바탕이라 하든 아무 그런 것과 상관없이, 이름이라 할 때도 이 일이고, 본바탕이라 할 때도 이 일이고, 다르다 할 때도 이 일이고, 하나다 할 때도 이 일이고, 언제든지 시작도 없고 끝도 없이 처음부터 끝까지 이것이죠. 지금 이것밖에 없단 말입니다. 이것이 한번 이렇게 분명해져야 하지, 말을 이해할 필요는 없습니다. 어떤 말을 하든지 그 말하고는 아무 상관이 없는 것이니까요. 우리가 어떻게 생각하든지 생각과는 상관이 없는 것이고, 지금 이 일입니다. 하여튼 이겁니다. 어떤 말을 하고 무슨 생각을 하든지 아무 상관 없이 바로 지금 언제든지 누구든지 이 일 하나밖에 없고, 이것이 이러니저러니 생각을 하고, 이러니저러니 말도 하고, 보기도 하고, 듣기도 하고, 여기서 다 일어나는 일이에요.

그러니까 볼 때도 뭘 보느냐 하는 것은 전혀 의미가 없이 그냥 이 일이고, 들을 때에도 무슨 소리가 들리느냐는 아무런 의미가 없이 그냥 이 일이고, 생각을 할 때도 무슨 생각을 하느냐는 아무 의미가 없습니다. 생각을 할 때도 그냥 이 일이죠. 항상 그냥 이 일이에요. 다른 일이 없습니다. 여기서 이러니저러니 온갖 일들이 다 일어나고 여기서 모든 것을 다 하는 것이니까, 그냥 이 일이에요. 하여튼 이것 하나가 분명해져야 해요. 그러면 어떤 일이 일어나더라도 상관이 없어요. 이 진실이 한번 분명해져야 어디를 가든지 항상 다른 일이 없는 겁니다. 그래서 이것을 가리켜 드리는 거니까, 이것이 한번 와닿으면 바로 이것을 자기 살림살이라고 하는 겁니다. 한번 딱 와닿으면 스스로 알 수가 있어요. 여기서 벗어나는 일이 아무것도 없으니까요.

 이런저런 온갖 일들이 하루에도 수없이 많이 일어나지만, 모두가 여기서 벗어나지 않습니다. 말하자면 여기서 다 일어나는 일이고, 이 일 하나만 언제나 변할 수가 없죠. 항상 이 자리, 항상 눈앞에 있다고 표현을 하는데, 눈앞에 있다는 말에도 역시 따라갈 필요가 없어요. 눈앞이라는 것도 이것이고, 있다는 것도 이것이니까요. 하여튼 이것이 분명해져야 합니다. 말로써 이해하는 것이 아니고, 한번 와닿아야 합니다. 말로써 하는 게 아니고 그냥 와닿으면 전부 이 일이에요. 말과 생각으로 이해하는 것은 아무 힘이 없습니다. 우리가 매 순간 그것만을 생각하고 있을 수는 없어요. 법을 생각으로 알았다면 법을 놓치지 않기 위해서 순간순간 법만 생각하고 있어야 하잖아요? 그럴 수는 없어요. 그러면 생활이 안 돼요. 그래서 이해하고 알고 하는 것은 아무 의미가 없어요. 이해와 관계없고 아는 것과 관계없이 이것이 한번 탁 와닿아야, 일상생활 속에서 생각할 것 다 생각하고, 들을 것 다 듣고, 말할 것 다 말하는데도 항상 이 자리에 있고, 이 일밖에 없는 겁니다.

 이것이 어쨌든 한번 분명해져야 해요. 말을 아무리 그럴듯하게 해도 말은 말이에요. 말을 이해하여 깨달음을 얻을 수는 없습니다. 그럴듯한 말을 듣고서 '아, 무슨 말인지 알겠다' 하는 것은 말을 이해하는 겁니다. 법문을 이해하는 거죠. 법문을 이해하는 것은 의미가 없습니다, 그냥 알고 있는 것이기 때문에. 어디서 깨달아야 되냐? 자기 마음에서 깨달아야죠. 법문을 이해하는 게 아니고, 참된 깨달음은 자기 내면에서 자기 스스로에게서 확인되고 깨달아지고 통해야 하는 것이지, 법문을 듣고 법문에서 무엇을 이해했다, 통찰했다, 깨달았다, 이런 것은 아무 의미가 없어요. 자기 마음이, 자기 살림살이가 이렇게 한번 나와야 되는 겁니다. 이것이 한번 확인되고 분명해져야, 무슨 생각을 하든 뭘 어떻게 하든 상관이 없게 되는 겁니다.

제가 가리켜 드리는 것은 지금 이것밖에 없어요. 말을 가리키는 게 아니에요. 그래서 기억해야 할 말은 없습니다. (손가락을 흔들며) 진실은 이것 하나다! 이것 하나다! 이렇게 항상 벗어날 수가 없이 딱 드러나 있는 것은 이 하나밖에 없습니다! (법상을 두드리며) 바로 이것뿐입니다! 이것뿐이에요! 여기서 한번 통해야 합니다. 여기서 한번 확인이 되면, "여기에 한번 확인이 되면" 하는 말도 다 쓸데없는 말입니다. 왜냐하면 여기는 그런 말조차도 용납이 안 되는 것이니까요. 이것은 그냥 이것이지, 여기에는 한마디 말도 있을 수는 없거든요.

이름은 비록 다르지만 바탕은 곧 하나이니……

이런 말을 방편의 말이라고 하는 겁니다. 지금 이것을 가리키죠. "이름은 다 다르고 모양은 다 다르지만 근본 바탕은 하나입니다." 이 말이 얼마나 그럴듯합니까? 그런데 그 "하나다!"를 알고 있는 것이 아니고, 실제로 이것이 한번 딱 확인이 되어야죠. 그러면 하나라는 말도 사실은 맞지 않습니다. 안 맞는데 방편으로 그렇게 말하는 거죠. 하나라는 말조차도 여기에는 있을 수가 없어요. 하나를 말하면 벌써 그것이 분별이고 생각이기 때문에 이것하고는 안 맞아요. 벌써 생각으로 가 버리니까요.

우리가 이것을 체험하고 확인하면 생각이 끊어지는 것이고, 생각과 관계없이 이 자리가 분명하고 이 자리에 통하게 되는 것이지요. 설사 그렇게 통하는 체험이 있다 하더라도, 다시 생각을 가지고 '아, 이렇게 통했구나. 이런 자리구나' 하게 되면 다시 어긋나는 겁니다. 다시 생각을 따라가 버리니까요. 다시 어긋나는 것이죠. 그래서 여기에는 통하면 통하는 것이고, 와닿으면 와닿는 것이고, 분명하면 분명한 것이고, 변함이 없으면 변함이 없는 것이지, 제가 설법을 하려고 하니까 어쩔 수 없이 이런 말을 하는 것인데, 제가 말하듯이 이런 말을 붙이면 안 되고, 이런 생각을 하면 안 된단 말입니다.

그러기 때문에 "도가 뭡니까?" "차 한 잔 하시오." "도가 뭡니까?" (죽비를 들며) "죽비다!" 이렇게 하는데, 여기에는 생각이 붙을 자리가 없는 겁니다. 통하면 너무나 당연하게 이렇게 명백한 것이고, 통하지 못하면 '왜 죽비라 그럴까?' 하고 그냥 모르는 거죠. 꽉 막히는 거죠. (죽비를 높이 들며) 이 죽비 앞에서!

통하면 삼라만상, 사물사물, 두두물물, 느낌느낌, 생각생각, 순간순간, 온 천지에 이 하나의 일이 이렇게 드러나 있는 것이고, 통하지 못하면 '도대체 무슨 말일까?' 하고 모르는 거죠.

(손을 흔들며) 이겁니다. 이것이 이렇게 분명해져야 하는 거예요. 다른 일이 없습니다. 불교가 어떻고, 선(禪)이 어떻고, 소승이 어떻고,

대승이 어떻고, 밀교가 어떻고, 외도(外道)가 어떻고, 이런저런 분별도 하고 온갖 얘기도 다 하는데, 그 모든 말이 이것을 벗어나지 않습니다. 어떻게 분별을 하고 무슨 말을 하고 무슨 생각을 하더라도, 한마디의 말과 생각이 전부 이 법이에요. 다른 일이 있는 게 아닙니다. 그래서《유마경》에서 "외도(外道)의 육십두 가지 사견(邪見) 속에 들어가야만 깨달음이 된다"라고 한 것입니다. 외도의 육십두 가지 삿된 견해를 말하는데, 한마디 한마디가 전부 이 일이에요. 온갖 사람들이 온갖 얘기를 다 하죠? 그러나 진실은 이것뿐이라고요. 그런데 우리는 이 진실을 모르니까, 말을 따라가 버리죠. 육십두 가지의 말을 따라가 버리죠. 그래서 "강아지는 흙덩이를 쫓아가고 사자는 사람을 문다"는 말을 하는 겁니다.

이 진실이 분명하지 못하니까 말을 따라가 버리게 되고 견해도 여러 가지로 많죠. 견해라는 것은 생각이니까, 한 사람의 생각도 수백 가지가 있을 수 있고, 수백 명의 생각은 수천 가지가 될 수 있으니 끝이 없죠. 그런 것을 따라가면 미혹하다고 하고 헤맨다고 하죠. 절대로 헤맬 수가 없는 자리가 있습니다. 절대로 왔다 갔다 할 수가 없는 일이 하나가 있는데, 이것을 확보해야 아무리 외도의 견해를 가지고 토론을 하고 시비를 하고 토의를 해도, 외도가 있고 불도가 있는 것이 아니고 이 일 하나밖에 없는 겁니다.

이것이 분명해져야 하고 명확해져야 합니다. 다른 일이 없는 겁니다. 만약에 불도라는 것이 (손가락을 들며) 이것이 아니고 뭔가 정해진 것이 있으면, 불도와 외도는 다르겠죠. '이것은 불도' '이것은 외도' 하고요. 불도는 외도가 될 수가 없어요. 그러면《유마경》이 틀린 말이 되는 거예요. 육십두 가지 사견 속에 들어가야 불도가 완성된다고 했는데,《유마경》 말이 안 맞는 거예요. 그러기 때문에 불도라는 정해진 견해는 없습니다. 그런 게 없고 그냥 이 일이지요. 여기서 외도도 나타나고 불도도 나타나고, 부처님도 나타나고 악마도 나타나는 거예요. 여기서 부처님도 나타나고, 악마도 나타나고, 하느님도 나타나고, 신선도 나타나는 겁니다. 그래서 "일체유심조"라고 하잖아요? 모든 일이 여기서 다 벌어지기 때문에 "모든 것은 마음에서 만들어진다"고 하는 겁니다. (법상을 두드리며) 이 일입니다!

그래서 법문을 이해하면 안 되고, 마음에서 깨달아야 된단 말예요. 절대로 말을 듣고 이해를 하고서 깨달음으로 삼으면 안 돼요. 평소에 자기 살림살이로서 온 우주를 뒤덮고 있는 것이 마음이거든요. 마음이라는 것도 방편으로 붙인 이름이지요. 마음이라는 것은 언제나 팔팔하게 살아 있고 생생하게 움직이고 있지, 고정되어 있지 않습니다. 모든 것을 이것이 보고 듣고 느끼고 알고 하는 거예요.

그런데 마음이라는 이름도 사실 좋지 않아요. 왜냐하면 이름을 붙이면 마음이라는 게 따로 있는 것처럼 착각을 하기 때문이에요. 다른 뭐가 없습니다. 얻을 게 없어요. 마음을 가지고 마음을 찾을 수는 없는 거예요. 마음은 따로 없어요.

그럼 "뭐가 마음이냐?" (법상을 두드리며) "이것이다!" "마음이 무엇이냐?" "차나 한 잔 합시다." 그냥 이것밖에 없어요. 따로 마음이라는 게 없단 말예요. 그런데 '아, 이렇게 말하고 행동하는 게 마음이구나'

이런 생각은 망상이에요. 절대로 생각을 하면 안 돼요. 와닿아야 하고, 깨달아야 하고, 통해야 하는 겁니다. 생각을 가지고 하면 안 돼요. (법상을 두드리며) 이겁니다! 마음이라는 이름도 마지못해서 어쩔 수 없이 붙인 방편의 이름입니다. 속으면 안 됩니다.

진실은 이름과 상관없이 항상 진실이죠. 태어나서 죽을 때까지 한순간도 여기서 벗어날 수가 없고 잃어버린 적이 없어요. 언제든지 이것 하나 가지고 살아가고 있는 거예요. 늘 이것 하나 가지고 살고 있는 겁니다. 이 일 하나뿐이에요. 바로 지금 이것! 그런 말이 있어요. 길에서 도인을 만나거든 도(道) 얘기를 하지 마라. 왜? 비웃음을 당하는 겁니다. 도(道)라고 할 것이 없는데 도(道) 얘기를 한단 말이죠. 만나면 그냥 쳐다보고 "안녕하세요" 하면 다 드러나 있는 이 일 하나뿐이죠. 도(道)라고 하면 망상이에요, 망상.

지금 (법상을 두드리며) 이 일입니다! 이 일! 생각을 골똘하게 하면 해결이 안 돼요. 바로 지금 이것이라니까요! 여기에 한번 와닿으면 돼요. '아, 저게 무슨 말이지?' 하고 골똘하게 생각을 하는 분들이 계신데, 골똘하게 생각해 봐야 아무 해결책이 없어요. 생각해서 되는 게 아니에요. (법상을 두드리며) 그냥 이것이라고요! 여기에 한번 통해야 해요. 여기서 한번 와닿아야 한다니까요!

"도가 뭡니까?" "차나 한 잔 하세요." 차를 수백 잔 마셔 보세요. 해결책이 있는지. 거기에 있는 것이 아니라고요. "도가 뭡니까?" "차 한 잔 하십시오." 이 순간에 통하면 통하고, 안 통하면 막히는 거죠. (법상을 두드리며) 지금 이 일입니다! 기다리면 안 됩니다. 기다릴 이유가 없어요. 머리를 가지고 머리를 찾는데, 뭘 기다립니까? 기다리면 안 됩니다. 머리를 가지고 머리를 찾고 마음을 가지고 마음을 찾으면서 기다려선 안 돼요. 그냥 (법상을 두드리며) 이것이라니까요! 깨달음을 기다리는 게 아닙니다. 물속에서 물을 찾는데 뭘 기다립니까? 물이 솟아 나오기를 기다립니까? 누구든지 바로 지금 (손가락을 흔들며) 이 일이라니까요! 기다릴 게 없습니다. 기다릴 게 없고, 그냥 (법상을 두드리며) 이거예요! 강 건너 불구경하듯이 하면 안 돼요. 불은 우리 머리에 붙어 있는 겁니다. 강 건너 불구경은 여유가 있잖아요? 자기 머리에 불이 붙으면 아무 생각이 없습니다. 여유가 없어요. 생각을 하면서 기다리는 것은 어리석은 거예요.

지금 (법상을 치며) 이 일이라고요! 지금 이겁니다! 생각하는 사람은 지금까지 보고 듣고 배운 것을 되새기면서 뭔가를 알려고 하는데, 가장 어리석은 사람입니다. 법은 모양이 없고, 분별할 수가 없고, 색깔이 없고, 시간이 없습니다. 바로 이것이라니까요. 따로 있지 않아요. 알기는 뭘 알아요? 아무것도 알 게 없어요! 그냥 이건데 뭘 알아요? 언제든지 이것 하나밖에 없고 아무 다른 것이 없습니다. 언제든지 (법상을 두드리며) 이것뿐이에요! 이것뿐!

방 거사가 석두 스님에게 가서 물었어요. "만법(萬法)과 짝하지 않는 사람은 어떤 사람입니까?" 질문도 어렵게 해요. 그냥 "도가 뭡니까?" 하면 되는데, 생각으로 말하니까 그래요. "만법과 짝하지 않는 사람은 어떤 사람입니까?" 이러니까, 질문이 끝나기도 전에 석두 스님이 방 거사의 입을 손바닥으로 확 틀어막았어요. 거기서 뭔가 약간 느낌이 오긴 왔는데, 시원하게 확 뚫리지는 않았어요.

질문하는 사람은 생각 속에서 질문하고 있는 거예요. 그럴 땐 입을 탁 틀어막는 게 제일 좋은 방법이죠. (법상을 두드리며) 이렇게 분명한데, 한순간도 잃어버린 적이 없이 늘 이렇게 드러나 있는데, 스스로 생각을 일으켜서 '만법과 짝하지 않는 사람은 어떤 사람일까?' 하고 망상을 하는 겁니다.

진실은 항상 이렇게 있습니다. 우리는 언제나 여기서 벗어나지 않아요. 늘 다만 이 하나인데, 자기 집에서 자기 집을 찾고 소를 타고 소를 찾는다는 식으로 스스로 매양 망상을 하고 있는 것이죠. 대혜종고 스님도 원오 스님이 "있다는 말과 없다는 말은 등나무 넝쿨이 나무를 감고 있는 것과 같이 서로 의지하고 있다. 거기에 대해서 너의 견해를 말해 봐라"고 하자, 대혜가 얘기를 하려고 입을 열어요. "그것은 말이죠……" 하면 즉시 원오 스님이 대혜의 입을 탁 틀어막고서 "그건 아니다"라고 했죠. "그건 말이죠……"라고 하면 벌써 생각이잖아요? 들어 볼 필요도 없다는 거죠. 생각으로 하면 안 돼요. 지금 이것 하나밖에 없습니다. 모두가 이것 가지고 살아가는 거예요. 다른 일이 없어요. 전부 다 이 자리에 있어요. 그래서 누구나 한 번 와닿아서 뚫리면 아무 일이 없어요. 아무 일이 없습니다. 마음이랄 것도 없고, 도(道)랄 것도 없고, 사람이랄 것도 없고, 자기랄 것도 없고, 아무 그런 게 없어요.

그러나 온 천지에서 일어나는 모든 일은 인연을 따라서 허깨비나 꿈처럼 일어나고 있는 것이죠. 물론 굳이 말을 하려고 하니까 이렇게 말하는 거지만 사실 아무 일이 없어요. 한 물건도 없고, 이러니 저러니 할 게 아무것도 없습니다. 그저 변함없는 것은 (손가락을 들며) 이 일 하나입니다! 이 일 하나가 명확해져야 하는 겁니다. 세상이 그저 꿈과 같다면 어디가 깨어 있는 곳이냐? 거기에 대한 답이 딱 나옵니다. 매일 살아가는 것이 꿈과 같다면 어디가 깨어 있는 곳이냐? 여기에 대한 답이 명확하게 나와야 꿈속에서 꿈을 깨는 겁니다. 그래야 어떤 꿈을 꾸더라도 꿈에 휘둘리지 않고 항상 아무 일이 없죠. 하여튼 이 일이 한번 딱 분명해지면 온 세상일이 꿈과 같지만 꿈이 아닌 일이 딱 하나 있습니다. 이것이 명확해진다고요. 그래서《원각경》에 "꿈속에서 수행을 하고, 꿈속에서 깨닫고, 꿈속에서 해탈한다"고 한 것입니다. 이 일이 분명해지면, 꿈속에서 꿈 아닌 깨어 있는 자리를 자재하게 누릴 수가 있습니다.

이름은 비록 다르지만 바탕은 곧 하나이니…… 이름이라 하든, 바탕이라 하든, 하나라 하든, 다르다 하든, 말은 아무 의미가 없습니다. 진실은 하나라 할 때도 이 일이고, 다르다 할 때도 이 일이고, 바탕이라 할 때도 이것이고, 이름이라 할 때도 이것이에요. 말이 있는 게 아니고, 이 하나의 진실이 있을 뿐이니까요. 이것이 분명해져야 해요. 이것이 분명해지지 않으면 우리가 꿈속에서 꿈 깨는 얘기하고, 꿈속에서 꿈꾸는 일을 또 할 수가 있어요. 이 마음공부라는 것이 말이죠. 그런 공부가 될 수 있어요. 꿈속에서 꿈 얘기를 하고, 또 꿈 깨는 얘기를 할 수가 있어요.

그러나 이 진실이 분명해지면 꿈을 깨는 것이 아니고, 꿈 그 자체가 깨어 있음이 되는 겁니다. 꿈이 사라지고 깨어 있음이 도래하는 것이 아니고, 그냥 온 세상이 꿈인데 그 꿈속에서 항상 깨어 있는 거예요. 그래서 망상이 실상이라고 하지, 망상을 없애고 실상을 얻는다고 하는 게 아닙니다. 그렇게 얘기를 하지 않아요. 꿈을 없애고 깨어 있는 자리가 따로 있는 것이 아니고, 꿈속에서 꿈을 깨어 있는 겁니다. 얘기를 하자면 그렇게 할 수가 있어요.

성인이 여러 가지로 분명한 것이 모두 자기의 마음을 떠나지 않는다.

성인은 부처·여래·깨달은 사람이죠. 깨달은 사람에게는 모든 것이 자기 마음을 벗어나지 않습니다. 세상에 어떤 일이 있더라도, 여기서 벗어난 것은 없습니다. 하늘에서 갑자기 연등불이 나타나고, 보현보살, 관음보살, 문수보살이 나타나서 꽃비를 뿌리고 무슨 일이 벌어지더라도, 여기서 벗어나는 것이 없어요. UFO가 날아와서 별별 일이 일어나더라도, 여기서 벗어나는 것은 없다 이겁니다. 만법은 여기서 벗어나는 것이 없습니다. 그래서 법은 항상 분명한 겁니다. 과거·현재·미래의 모든 일이 이 마음에서 벗어난 일이 없어요. 그래서 이런 말을 하는 겁니다.

부처의 일이든 중생의 일이든 어떤 일도 여기서 벗어나는 일은 없습니다. 단지 이 하나의 일일 뿐입니다! 하여튼 (법상을 두드리며) 이것이 분명해져야 합니다! 느낌이나 감정이나 기분을 따라다니면 안 돼요. 그런 것은 별 의미가 없어요. 이것은 어떤 느낌도 아니고 감정도 아니고 기분도 아니에요. 말하자면 어떤 색깔이 아니에요. 우리가 색깔로 치면 차가운 색깔도 있고, 따뜻한 색깔도 있고, 색깔이 주는 느낌이 있죠? 포근한 느낌의 색깔, 황량한 느낌을 주는 색깔, 깔끔한 느낌의 색깔, 더러운 느낌을 주는 색깔 등 여러 가지가 있죠. 그러나 이것은 그 어떤 색깔도 아닙니다. 모든 색깔을 드러내는 근본이라고 할 수 있는 것이고, 그 어떤 색깔도 아니에요. 모든 색깔은 무색투명한 빛에 의해서 드러나듯이, 이것은 무색투명한 빛과 같은 거예요. 어떤 종류의 색깔이 아니라고요.

우리가 이것을 깨닫지 못하면 자꾸 색깔만 가지고 따지게 돼요. 깨끗한가? 더러운가? 따뜻한가? 차가운가? 그런 식으로 따진다고요. 그런 것은 아무 의미가 없어요. 진실을 보지 못한단 말예요. 진실은 아무 그런 게 없습니다. 이렇게 항상 분명하고 명백해서 절대로 변하지 않는 (손가락을 흔들며) 이 일 하나뿐이에요! 어떤 느낌, 어떤 기분, 어떤 감정은 그냥 색깔에 불과한 겁니다. 자기 마음이라고 하지만, 보통 세속에서 '내 마음' 이렇게 하는 것하고는 다릅니다.

세속 사람들은 일상생활에서 보통 '내 마음'이라고 말을 많이 하는데, 자기가 자기 마음이라고 말은 하지만 사실 정확하게 뭔지 잘 모릅니다. 막연하게 내 마음이 어쩌고저쩌고 하지만, 구체적으로 따져 물으면 자기 마음이 뭔지 자기도 몰라요. 막연하게 그렇게 말하는 거죠. 그러니까 망상이죠, 망상. 그런 게 아니고 여기서 말하는 마음이라고 하는 것은 막연한 게 아닙니다. 막연한 게 아니고, 너무나 명백하고 실제적이고 진실하여 절대 의심이 일어날 수가 없는 명확한 것이거든요. 막연한 게 아니에요. 막연하면 안 되죠. 막연하면 헤매게 됩니다. (법상을 두드리며) 이것이 한번 와닿아야 합니다!

마음의 크기는 광대하고 인연에 응하여 작용함은 끝이 없다.

이것은 크기를 말할 수 없어요. 왜냐하면 크기라고 하는 생각 자체가 여기서 일어나는 것이니까, 크기를 말할 수 없죠. 여기에 저울이 하나 있는데, 저울이 저울 자체를 달지는 않아요. 언제나 다른 물건을 저울에 달죠. '마음의 크기' 이러면 다른 물건이 되는 거예요. 마음이 아니라고요. 그러니까 "마음의 크기는 광대하다"는 결국 방편의 말입니다. 진실함이 없는 말이죠. 방편의 말이니까요. "마음의 크기는" 하는 자체가 여기서 하는 말이고, "광대하다" 하는 게 여기서 그렇게 하는 말입니다. 이것은 크기를 말할 수도 없고 이름을 말할 수도 없는 것이고 그냥 (손가락을 흔들며) 이렇게 명백한 거죠! 그냥 이것이죠!

크기를 말할 수도 없고, 이름을 말할 수도 없고, 장소를 말할 수도 없고, 뭘 말할 수가 없어요. 모든 말은 (손가락을 흔들며) 여기서 나오는 것이니까요! 그러니까 이것은 무엇을 말하든지 간에, 뭘 어떻게 보고 듣고 하든지 간에 그냥 이렇게 분명한 거죠! 이 진실 자체에 대해서는 아무것도 생각할 수도 없고, 할 수 있는 일이 아무것도 없어요. 그러나 방편으로는 "마음의 크기는 끝이 없다" "무한하다" 그렇게 말할 수 있죠. 방편은 어차피 가짜니까요. 방편은 그냥 소설이에요, 소설. 왜냐하면 우리가 상상해서 그렇게 얘기를 하는 거니까요. 그럼 왜 그런 소설을 쓰느냐? 우리는 그런 데 익숙해 있으니까, 그런 상상과 망상에 익숙해 있으니까, 망상에 익숙해진 사람이 이것을 통해서 망상을 버리고 진실로 들어오기를 바라는 목적으로 방편의 말을 하는 거죠. 방편 자체는 가짜지만, 그 가짜에 익숙해져 있는 사람에게 그 가짜를 주어서 진실로 이끌어 들이기 위한 방편이란 말입니다. 《법화경》에도 나오죠. "일불승(一佛乘)은 말할 수 있는 게 아무것도 없다. 그러나 방편으로 얘기할 때는 둘, 셋, 넷 얼마든지 말을 할 수 있다." 방편이라는 것은 우리가 상상하는 것이니까, 상상이란 얼마든지 할 수 있는 것이죠.

경전에 나오는 말씀들은 전부 방편으로 만든 상상이고 소설입니다. 경전에 나오는 부처님 말씀은 백퍼센트 상상이고 소설이에요. 진실은 어디 있느냐? 바로 지금 (손가락을 들며) 이것입니다! 우리 각자에게 살아 있는 이 하나의 일! 이것이 진실이죠! 모든 사람에게 살아 있는 유일한 진실은 바로 (손가락을 흔들며) 이것 하나밖에 없습니다! 이것을 깨닫게 해 주려고, 이것을 한번 체험하게 해 주려고 그런 소설을 쓴 겁니다. 예를 들어서, 자동차 운전교본 책자는 가짜잖아요? 그것을 읽고 실제 한번 운전해 봐라, 이거잖아요? 방편도 그와 같은 겁니다. 책만 가지고 있다고 운전면허증을 딸 수는 없잖아요? 실제로 운전대를 잡고 운전을 해야 면허증을 따는 거죠. 방편도 그와 같은 겁니다.

《팔만대장경》은 하나의 교본과 같은 겁니다. 실제 운전은 바로 '이거'예요. 우리는 항상 운전대에 앉아 있습니다. 좌충우돌 제대로 운전을 못해서 그렇지, 자기 마음이라는 자동차 운전대에 늘 앉아 있는 겁니다. 날 때부터 죽을 때까지 그 운전석에서 내려올 수가 없어요. 그래서 부처님 가르침은 마음이라는 자동차의 운전교본과 같은 거죠. 부딪치지 말고 사고 내지 말고 제대로 운전 잘해라, 그 말이잖아요? 그 교본을 다 읽고 운전면허 합격하는 사람은 머리가 안 좋은 사람이고, 한두 장 읽고 눈치가 빨라서 합격해서 빨리 운전하는 사람이 머리 좋은 사람 아닙니까? 그런 것처럼 우리 선(禪)이라는 것은 많은 말이 필요가 없고, 많은 교본이 필요가 없어요. 이미 운전대에 앉아 있기 때문에. "이것입니다!" 이것은 분별로 가리킬 수 없지만, "이것이다" 하면 우리의 본능적인 운전능력은 날 때부터 다 갖추어져 있습니다. (손가락을 들며) "이것이다!" 하고 가리켜 드리는데 여기서 날 때부터 갖추고 있는 완전한 능력이 한번 발휘가 되면, 그 다음부터는 아무 일이 없는 거예요.

자동차를 비유로 들었지만, 우리는 마음이라는 자동차의 운전 능력을 날 때부터 완벽하게 갖추고 있습니다. 그런데 이것을 모르고, 생각을 가지고 남에게 배운 것을 가지고 운전을 하려고 하니까 계속 사고가 나는 거예요. 그러면 완벽하지가 못해요. 배우고 익혀서 운전을 하려고 하면 사고가 안 날 수가 없습니다. 우리가 날 때부터 완전히 갖추고 있는 능력이 있어요. 이것이 이렇게 한번 딱 발휘가 되면, 그 다음부터는 사고가 없습니다. 아무 일이 없어요. 완전히 자동화가 되어 버려요. 일부러 손을 대어서 핸들을 잡을 필요도 없이 자동적으로 움직여요. 이 법이 그런 법입니다.

그래서 이것이 좋은 겁니다. 아무 할 일이 없는 거예요. 하여튼 이것이 분명해져야 해요. 손을 대어서 이리 꺾고 저리 꺾고 하는 것이 아닙니다. 내가 조절하는 게 아니에요. 이것이 딱 와닿으면 자동 운전이 되는 거예요. 운전대에 앉아서 잠을 자도 돼요. 알아서 저절로 가니까요. 그러니까 이것만 확인하시면 돼요. 다른 일이 없습니다. (법상을 두드리며) 이 일 하나예요! 바로 지금 이것이란 말예요. 모든 사람에게 항상 있는 이 일 하나밖에 없습니다. 이것을 가지고 모든 일을 다 하는 거니까요. 지금 이것 하나뿐입니다. (법상을 두드리며) 이 법 하나뿐이에요!

마음의 크기는 광대하고 인연에 응하여 작용함은 끝이 없다……
인연에 응해서 작용한다는 것은, 하늘을 보면 푸른 하늘이 나타나고, 꽃을 보면 꽃이 보이는 것입니다. 다 인연이죠. 만나고 일어나는 일은 다 인연이에요. 온갖 일이 다 일어나죠. 어떤 일이 일어나더라도 전부 이것에서 벗어나지 않는 겁니다. 그래서 이런 말을 하죠. "인연에 응해서 작용함은 끝이 없다." 그러나 이것은 말이 아니니 말로써 이해할 수는 없습니다. 다만 이것이 분명해야죠. 《육조단경》에 보면 "말에도 통하고 마음에도 통하면, 태양이 허공에 떠 있는 것과 같다"는 구절이 있어요. 말은 법문을 뜻하고, 마음은 이 진실 하나를 가리키는 겁니다. 말에 통하기 전에 진실에 먼저 통해야 합니다. 진실에 먼저 통하고, 진실에 통한 그 지혜를 가지고 그 말에 통하면 태양이 허공 속에 떠 있는 것과 같아서 걸림이 없다는 것입니다. 온 천지를 밝게 비추어서 어둠이 없다는 거죠. 걸리는 장애가 없고 부딪치는 게 없고 비밀이 없고 신비스러울 것이 없습니다.

신비감이라고 하는 것이 이 공부를 시작할 때는 커다란 자극이 됩니다. 왜냐하면 우리는 신비스러움에 대한 굉장한 호기심을 가지고 있죠? 일반적으로 뭔가 신기하고 신비스러운 일에 대해서는 다들 호기심을 가지고 있습니다. '정신세계라는 것은 굉장히 신비스럽구나' 하고요. 이 공부를 자극하고 발심을 일으키는 데 아주 좋은 겁니다. 물질세계에 대해서는 배움을 통해 대충 이해가 되죠? 물론 다 알지는 못하지만 과학자들이 말해 놓은 것을 보고 어느 정도는 이해하는 바가 있습니다. 하지만 이 정신세계에 대해서는 아무것도 아는 게 없으니까, 저도 예전에 '이 정신세계라는 것은 정말 아는 게 아무것도 없구나. 완전히 신비의 세계구나. 한번 공부해 볼 만한 재미가 있구나'라고 느꼈던 기억이 나네요.

그런데 공부를 해서 체험을 하고 좀 더 공부가 깊어진다는 것은, 뭔지 알 수 없는 어두운 구석이 자꾸 사라져 간다는 뜻입니다. 알 수 없는 어두운 부분이 사라져서 모든 것이 명백해지니까 신비로울 게 없어져요. 지금의 저는 정신세계가 신비로울 게 하나도 없습니다. 너무나 명백해요. 물질세계보다 훨씬 명백해요. 신비로울 게 없어요.

그런데 사실은 물질도 정신 속에서 분별해서 하는 말입니다. 정신세계 밖에 물질세계가 따로 있는 게 아니에요. 왜냐하면 우리가 물리학을 하고 화학을 하고 지질학을 하고 생물학을 공부하더라도, 그 활동 자체는 정신세계입니다. (손가락을 들며) 여기서 하는 일이기 때문이에요! 이것을 벗어나는 물질세계라는 것은 없습니다. 그래서 불교에서도 색(色)·수(受)·상(想)·행(行)·식(識)을 같은 부류로 나열하는 겁니다. 색(色)은 물질, 수(受)는 느낌, 상(想)은 생각, 행(行)은 의욕이나 욕망, 식(識)은 의식이잖아요. 이것을 같은 부류로 나열하는 겁니다. 전부가 여기서 일어나는 일이기 때문에 그렇습니다. 여기서 벗어나는 일은 없거든요.

물질과 정신을 분별하는 자체가 이것이 분별하는 것이니, 물질과 정신은 이름만 다를 뿐 따로 없습니다. 그러므로 우리가 물질과 정신을 따로 나눈다면, 물질에 상대되는 개념으로 정신을 또 하나 만들어 놓는 것이므로 여기서 말하는 마음과는 다른 겁니다. 이 마음하고는 달라요. 여기서 말하는 이 마음은 세속에서 말하는 물질과 정신이 모두 이 마음입니다. 여기서 벗어나는 것은 없습니다.

여기에 한번 통달되면 의문 같은 것은 없어요. 우리 존재 자체가 정신세계이고, 이 정신세계의 비밀이 다 밝혀지기 때문에 전혀 어두운 구석이 없어요. 신비로운 것이 없어요. 모든 것이 명백합니다. 그래서 청정법계라고 하죠. 투명해요. 명백하단 말예요. 분명한 겁니다. (법상을 두드리며) 이것 하나입니다! 이것이 한번 분명해져야 합니다.

눈에 응해서는 색깔을 보고 귀에 응해서는 소리를 듣고 코에 응해서는 냄새를 맡고 혀에 응해서는 맛을 알고, 나아가 움직이고 동작하는 것이 모두 자기 마음이다.

우리가 경험하는 모든 것은 다만 이 하나의 일이란 말입니다. 이것에 마음이라 이름을 붙인다면, 색깔을 보든 냄새를 맡든 소리를 듣든 맛을 보든 만져 보든 부딪치든 생각하든 느끼든 욕망을 하든 물질을 연구하든, 뭘 하든지 간에 모든 일은 단지 (손가락을 흔들며) 이 하나의 마음입니다! 여기서 벗어나는 일은 없습니다. 여기를 떠나는 일은 없습니다. 우리가 어떠한 학문 활동을 하고 연구를 하고 탐구를 하더라도 다 여기서 일어나는 일이고, 뭘 보고 만지고 듣고 맛보고 냄새 맡고 부딪쳐 보더라도 다 여기서 일어나는 일이에요. 여기서 벗어나는 일이 없어요. 모든 일은 다만 이 하나의 일입니다.

(법상을 두드리며) 다만 이 하나의 일입니다! 여기서 벗어나는 일이 없어요. 그러니까 이것이 분명하면 비밀이 없다니까요. 세간의 일에 대해서는 아는 바가 많이 없지만, 법에 대해서는 모르는 것이 없어요. 모든 것은 명명백백한 겁니다. 분명하게 이 하나의 일이니까요! 하여튼 (법상을 두드리며) 이 하나입니다! 그래서 의심이 없어지고 구하지 않게 되고 찾지 않게 되죠. 모든 게 분명하니까 의심할 게 없죠. 그런 느낌, 생각, 호기심, 의심이 자취를 감춰 버려요. 아무 일이 없어요. 다 사라져 버리고 아무 일이 없어요. 아무 일이 없고, 어떤 일이 일어나더라도 일어난 모든 일이 전혀 장애가 되지 않아요. 아

무 문제가 되지 않는 겁니다. 항상 명백한 일이고, 어떤 일이 일어나더라도 아무 일이 없고, 뭐가 나타나더라도 정체가 분명하니까 속지를 않죠.

이것을 벗어나는 일은 없습니다. 이것이 분명하지 못하면 분별을 하게 되고 이것인가 저것인가 헤매게 되고 갈등하게 되는데, 이런 것들이 전부 중생의 망상이거든요. 그러나 이것이 분명하면 만법은 여기서 벗어나는 것이 없어요. (법상을 두드리며) 이 하나입니다! 이것이 바로 마음이고 도(道)이고 법(法)이고 부처님이죠. 이것에 이름을 그렇게 붙이는 겁니다.

그저 단지 이것 하나뿐이에요! 다만 (법상을 두드리며) 이것 하나뿐입니다! 이렇게 분명한데 생각을 일으켜서 헤아리게 되면, 멀쩡한 살을 긁어서 상처를 낸다고 하는 것처럼 그런 문제가 생기는 겁니다. 단지 (법상을 두드리며) 이 하나고 이렇게 분명한 겁니다. (손가락을 들며) 이것뿐이거든요!

딱! 딱! 딱! (죽비 소리)

19.
모두가 지혜다

달마혈맥론 열아홉 번째 시간입니다.

언제나 언어의 길이 끊어지기만 하면 곧 자기의 마음이다. 그러므로 말하기를 여래(如來)의 색(色)은 다함이 없고, 지혜 역시 그러하다고 하였다. 색(色)에 다함 없음이 곧 자기의 마음이고, 마음의 의식이 모든 것을 잘 분별함과 나아가 움직이고 동작함은 모두 지혜다. 마음은 모습이 없고 지혜 역시 다함이 없다.

다시 보죠. "언제나 언어의 길이 끊어지기만 하면 곧 자기의 마음이다." 언어라고 하는 것은 우리가 지금 말하고 글로 쓰고 하는 것을 언어라고 하는데, "언어의 길이 끊어져야 자기의 마음이다"는 것은 방편의 말입니다. 말하자면 "말이 따로 없고 마음이 따로 없어야 한다"는 거죠. 지금 "안녕하세요?"라고 할 때, 여기에 말이 따로 있고 마음이 따로 있으면 그것은 분별이죠. "안녕하세요?" 여기에서 마음이 따로 없고 말이 따로 없어야 하는 겁니다. 그래서 "도가 무엇입니까?" 하고 물으면, "안녕하세요?"라고 답하지, "말을 듣지 말고 마음을 봐라." 이렇게 하진 않습니다. "도가 뭡니까?" 이러면 "안녕하세요?" 이렇게 답하죠. 이것을 "인사말로 듣지 말고, 여기서 도를 봐라. 마음을 봐라." 이렇게 말하게 되면, 그것은 언어가 따로 있고 도가 따로 있다는 분별이 되는 겁니다.

말을 하는데, 말이 따로 있고 마음이 따로 있는 게 아닙니다. "이 겁니다!" 하면 저절로 한번 와닿아야 통하는 일이고, 양쪽이 있으면 안 됩니다. 언어가 있고 마음이 있고, 도(道)가 있고 사물이 있고, 이런 식으로 양쪽이 있으면 그것은 분별입니다. 이 법(法)은 바로 "이 겁니다!" 바로 지금 이것이고, 누구든지 이 자리에 있고, 다 이 일 하나를 가지고 살아가고 있는 것이고, 뭘 하든지 전혀 다른 일이 없으니, 항상 "이 하나뿐이다!"라고 말할 수밖에 없어요. 여기에 다시 마음이 있고 도(道)가 있고 공(空)이 있고 색(色)이 있고 하게 되면, 말이 안 맞는 거예요. 공(空)도 아니고 색(色)도 아닙니다. 그런 일이 따로 있는 게 아니고, 다만 이것이란 말예요. 공(空)을 골라내거나 색(色)을 골라내면 분별에 떨어지는 겁니다.

언제나 언어의 길이 끊어지기만 하면 곧 자기의 마음이다.

우리는 평소에 항상 무슨 말이 있으면 말을 따라가 버리니까, 말을 따라서 헤아리고 생각을 하니까, 자기를 잃어버리고 말 속에 말려들어 간다고 하는 거죠. 그것이 우리의 습관이고 버릇이니까, 자기를 잃어버리고 말 속에 말려들어 가는 것, 그것이 우리에게 가장 큰 문제가 되기 때문에 이런 얘기를 하는 거죠.

"언어의 길이 끊어지면 곧 마음이다." 언어의 길이 끊어진다고 해서 말을 안 하는 게 아니고, 말이 따로 없고 자기가 따로 없어요. 따로 없기 때문에 불이법(不二法)이라고 하죠. 두 가지가 따로 있으면 안 된다고 해서 불이법이죠. 두 가지가 따로 있으면 그것은 망상이죠. 이것은 언어를 버리는 것도 아니고, 취하는 것도 아닙니다. 말을 하는 것도 아니고, 안 하는 것도 아닙니다. 그런 어떤 게 아니고, 말을 하든 침묵을 하든 그냥 이 일이다, 이 말입니다. 다른 일이 없어요. 언제나 이 일 하나입니다. 말을 하는 것도 이것이고, 아무 말 없이 침묵하는 것도 이 일이고, 다른 일이 없습니다. 구분이 되면 안 됩니다. 침묵할 때는 법이 나타나고, 말을 할 때는 말에 말려들어 가고, 그런 식으로 되는 것은 좋은 공부가 아닙니다.

침묵을 할 때도 침묵이 따로 없이 그냥 이것이고, 말을 할 때도 말이 따로 없고 그냥 이 일이에요. 이것에 마음이라는 이름을 붙이는 것도 좋지 않아요. "이것이다" 그러면 막연한 말이잖아요? 지시대명사라서 뭘 가리키는지 모르잖아요? 막연한 말이 좋습니다. 뭘 가리키는지를 알겠다고 하면 분별이기 때문에, 뭘 가리키는지 헤아릴 수도 없고 분별할 수도 없고 머리로는 알 수가 없는 것이 좋아요. 머리로 아는 것이 아니고, 스스로 안팎 없이 그냥 이 하나가 딱 분명하면 됩니다. 이 일이 이렇게 와닿으면 삼라만상이 전부 이 하나의 일입니다. 빠짐이 없어요. 이 일이 따로 있고 삼라만상이 따로 있으면 안 됩니다. 항상 여기에 딱 맞아떨어져야 하는 겁니다. 그래서 이런 말들은 방편의 말들이에요.

언제나 언어의 길이 끊어지기만 하면 곧 자기의 마음이다…… 이것을 방편인 줄 모르고 '맞는 말이구나' 하고 말을 따라가서, '언어의 길이 끊어져야 되니까 말도 하지 말고 글도 쓰지 말고 가만히 있어야 하겠구나' 이런 식으로 오해를 하면 그야말로 말에 말려들어 간 겁니다. 말을 따라가 버린 것이니까요. 그런 뜻이 아니고, 방편의 말입니다. 그래서 책을 보고서 '아, 법이 뭔지 알겠다'라고 한다면 방편의 말에 말려들어 가는 겁니다. (법상을 두드리며) 이것은 뭘 어떻게 하든지 딱 이 하나일 뿐이고, 언어가 따로 있고 문자에서 벗어나는 일이 따로 있는 것은 아닙니다.

선(禪)에서 불립문자(不立文字)라고 하는데, 그것 또한 방편의 말입니다. 이런 말을 또 잘못 알아듣고서 '말하는 게 곧 마음이다' 이렇게 생각하면 안 됩니다. 그것 또한 생각이잖아요? 그렇게 하면 안 돼요. "말할 때나 침묵할 때나 차별이 없다." 이것을 자기 나름대로 이해해서, '침묵할 때도 내 마음이고, 말할 때도 내 마음이다'라고 이해하면, 그것 또한 생각으로 이해하는 것이고 생각에 말려들어 가는 것입니다. 절대 그런 뜻이 아닙니다. 여기에는 아무런 이해할 게 없고, 그냥 이 일이에요. 말하면 말하는 게 이것이고 침묵하면 침묵이 바로 이것이고, 여기에는 이해할 게 없습니다.

법에는 과거·현재·미래가 없다고 했잖아요? 한순간 이것이 이해와 생각이 되면, 그것은 망상이 돼 버려요. 그래서 그것을 '호리유차(毫釐有差)면 천지현격(天地懸隔)'이라고 하는 겁니다.

"도(道)가 뭐냐?" "차 한 잔 하십시오." "차 한 잔 하십시오"가 바로 이것이지, 여기에 무슨 이해가 0.1초 사이에라도 생기면 그것은 망상이에요. 이해가 생기면 안 됩니다. "이것!" 하면 여기에 무엇을 생각하고 이해하고 따지고 할 게 있냐 이 말입니다. 여기서 딱 와닿으면 늘 이 일이고 항상 다른 일이 없지만, 생각으로 이해할 것은 아무것도 없습니다. 그것이 아주 미묘한 문제입니다. 왜냐하면 우리는 생각하는 것이 너무나 습관이 되어 있어서 생각을 하는 것이 너무나 자연스럽기 때문에, 내가 생각 속에 있는지 여법(如法)한지 구분이 잘 안 돼요. 결국 계합이 제대로 되어야 안목이 밝아지는 겁니다.

여기 출세간에서 생각은 힘이 없어요. 세간에서는 생각이 힘이 세다고 하잖아요? 그런 주장을 하는 책도 있더군요. 그러나 이 법에서 생각은 아무 힘이 없어요. 믿을 게 못됩니다. 생각이 아니라 이 법 하나가 진짜배기이고 진실이니까요. 사실은 여기서 생각을 하기도 하고 생각을 안 하기도 하고 그런 거죠. 지금 (손을 흔들며) 이것은 언제나 고정되어 있지 않습니다. 생각을 하는 순간에 왜 이것이 어긋나느냐 하면, 이것은 고정되어 있지 않은데도 생각이 고정시켜 버리기 때문에 어긋나는 거예요. 법은 한순간도 머물러 있지 않습니다. 그러나 생각은 머물러 있잖아요? 그러니까 어긋나는 거예요. 이 법은 한순간도 머물러 있지 않습니다. 한순간도 고정되어 있지 않아요. 머물러 있지 않아서 어떤 모습으로도 그려지지 않아요. 그러나 생각을 하면 모습으로 그려지고 머물러 버리니까 다 어긋나고 망상이 되는 겁니다.

그래서 "머물지 말고 그 마음을 내라." 이런 구절을 귀에 못이 박히도록 듣잖아요? 머물지 마라 이거예요. 우리가 어디에 머물겠습니까? 생각에 머물고, 말에 머물죠. 그런 게 머무는 거예요. 하여튼 (손을 들며) 이것이 딱 분명해지는 겁니다! 계합한다는 것은 이것이 딱 분명해지는 거예요. 이것이 분명해지면 모든 일이 항상 이 하나의 일이죠. 늘 변함없이 이 하나의 일이지만, 한순간도 고정되어 있지 않고 머물러 있지 않습니다. 이 법이 그런 거예요. 늘 변함없이 이 하나의 일이지만, 단 한 순간도 고정되어 있거나 머물러 있지 않습니다. 이것이 어쨌든 한번 와닿아야 하는 것이지, 다른 것은 없습니다.

그러므로 말하기를 여래(如來)의 색(色)은 다함이 없고, 지혜 역시 그러하다고 하였다.

색(色)은 분별되는 물질을 가리키는 것이고, 지혜라는 것은 공(空), 분별되지 않는 허공 같은 것을 가리키는 거죠. 색도 다함이 없고 공도 다함이 없다 그런 말입니다. 그런데 우리가 공이 다함이 없다 하면 이해가 되는데, 색이 왜 다함이 없지? 이해가 안 되잖아요? 그것은 이해가 안 되는 말이죠. 물질이라는 것은 언젠가는 다 사라지니까요. 사실 색과 공은 똑같은 겁니다. 이름이 다를 뿐이에요. 우리가 "도가 뭐냐?" "시계다" 할 때 색입니까? 공입니까? 이것을 색이라고 하면 시계라고 하는 어떤 철이나 플라스틱이나 이런 물질을 가리키는 것이 될 것이고, 공이라 하면 마음을 가리킨다고 이해가 되죠? 그렇게 하면 망상입니다.

"도가 뭡니까?" "시계다." 이것은 공도 아니고 색도 아닙니다. 그런데 여기서 우리가 색과 공을 분별하게 되는 겁니다. "도가 뭡니까?" "시계다"라고 했을 때, 이것은 사물을 가리키는 것도 아니고, 마음을 가리키는 것도 아니에요. "도가 뭡니까?" "시계다." 여기에는 어떤 분별이 들어오면 안 돼요. 이것은 사물을 가리키느냐 마음을 가리키느냐, 또는 사물도 아니고 마음도 아닌 제3을 가리키느냐, 이런 식으로 분별하면 그것은 벌써 망상이에요. 그래서 이것을 불가사의(不可思議)라고 하는 겁니다.

그냥 '이것뿐!'이라고 할 수밖에 없어요. "도가 뭡니까?" "시계다." 아무 분별 없이 "시계다" 하면, 이 한마디가 온 우주를 다 품고 있는 말이에요. 공이니 색이니 나누어지기 이전의 말이다 이겁니다. "도가 뭡니까?" "시계다." 공이니 색이니 분별되기 이전에 전부 통째로 그대로, 그러나 여기에 생각이 들어와서 시계가 어떻고 마음이 어떻고 하면 이것은 전부 망상이에요, 망상! 이것은 시작도 없고 끝도 없는 거예요. 불생불멸(不生不滅)이에요. 시작이다 끝이다 하는 것은 이미 생각이거든요. "도가 뭡니까?" "시계다." 이것은 그냥 이대로 통째로지 여기에 무엇이 있는 게 아니에요. 분별이 들어와서 '시계냐?' '마음이냐?' '주관이냐?' '객관이냐?' 하면 그건 전부 생각으로 분별한 것이죠.

분별 이전에 명백해야 합니다. 이 도(道)는 분별로 나아가기 이전에 분명해야 한다고요. 그래서 부모미생전(父母未生前)이라는 말도 거기서 나온 거예요. 부모가 너를 낳기 이전에 본래면목(本來面目)을 내놔라. 부모가 낳은 이후에는 모두가 분별의 세계니까 분별하기 이전의 본래면목이란 말이죠.

(손을 흔들며) 이겁니다! 이것저것 생각할 게 없습니다. "이겁니다!" 분별하기 이전에 통한다고 하는 것은 자기가 '아, 이것이구나' 하고 아는 게 아닙니다. 머리로는 아무 할 일이 없습니다. "도가 뭡니까?" "시계다." 이러면 그냥 통해야 해요. 그냥 통째로 통해서 저절로 안팎이 없이 하나로 통해야 하는 겁니다. "도가 뭡니까?" "시계다." 생각할 필요도 없고 말할 필요도 없고 분별할 필요도 없이 명확한 겁니다. 이것 하나가 뚜렷할 뿐인 겁니다. 판단하기 이전에 명확해야 되는 겁니다. 명확하다는 것이 바로 그런 말이지, '이제 뭔지 판단이 된다. 알겠다' 하는 것은 명확한 것이 아니고 망상입니다.

판단하기 이전에 분명해야 합니다. 그것을 일러 도(道)라고 하는 것이고, 불이법(不二法)이라고 하는 겁니다. 둘로 나누어지기 이전의 일이라고 해서 불이법이라고 합니다. "도가 뭡니까?" "시계다." "잣나무다." "똥막대기다." "삼 서 근이다." 아무 의미가 없습니다. 이것 하나를 가리키는 거죠. "부처가 뭡니까?" "호떡이다" 호떡이 바로 이것이란 말예요. 다른 일이 있는 게 아닙니다. 하여튼 이것이 분명해져야 합니다. 이것이 분명해진 뒤에는 "여래(如來)의 색(色)은 다함이 없고, 지혜 역시 다함이 없다"는 말이 납득이 될 수가 있습니다. 다함이 없다는 말은 시작도 없고 끝도 없다는 말입니다. 안팎이 없다는 말이죠.

세간의 분별세계도 끝이 없고 또 깨달음의 세계도 끝이 없다는 말인데, 왜 이런 말을 할 수 있는가 하는 것은 이 하나가 분명해졌을 때 납득이 되는 겁니다. 지금 이 일이지 다른 일은 없습니다. 단지 이 일 하나예요. 여기에 무슨 이런저런 이름이 붙고 생각이 들어오고 판단이 서게 되면, 모두가 망상입니다. 그냥 이것 하나예요. 다만 (법상을 두드리며) 이것 하나뿐입니다! 단지 이것 하나뿐입니다!

색(色)에 다함없음이 곧 자기의 마음이고, 마음인 의식이 모든 것을 잘 분별함과 나아가 움직이고 동작함은 모두 지혜다.

온갖 분별망상이 그대로 실상이고 지혜다, 이 말입니다. 나누어지지 않습니다. 망상과 실상이 나누어지지 않고, 지혜와 어리석음이 따로 있지 않습니다. 언제든지 (손을 들며) 이 하나의 일일 뿐이에요! 이 우주는 안팎이 없고 원융무애(圓融無碍)해서 걸릴 게 아무것도 없습니다. 그저 이 하나의 일일 뿐이에요. 언제든지 다만 (손가락을 흔들며) 이 하나의 일일 뿐입니다! 생각으로 분별하기 이전의 일입니다. 생각으로 분별을 해서 판단해 버리면, 벌써 그것은 망상에 들어가 있는 겁니다.

마음은 모습이 없고, 지혜 역시 다함이 없다.

이름이 마음이지 마음이라는 어떤 분별을 할 수가 없고, 이름이 지혜이지 지혜라고 분별되는 물건이 없습니다. 그러면 왜 마음이라 하고 지혜라고 하는가? 이것을 가리키기 위한 방편입니다. 진실은 이 하나뿐이거든요. 이 하나의 일을 가리키기 위한 방편으로 이름을 붙인 겁니다. 지금 모든 사람에게 이 하나의 일이 있을 뿐입니다. 이 속에서 우리는 생각으로 헤아리고 분별하고 하면서 그림을 그려서 망상을 하는 거죠. 그래서 머리를 가지고 머리를 찾고 마음을 가지고 마음을 찾는다고 하는 겁니다. 찾을 이유가 전혀 없는데 찾고 있다, 이 말입니다. 전부가 망상이죠. 그러나 이것이 분명하면 찾는 일이 없죠. 언제든지 뭘 하든지 이 일이죠. 이 자리죠. 아무리 물질을 분별해도 분별이 아니고 물질도 아니고 그냥 이것이에요. 허공(虛空)이니 공(空)이니 마음이니 모양이 없니 끝이 없니, 아무리 그렇게 해도 그런 일이 아니고 그냥 (손을 흔들며) 이것이에요! 이것 하나!

공(空)이 공(空)이 아니고, 색(色)이 색(色)이 아닙니다. 그냥 이것입니다. 이것이 공(空)이라 하고, 색(色)이라 하고, 안이 있고 밖이 있다 하기도 하고, 안도 없고 밖도 없다 하기도 하고, 그런 말들을 이것이 다 하는 거죠. 그러면 이것은 뭐냐? 아무것도 아니에요. 그 무엇도 그 어떤 것도 아닙니다. 이것이 이런저런 생각도 하고 말도 하고 느끼기도 하고 보기도 하는 것이지만, 이것은 아무런 그런 게 아니에요.

이것이 한번 딱 맞아떨어져야 하는 겁니다. 왜 이것이 안 맞아떨어지느냐 하면 생각 속에 빠져 있기 때문입니다. 생각 속에서 그림을 그리고 있기 때문이에요. 그것이 아주 습관이 되어 있기 때문에 그것을 미세번뇌라고 하는데, 미세번뇌라는 것은 눈에 잘 띄지 않는 번뇌라는 말입니다. 자기도 모르게 분별하고 습관적으로 생각을 해 버리니까요. 그래서 이것을 미세번뇌라고 하는 겁니다.

그런데 여기에 딱 맞아떨어지면, 생각이 필요 없고 분별이 필요 없고, 도니 법이니 마음이니 하는 흔적이 사라져 버립니다. 이 분별이라는 것이 얼마만큼 망상을 일으키느냐 하면, 우리가 '아, 내 마음이구나' 이렇게 분별을 하는 순간부터 그 순간에 정말로 마음이라는 뭐가 있는 것처럼 느껴져요. 우리가 이 망상세계를 그렇게 보고 있는 겁니다. 그렇기 때문에 꿈이라고 하는 거예요. 꿈속에서 깨기 전에는 그 꿈이 사실처럼 느껴지잖아요? 이 분별이라는 놈이 그런 정도의 망상을 한다 이 말입니다. 그래서 '아, 이게 내 마음이구나' 하고 뭔가 분별하게 되면, 정말 그런 마음이 있는 것 같은 느낌이 든다니까요. 그러면 실제로 뭔가가 있는 것처럼 착각을 일으키는 거예요. 그래서 마음에 대해 온갖 얘기를 다 하죠. 그건 망상입니다. 정말로 딱 맞아떨어지면, 공도 아니고 색도 아니고 마음도 아니고 사물도 아니고 어떻게도 차별되지 않습니다. 있고 없고가 둘이 아니에요. 차별이 안 돼요. 그러니까 이것을 묘법계(妙法界)라고 하죠. 묘한 법의 세계!

사대(四大)로 이루어진 색신(色身)이 곧 번뇌(煩惱)이니, 색신(色身)에는 생멸(生滅)이 있기 때문이다. 법신(法身)은 언제나 머묾 없음에 머물러 있다. 여래(如來)의 법신(法身)은 한결같아서 다르게 변하지 않는다. 그러므로 경(經)에서 말하기를 중생은 불성(佛性)이 본래 스스로에게 있음을 알아야 한다고 하였다.

사대(四大)로 이루어진 색신(色身)이 곧 번뇌(煩惱)이니, 색신(色身)에는 생멸(生滅)이 있기 때문이다…… 사대(四大)는 지수화풍(地水火風)을 말하죠. 흙·물·불·바람, 이 네 가지를 일러서 사대라고 합니다. 옛날 사람들은 이 물질세계를 이루는 구성 요소를 이 네 가지라고 생각했기 때문이죠. 지금은 그렇게 얘기를 안 하고 원소라는 것을 알죠. 수소, 헬륨 등 92가지 자연계 원소들이 있죠. 요즘은 그런 지식들을 가지고 있지만 옛날에는 그렇지 못해서, 흙·물·불·바람 이 네 가지가 물질계를 이루는 기본 원소라고 칭했습니다. 그것을 사대라고 해요. 불교에서 육진경계(六塵境界), 즉 색(色)·성(聲)·향(香)·미(味)·촉(觸)·법(法)이라고 할 때 색이란 색깔을 의미합니다. 그런데 사대색신(四大色身)에서 색이란 색깔을 뜻하는 게 아니고 물질이라는 뜻입니다. 지수화풍을 나타내죠. 우리 육체를 말하는 겁니다. 이 육체가 번뇌입니다. 왜냐하면 육체는 생멸을 겪기 때문이죠. 육체가 생로병사(生老病死)를 겪기 때문에 번뇌라고 말할 수 있겠지만, 사실 정확한 말은 아닙니다.

우리의 육체가 번뇌의 원인이 될 수는 있으나, 실제 번뇌는 마음의 문제입니다. 그래서 번뇌로부터 해탈이라는 것은 육체가 생로병사를 하지 않도록 하는 게 아니고, 우리 마음에서 그런 온갖 망상과 어리석음과 탐진치 문제들이 해결되는 것입니다. 그것이 바로 번뇌로부터 해탈이죠. 그러니까 번뇌는 근본적으로 마음의 문제이지 육체의 문제는 아닙니다. 그런데 우리가 육체에 집착을 해 있다 보니까 육체가 번뇌의 원인처럼 느껴질 수는 있습니다. 해탈과 열반이라는 것은 육체가 죽지 않고 영원히 살게 하는 그런 게 아닙니다. 육체가 늙지도 않고 병들지도 않고 죽지도 않고 하는 게 아니다, 이 말입니다. 그런 게 아니죠. 번뇌로부터 해탈이란 전적으로 마음의 문제입니다. 그래서 육체가 번뇌다 하는 것은 조금 말이 잘못된 거예요. 방편으로 하는 말들인데, 달마 스님의 말씀이라 해서 다 맞는 게 아니에요. 좋은 방편도 있고 좋지 않은 방편도 있고 하는 겁니다.

번뇌는 마음의 문제입니다. 번뇌(煩惱)의 번(煩)은 '불꽃이 타오르다'라는 뜻이고, 뇌(惱)라는 것은 '두뇌'라는 말이죠. 그래서 머리가 아프다는 말입니다. 마음의 문제인 거죠. 마음의 문제이지 육체의 문제는 아닙니다. 어리석음도 마음의 문제이고, 깨달음도 마음의 문제이고, 망상하는 것도 마음의 문제이고, 진실을 보는 것도 마음의 문제이고, 모두가 마음의 문제입니다.

육체적인 세계, 물질적인 세계는 우리가 손댈 것이 없습니다. 물질은 물질 자체의 원리에 따라 흘러가는 것이니까 어떻게 손댈 수도 없어요. 손을 대서 근본적으로 해결이 되지를 않아요. 그러나 마음은 그렇지 않으니, 우리가 마음의 문제는 스스로 해결할 수가 있어요. 그러니까 이 공부는 100퍼센트 마음의 문제이고, 마음공부입니다. 그러면 마음이 뭐냐? 막상 마음이 문제이고 마음공부라고 했는데, 실제 마음이 뭐냐? 이러면 애매하고 할 말이 없어요. 그러나 마음을 깨닫게 되면 마음의 문제를 해결할 수 있다고 하니까, '마음이 뭔지를 깨달아야 되겠구나' 해서 공부를 하죠.

"마음이 뭡니까?"

"뜰 앞의 잣나무다."

"마음이 뭡니까?"

(법상을 두드리며) "딱! 딱! 딱!"

이렇게 가리켜 드리는 거예요.

"마음이 뭡니까?"

(법상을 두드리며) "딱! 딱! 딱!"

여기서 소리가 아니라, 이 소리를 통해서 마음을 깨닫는 겁니다. 그러나 소리는 소리고 마음은 마음으로 분리를 한다든지, 마음을 가지고 소리를 듣는다든지 이런 식으로 소리 밖에 따로 마음이 있다면 망상입니다. 그렇다고 두드리는 소리가 마음이라고 해도 역시 망상입니다. "마음이 뭡니까?" 하고 물었을 때, (법상을 두드리며) "딱, 딱, 딱!" 여기서 마음이라는 것을 따로 소리와 분리시키면 망상입니다. 분별이 되면 100퍼센트 망상이에요. 그렇다고 소리가 곧 마음이라고 해도 역시 생각입니다. 생각은 망상입니다. 그러면 "마음이 뭡니까?" (법상을 두드리며) "딱! 딱! 딱!" 이렇게밖에 표현을 못해요. 여기서 마음과 소리가 분별이 되면 안 되고, 소리가 곧 마음이다 이렇게 생각해도 안 됩니다. "마음이 뭡니까?" (법상을 두드리며) "딱! 딱! 딱!" 이렇게밖에 할 수가 없어요.

여기서 저절로 한번 체험이 와서 딱 들어맞아야 합니다. 그래야 팔만 사천 가지 법문이 갖추어진다는 말을 할 수가 있어요. 그렇지 않고 마음이라는 게 따로 있고, 아는 바가 따로 있으면 망상입니다. 그건 분별이잖아요? 망상인 겁니다. "마음이 뭡니까?" (법상을 두드리며) "딱! 딱! 딱!" 여기서 진짜로 딱 와닿으면 마음이라는 말은 잊어버리게 돼요. 마음이라는 말은 잊어버리고 온 우주가, 온 천지가 이것 하나로 통하는 겁니다. 순간순간 어디를 가든지 뭘 하든지 이 하나로 딱 통하는 거예요.

그러면 그 다음부터는 아무 할 일이 없어요. 마음이 따로 있는 것도 아니고 사물이 따로 있는 것도 아니고, 그야말로 원융무애하여 하나로 돌아가 버리는 거예요. 이것 하나예요! 이것은 방법이 없어요. 그러면 어떻게 해야 여기에 통하느냐? '어떻게 해야 통할까?' 하는 질문도 생각이고, "이렇게 하면 통합니다" 가리켜 주면 그것 또한 생각이에요. 그건 전부가 망상입니다. (법상을 두드리며) 이 마음에 들어맞는 것은 불가사의하게 들어맞는 것, 자기도 모르게 들어맞는 것이고, 그래서 설명할 수도 없고 알 수도 없고 방법도 없어요. 그러나 모든 사람이 날 때부터 갖추고 있기 때문에 분명하게 한번 들어맞을 수가 있는 겁니다. 이것뿐이에요! 특별한 것이 없어요. 이것만 딱 맞아떨어지면 항상 이 일이죠.

법신(法身)은 언제나 머묾 없음에 머물러 있다.

이런 말들은 뭔가 그럴듯하지만, 좋지 않은 말입니다. 그럴듯한 말이 우리를 더 심하게 속이기 때문에 좋지 않은 말이에요. 우리가 시(詩)를 볼 때도 그렇죠. 시를 볼 때 뭔가 그럴듯한 말인데 알쏭달쏭하죠. 그러면 뭔가가 있는 것 같잖아요? 그런 시들이 있잖아요? 그런데 결국 사람을 속이는 말이죠. 물론 세속적으로 우리의 상상력을 자극해서 여러 가지 상상을 할 수 있도록 만들어서 그것을 좋다고 여기면 좋은지 모르겠지만, 이 법에서는 그러면 안 됩니다. 상상을 하면 안 돼요. 법에서는 상상이 용납되지 않습니다.

이것은 정확해야 하고 명확해야 하고 분명하고 엄밀한 겁니다. 여기서 상상은 눈곱만큼도 허용이 안 됩니다. 그럴듯한 상상 속에서 그림을 그려서 뭔가 표현을 하는 것, 그것은 세속 사람들의 심리예요. 그래서 이 법을 말할 때는 언어도단(言語道斷)이라고 하죠. 말할 수 있는 길이 딱 끊어진다는 말입니다. 법은 아주 엄밀하고 명확하기 때문에 이것이 딱 들어맞게 되면 너무나 분명하지만, 애매하면 안 돼요. 애매모호하다는 것은 그 사이에 상상력이 들어온단 말예요. 상상이란 곧 망상이거든요. 그러면 안 돼요. 이것은 분명한 겁니다. 실제적이고 진실한 거지, 어떻게 상상할 수 없는 것이라고요.

"마음이 뭡니까?"(법상을 두드리며) "딱! 딱! 딱!" 이것은 아주 분명한 것이고, 아주 명확한 것입니다. 아무런 생각이나 판단이 필요 없는 거예요. 생각이 필요한 것은 분명한 게 아니에요. 이미 그것은 해석이 된 것이니까 분명한 게 아니죠. 생각하기 이전에 명확해야 이것이 분명한 겁니다. 생각 이전에 (손을 들며) 이렇게 명확해야 하는 겁니다! 법이 그린 거예요. 생각으로 헤아리기 이전에 이렇게 명확하고 분명한 것이지, 생각으로 헤아리는 것은 불투명한 거예요. 이미 그림을 그려 놓은 것은 진실이 아니고 실제가 아니에요. 사진을 아무리 잘 찍어도 사진은 사진이지 실물이 아니라는 말예요. 진실이 이렇게 명확해야 해요. 실제가 이렇게 분명해야 돼요. (손가락을 들며) 이것 하나니까요! 이것 하나! 하여튼 이것이 분명하지 않으면 전부 생각입니다.

법신(法身)은 언제나 머묾 없음에 머물러 있다…… 그럴듯한 말이지만 쓸데없는 소리입니다. 법신이라는 말 자체가 '이것'을 가리키는 방편의 말이에요. 법신이라는 말 자체가 벌써 꿈속의 말이고 방편으로 만든 가짜 이름인데, 또 머묾 없음에 머물러 있다는 말은 꿈속에서 또 꿈꾸는 소리를 하는 것입니다. (법상을 두드리며) 이겁니다! 생각 속에서 이해하는 것을 공부로 삼으면 안 됩니다. (법상을 두드리며) 이렇게 분명한 것을! 이렇게 명확한 것을!

생각 속에서 이해하는 것을 공부로 삼으면 안 됩니다. 이렇게 분명하고 이렇게 명확한데, 한번 딱 이렇게 꿈을 깨야 된다고요. 꿈을 깨야 해요. 마음이라는 것이 뭐가 있어서 어떤 조화를 부리는 그런 느낌도 들 거예요. 그건 망상입니다. 마음이라는 이름으로 부르는 무엇은, 깨달으면 싹 사라져 버립니다. 더 이상 망상을 일으키지 않아요. 마음이 조복된다는 것은 더 이상 쓸데없는 망상을 일으키지 않는다는 말입니다. 언제든지 투명하고 분명하고 확실한 거죠. 이런저런 상상력을 동원하지 않는단 말입니다. 그것이 바로 마음을 조복시키는 겁니다. 이 마음이 밝혀지면 저절로 마음은 조복이 돼요.

밝혀지지 못하면 어둠 속에서 온갖 조화를 다 부려요, 이 마음이란 놈이! 그래서 온갖 번뇌 속에 떨어지는 겁니다. 헤매게 된다고요.

　마음이 딱 분명하면 아무런 조화를 부리지 못해요. 그래서 청정법계(清淨法界)라고 하는 겁니다. 모든 것이 분명하기 때문에 마음이 조화를 부려서 온갖 장난을 치지를 못해요. 마음이 명확하고 분명해져 버리면 마음은 더 이상 날뛰지를 않습니다. 조화를 안 부려요. 그런데 분명하게 드러나지 않으면, 온갖 조화를 부리고 별의별 짓을 다 한다고요. 그것이 바로 탐진치(貪瞋癡), 오욕칠정(五慾七情)이에요. 온갖 욕망에, 온갖 감정에, 온갖 일이 다 벌어지죠. (손가락을 흔들며) 이 마음이 명백해야 합니다! 이것이 딱 분명해서 아무런 조화를 부리지 않으므로 언제나 담담하다고 하는 겁니다. 아무 일이 없으니까요. 마음을 원숭이라고 표현하는데, 원숭이가 사람을 잘 속였던가 봐요. 머리가 좋아서요. 이 원숭이를 조복시키지 못하면 이놈이 온갖 조화를 부려서 괴롭힌단 말예요. 그게 바로 번뇌거든요. 번뇌라는 것은 마음이 밝혀지지 못해서, 마음이 이렇게 명백하게 드러나지 못해서 생기는 것입니다. 명백하게 드러나면 마음이라고 이름을 붙일 물건이 따로 없습니다. 이것이 명백하게 드러나지 못하니까 어둠 속에서 온갖 조화를 다 부려서 온갖 감정, 오욕칠정이 그런 데서 나오는 거예요. 감정, 느낌, 생각, 기분, 의식 등 별의별 조화가 일어나는 거죠.

　(손가락을 들며) 이것이 딱 분명하면 그런 조화는 더 이상 없어요. 설사 그런 것이 자기도 모르게 슬쩍 일어나더라도 금방 발각이 되

기 때문에 그냥 사라져요. 옛날 습관 때문에 그런 것이 무심코 스윽 일어나다가도 딱 발각되는 순간에 사라져 버려요. 아무 일이 없단 말예요. 진실은 이것 하나뿐이니까 아무 일이 없어요. 그래서 심우도(尋牛圖)에서 그런 말을 하잖아요? 소를 찾아서 소를 길들이면 나중에 소라는 놈 자체가 사라져 버린다고. 공부의 과정을 그럴듯하게 설명하고 있는데, 소를 찾아 나서서, 소 발자국을 발견하고, 소를 찾고, 소의 고삐를 쥐고 길을 들여서, 나중에 소도 사라지고 사람도 사라지는 상황이 설명되어 있죠. 그래서 일원상(一圓相)이 되고, 그 다음에는 일상생활로 돌아오게 되죠. 일원상이 된다는 것은 아무 분별되는 게 없고, 온 천지가 하나로 돌아간다는 말입니다. 하나가 되어요. 이것이 명확해지면 일상생활에서 세간(世間)과 출세간(出世間)이 따로 없게 됩니다. 아무 걸림이 없어요. 어쨌든 (법상을 두드리며) 이것이 명백해져야 해요.

여래(如來)의 법신(法身)은 한결같아서 다르게 변하지 않는다.

항상 이 일이라고 말할 수도 있지만, 그렇게만 알고 있으면 안 됩니다. 방편의 말이란 그런 겁니다. 또한 한순간도 머물러 있거나 고정되어 있지를 않아요. 여기에도 그런 말을 하잖아요? 머묾이 없다 했는데 또 한결같이 다름이 없다고 말하고 있잖아요? 이렇게 해야 말이 되는 겁니다. 머묾이 없다고만 얘기하거나 한결같이 변함이 없다고만 얘기하면, 여법하지가 못하고 치우치게 돼요. 법이 여법하려면 말을 할 때는, 말이란 어차피 이쪽 아니면 저쪽을 얘기할 수밖에 없으니까, 저쪽을 얘기할 때는 이쪽도 같이 얘기해 주고, 이쪽을 얘기할 때는 저쪽을 같이 얘기해 줘야 허물이 덜하게 된다고요.

그래서 이것을 얘기하자면 늘 변함이 없지만 한순간도 고정되어 있지를 않다…… 이래야 조금 그럴듯한 얘기가 되죠. 그러나 그럴듯한 얘기에 그쳐서는 안 되고, 어쨌든 스스로 (법상을 두드리며) 이것이 분명해야 해요! 말이 아무리 그럴듯해도 말은 말일 뿐인 겁니다. 말이 아니라 진실로 실제로 이것이 분명해져야 합니다. 아무리 말을 그럴듯하게 해도 말은 말일 뿐이라는 것을 잊으면 안 됩니다. 진실이 분명해져야 해요. (법상을 두드리며) 이것이 분명해져야 하는 겁니다!

그러므로 경(經)에서 말하기를 중생은 불성(佛性)이 본래 스스로에게 있음을 알아야 한다고 하였다.

《법화경》이나 《열반경》에서 많이 나오는 말이지만, 이것이 스스로에게 있다는 이 말도 사실 맞지가 않아요. 스스로가 따로 없고 그냥 (법상을 두드리며) 이것뿐이다 이겁니다! 나라고 하는 게 따로 있어서 내가 이것을 가지고 있는 게 아니고, 나라고 하는 것이 따로 없고 법이라고 하는 것이 따로 없고, 그냥 (법상을 두드리며) 이것뿐입니다! 내가 법을 안다고 하면 그것은 망상입니다. 그것은 분별이잖아요? '이것이 곧 나다.' 이렇게 해도 생각이니까 그것 역시 망상입니다. '온 우주가 전부 나 자신이다.' 이런 말을 하는 사람도 있는데, 방편으로 그런 말을 한번 말할 수는 있겠지만, 그것을 무슨 진실인 것처럼 말하면 망상이에요. 말이잖아요? 말!

내가 있는 것도 아니고, 법이 있는 것도 아니고, (법상을 한번 꽝 치며) 그냥 이것이에요! 여기에 내가 있거나 법이 있는 게 아닙니다. 그냥 (법상을 치며) 이것이에요! 여기에 내가 어디 있고 법이 어디 있어요? 그런 게 아니에요. 그냥 (손가락을 들며) 이것이에요! 내가 있고 법이 있으면 안 됩니다. 마음이 있고 사물이 있으면 안 돼요. 불교 교리에서도 뭐라 합니까? 아공(我空)·법공(法空), 인무아(人無我)·법무아(法無我)라고 하죠. 사람이 있고 법이 있는 게 아니고, 내가 있고 법이 있는 게 아니라는 말입니다.

"법이 뭐냐?"

"시계다."

"차 한 잔 해라."

"안녕하세요?"

(법상을 두드리며) "딱! 딱! 딱!"

여기에 내가 있고 법이 있다고 분리가 되면 안 된다니까요. 분리가 되면 안 돼요. 자동차가 짜임새 있게 하나가 되어 있으니까 굴러가지, 운전을 하는데 갑자기 바퀴나 핸들이나 엔진이 분리가 된다면 굴러가겠어요? 그건 자동차가 아니고 고물상에나 가야죠. 이 마음이라는 것도 똑같다 그 말입니다. 절대로 분리될 수 없어요. 부품으로 짜 맞춰져 있는 게 아니에요. 분리가 될 수가 없어요. 주관과 객관으로 분리가 되어 있지 않습니다. 법과 마음으로 분리되지도 않고, 사람과 사물로 분리되지도 않고, 그냥 (법상을 두드리며) 이것 하나예요! 이것 하나!

분리가 되면 안 돼요. 자동차로 비유하면 자동차와 운전자가 완전히 하나가 되어야 운전이 원활하게 잘 되겠죠. 운전자와 자동차가 따로 놀면 그건 초보운전이죠. 겁이 나서 운전을 못해요. 분리가 되면 안 돼요. 자꾸 번뇌가 생겨요. (법상을 두드리며) 하나라고요! 하나로 딱 돌아와서 원융무애하게 걸림 없이 되어야 합니다. (손가락을 흔들며) 이것!

"도가 뭡니까?" "뜰 앞의 잣나무!" 여기는 분리되는 것이 없어요. "부처가 뭡니까?" "호떡!" 분리되는 게 없다니까요. "마음이 뭡니까?" "기와조각!" 여기는 분리되는 게 아무것도 없어요. 분리되는 게 없으니까 당연히 이해되는 게 없고, 생각할 게 없고, 말할 게 없는 거예요. 그냥 (법상을 두드리며) 이것이죠! 이 일 하나! 만법(萬法)이 하나로 돌아간다고 하잖아요? 방편의 말이지만요. 어쨌든 바로 이겁니다. 명확하고 분명하고 분리되지 않고 하나가 딱 되면, 온 우주가 생생하고 아주 뚜렷해져요. 아주 명확해진다고요. 그냥 이것이죠. 만법이 이 하나죠!

조금이라도 틈이 생기고 분리가 되면 희미해져요. 이렇게 딱 하나가 되면 온 우주가 선명해진다고요. 분명하죠. 왜? 이쪽저쪽이 없고 안팎이 없고 분리가 되지 않으니까, 명확하고 명백하고 분명하죠. (법상을 두드리며) 이것 하나니까요! (법상을 두드리며) 이렇게 분명한 거예요!

딱! 딱! 딱! (죽비 소리)

20.
자기 마음이 부처다

달마혈맥론 스무 번째 시간입니다.

**가섭은 다만 본성(本性)을 깨달았을 뿐이다. 본성이 곧 마음이고, 마음이 곧 본성이다. 바로 이것이 모든 부처의 마음과 같다.
앞부처와 뒷부처가 다만 이 마음을 전했을 뿐이다. 이 마음을 제외하고는 얻을 부처가 없다.
뒤집힌 중생은 자기 마음이 곧 부처임을 알지 못하고, 바깥으로 치달려 찾아서 하루 종일 바쁘다.
염불하고 예불하지만 부처가 어디에 있느냐? 이와 같은 견해를 내지 마라.**

가섭은 다만 본성을 깨달았을 뿐이다…… 우리가 견성(見性)이라는 말을 쓰죠. 문자 그대로 본성을 본다는 말인데, 깨닫는다고도 말할 수 있어요. 본성은 눈으로 보이는 게 아니고, 깨닫는 것이기 때문이죠. 본성을 본다 하든 본성을 깨닫는다 하든 그 말만 놓고 보면 본성이라는 뭔가가 따로 있을 것 같죠? '있으니까 본다, 깨닫는다고 할 것 아니냐?' 그러나 우리가 진실을 말하자면, 그런 식으로 이해를 하면 안 됩니다. 본성이라는 이름을 가진 그런 물건은 없습니다. 본성이 있고 마음이 있고, 그런 게 아니죠. 마음이라 하든, 본성이라 하든, 하늘이라 하든, 땅이라 하든, 그것은 다 이름이죠. 그 어떤 이름도 여기서 가리키고자 하는 이 진실에는 해당이 되지 않습니다. 이 진실은 언제든지 말을 하든 하지 않든, 생각하든 생각하지 않든, 듣든 듣지 않든, 그런 것과는 상관없이 언제든지 이렇게 (손가락을 흔들며) 말하면 말하는 곳에서, 침묵하면 침묵하는 곳에서, 이렇게 분명하죠. 지금 이 자리고, 이 일입니다!

"본성을 깨닫는다." "마음을 깨닫는다." 이런 말들은 다 방편으로 하는 말입니다. 방편이란 어차피 거짓이라는 뜻입니다. 방편이란 우는 아이를 달래기 위해 누런 낙엽을 쥐어 주고 이것이 돈이다 하는 그런 것입니다. 경전에 분명히 나와 있어요. 방편의 말이란 전부 가짜입니다. 어떤 말을 해도 진실성은 없습니다. 진실이란 말에 있는 것이 아니고, 말을 할 줄 알든 모르든, 이렇게 명백하게 이렇게 분명하게 항상 이렇게 있는 (손가락을 흔들며) 이 하나죠! 이것은 말할 수가 없으니까 방편으로 진실이라는 말을 하는 것이죠. 이것은 어떻게 할 수가 없어요. 이것이 한번 확인되고, 한번 와닿아야 '자기 살림살이다'라고 하죠. 하지만 그것 역시 말이고, 이것은 어떤 말과도 상관이 없어요. 이것이 딱 확인되면 이 하나의 진실이 온 천지 어디를 가든지 있기 때문에, 헤매는 일이 없고 의심스러워할 일이 없고 안정이 되는 겁니다.

그래서 안심입명(安心立命)이라고 하죠. 딱 안심이 되고, 안정이 되는 겁니다. 우리가 말을 듣는다고 해서 안심을 하고 안정을 찾지는 않죠. 말이란 생각일 뿐이기 때문에 진실성이 없어요. 이 진실이,

이것이 한번 와닿고, 이것이 분명해져야 여기서 안심이 되고 안정이 되는 힘을 얻는 것입니다. 힘이 생겨서 흔들림이 없어지고, 죽었던 사람이 살아난 것 같고, 자신감이 딱 생기고 하는 겁니다.

 (손가락을 흔들며) 이것이 없으면, 전부 생각으로 헤아려 장난치는 것밖에 없는 겁니다. 그러니까 반드시 이것이 한번 와닿아서 분명해져야 해요. 이것 하나지 다른 것은 없습니다. 이것이 딱 확고해지면 저절로 안정이 되어서 경전이나 조사의 말들은 아무 상관이 없게 됩니다. 진실은 책 속에 있는 게 아니잖아요? 항상 여기 이렇게. 한 번만 딱 확보가 되면 스물네 시간 한순간도 잃어버릴 수가 없는 거예요. 이 일이 한번 와닿아서 이것을 한번 얻어야 하고 이것이 분명해져야 하는 것이지, 여기에 생각이 들어와서 이러니저러니 하면 전혀 안 맞는 겁니다.

 하여튼 이 일 하나입니다! 이것을 가리키기 위해서 어쩔 수 없이 말을 하지만, 말과 '이것'이 일치하는 것은 아닙니다. 소염시(少艶詩)가 바로 그런 것을 나타내는 거예요. 이것은 말하는 것과 가리키는 것이 일치하지 않는다, 이 말입니다. 이것을 오해하면 안 돼요. 입으로 말하는 것을 듣고서 알면, 그것은 말 따라가 버리는 거예요. 여기서 제가 가리키는 것과 입으로 말하는 것은 일치하지 않습니다. 그래서 방편이라고 하는 겁니다. 말은 방편인 거예요. 그러나 계속해서 설법을 듣고 말을 듣고 하다 보면, 자기도 모르게 말을 따라가지 않고 진실로 가리키고자 하는 바로 그쪽으로 이끌려 가요. 자꾸 설법을 듣다 보면 익시적으로 그런 게 아니고 자기도 모르게 그렇게 돼요.

　이끌려 가다가 어느 순간에, 듣고 이해를 하는 게 아니고, 이 일이 한번 턱 와닿는단 말예요. 그럴 때 비로소 지금까지 들은 말은 다 헛된 말이고, 진실은 바로 '이것이구나!' 하는 걸 자기 스스로 확인할 수가 있습니다. 이것이 바로 자기 살림살이예요. 그래서 늘 말씀드리잖아요? 제가 하는 말은 잊어버리시라고요. 말은 하나의 방편이고, 항상 이렇게 어떤 말을 하더라도 똑같은 이 하나의 진실을 가리킬 뿐입니다. 말을 어떻게 하더라도 진실은 이것뿐이니까요. 똑같은 이 하나의 진실을 가리켜 드리고 있을 뿐이죠. 온갖 말을 다 합니다. 그러나 말 따라가지 말고 이것이 이렇게 한번 와닿아야 하는 거예요. (손가락을 들며) 이 하나의 일입니다! 아무 다른 것이 없습니다. 하여튼 이것이 한번 와닿아서 이것이 분명해져야 하지, 가섭이 어떻고, 본성이 어떻고, 전부 쓸데없는 얘기들이에요. 이게 탁 하고 와닿으면, 이것은 어떤 글자의 이름이나 개념과는 상관이 없어요. 모든 경우에 모든 곳에서 이 일 하나가 이렇게 진실한 겁니다. 말을 해야 하는 것이 아니고, 언제든지 뭘 하든지 여기 이 일 하나가 있을 뿐이에요.

　자꾸 생각을 하니까 이것이 있는데도 바깥을 쳐다본다고 하잖아요. 그런 표현을 할 수가 있는 거예요. 말하자면 자기 몸에 피가 흐르고 기운이 나고 있는데, 그것은 눈에 안 보이고 옆 사람 몸뚱이만 쳐다보는 꼴이 된다고요. 생각을 하면 그렇게 된단 말예요. 자기 살림살이가 확인이 돼야 하는 겁니다. 옆을 쳐다보면 안 돼요. 자기 살림살이가 온 우주를 뒤덮어서 바깥이 없고, 온 천지가 자기 손아귀에 딱 들어와야 해요. 그래야 아무 일이 없죠. 그렇지 않으면 자꾸 시비(是非)에 떨어져요. 이게 맞니 저게 맞니 하는 식으로 분별을 해요.

공부하는 사람이 힘을 얻으면 온 우주가 자기 품속이에요. 자기 손아귀에 쏘옥 들어옵니다. 바깥이 없습니다. 온 천지가 자기 살림살이가 됩니다. 그럴 때 진정한 힘을 얻게 되어서 맞고 틀리고 하는 시비가 일어나지도 않고, 항상 (손가락을 흔들며) 이 하나예요! 항상 이것이고, 항상 이 자리고, 다른 일이 없습니다. 늘 자기 본래면목에서 벗어나지 않고, 늘 자기 본래자리에 있다고 할 수 있습니다. 이것이 힘을 얻어서 분명해져야 하는 것이지, 마음을 깨닫고 본성을 본다거나 부처가 마음이고 마음이 부처라는 말은 그저 방편으로 하는 소리입니다. 부처라는 말도 마음이라는 말도 그냥 하나의 이름일 뿐이에요. 하나의 이름이니까 그런 것에 대해서 관심을 가질 필요도 없는 겁니다.

소염이라는 시에 나타나잖아요? "소옥아! 소옥아!" 부르는데 그 이름을 부른 게 아니고 목소리를 들어 주기를 바라는 겁니다. 이름을 생각하면 소옥이를 불렀구나 하지만, 소리는 목소리를 낼 때만 들리는 겁니다. 법(法)이란 생각 속에 있는 것이 아니고, 항상 눈앞에 살아 있는 것이고, 항상 이렇게 분명한 거예요. 생각 속에서 '이것이 법(法)이구나' 하는 것이 아니라고요. 과거·현재·미래가 없습니다. 생명이 있다면 그것이 곧 법(法)입니다. 개념적으로 그런 말을 하는 것이지만 어쨌든 살아 있는 것이고, 바로 지금 (손을 흔들며) 이것입니다! (법상을 치며) 이것입니다!

여기에만 통하면 됩니다. 여기에만 한번 탁 통하면 그 즉시 아무 일이 없고, 저절로 온 천지의 모든 일이 다 '이 일!'이지 다른 일이 없어요. 생각을 따라다니지 말고, 습관적으로 헤아리고 분별하여 '이것인가?' '저것인가?' 취사선택하는 습관을 벗어나야 하는 겁니다. 억지로는 안 되고, 법(法)이 한번 와닿으면 그런 습관들이 저절로 조복(調伏) 됩니다. 조복이 되면 늘 이것 하나가 분명해지고, 언제나 이 자리가 되는 겁니다. 제가 (손가락을 들며) "이것입니다!" "이 자리입니다!" 해도 눈에 보이거나 귀에 들리는 것을 따라다녀요. 그래서는 안 됩니다. 그런 게 아니에요. 자기 살림살이란 눈에 보이지도 않고 귀에 들리지도 않고 정해진 자리가 없습니다. 그냥 이것이 한번 통하면 온 천지가 차별 없이 다 이 하나의 일입니다. (손가락을 들며) 이겁니다! 말은 이렇게 하지만, 따로 가리킬 게 있어서 그런 것은 아니에요. 하여튼 (손을 흔들며) 이것입니다! 말을 따라가지 마시고 자기 살림살이를 한번 확인해야 하는 겁니다.

가섭은 다만 본성(本性)을 깨달았을 뿐이다.

이름을 보면 마하가섭이 있고, 석가모니의 상좌(上佐)로서 법(法)을 이어받았다고 생각을 하는데, 마하가섭이 석가모니의 상좌로서 법을 이어받았다고 생각하고 말하는 것 자체가 전부 이것이에요.

이 하나의 일이에요! 이것이 어쨌든 한번 와닿고 분명해져야 말을 해도 말을 하는 것이 아니고, 생각을 해도 생각을 하는 게 아니고, 전부 이 하나의 일이 되는 겁니다. 이것이 분명해지면, 만법(萬法)에는 차별이 없고 어떤 경우에도 여기서 벗어나는 일이 없고 언제나 이 속의 일입니다. 이것이 분명하지 못하면, 말 따라다니고 보는 것 따라다니고 들리는 것 따라다니며, 모두가 차별세계에 떨어져 버립니다.

사바세계라고 하는 것은 차별세계입니다. 제각각 따로 되어 있어요. 차별세계에 떨어져 있다가 여기에 한번 이렇게 통하면 삼라만상이 하나가 됩니다. 말을 하자면 그렇습니다. 삼라만상이 모습으로는 따로따로 있지만, 진실은 하나입니다. 사실 말로써는 표현할 수가 없습니다. 법은 말로 표현되는 그런 모습이 아니에요.

"도가 뭐냐?"

"이겁니다!"

"도가 뭐냐?"

"잣나무!"

"도가 뭐냐?"

"죽비!"

이럴 때 한마디만 들어도 저절로 확 통하고 불가사의하게 통해서 여법해져야지, 생각을 가지고 이해를 해서 '이렇게 되니까 여법해지는 거구나'라고 하게 되면 그건 전부 망상입니다. 절대 그렇게 하면 안 됩니다.

우리는 세속에 살면서 너무나 생각에 의지하여 살아왔기 때문에, 이 공부도 생각에 의지해서 하려고 하고 생각을 통해서 법에 통하려고 하는 잘못을 범할 수가 있습니다. 절대로 생각이 아닙니다. 그렇다고 해서 모든 생각이 죽어 버린 깜깜한 침묵 속에서 법(法)이 통하느냐? 그것도 아닙니다. 양쪽이 아닙니다. 생각 속에서도 법에 통할 수가 없고, 생각이 사라진 어둠 속에서도 법에 통할 수가 없어요. 그럼 어디에서 통하느냐?

"도가 뭐냐?" (법상을 두드리며) "이겁니다!" 여기서 통하는 거예요. 이것은 생각도 아니고 깜깜한 어둠도 아니에요. 분별도 아니고 분별 없음도 아니고, 밝음도 아니고 어둠도 아니라고요. "도가 뭐냐?" "이겁니다!" 여기서 한번 확 통하면 저절로 여법(如法)해지는 겁니다. 이것이 불가사의해탈법문이 되는 겁니다. (법상을 두드리며) 하여튼 이것 하나뿐이지 다른 일은 없습니다! 이것이 한번 와닿으면 돼요. 그러면 깨달음이 있고 부처가 있는 게 아닙니다. 그런 게 아니고 그냥 이 하나일 뿐이에요! 만법(萬法)은 양쪽이 없고 여법(如法)함이란 이쪽저쪽이 없다고 할 수 있지만, 그건 말로써 이해할 수 있는 게 아닙니다. 스스로 체험을 해 보면 알 수가 있어요.

가섭은 다만 본성(本性)을 깨달았을 뿐이다…… 이것은 방편인데, 염불하고 예불한다고 해서 불법(佛法)이 되는 것은 아니라는 말을 하고 있는 거죠.

본성이 곧 마음이고, 마음이 곧 본성이다.

바로 이것이 모든 부처의 마음과 같다.

우리가 "마음이다"고 말하지만 이것 또한 이름이기 때문에 마음이 뭔지 알 수가 없습니다. 마음이라는 방편을 쓰는 이유를 대충 알 수는 있죠. 왜냐하면 우리는 자기가 몸과 마음으로 이루어져 있다고 여기기 때문이죠. 몸은 눈에 보이니까 너무 잘 알고 있는 것이지만, 깨달음이라는 것은 몸이 아니라 마음에서 일어나는 것입니다. 마음은 눈에 보이지도 않고 알 수도 없는데, 마음속에서 행복하기도 하고, 불행하기도 하고, 기쁘기도 하고 슬프기도 하고, 가볍고 상쾌하기도 하고 불쾌하고 무겁기도 하는 여러 가지 경험을 하니까요. 이 마음이 편안해지기도 하고 번뇌를 느끼기도 하기 때문에, 마음속 번뇌에서 벗어나야겠구나 하고 깨달음을 구하는 거죠. 우리가 세속에서 보통 "마음이 불편하다" "마음이 복잡하다" 이런 얘기를 많이 하니까, "마음이 어떤 것인지 깨달아 봐라"고 할 수 있죠. 몸을 깨달으라고는 안 하죠.

그런데 마음은 눈에 보이는 것이 아니므로 자기 스스로 늘 '내 마음'을 가지고 있는 것 같지만, 자기가 자기의 마음을 알지는 못합니다. 이럴 땐 이런 것 같기도 하고 저럴 땐 저런 것 같기도 하고, 아주 막연해서 알 수가 없어요. 그래서 '마음을 깨달아 봐라' 하고 말하는 것이지만, 사실 '마음'이란 알 수 없는 무엇에다가 이름을 붙인 겁니다. 알 수는 없지만 항상 자기 마음이 살아 있고 활동을 하고 있다는 사실은 명백하잖아요? 내 마음이 뭔지 모르지만 내 마음을 가지고 있다는 것은 사실이잖아요? 가지고 있기는 하나 도대체 어떤 것인지 알 수는 없는 거죠. 몸은 모양이 있으니까 눈으로 보고 만져 보고 알 수 있습니다. 마음은 어떤 그런 모양이 없어요. 알 수가 없어요. 그렇기 때문에 머리로 헤아려서 알려고 하면 벌써 방향이 틀린 겁니다. 알 수 없는 것을 알려고 하니까 맞지 않는 거죠. 자꾸 엉뚱하게 되어 버려요. 그래서 마음은 아는 게 아니라 깨닫는다고 하는 겁니다.

'증득한다' '증험한다'고도 합니다. 이 마음의 실상을 체험한다는 거예요. 그런데 이 마음이 희한한 게, 우리가 이 마음의 실상을 체험해서 감(感)이 딱 오면 그렇게 복잡하고 정말 온갖 오욕칠정(五慾七情)의 문제를 일으키던 마음이 아무 문제가 없게 된다고요. 아무런 문제를 일으키지 않아요. 범부(凡夫)들은 내 마음을 나도 모른다 하잖아요? 마음의 부림을 당하는 거죠. 마음이 날뛰는데 제어가 안 되는 거예요. 이 마음이 어디로 튈지 알 수가 없다고요. 온갖 감정과 욕망과 이런 것이 나오니까요. 마음이 가는 대로 따라다니는 게 범부(凡夫)예요. 그러니까 항상 불안하고 마음이 무슨 짓을 할지 모르니까 믿을 수가 없고 안심이 안 돼요.

설령 그렇지 않고 나름대로 안정이 되어 있다고 하더라도, 이 마음은 끊임없이 쓸데없는 생각이나 욕망이나 잡다한 문제들을 계속 일으킵니다. 불교에서 마음을 조복(調伏)한다고 하지만, 조복이 안 된다고요. 조복이란 항복(降伏)시킨다는 말인데, 항복시켜서 마음대로 부려야 하지요. 마음을 부리느냐 마음의 부림을 당하느냐 하는 문제가 있죠. 범부들은 마음의 부림을 당하는 것이고, 깨닫는다는 것은 마음을 부릴 수 있는 능력이 생기는 겁니다. 달리 표현하자면, 그렇게 문제투성이였던 것들이 이 자리에 딱 들어맞아서 통하면, 이렇게 부드럽고 고분고분하고 아무 문제가 없어요. 문제를 일으키지 않아요. 딱딱하게 뭔가를 가지고 있는 게 아니고, 굉장히 부드럽고 아무런 문제를 일으키지 않아요. 《노자》에도 그런 말이 있죠. "도(道)는 아주 부드럽다." 그래서 도(道)가 아주 생명력이 충만하다고 하는 것이죠. 죽음에 가까워지면 모든 것이 딱딱하게 굳어진다고 하죠. 그것도 방편으로 하는 말이지만, 애들을 봐도 그렇죠? 굉장히 부드럽죠? 나이가 들수록 딱딱하게 굳어 가요. 왜냐하면 자꾸 고정관념이 생기고 집착이 생기기 때문이에요. 그런데 이 자리에 딱 들어맞으면 우리가 마치 어렸을 때 아직 아무런 관념에도 물들지 않았을 때로 돌아간 느낌도 들어요. 그 심리로 돌아가 있는 것 같아요. 아무런 개념에 물들어 있지 않아서 부드럽고 생명력이 충만해져 있는 그런 것 같아요.

우리 육체를 보아도 딱딱하게 굳어져 있으면 문제를 일으키고 있는 것이죠. 마음이 딱딱해진다는 것은 우리의 관념 때문입니다. 좋아하고 싫어하는 습관, 고정관념, 여러 가지 견해나 가치관, 이런 것들이 마음의 병이죠. 마음이 조복되면 아무것도 없어요. 아주 부드럽기 짝이 없고, 텅 비어 있는 게 마음입니다. 아무런 문제가 없습니다. 물론 쉽지는 않습니다. 우리는 워낙 고정관념에 심하게 물들어 있기 때문에 한순간에 확 바뀌지 않으므로 시간을 두고 공부를 해야 합니다.

어쨌든 이 법(法)이 그런 겁니다. 머리로 공부할 생각은 하지 말아야 합니다. 머리는 병의 원인이지, 자기의 본래자리와는 관계가 없습니다. (손을 들며) 이것입니다! 이것이 한번 와닿고 분명해져야 하지, 어떤 이름이나 말에 오염이 되면 벌써 엉뚱한 곳으로 가 있는 겁니다. 하여튼 (손을 흔들며) 이것입니다! 아무것도 생각할 것 없고, 아무것도 알 것 없고, 바로 지금 (법상을 두드리며) "이겁니다!" 이럴 때 한 번만 딱, 마치 얼어 있던 얼음이 한순간에 녹듯이, 이 체험이 그런 경험을 하는 겁니다. 온갖 개념과 견해와 습관 속에 꽁꽁 얼어 있다가 "이겁니다!" 할 때 확 통하면, 문득 얼음이 스르륵 녹아 버리는 것처럼 아무 일이 없습니다. 이것 하나뿐입니다! 여기에 무슨 마음이 있고 부처가 있고 깨달음이 있고 미혹함이 있고, 그런 게 아닙니다. 온갖 일이 다 똑같은 일입니다. 똑같이 그저 이 하나일 뿐이에요! (법상을 두드리며) 이것 하나입니다!

앞부처와 뒷부처가 다만 이 마음을 전했을 뿐이다.

우리가 이것을 확인하기 전에는 마음이 뭔지 모르지만, 마음이라는 어떤 뭔가가 있을 것 같은 막연한 느낌이 있습니다. 막연하게나마 내 마음이라는 뭔가가 있어서 그것이 절대로 없어지지 않고 계속 거기에 살아 있는 것 같은 그런 느낌이 드는데, 이것이 딱 맞아떨어지면 그런 어떤 마음이라는 느낌이 없어져 버려요. 사라져 버린다고요. 마음이라는 물건이 없고, 있는 것은 육식(六識)밖에 없어요. 육식(六識)이라는 보는 것, 듣는 것, 냄새 맡는 것, 촉감, 의식적으로 느끼기도 하고, 생각도 하고, 욕망도 하고, 이런 것밖에 없어요. 마음이라는 게 따로 없습니다.

그러나 이것을 확인하기 전에는 마음이라는 뭔가가 있고, 거기서 생각도 일어나고 욕망도 일어나고 느낌도 일어나는 마음이라고 하는 어떤 실체가 있는 것 같은 착각이 드는 거예요. 그것이 망상(妄想)입니다. 마음이라고 하는 것은 없습니다. 없기 때문에 조복(調伏)이 되는 거예요. 달마와 혜가 사이의 대화가 상징적으로 보여 주고 있는데, 혜가가 달마에게 말하죠. "제 마음이 아픕니다." 달마의 말은 간단합니다. "아픈 마음을 내놔 봐라." "찾아도 찾을 수가 없습니다" 했더니, "그러면 해결이 됐구나!" 하잖아요? 그런데 우리는 찾아도 찾을 수 없는 그 마음이 계속 아파요. 그것이 바로 우리 범부(凡夫)거든요. 공부를 해서 확 통하면 마음이라는 것 자체가 망상(妄想)이라는 것을 알 수가 있는 겁니다. 마음이라는 그런 물건은 따로 없어요. 망상이고 집착이고 습관이에요. 너무나 오랫동안 집착해 온 망상인 겁니다. 눈 녹듯이 스르르 녹아 버리면, 보면 보는 일이 있을 뿐이고 들으면 듣는 일이 있을 뿐이지, 여기에 마음이라고 하는 것은 없는 거예요.

육조 스님이 처음에 법성사에 갔을 때, 두 명의 승려가 흔들리는 깃발을 보고 논쟁을 벌이죠. 한 승려는 깃발이 흔들린다고 하고 또 다른 승려는 바람이 흔들린다고 할 때, 육조 스님이 "깃발도 바람도 아닌 그대들의 마음이 흔들리는 것이다"라고 했는데, 잘못 오해하면 큰 엉터리 말이 될 수 있습니다. 그러나 방편이라는 것도 적용하는 사람에 따라서 다양한 방편이 쓰일 수 있으니까, 그 당시 그 사람들에게는 그 방편이 알맞았겠죠. "바람이냐? 깃발이냐?" 하고 사물만 따라다니니까, "사물 따라다니지 말고 너 스스로를 돌아봐라"고 할 수 있겠지만, 법(法)을 아는 사람이 그 옆에 있었다면 육조 스님에게 한마디 했을 거예요. "그 움직이는 마음 한번 보자!" 하고 따졌을 거예요. 물론 육조 스님이 법이 있으니 당연히 대답이 나오겠지만…….

방편이란 약과 같아서 완전하게 법을 드러내는 그런 방편은 없어요. 다 용도가 있어요. 방편의 말을 보고서 그 사람의 법을 백퍼센트 판단할 수는 없어요. 어차피 방편이란 불완전한 것이니까요. 육조 스님이 분명하게 말했잖아요? "본래 한 물건도 없는데 무슨 마음이 있어서 때가 묻는다고 털고 닦으려 하느냐?" 하고 말했습니다. 시(詩)를 지을 때 신수 스님이 마음은 거울과 같아서 거울에 때가 묻지 않도록 털고 닦아야 한다고 하니까, 육조 스님이 반격했잖아요? 그래서 육조로 인가를 받았어요. 그래 놓고는 스님들한테는 "깃발이 움직이는 것도 아니고, 바람이 움직이는 것도 아니고, 그대의 마음이 움직이는 것이다"고 한 거예요. 방편이란 때에 따라 알맞게 쓰는 것이기 때문에 방편을 가지고 시비를 해서는 안 되죠. 어쨌든 이것입니다! 지금 이것입니다!

자기 마음이라는 것이 어디에 있냐 하면 (법상을 두드리며) 지금 이렇게 있습니다!《금강경》에도 나오듯이 마음은 과거에 있는 것도 아니고, 현재에 있는 것도 아니고, 미래에 있는 것도 아니고, 바로 지금 (법상을 두드리며) 이렇게 있는 겁니다! 마음은 과거에 있는 것도 아니고, 현재에 있는 것도 아니고, 미래에 있는 것도 아닙니다. 그럼 어디에 있어요? 지금 (법상을 두드리며) 여기 이렇게 있습니다! 여기에! 이것이 과거입니까? 현재입니까? 미래입니까? 여기에는 그런 분별이 없습니다. 그렇게 헤아리고 분별하면 이미 그건 망상입니다. 마음이 어디 있느냐? (법상을 두드리며) 지금 이렇게 있다! "마음이 어디 있느냐?"고 하지만 여기서 자기가 진실로 통하면, 마음이라고 하는 말을 잊어버리고 마음이라고 하는 물건을 알 수 없게 돼요. 마음이 있는 게 아니고, 보면 보는 것이고, 들으면 듣는 것이고, 말하면 말하는 것이고, 숨 쉬면 숨 쉬는 것이지, 여기에 마음이 어디에 있어요? (법상을 두드리며) 하여튼 이것이 한번 분명해져야 합니다! 이것입니다! 이것이 분명해져야 해요! 아무 다른 일이 없습니다.

이 마음을 제외하고는 얼을 부처가 없다.

부처라는 것은 곧 깨달음이죠. 깨달음이라 해도 좋고, 깨달은 사람이라 해도 좋아요. 상관은 없습니다. 우리는 부처를 이루고자 하고 부처를 얻으려고 하지만, 지금 이것을 제외하고는 따로 부처가 없다, 이겁니다. 그래서 "부처가 뭐냐?" (법상을 두드리며) "딱! 딱! 딱!" "부처가 뭐냐?" "잣나무!" "부처가 뭐냐?" "죽비!" "부처가 뭐냐?" "나무토막이다!" 이것을 제외하고 다른 부처가 없다 이 말입니다. 이것을 제외하고 '이것이 부처요' 하고 내놓을 것은 없습니다. 하여튼 이것이 한번 확 와닿으면, 어떤 경우에도 똑같아요. 이것 하나니까요! 이 하나일 뿐이에요!

기도를 하고 절을 하고 염불을 하고 주문을 외우고 경전을 읽는 그 행위 자체가 전부 이것입니다. 이것이 다 하는 겁니다. 이것이죠. 절을 하는 게 이것이고 기도를 하는 게 이것이고 염불을 하는 게 이것이고, 부처가 따로 없습니다. 이것이 바로 부처라는 말예요. 기도를 하는 게 부처고 염불을 하는 게 부처예요. 말로써 이해를 하면 안 됩니다. 반드시 실제로 이것이 와닿아야 납득을 하는 겁니다. 그래야 아무 다른 일이 없어요. "이 마음을 제외하고는 얻을 부처가 없다." 그래서 이런 말을 하는 거죠.

하여튼 지금 (법상을 두드리며) 이것입니다! 따로 찾을 것도 없고, 너무나 명백하고 확실한 겁니다. 이것뿐이지요. 이것이 아침예불도 하고 오후예불도 하죠. 하루에 두세 번 예불을 하든, 선방에 가만히 앉아 있든, 가만히 앉아서 호흡을 헤아리든, 호흡을 헤아리다가 문득 무의식적인 삼매에 들어가든, 전부 이것이 하는 일인데, 문제는 이것을 모르고 자꾸 경계를 따라가는 겁니다. 그래서 중생이라고 하는 거예요. 마치 자기 몸이 서 있기도 하고 앉아 있기도 하고 누워 있기도 하고 거꾸로 물구나무를 서기도 하고, 온갖 자세를 취할 수 있는 것은 자기 몸이 하는 거잖아요? 그런데 자기 몸은 잊어버리고 '지금 내가 무슨 자세 속에 있지?' 하고 자세만 헤아리고 있는 게 중생이란 말예요. 그러니까 '지금 내가 고요한가? 편안한가? 불편한가?' 이런 것만 헤아리고 있으니까 중생이에요. 그건 마치 몸이 그런 자세를 취하듯이, 마음이 그런 경계를 만들어 내고 있는 거잖아요?

그래서 경계를 따라다녀서는 안 되고, 이것이 딱 분명해져야 한다는 겁니다. 얼핏 보면 차이가 없는 것 같지만, 하늘과 땅 차이입니다. 편안하다고 하지만, 이 법(法)이 분명해서 어떤 것에도 구속받지 않고 걸림이 없어져서 편안하다고 할 수도 있고, 어떤 자세를 취해서 그 자세 속에 있어서 편안하다고 할 수도 있거든요. 말은 똑같이 편안하다고 하지만 실제로는 전혀 다른 말을 하고 있는 겁니다. 그러니까 말을 가지고 판단해서도 안 되고, 말을 따라다녀서도 안 됩니다. 자기가 진실로 걸림 없이 자유롭고 이것 하나가 분명해졌는가 하는 문제이지, "편안하다" "일이 없다" "만법을 보니까 부처님이 설법하는 것처럼 보인다" 이것은 방편으로 하는 말일 뿐입니다.

그 모든 방편의 말들은 생각이나 분별일 뿐이고, 진실은 그런 것이 아니죠. 모든 것을 다 하지만 아무것도 하지 않는 이것이 분명해져야 한다고요. 이것에는 편안함도 없고 불편함도 없고 고요함도 없고 시끄러움도 없고 밝음도 없고 어둠도 없어요. 이것에는 그런 것이 있지 않아요. 정해진 것이 아무것도 없습니다. 마음은 어떤 경계든 연출해 낼 수 있지만, 마음의 실상은 어떤 모습도 아닙니다. 어떤 모습이라도 다 연출해 낼 수는 있어요.

임제 스님은 옷 입는 것에 비유를 했잖아요? "어떤 때는 부처 옷을 입고 부처 노릇을 할 수 있고, 보살 옷을 입고 보살 노릇을 할 수 있고, 중생 옷을 입고 중생 노릇을 할 수도 있다." 그것은 마음이 그렇게 모습을 연출해 내는 것뿐이기 때문에, 부처도 보살도 중생도 어느 것도 진실한 게 아닙니다. 진실한 것은 그런 모습을 늘 연출해 내면서도 실제로 변함없는 이것 하나예요! 이것 하나가 분명해져야 합니다.

어떤 모습으로 나타나 있는가는 전부 경계를 따라가는 것이고, 어떤 모습으로도 나타나지만 어떤 모습이 아닌 이것! 그러므로 "색깔이 보이고 소리가 들리고 냄새가 나더라도 이것밖에 없습니다!" 하고 말하지만, 그렇다고 색깔과 냄새의 경계를 말하고 있는 건 아닙니다. 육진경계(六塵境界)를 말하고 있는 것은 아니에요. 색깔이 보이고 소리가 들리고 냄새가 난다고 말은 하지만, "노란색이 부처다" "새소리가 부처다" 이런 말을 하는 게 아닙니다.

말로써 표현하자면, 하나의 경계 속에 팔만 사천 가지 법문이 다 갖춰져 있다고 말할 수 있는데, 그것은 자기가 한번 확인을 해 봐야 알 수 있는 일입니다. "부처가 뭡니까?" "똥막대기다!" 이 한마디 속에는 모든 법이 원만하게 다 갖춰져 있는 겁니다. 똥막대기라 해서 사물을 가리키는 게 아닙니다. 그러니까 이런 것은 여기에 들어맞아서 원만해져야 아는 문제입니다. 그래서 소승(小乘) 얘기를 안 할 수가 없는데, 소승(小乘)들은 특정한 경계, 예를 들어 번뇌가 없는 그 자리가 깨달음의 자리라고 정해 놓습니다. 마음이 연출해 내는 어떤 무대를 가지고 얘기를 하고 있는 거예요. 연출해 내는 어떤 모습을 가지고 말입니다. 그러면 안 돼요. 소승(小乘)과 대승(大乘)

의 차이가 바로 그겁니다. 마음이라는 배우가 어떤 모습을 연출해 내느냐 그런 것이 아니고, 모든 모습을 다 연출해 내지만 어떤 모습도 아닌 그 배우의 본래의 모습을 찾으라는 것이 대승입니다. 그러니까 "깨달음의 경지는 이러한 것이다"라고 말할 수가 없는 겁니다. 말한다면 방편으로 불완전하게 얘기를 할 수가 있겠죠. (법상을 두드리며) 이것이 한번 와닿는 것 외에는 어떤 길도 없어요.

이 마음을 제외하고는 얻을 부처가 없다.
뒤집힌 중생은 자기 마음이 곧 부처임을 알지 못하고, 바깥으로 치달려 찾아서 하루 종일 바쁘다.

마음에는 원래 안팎이 없는데, 바깥이라는 것은 어떤 모습으로써 분별하는 것을 '바깥'이라고 말합니다. 원래 마음에는 모양이 없는데 어떤 모습으로 분별을 한다면, 그건 바깥의 일이에요. 모양 없는 것이 본래의 마음인데, 바깥으로 찾아다닌다는 것은 분별을 한다는 겁니다. 생각으로 분별하든, 느낌을 분별하든, 보이는 모습을 분별하든, 바깥을 찾아다니는 거예요. 지금 (손을 흔들며) 이 하나이고, 분별도 여기서 벗어나지 않습니다. 다 이 속의 일입니다. "삼 서 근" "잣나무" "똥막대기" 등 여기서 다 일어나는 일이에요. 어떻게 하더라도 다른 일이 아니고 이것이죠. 이것이 여러 가지 분별을 하고 느끼기도 하고 생각도 하고, 온갖 일을 하는 겁니다.
(손을 흔들며) 이것은 내버려 두고, 자꾸 모습으로 분별하여 미쳐

몸을 치장하는 것처럼 어떤 모습으로 화장이나 분장을 해서 드러내 보이는 모습이 곧 자기 자신의 모습이라고 착각하는 것이 바로 중생입니다. 그것은 꾸며낸 모습이잖아요? 자기가 어떤 모습이든지 꾸밀 수 있잖아요? 비유를 하자면 그런 것처럼, 배우들이 분장을 하면 멀쩡한 사람이 괴물이 되기도 하고 귀신이 되기도 하잖아요? 그런 것처럼 뭐든지 다 할 수가 있어요. 스무 살 먹은 사람이 팔십 먹은 노인 분장을 해도 실제 스무 살인 것이지 팔십이 아니죠. 그냥 분장을 했을 뿐인 거죠. 그런 것처럼 어떤 모습으로도 다 나타날 수 있지만 아무 모습도 아닌, 이것은 항상 변함없이 이것이에요. 모든 일은 여기서 다 해요. 온갖 분장을 다 하고 화장을 다 하고 변장을 다 해요, 여기서. 이것을 마음이라고 하는 겁니다. 어떤 모습으로 변장을 하여 드러내는 모습은 다 허망한 거예요. 언제나 변함없는 (손가락을 들며) 이것이 분명해져야 합니다! 아무 모습 없이 한결같이 똑같은 (손을 흔들며) 이것이 분명해져야 한다고요!

"부처가 뭐냐?" "잣나무!" 하든지, "똥막대기!" 하든지, "차 한 잔 해라!" 할 때, 이것은 변장한 모습을 나타내는 것 같지만 모습을 나타내는 것이 아니고, 변함없는 이것을 가리키고 있는 겁니다. 어떤 모습으로 나타나더라도 이것은 절대 변하지 않는 것이니까요. (법상을 두드리며) 이것 하나를 나타내는 거예요!

그러나 이러한 뭔가가 있다고 착각을 하면 안 됩니다. '아, 그러면 변함없는 하나가 따로 있구나.' 그런 뜻은 아닙니다. (손을 들며) 지금 바로 이것이란 말예요! 지금 이렇게 저렇게 설법하는 자체가 끊임없이 변장하는 모습을 보여주고 있는 것이거든요. 그런데도 항상 변함없어요. (손가락을 세게 흔들며) 이것 하나예요! 이것 하나! 설법 자체가 이런 말 저런 말이 다양하게 나타나는 변장이에요. 어떻게 나타나더라도 변함없이 (법상을 두드리며) 이것 하나라는 말입니다! 이 하나! 똑같은 이것 하나예요!

이것이 각자 자기의 본래 모습이란 말이에요. 이것을 알려 주려고 이름을 부르기도 하고, 멱살을 잡기도 하고, 한 대 때리기도 하고, 그런 여러 가지 방편으로 일깨워 주려고 하는 겁니다. 우리 각자에게 다 있는 거예요. 이게 마음이에요. 마음이라는 이름으로 정해져 있는 것이 아니고, 바로 지금 (손을 흔들며) 이것이에요. 여기서 마음이라는 이름의 말도 하죠. 예를 들어 "부처가 뭐냐?" 할 때 "마음이다" 할 수가 있잖아요? "부처가 뭐냐?" "마음이다" 하는 것과 "부처가 뭐냐?" "똥막대기다" 하는 것은 똑같은 것이다, 이겁니다. 마음이라는 이름으로 변장을 하고 똥막대기로 분장을 했지만, 그 모습에 따라가지 않으면, "부처가 뭐냐?" "마음이다!" "부처가 뭐냐?" "똥막대기다!" 똑같잖아요! (법상을 두드리며) 이것이 한번 와닿아야 되는 거예요! 그러면 어떤 경우에도 상관없이 언제든지 이것이고, 언제나 여기서 다 하는 것이니까요. 만법이 하나로 귀결이 되고, 삼라만상이 여기서 벗어나는 일이 없죠. 하여튼 이것이 한번 분명해져야 하는 것이지, 개념적으로 하면 절대 안 됩니다.

이 마음이란 각자 자기의 존재 그 자체예요. 객관성을 가지고 있지 않습니다. 절대로 주관과 객관으로 나누어지지 않습니다. 마음이란 우리 각자의 존재 자체입니다. 만약 객관적으로 바깥에 있는 것이라면 저기에 있긴 있지만 불안정하죠. 왔다 갔다 하기 때문이죠. 그러나 이것은 자기 자체이기 때문에 왔다 갔다 하지 않고, 확실하게 자리가 딱 잡히는 겁니다. 그러면 그 다음에는 다른 것이 없어요. 이것뿐이에요. 예불을 해도 좋고 기도를 해도 좋고 뭘 해도 좋아요. 이것만 분명하면 말이죠. 뭘 하더라도 이것뿐이니까요. (법상을 두드리며) 이것뿐입니다!

딱! 딱! 딱! (죽비 소리)

21.
마음을 깨달으면 될 뿐

달마혈맥론 스물한 번째 시간입니다.

**단지 자기 마음만 알면 될 뿐, 마음 밖에 다시 다른 부처가 없다.
경(經)에서 말하기를 "무릇 모습 있는 것은 전부 허망하다"라고
하였고, 또 말하기를 "지금 서 있는 그곳에 곧 부처가 있다"고 하
였다.**

단지 자기 마음만 알면 될 뿐, 마음 밖에 다시 다른 부처가 없
다……
"마음이 뭔가?"
(손가락을 들며) "이겁니다!"
"마음이 뭔가?"
(법상을 두드리며) "딱! 딱! 딱!"
(손가락을 들며) 이것을 가리키는 겁니다. 그냥 (법상을 두드리며) 이겁
니다. 가리킨다는 것도 없고, 바로 지금 이것이에요. 그런데 생각을
해서 '이것이 마음이구나' 하면 그것은 망상입니다. "마음이 뭐냐?"
할 때, 여기서 확 한번 통하면, 마음이 뭔지 아는 것이 아니고 온 천
지가 마음인 거죠. 마음이 무엇이구나 하고 아는 것이 아닙니다. 앎
이라는 것은 마음이 아니고 생각입니다. "마음이 뭡니까?" "이겁니

다!" 그냥 이것뿐인 거거든요. 이것이 딱 분명해져야 하는 것이지 다른 것은 없습니다.

우리는 '내 마음' 하고 생각할 때, 뭔가 굉장히 복잡하고 다양하고 알 수 없는 그런 것으로 느끼고 있지만, "마음이 뭡니까?" 여기서 한 번 딱 와닿으면 마음이라는 것은 전혀 복잡하지도 않고 여러 가지가 있는 것도 아니고 신비스러운 것도 아니고 너무나 명백하고 뚜렷하고 아무런 특별함이 없습니다. 늘 이것 하나를 가지고 사는 것이고, 항상 이것 하나밖에 없는 거예요. 이것뿐입니다. 여러 가지 말할 게 없습니다. 마음이라고 하는 물건이 따로 있으면, '저것이 어떤 것인가?' 하고 생각도 해 보고 연구도 해 보고 하겠지만, 마음이란 그렇게 객관적으로 있는 것이 아니거든요. 객관적으로 있는 것이 아니고 그냥 이거예요. 이것이지요! 여기에 딱 통하면 마음이라는 이름으로 따로 골라낼 것이 없어요. 골라내는 것은 사물이죠. 펜이다, 시계다, 마이크다, 그런 식으로 말이죠. "마음은 펜이다" 할 때도 이것이고, "마이크다" 할 때도 이것이고, "시계다" 할 때도 이것이죠. 따로 "이것이 마음이다" 하고 골라낼 것은 없어요. 이것은 아주 단순한데 우리가 여러 가지 망상을 해서 스스로 복잡한 혼란 속에 빠져 있는 바람에 단순한 여기에 들어맞지 못하고 자꾸 이런 일도 있고 저런 일도 있는 겁니다.

그러나 사실 마음만큼 단순한 것도 없어요. 아주 단순하고 간단한 거죠. 왜냐? 하는 일마다 이것이니까요. 항상 똑같아요. 사물은 온갖 것들이 다 있고 복잡해서 다 알 수 없지만, 마음은 한 번만 딱 확인이 되면 더 이상 확인할 것이 없어요. 항상 똑같은 것이니까요. 차별세계는 알 수가 없어요. 온갖 일들이 다 일어나니까요. 그러나 마음이라는 이 법(法)은 남김없이 딱 그대로 밝힐 수가 있습니다. 이것이 분명하면 그냥 이것뿐인 겁니다. 여기서 자기가 망상을 해서 스스로에게 속으면, 마음이라는 것이 여러 가지가 있는 것처럼 착각을 일으키게 되는 거예요. 이겁니다. 따로 어떻게 할 것이 없어요. 바로 이 일 하나예요. 아무런 특별한 게 없습니다. 이렇게 백퍼센트 내 마음대로 할 수 있는 게 자기 마음입니다. 여기에 통하지 못하면 항상 마음에 부림을 당합니다. 마음이 시키는 대로 노예가 되는데, 이것을 딱 확인하면 그 다음부턴 이 마음을 내가 맘대로 할 수가 있어요. 말하자면 주객(主客)이 전도(顚倒)가 된다 이 말입니다. 그러니까 보통 중생세계에서 여러 가지 불행한 일들이 있는 게 모두 자기 마음을 이기지 못해서, 이 마음이 온갖 요술을 부려 가지고 거기에 끌려 다니다 보니까 "내 마음을 나도 모르겠고, 내가 왜 이러는지 모르겠다"고 하는 불쌍한 인생이 되어 버리는 겁니다.

    그런 상황이 확 뒤집어져서 딱 손아귀에 들어오면 아무 일이 없어요. 자기가 하고 싶은 대로 뭐든지 다 하는 거예요. 그러니까 주인공이 된다는 말을 하는 겁니다. 자기가 자기의 주인공이 되는 거지, 세상을 지배하는 주인공이 되는 게 아닙니다. 자기가 자기를 지배하는 주인공이 될 수 있다 그 말입니다. 옛날부터 그런 말을 하죠. "세상을 정복하는 것보다 자기를 정복하는 게 더 어렵다." 제가 볼 때는 그렇지 않습니다. 세상을 정복하는 것은 어려운데, 자기를 정복하는 것은 쉽습니다. 세상을 정복하는 것은 정말 어렵죠. (웃음) 그게 쉬워요? 어렵죠. 그러나 자기를 정복하는 것은 쉬워요. 뜻만 있으면 할 수 있는 겁니다. 자기가 정말로 공부를 해 보고자 하는 그런 뜻이 있고 발심만 하면 다 가능합니다. 다만 (법상을 두드리며) 진실하고 진지해야 합니다. "도가 뭐냐?" "이것이다!" 여기에 생각이 들어오면 안 됩니다. "마음이 뭐냐?" "이것이다!" 그냥 이것뿐입니다. 그런데 우리는 "이것이다" 하면 자꾸 생각으로 헤아리려 하고 의식으로 알아차리려고 하고 '그것이구나' 하고 알려고 하죠. 그것이 우리의 버릇인데 그것 때문에 공부가 잘 안 되죠.

마음은 자기가 체험을 해 봐야 압니다. '마음이라는 게 이런 것일 거야' 하고 저쪽을 쳐다보고 있었는데, 문득 확인해 보니까 '그쪽이 아니고 여기더라' 이런 식으로 말이죠. 전혀 기대 밖이죠. 실제로 이것이 체험이 와서 확인이 되면 지금까지 자기가 기대하고 상상하고 예상했던 것과는 전혀 다릅니다. 그냥 '아! 이것, 이것이네!' 하게 돼요. 이 마음이라는 법은 과거 · 현재 · 미래가 없어요. 항상 눈앞에 있을 뿐이고, 항상 이 자리뿐이거든요. '옛날에는 이랬는데……' 이런 것은 모두가 생각이에요. 옛날이라는 것도 없고, 미래라는 것도 없고, 현재라는 것도 없습니다. 항상 이것이죠. 언제든지 이 자리예요. 그래서 "발밑의 일이다" "눈앞에 있다"라고 하는 겁니다. (법상을 두드리며) 지금 이 일입니다!

이것이 과거의 일이라면 기억해 볼 수가 있고, 미래의 일이라면 상상해 볼 수가 있고, 현재의 일이라면 눈으로 보든지 느낄 수가 있는데, 이것은 그런 것이 아니에요. 과거의 일도 아니고 미래의 일도 아니고 현재의 일도 아니죠. 그러면 뭐냐? "이것이다." "이겁니다." 이것이 한번 와닿아야 합니다. 이것이 한번 와닿아야 이런 말이 다 군소리라는 것을 알 수가 있습니다. 깨닫는다는 말도 헛소리입니다. 왜 헛소리냐? 방편의 말이기 때문이에요. 실제로 깨달으면 깨달음이라는 게 헛소리라는 것을 알 수가 있죠. 깨닫기 전에는 깨달아야 하므로 헛소리는 아니죠. 깨닫고 나면 깨달음이라는 게 헛소리예요. 여기에 깨달음이 어디 있어요? 이것뿐인데요. 마음도 마찬가지예요. 마음이 부처니까 마음을 알아야 하죠. 확인하기 전에는 그런 생각을 하니까 그런 의미가 있지만, 이것이 딱 분명해지면 여기에 마음이 어디 있어요? 마음이라는 이름을 가진 물건은 없습니다.

무엇을 하든지 늘 똑같죠. 늘 이 일이고, 늘 이 자리고, 늘 똑같은 것일 뿐입니다. 그래서 이쪽으로 이끌기 위해서 마음이라는 이름을 만들어서 붙였구나…… '입구'라고 쓰인 곳으로 들어가면 더 이상 입구라는 의미가 없죠. 이미 안에 들어왔기 때문에. 그러나 들어오기 전에는 저 문으로 내가 들어가야지 하고 의미가 있죠. 방편이란 그런 겁니다. 깨달음 · 해탈 · 열반 모두가 방편이거든요. 진실은 그런 게 따로 있는 게 아니고 그냥 이 일입니다. 이 일 하나뿐이에요. 만(萬) 가지 일이 다 똑같죠.

단지 자기 마음만 알면 될 뿐, 마음 밖에 다시 다른 부처가 없다.

달마 스님이 이런 방편을 쓴 이유는 달마가 중국에 오기 전에 부처님은 언제나 불전에 모셔 둔 부처님이었어요. 그러니까 부처님이 따로 있어요. 부처님 앞에 엎드려 절하니까 언제나 따로 있어요. 그것은 불법의 참된 가르침은 아니죠. 그것은 하나의 방편 중에서도 아주 격이 낮은 초보 방편이죠. 대개 불법을 가리킬 때 아무것도 모르는, 그래서 불법에 대해 아무런 관심도 믿음도 가지지 않은 범부 중생에게는 부처님이나 불법이라는 깃발을 세워서 보여 주어야 된다고요.

(죽비를 들며) "이것이 불법의 진리다. 이것을 깨달아야 인생의 문제를 해결할 수 있다"고 죽비를 세워야 해요. 그래야 뭔가 다짐을 하죠. '불교 공부를 해서 불법의 진리를 깨달아야겠다' 하고 발심을 하죠. "이것이 불교다" "부처님이다" "부처님의 가르침이 이 속에 있으니까 진리를 깨달아야 된다"라고 한단 말이죠. 그것이 가장 첫 번째 방편입니다. 그리하여 '아, 부처님을 믿고 공부를 해 보자' 하고 발심을 해서 불교 공부를 시작하면, 그 다음에는 이렇게 세웠던 불교니 진리니 하는 것을 다 거두어 들여야 합니다. "불법은 따로 없고 바로 이 마음이다"라고 해야 돼요. 그런 것이 방편이죠.

그런데 계속해서 불교나 불법을 세워만 놓고 "절해라" 하면 불교가 아니죠. 그건 우상숭배죠. 망상이죠. 오히려 사람들을 어리석게 만드는 겁니다. 부처가 따로 있다고 하니까요. 달마가 오기 전 중국에는 그런 불법이라는 깃발을 세워만 놓고, 다시 그 깃발을 꺾지는 못하고 있었단 말이에요. 그래서 "부처가 어디 있냐?" "바로 네 마음이 부처다"라고 달마가 말한 겁니다. "네 마음이 부처다"는 말도 역시 방편의 말입니다. 부처라는 것도 이름이고 마음이라는 것도 이름이지만, 진실은 아무 이름이 없습니다. 이 진실이 부처라는 이름도 말하고 마음이라는 이름도 말하지만, 이 진실 자체는 아무 이름이 없습니다. 이름 없는 이것이 마음이라고도 하고, 부처라고도 하고, 도(道)라 하기도 하는 겁니다. 그러므로 "마음이 곧 부처다" "자기 마음만 알면 된다"는 말도 방편의 말입니다.

진실로 이것을 확인하면, 부처니 도니 마음이니, 이런 말은 기억도 안 나고 생각도 안 나요. 그냥 사물들만 항상 눈앞에 나타나요. 푸른 하늘에 흰 구름, 울긋불긋 단풍잎, 흘러가는 강물, 이런 겁니다. 그리고 날씨가 추워졌구나, 비가 오냐 눈이 오냐…… 그런데 하나하나의 사물들이 다른 일이 아니고 전부 이 하나의 일이란 말예요. 사물들은 변하고 바뀌지만, 이 하나의 일은 전혀 변화가 없어요. 항상 여기서 하늘이 푸르고 흰 구름이 흘러간다 하기도 하고, 단풍이 물들었네, 꽃이 피었네, 눈이 온다, 비가 온다 하기도 하고.

방 거사가 그랬죠. 눈이 오는 날 삿갓 쓰고 눈 속에서 하는 말이 "눈 송이송이가 다른 곳으로 떨어지지 않는구나"라고 했더니, 옆에 스님이 말하기를 "그럼 어디로 떨어져요?"라고 하니까, 방 거사가 그 스님을 발로 한 번 찼습니다. 이것을 알면 그런 말들을 할 수가 있다 그 말입니다. (손을 흔들며) 이 하나입니다! 그냥 이 일이죠. 그런데 희한하게도 자기의 타고난 본래면목이고 자기의 일이고 너무나 당연한 일인데도, 태어나서 이것을 공부해 본 적도 없고 확인해 본 적도 없기 때문에 굉장히 생소하게 느껴지고 전혀 딴 나라 일처럼 익숙하지가 못해요. 방법은 없습니다. "마음이 뭐냐?" "이겁니다!" "도가 뭐냐?" "이겁니다!" 계속해서 여기에 관심을 가지고 매달릴 수밖에 없습니다. 계속 매달려 있다 보면 시간이 지나면서 자기도 모르는 사이에 일은 이루어집니다. 알고 이루어지는 일은 진짜가 아닙니다. 자기도 모르는 사이에 내면의 변화가 일어나서 계합이 되고 점차점차 달라져 가죠. 이런저런 망상이 없어져요. 그래야 진실한 힘을 가지게 됩니다.

우리의 알음알이가 왜 힘이 없는가 하면, 모두 생각이니까 아무런 힘이 없는 것이에요. 도(道)에 대해서 수많은 얘기들이 있고 책도 있어서 읽어 보면 다 알죠. 그러나 실질적으로는 아무런 효과가 없어요. 아무런 힘이 없어요. 왜냐? 알려고 하기 때문에 그래요. 아는 것은 힘이 없어요. 관심을 가지고 꾸준히 하다 보면, 자기도 모르는 사이에 저절로 맞아떨어지고 분명해지고 이런저런 잡다한 망상이 사라지고 깔끔해지지요. 다른 일은 없어요. 아주 깔끔하다고 말하는 것은 뭐라고 할 게 아무것도 없기 때문이에요. 우리가 청정법신불(淸淨法身佛)이라고 하죠. 청정(淸淨)하다는 것은 우리말로 깨끗하다, 깔끔하다는 말이죠. 깨끗하다, 깔끔하다는 것은 이런저런 뭐가 없다는 말입니다. 모든 일이 다 똑같아요. 이 하나의 일이죠. 이러니저러니 따로 있지 않고, 모든 일이 다 이 일이에요. 하여튼 이것이 한번 와닿고 내면에 변화가 있어야 합니다. 자기가 알고서 이루는 것은 지나가는 허깨비이고 망상입니다. 진실은 자기도 모르게 변화가 일어나고 그렇게 되어 버리는 겁니다.

예를 들어 세속에서 담배를 끊는 것도 그렇잖아요? 내가 담배를 끊어야지 하고 이를 악물지만, 참 어렵죠. 알고 하기 때문에 그러는 거예요. 그러나 어떤 순간에 충격적인 말을 듣는다든지, 예를 들어 의사가 "당신이 계속 담배를 피우면 6개월도 못 삽니다"라는 말을 듣는다면 자기도 모르게 담배가 손에서 딱 놓여 버리는 거예요. 이제 담배를 보면 소름이 끼칠 정도가 되어 버리는 거죠. 완전히 끊어진 거죠. 누가 담배를 가져다 줘도 안 피우게 되죠. 그러나 '내가 담배를 끊어야지' 하는 사람은 누가 담배를 권하게 되면 피우게 돼요. 힘이 없는 거예요. 의식적으로 하는 공부는 힘이 없다는 뜻입니다. 결코 의식에 의지해서 공부하면 안 됩니다. (법상을 두드리며) "도가 뭡니까?" "이겁니다!" "마음이 뭡니까?" "이겁니다!" 계속 관심을 가지고 듣다 보면 자기도 모르는 변화가 일어납니다. 그게 힘을 얻는 겁니다. 이 일이지 다른 것은 없습니다. 아주 단순한 겁니다. (손가락을 흔들며) 이 일 하나뿐입니다!

"부처가 뭐냐?"

"이것이다!"

"도가 뭐냐?"

"이것이다!"

"마음이 뭐냐?"

"이것이다!"

다만 이것뿐입니다. 다른 일이 없습니다. 느낌이나 생각을 따라다니면 안 됩니다. 이것은 느낌도 아니고, 생각도 아니고, 육식(六識) 밖의 일입니다. 이렇게 분명하고 확실하지만, 어떤 느낌도 아니고, 생각도 아니고, 감각적인 일이 아니에요. 기분이 아닙니다. 육체의 감각과 같은 것도 아니죠. 육체에서 일어나는 현상에 대해서 자꾸 끄달리지만, 육체 자체가 허깨비예요. 육체에서 어떤 힘이 일어나더라도 망상입니다. 그러니까 그런 것에 관심을 가질 필요가 없습니다. 진실은 이렇게 명백하고 분명한데, 우리가 분별을 하고 따라다니면서 망상을 피우는 거죠.

경(經)에서 말하기를 "무릇 모습 있는 것은 전부 허망하다"라고 하였고, 또 말하기를 "지금 서 있는 그곳에 곧 부처가 있다"고 하였다.

《금강경》에 나오는 구절이죠. "범소유상(凡所有相) 개시허망(皆是虛妄), 약견제상비상(若見諸相非相) 즉견여래(卽見如來)." "만약 모든 모습을 모습이 아닌 것으로 볼 수 있다면 여래를 볼 수 있다." 모습을 모습이 아닌 것으로 본다…… 표현이 참 묘한데, 결국 이것을 확인해 보면 이것을 가리키는 말이라는 것을 알 수가 있어요. 그러나 이 말은 시계를 보되 저것을 시계라고 여기지 말라는 말이 아니에요. 그것은 의식적으로 하는 분별이잖아요? 황금을 보되 돌같이 여겨라…… 그것은 생각으로 하는 거잖아요? 소용이 없어요. 그게 아니고 자기가 여기에 한번 딱 들어맞게 되면 알아요. 이런 말이 있죠? "내가 불법을 모를 때는 산을 보면 산이었고 물을 보면 물이었는데, 깨닫고 보니 산은 산이 아니고 물은 물이 아니다"는 말이 있잖아요? 이런 말도 결국 이런 취지를 가지고 있는 겁니다. 여기에 딱 들어맞으면 시계는 시계고 마이크는 마이크지만, 시계와 마이크가 진실한 게 아니고, 진실한 것은 따로 있어요.

이것은 어떤 모양을 가지고 있는 것이 아닙니다. 시계와 마이크라는 것은 순간 지나가는 것이잖아요? 평생 시계만 쳐다보고 삽니까? 모습이라는 것은 다 지나가는 거죠. 그러나 절대로 지나가지 않는 것이 하나 있어요. 그것이 딱 분명해지는 거예요. 그러니까 모습을 보는데 모습을 보는 게 아니고 이것을 확인하는 것이란 말입니다.

그래서 방 거사가 말했죠. "눈 송이송이가 다른 곳에 떨어지지 않는구나!" 눈 한 송이 한 송이가 눈이 아니라는 말이에요. 다른 것이 아니라는 말이죠. 이것을 가리키는 말이에요. "눈 송이송이가 다른 곳에 떨어지지 않는구나"라는 것은 눈 한 송이 한 송이가 다른 일이 아니라 바로 이것임을 가리키는 겁니다. 만법(萬法)이 하나로 귀결된다고 하죠? 그런 말도 모두가 이것 하나를 가리키는 말입니다. 이 하나죠. 이 하나!

"도가 뭡니까?" 묻는데 "하늘은 푸르고 흰 구름은 흘러간다"라고 하는 선사도 있죠. 하늘을 말하고 흰 구름을 말하는 게 아닙니다. 푸른 하늘을 봐도 이 일이고, 흰 구름을 봐도 이 일입니다. 그래서 이런 말을 하는 거죠. 하늘은 푸르고 흰 구름이 흘러가는 것을 누가 모릅니까? 다 알죠. 그러나 그런 것을 말하는 게 아니죠. "온갖 모습을 보되 모습이 아닌 것으로 본다"는 것은 이것을 두고 하는 말인 겁니다. 이것이 딱 분명해지면 어떤 모습이든지 다 이 하나의 일이죠. "도가 뭡니까?" 했더니 "차 마셔라" 하고 조주 스님이 말했죠. "차 마셔라." 이것을 보여 주고 있는 거잖아요? 그렇다고 차를 마시면 한 대 맞아야 해요. "차 마셔라" 하면서 이것을 보여 주고 있는 거예요, 이것을! "차 마셔라." 이것을 백퍼센트 다 보여 주고 있잖아요? 이 일 하나예요. 이 일 하나가 있을 뿐이에요. 다른 일이 있는 게 아니죠. 이것이 한번 분명해지면, "만법이 하나로 돌아오고, 하나가 곧 전체다"는 말이 소화가 되는 겁니다. 다만 이 하나입니다. 마음은 객관적으로 이해할 대상이 아닙니다.

세속의 심리학이나 철학의 경우에는 마음을 객관화시켜 놓고 대상으로 삼아서 온갖 그림을 그리지요? 모두 망상입니다. 마음이라는 것을 굳이 말하자면, 자기 존재 그 자체입니다. 객관화될 수가 없어요. 자기 존재 자체라고 표현하면 조금 철학적인 표현이긴 하지만, 어차피 방편의 말입니다. 마음은 객관화될 수 없는 거예요. 그래서 안팎이 없다고 하는 겁니다. 주관과 객관이 없어요. 객관화되지 않습니다. 이렇게 분명한 거예요. "부처가 뭐냐?" "호떡이다." 운문 스님이 그랬죠. 객관화시키고 있는 게 아니거든요. 바로 (손가락을 흔들며) 이것!

"도가 뭡니까?" "이것이다!" 저쪽에 있는 객관적인 사실을 가리키는 게 아닙니다. 설법을 듣는다고 하는데, 듣는 게 아니고 설법은 참

선(參禪)입니다. 참선(參禪)할 때 '참'은 참여한다는 말입니다. 설법이란 법회죠. 법이라는 것 속에 모여 함께 참여하는 것을 설법이라고 하는 겁니다. "법이 뭡니까?" "이겁니다!" 같이 참여를 해서, 같이 공유를 하고, 같이 확인을 하는 겁니다.

이것을 객관으로 보고, '아, 가리키는 사람이 저렇게 가리키는구나' 하고 구경꾼이 되면 안 됩니다. 같이 참여를 해야 해요. 그래야 이심전심(以心傳心)이 될 것 아닙니까? "부처가 뭡니까?" (손가락을 들며) "이겁니다!" 무슨 장난을 하는 게 아닙니다. 뭘 가르쳐 드리는 것도 아닙니다. "부처가 뭡니까?" 이럴 때, 여기 있는 모든 사람들의 마음을 한꺼번에 똑같이 손가락을 들어 올려서 확인시켜 드리는 겁니다. 구경꾼이 되면 안 됩니다. "마음이 뭡니까?" "이것이다!" 이것은 모든 사람의 마음이에요. 이 세상에 마음은 하나밖에 없어요. 그래서 마음은 허공과 같다고 하는 거예요. 이 우주에 마음은 하나밖에 없죠. 여러 개가 없어요. "마음이 뭡니까?" "이겁니다!" 이것은 모든 사람의 마음입니다. 그래서 같이 확인하는 겁니다. 구경꾼처럼 저쪽에서 얘기하고 있고, 나는 여기서 듣고 있고 그래서는 안 돼요. 학교 강의도 그렇잖아요? 가르치는 선생님과 자기가 정말 한 마음이 되어서 문제도 풀고 해야 공부가 쏙쏙 들어오지, 선생님은 설명하고 나는 여기서 딴 짓하고 있으면 제대로 안 들리잖아요? 학교 공부조차도 그런데, 이것은 공부하고 비교도 안 되는 이심전심의 법문입니다. 여기서는 너와 나가 없습니다. 마음은 이 우주에 하나밖에 없어요. 이것뿐이라고요. 이것뿐!

너와 나라는 게 있으면 안 됩니다. 그것은 분별이거든요. "마음이 뭐냐?" "이것이다!" 다른 일이 없어요. 그냥 이것 하나뿐이에요. 참여가 쉽사리 안 되면 오로지 관심을 기울이고 있어 보세요. 저절로 참여할 날이 있어요. 이 법문을 잘못 듣고 자기 나름으로 생각을 하는 사람들은 "그것은 세뇌교육 아닙니까?" 한다고요. 제 말을 기억하라고 얘기한 적이 단 한 번도 없습니다. 같이 참여를 해서 살아 있는 이 마음을 확인해 보라고 하죠. 세뇌교육이란 계속해서 뭘 기억하라고 하는 것이 세뇌죠. 기억은 오히려 설법을 들으면 지워집니다. 오래 설법을 들은 분들은 다 아시겠지만, 설법을 듣고 남는 게 있습니까? 아무것도 없습니다. 설법을 듣고 난 뒤에 남는 게 있으면, 잘못 들은 겁니다. '아, 오늘 설법의 요점은 이것이구나'라고 들은 것은 설법이 아니라 강의를 들은 겁니다. 절대 그런 게 아닙니다. 설법이라는 것은 살아 있는 마음을 함께 확인하는 일일 뿐이에요. 설명해 줄 것이 없어요. 이 마음이라는 것은 과거·현재·미래가 없고 항상 모든 사람 앞에 마치 불꽃처럼 분명한 겁니다. 이것 하나를 같이 확인해 보는 것인데, 기억하여 남길 요점이 어디 있어요? 그냥 이것 하나예요. 이것 하나!

참선(參禪)이라는 말은 선(禪)을 생각하지 말고 참여하라는 말이에요. 이것을 생각하면 이것에 참여가 안 돼요. 참선이란 원래 그런 말입니다. 참여하다…… (손가락을 들며) 이 일 하나입니다. 다른 일이 아니고 지금 이 일입니다! 처음 이것이 확인되면 생각이 많이 개입되기 때문에 '아, 이게 내 마음이구나' 하고 이런 생각들을 하게 되지만, 시간이 지나면서 생각은 사라지고, 세탁하듯이 생각이 빠지고, 이 법 하나만 오롯하게 됩니다. 그렇게 되면 일상생활 스물네 시간을 어떻게 살든지, 어떤 일이 벌어지더라도, 여기에서 벗어나지 않고 언제나 이 일 하나뿐인 겁니다. 다른 일이 없습니다.

심지어 어떤 효과가 있느냐 하면, 마음이 달라지죠. 번뇌망상에 시달리는 일이 없어져요. 마음이라는 것이 어떤 무엇이 있어서 계속 문제를 일으키는 것이 아니고, 명명백백하게 드러나 있지만 아무것도 없기 때문에 아무 문제를 일으키지 않습니다. 마음이라는 것이 뭔가 모르는 구석이 있고, 뭔가 숨어서 문제를 자꾸 일으키는 것 같은 그런 느낌이 있으니까 자꾸 문제가 되는데, 이 법이 분명하면 마음은 백퍼센트 그대로 다 드러나서 분명하기 때문에 따로 숨어 있는 마음 같은 것은 없습니다. 무의식, 심층의식 이런 소리를 하는데 헛소리고 망상입니다. 그런 것 없습니다. 그런 게 있는 것이 아니고 그냥 이것뿐이라니까요. 명명백백하고 이 일 하나뿐이에요. 이것이 딱 분명하면 사람들이 어떤 망상을 하는지 많이 보여요. 자기가 망상이 없어야 그런 것이 보이는 거죠.

"무릇 모습 있는 것은 전부 허망하다"라고 하였고, 또 말하기를 "지금 서 있는 그곳에 곧 부처가 있다"고 하였다.

이것은 《대승본생심지관경》이라는 대승경전에 나오는 구절입니다. "지금 서 있는 그곳에 부처가 있다." 이 말은 자기 발밑에 부처가 있다는 말과 같죠? 자기 본래면목은 자기 발밑에 있다고 선(禪)에서 말하죠. 그것은 무슨 말입니까? 바로 (손가락을 흔들며) 지금 이 자리다, 이 일이다, 과거·현재·미래가 없다, 이곳저곳이 없다, 말하자면 떨어져 있지 않다는 말입니다. 떨어져 있으면 객관화가 되지만 객관화가 될 수 없다는 말입니다. 떨어져 있지 않으니까 객관화가 안 되는 거죠. 뭘 하든지 똑같이 이 일이죠.

사실 할 말이 없어요. 바로 지금 이것인데, 무슨 말이 필요 있겠어요? 그래서 선사들은 도(道)를 물으면 도를 말하지 않잖아요? "밥 먹었냐?" 하기도 하고, "차 마셔라" 하기도 하고, "똥막대기" 하기도 하죠. 도를 물으면 도를 말하지 않습니다. 왜냐? "시계"라 하든 "마이크"라 하든 "똥막대기"라 하든 그냥 이것이니까요. 딴 일이 아니에요. 이 일입니다. 그런데 우리가 이것만 가리키면 아무런 다른 얘기를 할 것이 없지만, 당장 이것이 와닿는 것은 아니기 때문에 꾸준히 관심을 가지고 듣다 보면 자기도 모르는 사이에 변화가 일어나서 여기에 한번 계합을 하게 됩니다. 가리키는 것은 항상 이렇게 분명합니다. 이 일입니다. 이것뿐입니다. 팔만대장경에서 가리키는 모든 것은 이것 하나뿐입니다. 단지 이것 하나뿐이에요.

이것을 여러 가지 상황으로 풀어서 얘기하면 팔만 사천 가지가 다 나올 수 있어요. 그렇지만 팔만 사천 가지 얘기가 아무리 풀어서 나온다 하더라도 결국 가리키는 것은 이 일 하나뿐이다 이겁니다. 다른 것은 없습니다. 결국 가리키고자 하는 것은 다만 이것 하나뿐입니다. 설법이라는 것도 "마음이 뭡니까?" (법상을 두드리며) "이것이다!" 이럴 때 법을 다 보여 준 겁니다. 숨기고 있는 것은 없습니다. "마음이 뭐냐?" (손가락을 들며) "이것이다!" 다 가리켜 드린 거예요.

이런저런 말들은 뭐냐 하면, 이렇게 다 가리켜 드려도 모르니까 자꾸 말이 많아지는 거예요. 세속일도 그렇죠. 친구에게 자기 뜻을 전달할 때 한마디로 전달을 하면 더 이상 말이 필요 없는데, 잘못 알아들을 때 온갖 얘기를 다 하잖아요? 알아들을 때까지. 이것도 똑같은 거죠. "마음이 뭐냐?" "이겁니다!" 여기서 딱 통하면 긴말 짧은 말이 필요 없죠. 자기 살림살이가 나오니까요. 자기 살림살이입니다. 다른 사람이 볼 수 있는 객관적인 일이 아닙니다. 자기 존재는 오로지 자기가 알 뿐입니다. 남한테 보여 줄 수 있는 것이 아니고, 남이 알 수도 없고, 자기의 일, 곧 자기의 마음이고 자기의 존재예요. 자기가 100퍼센트 확인을 하기 때문에, 어느 누구보다도 자기 스스로 이것이 확인되면 그만큼 확신과 자신감과 의심할 수 없는 분명함이 있는 겁니다. 자기 일이잖아요? 남의 일이라면 아무리 그것이 분명하다 해도 1퍼센트 의심이 있거든요. '진짜 저게 맞는가?' 하고요. 그러나 자기의 일에는 그런 일이 있을 수 없죠.

그렇기 때문에 이것이 제대로 확인되면 비로소 '내가 내 본래의 모습으로 돌아왔구나' '내 본래의 모습을 확인했구나' '비로소 모든 망상과 이리저리 돌아다니면서 헤매는 일이 끝이 나고 와야 하는 곳으로 왔구나' 하는 그런 안도감과 안심이 있고, 이것이 이렇게 생생하게 살아 있는 실제적인 일로서 이렇게 딱 드러나니까 의심이 있을 수가 없죠. 이것은 자기 살림살이입니다. 자기 살림살이.

앞에서 세뇌교육이라고 했는데, 자기 살림살이도 아니면서 누구한테 자꾸 이런 얘기를 끊임없이 듣고 또 듣다 보니까 어떤 그림이 그려지고, 그것이 고정관념이 된 그런 경우는 아무래도 의심이 안 사라집니다. 아무리 세뇌교육이 잘 되어 있어도 나중에 다시 뒤집어질 수가 있어요. 왜냐하면 그것은 원래 자기의 모습이 아니기 때문이에요. 공중누각처럼, 기초를 땅에 뿌리박고 있지 않고 공중에 떠 있기 때문이에요. 남에게 들어서 아는 것은 다 그렇습니다. 이것은 남에게 들어서 아는 게 아니고 자기가 태어날 때부터 가지고 나오고, 항상 가지고 살고 있는 자기 살림살이거든요. 그러니까 이것이 한 번만 제대로 확인되면, 더욱더 안정되고 더욱 깊이 뿌리를 내리고 더욱더 흔들림이 없어지는 것이지, 의심이 들어오지는 않습니다.

그래도 머리가 장난을 치니까 조금 착각할 수는 있습니다. 잠시 머리에 속아서 착각할 수는 있지만 금방 돌아옵니다. '아, 내가 속았구나' 하고 금방 돌아와서 이 진실함에 익숙해질 수 있습니다. 하여튼 지금 이 일이지 다른 일은 없습니다. 생각으로 이루어지는 것이 아니고, 다만 이 하나의 일입니다. 누구에게든지 하나의 진실이 있을 뿐입니다. 이런저런 여러 가지 말이 필요 없고, 유일한 진실은 다만 이것 하나뿐입니다! 어쨌든 이것이 한번 와닿아야 합니다.

자기 마음이 바로 부처이니 부처를 가지고 부처에게 절하지 마라. 부처와 보살의 모습이 문득 앞에 나타나더라도 절대로 절하

거나 공경하지 마라.

눈앞에 부처님, 문수보살, 보현보살, 관세음보살, 지장보살이 허공에 나타나서 내려온다는 환상을 볼 수도 있어요. 그런 얘기를 하는 사람도 있어요. 그 온갖 부처와 보살들이 지금 우리가 시계를 보고 차를 마시는 일과 다른 일이어서는 안 됩니다. 전부가 자기 살림살이예요.

불상을 깎았는데 누가 깎은 겁니까? 불상을 깎는 사람이 자기의 머릿속에 그려 놓고 깎은 것 아닙니까? 그러면 저 불상은 머릿속에서 나온 거잖아요? 머릿속에서 나오고 손끝에서 나온 거죠. 부처가 저기에 있습니까? 공부를 하면, 배운 개념과 견해와 망상은 계속 버리게 되고, 배울 수 없고 얻을 수 없고 원래 항상 가지고 있는 이 하나의 진실이 드러나게 되죠. 영화를 보는데 공포스러운 장면이 나오면 겁이 나죠. 머리가 쭈뼛쭈뼛 솟는 것은 영화 장면이 그렇게 만들어 냅니까? 자기 스스로가 만들고 있잖아요? 일체유심조(一切唯心造)라고 하죠? 모든 일은 자기가 다 만들어 내는 겁니다.

이 진실한 자기, 이 진실한 마음이 분명해지면, 이 세상은 마음 밖에 있는 것이 아닙니다. 세상에서 일어나는 모든 일은 마음속의 일입니다. 안팎이 없어요. 전부가 (손가락을 흔들며) 이 하나의 일입니다! 여기서 벗어나는 일은 없어요. 이 하나의 일이 딱 분명해지면 세상에서 일어나는 온갖 일들이 전부 색깔과 모습들을 다 잃어버리고 그냥 똑같은 이 하나인 겁니다. 이러쿵저러쿵할 일이 없게 됩니다.

탐진치(貪嗔痴), 공포, 두려움, 모든 일이 이 하나가 분명함으로 해서 다 빛을 잃어버리고 다 의미가 없어져요. 사라진다고 해도 좋아요. 사라져 버리고 그저 이 하나뿐입니다. 다른 일은 없어요.

생각으로 공부하면 절대로 안 됩니다. 공부는 자기 살림살이를 확실하게 해야 하는 것밖에 없습니다. 만법(萬法)이 이 하나로 돌아와서 온 우주가 자기 손아귀 속에 들어오면, 그 다음부턴 아무 일이 없어요. 그런데 생각을 하고 상상을 하고 이런 일도 있고 저런 일도 있다고 분별을 하면, 헤매 다니기 시작하는 겁니다. 이런저런 여러 가지 말씀을 드리지만 여러 가지 말이 있는 것이 아니고, 온갖 얘기가 다만 이 하나의 일입니다. 이것 하나를 일러 드리려고, 이것 하나를 확인시켜 드리려고 하는 겁니다. 여기에만 딱 들어맞으면 아무 일이 없어요. 아무 일이 없습니다. 이 말은 아주 좋은 말입니다. 세상에서 가장 좋은 말은 아무 일이 없다는 말이에요. 좋은 일이 있는 것도 결코 좋은 일이 아니에요. 아무리 좋은 일이라 해도 아무 일이 없는 것보다는 못하죠. 아무 일이 없는 것, 이 이상 좋은 일이 없어요.

이 일이 분명하면 아무 일이 없어요. 그냥 이 일 하나뿐입니다. 무슨 일이 있습니까? 다 똑같을 뿐인 거죠. 이 일입니다. 불법(佛法)이니 도(道)니 선(禪)이니, 낙처(落處)가 어떻고, 마음이 어떻고, 이름을 따라다닐 필요가 없어요. 여기에는 하나의 이름도 없고, 하나의 물건도 없고, 아무 일이 없어요. 그냥 이것뿐이에요. 항상 똑같아요. 그저 이 하나뿐이죠. 이름을 따라서 이리저리 다니면 그것은 아주 어리석은 겁니다. 아무 일이 없는 것, 아무 일이 없다는 것도 결국 말이지만, 어쨌든 (법상을 두드리며) 지금 이것뿐입니다! 느낌을 쫓아다니지 마세요. 의식에 휩쓸려 다니지 말고, 느낌을 따라다니지 마세요. 그것은 경계입니다. 감정이나 기분을 따라다니지 마세요. 이 법이 분명해야 온 세상의 일과 자기가 느끼는 의식세계 전체가 손아귀 속에 딱 들어와서 조복이 돼요. 불교에서 조복된다는 말을 하죠. 조복된다는 말은 내 마음대로 할 수 있다는 말입니다. 야생마를 길들여서 자기 뜻대로 타고 다닌다는 말입니다. 조복이 돼요. 아무 일이 없어요. 그냥 이것 하나뿐이니까요.

결국 자기 마음을 조복시키는 게 이 공부입니다. 마음공부라는 게 자기 마음을 조복시키는 것이죠. 이것이 분명하면 다 조복이 됩니다. (손가락을 흔들며) 이것뿐입니다! 이것이 분명하면 아무 일이 없고, 뭘 어떻게 하더라도 걸릴 게 없습니다. 발목을 잡고 있는 것도 없고, 뒤에서 고삐를 붙잡고 조종하는 것도 없고, 앞에서 "이리 오너라" 하고 길을 유도하는 것도 없고, 아무것도 없어요. 대자유라고 표현하듯이 아무 일이 없어요. 그냥 이것 하나뿐인 거죠. 언제든지 똑같습니다. 단지 (법상을 두드리며) 이 하나뿐이에요. 여러 가지 일이 없습니다. 단지 이 하나뿐입니다!

딱! 딱! 딱! (죽비 소리)

22.
부처에게 절하지 마라

달마혈맥론 스물두 번째 시간입니다.

나의 마음은 텅 비고 고요하니 본래 그런 모습이 없다. 만약 모습을 취(取)한다면 곧 마귀에게 사로잡히게 되니, 모두 사도(邪道)에 떨어진다.
만약 부처의 모습과 보살의 모습이라는 환상이 마음에서 일어남을 알면 절하지 마라. 절하는 자는 부처를 알지 못하고 부처를 아는 자는 절하지 않는다. 부처에게 절하는 것은 마귀에게 사로잡혔기 때문이다.

나의 마음은 텅 비고 고요하니 본래 그런 모습이 없다······ 마음이라는 이름은 놔두고 마음이라 하든 부처라 하든 마귀라 하든 이름과 관계없이, "부처" 할 때 지금 이것이고, "마귀" 할 때 이것이고, "마음" 할 때 지금 이것입니다. 이것에는 어떤 이름도 붙일 수가 없습니다. 그냥 이것이죠. 이것이 마음이 어떻고, 부처가 어떻고, 마귀가 어떻고, 그런 소리를 하는 것이죠. 그런 것은 이것이 만들어 낸 이름이고 일으킨 생각이지, 이것에는 아무런 그러한 것이 없습니다. 부처도 없고, 마음도 없고, 마귀도 없고, 허공도 없어요. 마음이 허공과 같다고 하는데 그것은 이름이고 생각입니다. 여기에는 그런 게 없어요. (손가락을 흔들며) 다 이것이죠. 그냥 이것이에요.

이것이 "부처다" "마음이다" "허공이다" "마귀다" 그런 말을 하는 거죠. 이것이 한번 분명해져야 하는 것이고, 와닿아야 하는 것입니다. 이 외에는 다른 게 없습니다. 이름을 붙이고 말을 하고 하는 것은 방편으로 하는 것이고, 그냥 이것 하나뿐입니다. 이 일 하나밖에 없습니다. 이것이 한번 와닿으면 그 다음부터는 어떤 일을 하더라도 세간(世間)과 출세간(出世間)이 따로 있는 것이 아니고, 불법(佛法)과 외도법(外道法)이 따로 있는 것이 아니고, 마음과 사물이 따로 있는 것이 아니고, 어떤 일을 하고 무엇을 생각하고 무슨 행동을 하더라도 항상 똑같습니다. 그냥 이 일인 것이지 다른 일이 있는 게 아닙니다. 그냥 이것 하나뿐이죠.

이것이 한번 와닿아야 해요. 이 일입니다. 이것뿐인 것이지, "마음이다" "텅 비고 고요하다" 이런 말들은 단지 표현하는 말입니다. 이런 말들을 따라다니면 안 됩니다. 왜냐? 말이란 우리 머릿속에서 그리는 그림이고 망상이기 때문입니다. 텅 빈 것도 아니고 그렇다고 꽉 찬 것도 아니라는 둥 그런 말에 속으면 안 됩니다. 텅 비어 있다고 해도 텅 비어 있는 게 아니고, 꽉 들어차 있다고 해도 꽉 들어차 있는 게 아니에요. 언제든지 이 하나의 일일 뿐인 거예요. 이것뿐이지 다른 것은 없습니다. 이것만 분명하면 됩니다. 이것만 분명하면 '법(法)이 무엇이다' '마음이 무엇이다' '부처가 무엇이다'라는 생각을 할 필요가 없는 것이고, 그런 생각을 안 하게 돼요. 억지로 자기 살림살이라고 이름을 붙이지만, 한결같이 이 하나뿐인 겁니다.

하여튼 이것이 한번 와닿아야 되고 확인이 되어야 합니다. 확인을 해 보면 이것은 원래 항상 있던 일이고, 늘 이 자리에 있고, 이것을 가지고 살아온 일입니다. 확인하기 전에는 말을 따라다니고 생각을 따라다니지만, 이것을 확인하면 늘 이 자리, 이것은 스물네 시간 한순간도 다른 일이 없습니다. 이 하나뿐인 거죠. (손가락을 흔들며) 이것뿐인 겁니다!

나의 마음은 텅 비고 고요하니 본래 그런 모습이 없다…… 달마스님은 "마음이 부처다" "마음 밖에 다른 부처가 없다" "마음은 텅 비고 고요하다"라고 마음이라는 말을 많이 하는데, 마음이라는 이름부터가 벌써 방편의 이름입니다. 이름을 가지고 말을 하기 시작하면 모두가 개념이 되어 버리고, 이 하나의 진실은 물속에 있으면서 물을 모른다는 것처럼 되어 버리는 거예요. 이름을 따라가면 안 됩니다. 진실은 이 일이니까, 여기서 이런저런 생각도 하고 이름을 말하고 듣기도 하고 느끼기도 하고 말도 하고 행동도 하는 것이거든요. 이것이 분명하면 모든 말이 이 하나의 일이고, 모든 생각이 이 하나의 일이고, 모든 행동이 이 하나의 일입니다. 단지 이 일뿐인 겁니다. 그래서 "만법(萬法)이 평등하고 법계(法界)가 하나의 법성(法性)이다"는 말도 하는 겁니다. 하여튼 (손가락을 흔들며) 이 하나뿐입니다!

제가 가리켜 드릴 것은 딱 (손가락을 들며) 이것 하나입니다. 이것은 확인하기 전에는 전혀 알 수가 없고, 망상 속에서 벗어나지 못하는 겁니다. 지금 말을 하는 것은 아니고, (손가락을 들며) 이것 하나를 가리키고 있을 뿐입니다. 이것을 한번 확인하면 됩니다. 여기에 한번 통하고 확인만 하면 되는 것이지, 마음이 있니 없니 하는 생각은 필요 없는 것이죠. 지금 (손가락을 흔들며) 이것이니까, 여기에 한번 통해서 확인만 하면 되는 거예요. 그러면 온 세상 모든 일이 자기 살림살이가 됩니다. 자기라고 할 게 따로 없고 세상이라는 것도 따로 없고 전부가 똑같은 이 하나의 일입니다. 이것만 확인하면 되는 것이지 다른 법은 없습니다.

만약 모습을 취(取)한다면 곧 마귀에게 사로잡히게 되니, 모두 사도(邪道)에 떨어진다.

모습이라는 것이 눈으로 보이는 것만 모습이 아니고, 이름을 말하면 그것도 모습이고, 이름에 따라서 생각을 하면 그것도 모습이죠. 이름이 붙고 이름에 따라서 '하늘이다' '땅이다' 이해를 하고 생각을 하면 그것이 다 모습이죠. 그런데 이것은 어떤 모습도 아니고, 어떤 이름도 아니고, 그냥 이것이라고요. 하늘이라 할 때도 이것이고 땅이라 할 때도 이것이지, 하늘도 아니고 땅도 아닌 제3의 뭔가가 있다는 것은 아닙니다. 지금 이 일입니다. 하늘이라 할 때도 이 일이고, 땅이라 할 때도 이 일이고, 아무 생각 없이 있을 때도 이 일이지 딴 일이 있는 게 아닙니다. (손가락을 흔들며) 이 일 하나예요!

마음공부라고 하는 것은 아주 단순한 겁니다. 그냥 (손가락을 들며) 이 일 하나뿐이니까요. 여기에 통하면 되는 거예요. 알아야 할 것도 없고 기억해야 할 것도 없습니다. 지금 이것이니까요. 이것은 알고 모르고의 문제가 아닙니다. 그냥 이것이란 말예요. 안다 모른다는 분별은 전혀 상관없는 겁니다. 알아도 이것이고 몰라도 이것이고 아무 상관이 없어요. 이것이 한번 분명해져야 아무 일이 없는 겁니다. 어떤 일이 있어도 똑같아요. 그저 이 하나의 일인 거죠. 하여튼 이 일 하나뿐입니다. 이것을 가리키기 위해서 부처 · 마음 · 소승(小乘) · 대승(大乘) · 진여(眞如) · 불성(佛性) · 법성(法性), 별의별 이름을 만들어서 이것을 가리키려고 하는 것입니다. 그런 이름을 듣고서 아는 것이 아니고, 지금 (손가락을 들며) 이것입니다. 이름을 듣고 이해할 것은 없습니다. 이름을 듣고 이해하면 어긋납니다.

　마음이라는 이름을 듣고서 '마음은 이런 것이다'라고 생각하면 망상입니다. 마음이라는 이름부터가 방편으로 만들어 놓은 가짜 이름이에요. 이것을 가리키기 위해서 그런 이름을 세운 것이기 때문에 "마음이 뭐냐?"라고 헤아리면 벌써 망상 속에 들어가 있는 거예요. 여기에 한번 통해야 하고, 이것뿐입니다. 다른 일이 없습니다.

　만약 모습을 취(取)한다면 곧 마귀에게 사로잡히게 되니…… 모습을 취(取)한다는 것은 분별을 하고 이름을 붙이고 머릿속으로 이해하는 것이죠. 그것은 전부 망상입니다.

만약 부처의 모습과 보살의 모습이라는 환상이 마음에서 일어남을 알면 절하지 마라.

부처님이라는 이름을 들으면 머릿속에 부처라고 하는 개념이 생기죠. 문수보살·보현보살 하면 어떤 개념이 머릿속에 생기는데, 그 개념이 막연해도 망상이고 뚜렷해도 망상입니다. 세존이니 여래니 부처니 하는 것이나, 문수보살·보현보살·관세음보살 하는 것이나, 그 이름을 말하는 것은 아니고, 이 하나의 생생하고 살아 있고 진실하고 명백한 이 하나를 가리켜 주려고 각종 이름을 방편으로 들먹이는 겁니다.

이것에만 딱 통하면 보현보살·문수보살·석가세존·과거칠불 모두가 눈앞에 다 드러나는 겁니다. 왜냐? 그런 모습으로 드러나는 것이 아니고 이 하나의 일이기 때문이죠. 여기서 과거칠불을 보고, 석가세존을 보고, 문수보살과 보현보살을 보는 겁니다. 문수가 따로 있고 보현이 따로 있고 관음이 따로 있고 과거칠불이 따로 있고 석가세존이 따로 있다면, 그것은 망상이에요, 망상. 이름을 따라서 헤아리는 것은 다 망상이에요.

어떤 이름이 있더라도 진실은 지금 이것이에요. 여기서 이름을 말하고, 여기서 이름을 듣죠. 그냥 (손가락을 흔들며) 이 일이거든요. 이 일 하나! 그러니까 이름이나 생각이라는 허상을 보지 말고, 이 진실에 한번 통해서 이것을 확실하게 해야 된다 이겁니다. 이것뿐이에요. 이것만 분명하면 더 이상 망상에 속지 않는 것이고, 그냥 언제든지 이 하나의 진실이 있을 뿐이죠. 이 일 하나뿐이에요. 다른 것은 없습니다. "도가 뭡니까?" (손가락을 "탁!" 튕기며) 이렇게 하거든요. 이것뿐이에요. 손가락을 튕김으로써 세상에 있는 모든 도(道)를 남김

없이 다 보여 준다 이거예요. 손가락을 튕기는 것도 다만 이 일이기 때문에 그런단 말예요. 이 하나의 일이고 아무 다른 일이 없습니다. 이것이 분명하지 못하면, 생각을 따라다녀야 되고, 헤매고 분별해야 되고, 모든 것을 따라다니면서 망상을 하게 되는 겁니다. 이것이 분명하면 어떤 일이 일어나더라도 항상 똑같아요. 전혀 다른 일이 없어요.

이것뿐인 겁니다. 우리는 항상 이 자리에 있기 때문에, 이것을 일러서 "눈앞에 있다" "발밑에 있다" "물속에 있다" "소를 타고 있다"고 표현을 하는 거예요. 항상 이 자리에서 벗어날 수가 없기 때문입니다. 내가 있고 법(法)이 있는 게 아니니, 이름이 '나'고 이름이 '법'이지 똑같은 이 일입니다. 똑같이 그저 이 하나일 뿐입니다. 내가 법 속에 있다고 하면 그것은 맞지 않습니다. 이름으로 생각을 하기 때문이에요. 내가 법 속에 있다고 하면 안 되고, 지금 (법상을 두드리며) 이 일입니다. 법문은 "도가 뭡니까?" (법상을 치며) "이겁니다!" 여기서 다 끝나는 거예요. 다 보여 줬으니까요. 남김없이 다 보여 드린 거거든요. "법이 뭡니까?" (손가락을 높이 들며) "이겁니다!" 법문은 다 끝난 겁니다. 그런데 안 통하니까 거듭거듭 가리켜 드리는 거죠. 쉽사리 통하지 못하니까 거듭거듭 "이겁니다!" 하고 이런저런 말을 하면서 가리켜 드리는 거예요.

절하는 자는 부처를 알지 못하고 부처를 아는 자는 절하지 않는다. 부처에게 절하는 것은 마귀에게 사로잡혔기 때문이다.

자기가 생각하여 만든 부처니 보살이니 하는 환상에 절을 하면 이런 사람은 부처를 알지 못하고 보살을 알지 못하는 것이죠. 불상 앞에서 절하는 것이 옳다 그르다 하는 것은 아닙니다. 문제는 자기가 환상과 망상으로 분별을 해서 절을 한다면 그것은 자기를 속이는 것이다 이 말입니다. 불상 앞에서 절을 할 때 불상이 불상이 아니고 절하는 게 절하는 게 아니라 이것이라면, 절을 천 번을 하든 만 번을 하든 상관없습니다. 언제든지 진실은 분명하기 때문이에요. 그러나 이것은 모르고 분별개념만 가지고 부처님이 계시니까 절을 해야 되겠다 하는 것은 중생일 뿐입니다. 자기의 살림살이가 분명하냐가 중요한 것이지, 절을 하고 하지 않고 시비할 것은 없습니다. 절을 하고 싶으면 만 번이라도 할 수 있죠. 하지만 이 하나의 진실은 분명해야 한다는 것입니다. 그러면 절을 한 번을 하든 백 번을 하든 만 번을 하든 똑같거든요. 이 일 하나예요.

이것이 분명해져야 하지 아무런 다른 일이 없습니다. 이 일이 딱 분명해져야 뭘 하든지 다 똑같아요. 모든 것이 이 일이고, 이런저런 여러 가지 일이 있지 않습니다. 모든 차별이 다 소멸해 버리고 만법(萬法)이 다 평등하다고 할 수가 있습니다. 그러나 그런 말보다도, 자기의 진실이 이렇게 와닿아서 힘이 생기게 되면 이것을 떠나는 일이 없어요. 안도 없고 바깥도 없고, 그저 이 하나의 일일 뿐인 겁니다. 참으로 이 불법(佛法)을 얻으면 부처도 없고 법도 없고 아무것도 없어요. 하늘과 땅이 평등하고 똑같아서 이 하나뿐인 겁니다. (손가락을 흔들며) 이것뿐입니다!

이것에 통해야 비로소 부처니 중생이니 자기니 마음이니, 그런 온갖 차별세계에서 해방이 되고 걸림이 없게 되는 겁니다.《반야심경》에 "장애가 사라진다"는 말이 있죠. 장애가 뭐냐 하면 이런 게 있고 저런 게 있고 그런 차별이 모두 장애물이에요. 부처가 있고 중생이 있고 법이 있으면, 장애물이라는 말입니다. 그런 것 저런 것이 없고 온갖 일이 다 똑같아요. 이 일 하나예요. (법상을 두드리며) 이 일이 한번 분명해져야 하는 것이고, 다른 것은 없습니다.

배우는 사람들이 이 사실을 알지 못할까 염려되어서 이와 같이 판별하는 것이다.

병에 대한 약처럼 방편으로 하는 말입니다. 분별망상으로 부처님이 따로 있고 내가 따로 있고 해서 거기에 사로잡혀 있는 사람들을 위해서 이런 방편의 말을 한다 그 말입니다.

모든 부처와 여래와 본성의 바탕에는 이러한 부처와 보살의 모습이 전혀 없다는 것을 반드시 알아야 한다.

이름이 부처고 이름이 보살입니다. 이름을 따라서 분별하면 부처가 따로 있고 보살이 따로 있지만, 이 진실에 통하면 부처님 앞에 절을 해도 부처가 있는 것도 아니고 절을 하는 것도 아니어서 그냥 이 일일 뿐, 아무 차별이 없습니다. 항상 이 자리고 이 일이고 언제나 똑같습니다. 새로운 일이라는 것이 전혀 없습니다. 이 법에 통달하면 새로운 일도 없고, 경전의 표현처럼 뭐가 없어지는 것도 아니고 뭐가 생기는 것도 아니고 그냥 똑같아요. 항상 이 일 하나죠.

분별을 하면 생각은 끊임없이 생겨나고 사라져 가고, 말도 자꾸 새롭게 하게 되고, 세상의 모든 인연이 다 그렇죠. 모든 것이 새롭게 생겨나기도 하고 사라지기도 하는데, 이 생겨나고 사라지는 모든 일이 바로 이것이고 이 일이어서 변함이 없습니다. 이것은 뭐가 생겨나도 생기는 것이 아니고 사라져도 사라지는 것이 아니고, 언제나 이 하나인 거예요. 이 일 하나! 이것이 한번 딱 와닿으면 이것이 바로 자기의 살림살이임을 알 수가 있어요. 왜냐? 이것은 도저히 어떻게 할 수 없는 것이고 의심할 수 없는 것이니까요. 다른 것은 의심해 볼 수도 있고 잊어버릴 수도 있고 무시할 수도 있는데, 이것은 한 번만 확인하면 의심도 안 되고 잊어버릴 수도 없고 무시도 안 되고, 뭘 하든지 다만 이 일이니까요.

물고기가 결코 물 밖으로 나가지 못하고 어디를 헤엄쳐 다니더라도 항상 물속을 헤엄쳐 다니듯이, 이것이 확인되면 무엇을 하더라도 단지 이 일이에요. 뭘 어떻게 할 수가 없는 거예요. 의심이 생길 수도 없고, 취하고 버릴 수도 없고, 어떻게 할 수가 없는 거예요. 그래서 이것을 진실하다고 말하는 겁니다. 이것을 자기 살림살이라 하고 본래면목이라 하는 까닭은, 이것을 확인하고 나면 그 다음부터는 항상 이 일이고 원래부터 이것이니까요. 깨닫지 못해서일 뿐이지 원래부터 항상 이 하나의 일이었죠. 다만 깨닫지 못하고 확인하지 못하고 망상을 하고 살아온 세월 때문인 거예요.

하여튼 이것만 확인되면 '이 이상은 없구나' 하는 것이 저절로 확실해지기 때문에 아무 일이 없어요. 만약 어떤 체험을 했는데 조금 지나니까 다 잊어버리고 새로운 뭔가가 다시 나온다면, 그것은 자기의 본래면목이 아닙니다. 그것은 뭔가 경계를 본 거예요. 생겨나고 사라지는 경계를 본 것입니다. 진실을 확인하게 되면 왔다 갔다 하는 것이 없습니다. 언제든지 그냥 이 일이지 다른 게 뭐가 있습니까? 이것뿐입니다. 말씀드릴 것은 이것뿐인 것이고, 여기서 한번 확인하면 되는 것이지 다른 공부는 없습니다.

어떤 경계가 나타나더라도 결코 붙잡아 취할 필요가 없고 두려워하지도 말고 의심할 필요도 없다.

어떤 경계가 나타난다는 것은 우리의 보고 듣고 하는 육근(六根)이죠. 항상 활동을 하기 때문에 새로운 것을 볼 수도 있고, 들을 수도 있고, 느낄 수도 있고, 생각이 일어날 수도 있고, 여러 가지 일이 있을 수 있습니다. 지금까지 전혀 경험해 보지 못한 새로운 경험일 수도 있겠죠. 헤아릴 수 없는 온갖 일들이 일어나지만, 진실로 이 일이 분명해지면 어떤 일이 나타나기만 하면 그 정체가 분명해요. 왜? 여기서 벗어나는 일이 없으니까요. 아무리 어떤 일이 일어나더라도 그렇습니다. 어떤 일이 나타나더라도 여기서 벗어나는 일은 없어요. 정체가 항상 명백한 겁니다. 이것이 분명하면 새로운 일은 없어요.

그런데 이것이 아니고 경계를 분별하면 항상 새롭죠. 눈에 보이는 것도 늘 새로운 것을 보게 되고, 느낌이나 감정이나 생각이 늘 새로운 게 일어날 수 있죠. 그러나 이 일이 분명하면 아무리 새로운 경계가 나타나더라도 이것을 떠나서 일어나는 일은 없습니다. 모두가 이 하나의 일로 귀결되기 때문에 이런 말도 하는 거예요. "무엇이 나타나더라도 다 안다. 모르는 것이 없다" "신은 전지전능하다"는 말이 있죠. "신은 전지전능하다"는 말을 하잖아요?

이 법을 모르면 사람들은 어떻게 생각하느냐 하면, "하느님은 전지전능하다"고 하니까 세간의 모습이나 지식을 모르는 게 없다고 생각합니다. 그런 말이 아닙니다. 전지전능하다는 것은 못하는 일이 없고 모르는 일이 없다는 것 아니에요? 예를 들어, 이 시계 안에 무슨 기계장치가 들어 있고 건전지가 어떤 종류가 들어 있는지 모두 안다는 거죠. 그러나 "신은 전지전능하다"는 말은 그런 것을 말하는 게 아니고, 그런 분별을 의미하는 게 아니에요. 모르는 게 없고 못하는 게 없다는 것은 법(法)을 말하는 겁니다.

어떤 새로운 게 나타나더라도 이것을 벗어나는 것은 없다는 말입니다. 전지전능하다는 것은 어떤 일을 하고 어떤 것을 경험하더라도, 이것을 벗어나는 일은 없다는 말입니다. 그래서 전지전능하다고 하는 겁니다. 이 법을 말하는 것이지 세간의 모습을 분별하는 말이 아니에요. 그것을 혼동하면 방편의 말을 완전히 엉터리로 이해하는 겁니다. 법을 말하는 것을 세간의 모습을 말하는 것으로 착각하면 안 됩니다. 이를테면 부처님의 신통을 말할 때, 천안통(天眼通)은 벽으로 가로막혀 있는 뒤를 본다는 뜻인데, 이것을 분별로써 이해해서 벽 뒤에 무엇이 있는지 본다는 식으로 이해하면, 그것은 외도(外道)의 신통이지 부처의 신통은 아닙니다.

외도는 경계를 분별해서 신통을 말하기 때문에 외도의 신통이에요. 부처의 신통은 그런 게 아니에요. 천안통이란 벽 뒤에 무엇이 있는지를 아는 게 아니고, 이 무한한 우주에 모르는 것이 없다는 말입니다. 그것은 뭐냐? 법을 보는 눈이 있다는 말입니다. 어떤 일이 일어나더라도 어디에서 전혀 모르는 일이 일어나더라도 이것을 벗어나는 일은 없거든요. 부처의 신통과 외도의 신통을 혼동하는 경우가 많이 있는데, 근본적으로 안목이 없으니까 그런 혼동을 일으킵니다. 법(法)과 세간(世間)의 모습을 혼동하는 경우가 굉장히 많습니다. 세간의 모습을 말하면 세속적인 말이 되는 것이고, 법을 말할 때는 전혀 다른 말이 됩니다.

어떤 경계가 나타나더라도 결코 붙잡아 취할 필요가 없고 두려워하지도 말고 의심할 필요도 없다…… 이것은 법이 분명하면 저절로 이렇게 되는 것이죠. 세간의 모습에서는 어떤 것은 취하고 어떤 것은 버리고, 어떤 것은 좋아하고 어떤 것은 싫어하고, 어떤 것은 안심이 되고 어떤 것은 두렵기도 하고, 차별이 생기는 거예요. 그것이 세간의 모습이죠. 세간에 그런 차별이 있더라도 법이 있는 사람에게는 그런 모든 차별이 차별이 아닙니다. 두려움이 일어나더라도 두려움이 없고, 좋아해도 좋아함이 아니고…… 법이 있는 사람은 두려움이나 좋아함 그런 것이 일어나더라도 거기에 사로잡히지는 않죠. 왜냐? 법이 있으니까요. 이것을 한번 확인하면 벗어나는 힘이 생기는 겁니다.

나의 마음은 본래 깨끗하니 어느 곳에 이와 같은 모습이 있겠느냐?

"마음이 깨끗하다" "청정 법신불"이라고 말을 하는데, 마음이 깨끗하다는 말도 세간적으로 이해하면 안 됩니다. 방 안이 아무 물건도 없이 깨끗하다, 때가 없고 먼지가 없다, 지저분한 게 없다…… 원래 깨끗하다는 말은 세간에서 그런 뜻으로 쓰지만, 마음이 깨끗하다는 것은 무엇이 없다는 것은 아니죠. 우리의 육식(六識)은 항상 왕성하게 활동을 하고 있습니다. 온갖 게 다 보이고 들리고 느껴지고 생각도 일어나고 온갖 일이 다 일어납니다. 온갖 일이 다 있는데도 이상하게 아무 일이 없어요. 이것은 자기가 경험해야 알 수 있지, 설명으로는 불가능한 겁니다. 온갖 일이 여전히 일어나고 있는데도 아무 일이 없어요.

그래서 깨끗하다고 하는 겁니다. 아무것도 없어서 깨끗한 게 아니에요. 온갖 것이 다 있는데 아무것도 없어요. 그래서 깨끗하다고 하는 겁니다. 법을 말할 때에는 항상 그렇게 불이법(不二法)을 말하죠.《반야심경》에 공(空)이라는 말은 무엇을 가지고 공(空)이라고 합니까? 색(色)을 가지고 공(空)이라고 하잖아요? 색즉시공(色卽是空)이잖아요? 색을 가리켜서 공이라고 하는 겁니다. 색이 없어서 공이라고 하는 것이 아닙니다. 그것을 착각하면 안 돼요. 세간의 사고방식으로 보면 색(色)이란 물질인데, "물질이 없는 허공" 이런 분별된 개념으로 이해가 되겠죠. 그러나 법을 말할 때는 색이 바로 공이에요. 색이 없는 게 공이 아니고, 색이 바로 공이다 이 말입니다. 색이 있는데 색이 없는 거예요. 이것이 불법(佛法)입니다. 이것은 법을 통달한 사람만이 할 수 있는 말입니다. 《반야심경》에 "눈도 없고, 귀도 없고, 코도 없고, 색깔도 없고, 소리도 없고, 맛도 없다"고 하잖아요? 없어서 없다고 한 게 아니에요. 그래서 묘법(妙法)이에요. 묘법이 바로 그런 겁니다.

  세간은 없으면 없고 있으면 있어서 두 개가 서로 다릅니다. 그것이 세간법이에요. 그러나 불법은 있는 게 없는 것이고 없는 게 있는 겁니다. 없음과 있음이 똑같은 겁니다. 다르지가 않아요. 그러니까 묘한 법이죠. 세간의 분별심으로는 절대 알 수가 없습니다. 반드시 여기에 한번 통해서 자기가 힘을 얻어야 알 수 있는 거예요. 지금까지와 똑같은 생활을 합니다. 밥도 먹고 물도 마시고 잠도 자고 일도 하고 볼 것 다 보고 들을 것 다 듣고 하나도 다를 것이 없지만, 아무 일이 없어요. 아무것도 없단 말예요. 아무 일이 없어요. 이해할 수 있는 게 아닙니다. 여기에 들어맞아서 한번 경험을 하면 저절로 자기 입에서 "어, 이상하네. 아무 일이 없네. 법이니 도니 아무것도 없네." 누가 시켜서가 아니고 저절로 그런 말이 나오게 됩니다. 이처럼 불법은 묘법이어서 알 수가 없어요. 오로지 체험만이 있고 경험할 수 있을 뿐이지, 머리로 이해할 수는 없습니다.

나아가 천룡, 야차, 귀신, 제석천, 범천 등의 모습에 대해서도 또한 마음을 써서 공경하거나 귀중하게 여기지도 말고 두려워하지도 마라.
나의 마음은 본래 텅 비고 고요하여 이 모든 모습은 전부 허망한 모습이니, 어떤 모습도 취하지 마라.

신중단(神衆壇)이라 해서 불상 옆에 천룡(하늘에 있는 용), 야차(귀신 종류), 귀신, 제석천, 범천, 산신령, 칠성신 등이 있어요. 인도의 신화에서 여러 신들을 불교 쪽으로 끌어들여 신령으로 만들었다고 하는데, 어쨌든 원시적인 신앙에서는 그런 신령을 모시잖아요? 그것은 전부 망상이에요. 마음이란 무궁무진한 상상력을 가지고 있으니까 그런 상상을 하죠. 그런데 문제는 그런 망상에 집착을 하면 그것이 현실처럼 여겨진다는 겁니다. 망상이 무서운 게 바로 그런 거예요. 그 망상에 말려들어서 거기에 빠져들면, 그게 현실처럼 여겨진단 말예요. 그래서 망상이 무서운 겁니다.

우리가 이 공부를 하다가 이것이 한번 딱 와닿으면, 이 세상에 진실하다고 할 수 있는 것은 단 하나도 없습니다. 아무것도 없어요. "이겁니다!"라고 하지만, 여기에 정해진 진실한 물건이 있어서 그렇게 말하는 게 아닙니다. 말로써 이해할 수가 없어요. "이겁니다!" 할 때, 이것이 한번 와닿으면 모든 것이 있는데 아무것도 없다고요. 진실도 아니고 허깨비도 아니에요. 뭐라고 말할 수가 없어요. 진실하다고 한다면 그것은 방편으로 하는 말이고, 허망하다고 해도 역시 방편의 말이지요.

사실은 진실도 아니고 허깨비도 아니죠. 뭐라고 할 수가 없어요. 그저 변함없이 또랑또랑할 뿐인 겁니다. 변함없이 (손가락을 흔들며) 이것 하나가 명백할 뿐인 겁니다. 이것이 분명하면 상대가 없어요. 상대가 없다는 것은 부처가 따로 있거나 귀신이 따로 있거나 제석천이 따로 있지 않다는 말입니다. 상대가 없어요. 어떤 일이 있더라도, 전부 안팎이 없고, 주관도 아니고 객관도 아니고, 그냥 이 하나의 일입니다. 이것은 주관도 아니고 객관도 아니고, 안도 아니고 밖도 아니고, 상대가 없어요. 어떤 일이 일어나더라도 단지 이것 하나뿐이에요.

이것은 모든 사람에게 다 있습니다. 사실 이런저런 말이 필요가 없어요. 자기의 살림살이가 한 번만 확인되면, 지금 이런 말씀들은 다 쓸데없는 말이에요. 자기 살림살이가 한 번만 확인되면, "이것뿐이구나!" 하고 저절로 자기 입으로 말할 수 있고, 모든 것이 밝아지게 됩니다. 자기의 존재이고, 자기의 진실이고, 자기 스스로의 근본이고, 실제이고, 실상이지요. 모든 사람에게 이 일이 있을 뿐이에요. 이것을 한번 확인해 보라고 하는 것이지, 말을 듣고 상상하고 이해하라고 하는 게 아닙니다. (법상을 두드리며) 이것! 각자의 살림살이를 한번 확인해 보시라 이겁니다. 법은 살아 있는 전기와 같아요. 전기는 눈에 보이지 않으나 손으로 만지면 찌릿 하고 확인되는 게 있잖아요? 그처럼 이 법이 딱 하고 한번 와닿아야 해요. 이해하라는 게 아니에요. 이해할 것은 아무것도 없어요. (손을 높이 들며) 이것이 한번 와닿아라 이겁니다! 이거예요. 이것이 모든 사람의 살림살이예요. 이해를 하라는 게 절대 아닙니다. (법상을 두드리며) 자기 살림살이를 각자가 한번 확인해 보시라고, 실제 체험을 하시라고, 경험을 하시라고 하는 겁니다.

불교는 경험일 뿐입니다. 알 것은 없어요. 오로지 경험일 뿐이고, 체험이고, 자기의 진실이고, 실제입니다. 실제상황이란 말입니다. 어떤 가상적이고 연극적인 그런 상황도 아니고 환상도 아닌 실제 상황이에요. 진실이에요, 진실!

"부처가 뭡니까?"
(법상을 두드리며) "똑! 똑! 똑!"

"도가 뭡니까?"
(법상을 두드리며) "똑! 똑! 똑!"

"깨달음이 뭡니까?"
(법상을 두드리며) "똑! 똑! 똑!"

실제 상황이에요, 실제 상황. (손가락을 들며) 이것이니까요. 물론 쉽게 와닿지는 않지만 꾸준히 듣고 또 듣고 하다 보면 와닿는 때가 있습니다. 반드시 이것이 와닿아야 합니다. 와닿아야 진짜배기지, 그 전에는 그냥 들은 말에 불과한 거죠. 한 번만 와닿으면 즉시 자기의 살림살이입니다. 그런 말을 하잖아요? 한발 떼어서 바로 여래의 지위로 들어간다고…… 그런 일이 벌어집니다.

나의 마음은 본래 텅 비고 고요하여 이 모든 모습은 전부 허망한 모습이니, 어떤 모습도 취하지 마라. 만약 부처라는 견해, 법이라는 견해를 내고 부처라는 모습, 보살이라는 모습을 내어서 공경하고 귀중하게 여긴다면 자기 스스로가 중생의 지위 속으로 떨어지는 것이다.

'부처님이 저기 계신다'는 것도 자기가 하는 분별이고, '나는 중생이다' 하는 것도 자기가 하는 분별인데, 자기가 만든 망상에 자기가 말려들어서 부처는 저기 있고 나는 중생이고 이런단 말예요. 자기 생각에 자기가 속는 거예요. 중생은 항상 그렇습니다. 자기가 일으킨 망상에 자기가 속아요. 그게 중생입니다. 이것이 분명하면 망상도 없고 실상도 없어요. 항상 똑같아요. 어떤 일이 일어나더라도 망상이 따로 있고 실상이 따로 있는 게 아닙니다. 언제나 똑같이 이 하나일 뿐입니다. 어떤 일이 일어나더라도 아무 일이 없습니다. 한결같이 이 하나인 겁니다. (손가락을 들며) 이것 하나만 확인되면 즉시 온갖 망상이 다 쉬어지고 아무 일이 없어요. 저절로 아무 일이 없어요. 공부라는 생각도 안 들고, 부처라는 생각도 안 들고, 뭘 어떻게 해야겠다는 욕구도 안 생기고, 즉시 쉬어져서 아무 일이 없고, 저절로 모든 일이 다 똑같은 일이라는 것이 밝혀져요.

그래서 돈오(頓悟), 즉시 깨달아서 제자리를 찾는다고 말할 수 있는 겁니다. 수행을 해서 하나하나 갈고닦아서 밝혀 가는 게 아닙니다. 수행은 필요 없어요. 공부는 망상이라는 꿈속에 있는 사람을 흔들어 깨우는 겁니다. 잠을 깨면 되는 거예요. 수행할 것은 없습니다. 수행이라는 것은 갈고닦아야 하는 것이죠. 운동선수들처럼 매일 똑같은 훈련을 반복해서 어떤 기능을 넓히는 그런 것과 같은 거예요. 운동선수들은 수행을 한다고 말할 수 있지만, 자기의 본래면목을 깨닫는 것은 그런 것이 아니에요. 훈련을 통해서 익히는 것은 아니거든요. 모든 사람은 이 마음을 날 때부터 죽을 때까지 조금의 문제도 없이 완전히 갖추고 있습니다. 다만 스스로 망상을 하고 착각을 하고 환상 속에 빠져 있는 그것이 문제인 겁니다. 그래서 자는 사람을 깨우듯이 착각과 환상에서 한번 깨우려고 하는 것입니다. (손가락을 흔들며) 이것뿐이에요!

어떤 사람들은 정신세계라는 게 엄청난 위력을 가지고 있어서, 이 우주 속에 우리가 알 수 없는 신비스러운 힘도 있고 사악한 것도 있고 선(善)한 것도 있다고 생각해서, 정신세계를 두려워하는 사람도 있습니다. 자기가 알 수 없는 신비스러운 일이 벌어져서 어떻게 되지나 않을까 하는 사람들이죠. 망상이 심해지면 그렇게 되는 겁니다. 그것이 더 심해지면 정신병이 되는 거죠. 마음이란 허공과 같다고 말하듯이, 아무런 신비스러울 것도 없고 두려워할 것도 없어요. 소설이나 만화책에서는 정신세계 속에 악의 무리가 있고 선의 무리가 있고 해서 신비스러운 무엇이 있는 것처럼 그림을 그리는

데, 실제로 이 정신세계의 비밀이 밝혀지면 아무것도 없어요. 이런 저런 게 없어요. 왜냐? 모든 일은 인연 따라 나타나거나 자기 뜻대로 되는 거예요. 아무런 특별한 것이 없어요.

왜 이런 말을 하냐 하면, 옛날 유명한 대학을 나오고 불교를 오랫동안 공부하고 믿었던 분인데, 어느 무당 기질이 있는 보살이 점도 쳐 주고 사람의 생각을 뚫어 보고 다루는 데 능수능란했나 봐요. 그래서 그 보살이 신비스러운 힘이 있다고 믿고 이분이 그 보살을 상당히 두려워하는 모습을 보이더라고요. 그래서 그런 사람은 만나지 말고 바른 공부를 하라고 했더니, 자기도 그렇게 하고 싶은데 이쪽으로 와서 공부를 하면 자기에게 해코지를 할까 봐 두렵다는 거예요. 그래서 좀 심하게 꾸짖었습니다. 자기 살림살이를 가지고 스스로 숨 쉬고 밥 먹고 말하고 걸어 다니고 하지 누구의 힘으로 하고 있느냐고, 뭘 두려워하고 있느냐고 했더니, 그래도 자기를 꿰뚫어 보고 있는데 어떻게 하지 않을까 두렵다고 망상을 하더라고요. 우리의 망상이 그렇게까지 심합니다. 그래도 계속 찾아오고 해서, 지적을 하고 나무랐더니 나중에는 결국 해결이 되어서 원래 아무 일이 없는데 망상 속에 살았구나 하고 알게 됐어요.

이 망상세계라는 게 끝도 없고 묘해요. 아무 일이 없는 거예요. 그런 두려워할 정신세계는 없어요. 마음은 깨끗하다고 했잖아요? 허공과 같고 아무 일이 없어요. 이것만 분명하면 모든 것에 아무것도 없어요. 모든 일은 이렇게 분명한 것인데, 여기에 정신세계가 어디 있어요? 그런 것은 없습니다. 전부 자기가 만들어 놓은 망상인 거예요. 그러한 사람들은 이런 말도 해요. 어느 산 바위 밑이 기도가 잘 되고 기(氣)가 세다고 하더라고요. 그래서 정말 그런 것이 있는지 가 봤더니, 아무렇지도 않은데 자기들만 난리를 치더라고요. 그것은 당 신들 생각이지 난 아무렇지도 않다고 했죠. 다 자기가 만들어 놓은 환상이고 망상입니다. 아무 그런 게 없습니다. 이것만 분명하면 온 우주, 온 세상이 손아귀 속에 딱 들어와요. 그런 것에 끄달리고 구속 되고 사로잡히고 할 게 없어요. 아무런 그런 게 없고 이것뿐입니다.

그래서 대자유예요. 대자유! 수처작주(隨處作主)입니다. 어디서 든 주인 노릇을 하죠. 이 일 하나뿐이에요. 우리의 망상세계라는 것 이 상당히 두려움도 주고 뭔가 알 수 없는 그런 일들이 있는 것 같 은데, 실제 전혀 그런 것은 없습니다. 아주 명백한 것이고 아무 일이 없습니다. 이렇게 분명하고 확실한 겁니다. 이런 말 저런 말을 할 게 아무것도 없습니다. 그냥 이 일 하나뿐입니다. 이 일 하나뿐! (법상을 두드리며) 이 일 하나뿐! 결국 모든 것은 자기가 만들어 낸 망상일 뿐 입니다. 남 탓할 필요 없이 모두 자기가 만들어 낸 망상이에요. 이것 하나예요. 이것 하나. 이것만 분명하면 아무 일이 없고, 이러쿵저러 쿵할 게 아무것도 없습니다. (법상을 두드리며) 이것 하나뿐이에요!

딱! 딱! 딱! (죽비 소리)

23.
진실로 깨닫고자 한다면

달마혈맥론 스물세 번째 시간입니다.

만약 진실로 깨닫고자 한다면 다만 어떤 모습도 취(取)하지 않으면 될 뿐, 달리 할 말은 없다. 그러므로 경(經)에서 말하기를 모든 모습들은 전부 허망하다고 하였으니 정해진 실체는 전혀 없는 것이다.

환상에는 정해진 모습이 없으니 이것이 곧 무상한 법(法)이다. 단지 모습을 취(取)하지 않기만 하면 저 성인의 뜻과 합(合)할 것이다. 그러므로 경(經)에서 말하기를 모든 모습을 떠나면 모든 부처라고 일컫는다고 하는 것이다.

만약 진실로 깨닫고자 한다면 다만 어떤 모습도 취(取)하지 않으면 될 뿐, 달리 할 말은 없다……
"도(道)가 뭐냐?"
(손가락을 들며) "이겁니다!"
여기서 뭔가를 헤아리거나 분별하거나 알거나 하면 안 됩니다.
"도가 뭐냐?"
"이겁니다!"
여기서 한번 체험이 오면 "이것이 도(道)다" 하는 무엇이 있는 게 아니고, 다만 온 천지가 하나예요. 말하자면 이 우주가 살아난다고 해야 하나, 자기의 일이라고 해야 하나, 전부가 이 하나의 일이거든요. 실제로 할 얘기가 있는 것이 아니고, 지금 이것이잖아요? 지금 이것 외에 또 뭐가 있습니까?

자기 살림살이가 있는 사람이라면 도(道)나 법(法)이나 깨달음이 있는 것이 아니고, 언제든지 무슨 말을 하고 뭘 보고 듣고 느끼고 하든지 간에 다 똑같은 일입니다. 이 하나의 일인 겁니다. 삼라만상이 다 똑같아요. 단지 지금 이것뿐인 거죠. "이것이다" 해서 이것이 있는 것이 아니고 어쩔 수 없이 "이것이다" 하는 것이니, "아무것도 없다" "아무 일이 없다"고 말할 수도 있습니다. 아무것도 없고 아무 일도 없다고 말할 수가 있단 말이죠. 그러면서도 또한 그렇게만 말해서는 안 되고, 바로 "이겁니다" 하고 똑같이 말할 수가 있는 겁니다.

이것은 없다고 해도 안 되고 있다고 해도 안 됩니다. 왜냐하면 없다고 하는 것도 하나의 분별이고, 있다고 하는 것도 하나의 분별이기 때문입니다. 그래서 이것을 말할 때는 언제나 모든 것이 다 있는데, 보이고 들리고 생각하고 말하고 행동하고 다 하는데 아무것도 없다고, 이렇게 있음과 없음을 나누지 않고 말할 수밖에 없습니다. 있음과 없음을 나누어서 있다거나 없다거나 한쪽만 말하면 그것은 분별입니다. 그래서 항상 도(道)를 말할 때는 "색(色)이 공(空)이고 공(空)이 색(色)이다"라고 하지, "공(空)이다" "색(色)이다" 이렇게 하나만을 말하진 않습니다.

"고요함이 시끄러움이고, 시끄러움이 고요함이다" 이런 식으로 말하지, 고요하기만 하다고 한쪽만 말하지 않아요. 하여튼 이것이 한번 와닿아야 합니다. 어떤 말을 해야 적당한 말인가는 문제가 아니죠. 말은 어차피 표현이기 때문에 표현은 두 번째 문제죠. 실제가 첫째니까, 어떻게 표현하느냐는 중요한 게 아닙니다.

"도가 뭐냐?" "이것이다!" 여기에서 자기 살림살이가 확인이 되어야 하는 거죠. 이 살림살이를 굳이 표현하자면 "있기도 하고 없기도 하다" "시끄럽기도 하고 고요하기도 하다" "공(空)이 곧 색(色)이다" 이렇게 표현을 하지만, 표현은 중요한 게 아니고 실제 자기 살림살이가 있느냐가 문제입니다.

이 법(法)은 "법(法)이 뭐냐?"라고 묻는 것부터가 벌써 잘못됐어요. "법(法)이 뭐냐?"가 바로 이것이거든요. 이 일이고 이 자리기 때문에 법이 있다 해도 안 맞고 없다 해도 안 맞습니다. 그냥 이것이고 이 일이란 말예요. "이겁니다!" 하면 어쨌든 자기 살림살이가 확인이 되어야 합니다. 이것밖에 없어요. 생각으로 분별하고 이름을 따라 헤아리면 이런 게 있고 저런 게 있다고 여러 가지 망상을 하게 되지만, 이 진실은 여러 가지가 없습니다. 이런 일 저런 일이 없어요. 하여튼 이 하나, 지금 이 자리고 이 일 하나입니다. 생각에서 한번 벗어나서 자기 살림살이를 확인해 봐야 이 속의 사람이 됩니다. 이 법(法) 속의 사람이 된다고 할 수 있습니다. 생각과 말이 우리를 사로잡고 있는 망상이고 마귀입니다. 생각과 말에서 벗어나지 못하면 해결책이 없어요. 마귀가 따로 있는 것이 아니라 자기의 생각이 마귀예요. 자기의 의식이 마귀예요. 이것이 한번 와닿아야 그런 일들이 사라지고 아무 일이 없습니다.

만약 진실로 깨닫고자 한다면 다만 어떤 모습도 취(取)하지 않으면 될 뿐, 달리 할 말은 없다.

어떤 모습도 취하지 않는다는 것은 "어떠한 분별도 하지 않는다" "어디에도 머물지 않는다" "그 무엇도 알고 있지 않다" 이렇게 말할 수 있어요. 어떤 모습도 취하지 않는다는 것은 어떤 식으로도 알고 있지 않다는 겁니다. 법은 아는 것과 아무 상관이 없습니다. 알고 모르고의 문제가 아니라는 말입니다. 이것은 알고 모르고의 문제가 전혀 아니에요. 안다 모른다는 것은 세속적인 일이고, 법은 안다 모른다의 문제가 아닙니다. 안다 할 때도 이것이고, 모른다 할 때도 이것이에요. 똑같은 일이에요. 이것은 안다 모른다, 있다 없다, 이런 식의 분별과는 관계가 없습니다. 이렇게 분별하든 저렇게 분별하든, 어둡든 밝든, 아무 상관이 없어요. 이것뿐이거든요. 이것이 안다 하기도 하고 모른다 하기도 하고, 어둡다 하기도 하고 밝다 하기도 하고, 온갖 말과 생각을 하는 겁니다. (법상을 두드리며) 이 일 하나뿐이에요.

이 일이 밝아지고 여기에 통달되어 온갖 망상이 쉬어지면 아무 일이 없어요. 도(道)가 있고 법(法)이 있는 것이 아니라 아무 일이 없습니다. "만약 진실로 깨닫고자 한다면 다만 어떤 모습도 취(取)하지 않으면 될 뿐이다"는 것은 그 무엇도 알고 있는 것이 없고, 어디에도 머물러 있지 않고, 어떤 무엇도 가지고 있는 게 없다는 거죠. "이겁니다" 하면 뭔가를 가리키고 있는 것 같지만, 가리키고 있는 대상이나 분별할 수 있는 대상은 없습니다. 정해져 있는 대상이 없어요. "이겁니다!"는 온 우주를 빠짐없이 다 가리키고 있다고 할 수 있고, 어느 하나를 지정하고 분별해서 가리키는 것은 아닙니다. 그러나 이렇게 분명하고, 명백하고, 살아 있고, 확실하니까, "이겁니다!" 하는 것이죠. 이것은 분별되는 게 아니기 때문에 어떻게 설명해 줄 수도 없고 이해할 수도 없어요. 오로지 자기가 직접 체험해 볼 수밖에 없습니다. 그 외에는 전혀 길이 없는 겁니다.

이 공부 하는 사람은 무엇을 알려고 하면 안 됩니다. 알려고 하는 것은 전혀 도움이 되지 않습니다. 스스로 체험과 체득을 하여 저절로 밝아져야 하고 분명해져야 하는 겁니다. 그것뿐입니다. 아주 단순한 거예요. "이것입니다!" "이 일입니다!" 이렇게 가리키지 않고, "잣나무" "똥막대기" "차 마셔라" "밥 먹었냐?"라고 해도 가리키는 것은 모두 똑같습니다. 손가락을 세우고, 법상을 치고, 죽비를 휘둘러도, 가리키는 것은 똑같아요. 어떤 말을 하고 어떤 행동을 하더라도 법(法)은 이것뿐이니까요. 진실은 이것뿐이니까 가리키는 것은 똑같습니다. 이것 하나를 가리켜 드리는 것이고, 이것을 확인시켜 드리는 것이죠.

어쨌든 이것을 한번 확인해야 하는 겁니다. 이것 외에는 아무것도 없습니다. 팔만대장경이 복잡하게 말을 하고 있지만 모두가 이것을 가리켜 주기 위한 방편의 말일 뿐입니다. 복잡한 법이 있는 것이 아니에요. 이것이 바로 자기 살림살이고, 본질, 존재, 우주의 실상이라고 할 수 있는 겁니다. 그런 말들은 우리가 만들어 낸 말들이고, 사실 이 진실 자체는 이름이 있는 게 아니고 개념이 있는 것도 아니어서 말할 게 없죠. (손가락을 흔들며) "이겁니다!" 이렇게 가리켜 드릴 수밖에 없는 거죠.

이것이 한번 와닿을 때까지 듣고 또 듣고 관심을 가지고 또 가지고 계속 그렇게 하다 보면 자기도 모르는 사이에 이것이 한번 와닿아요. 와닿고 체험이 되면 그때는 자기가 알죠. 자기 내면에 변화가 생기니까요. 내면에 마음의 변화가 생겨야 하는 겁니다. 그것을 체득이라고 하죠. 아는 것은 우리를 변화시키지 못합니다. 세속에서 그런 경우를 많이 보잖아요? 당연히 이렇게 해야 되는 것을 알면서도 딴 짓을 하는 경우가 많죠. 아는 것은 힘이 없어요. 우리 내면을 변화시킬 수가 없어요. 아는 것이 아니고 반드시 한번 체험을 해야 자기도 이해할 수 없는 변화가 내면에서 일어나고, 그럴 때 이 진실을 맛볼 수 있는 것이고 확인이 되는 것이죠. 그래서 이것은 불가사의하다고 하죠. 불가사의란 생각으로 알 수는 없지만 체험은 할 수 있다는 말입니다. 불가사의란 그런 말이에요. 생각으로는 알 수 없으나 직접 체험해 볼 수 있고 확인할 수 있습니다. 그러면 이것 하나뿐이에요. 아무 다른 일이 없습니다.

진실로 깨닫고자 한다면 다만 어떤 모습도 취(取)하지 않으면 될 뿐, 달리 할 말은 없다…… 깨달음이란 아무 다른 일이 없는 거예요. 깨달음은 문득 통 밑이 쑥 빠지듯이 확 통해서 새로운 내면에서 살게 되는 겁니다. 지금까지와는 다른 새로운 삶을 살게 되는데, 아무 일이 없고 차분히 가라앉아서 온갖 망상이 더 이상 괴롭히지를 않습니다. 언제든지 망상이 생기려고 할 때에, '이것뿐인데……' 하면 아무 일이 없지요. 이런 힘을 얻게 되면 그냥 이것뿐인 겁니다. 이 속에 살면 몸은 세속에서 살지만 내면에는 아무것도 없어요. 삶이니 죽음이니, 좋으니 나쁘니, 이런저런 일이 없이 허공처럼 가볍다고 할 수 있습니다. 아무 일이 없습니다. 자기 살림살이라고 하는 생기가 있어요. 삶의 참된 맛을 느낀다고 해야 하나? 세속에서 아무 일이 없으면 지겹잖아요? 지겹고 침체되고 가라앉지요. 무슨 일을 하다가 갑자기 아무 일이 없으면 사람이 그렇게 되거든요. 그러나 이 아무 일 없음은 늘 생기발랄하고 즐거워요. 아무 일이 없는데도 그렇습니다. 그래서 자기 살림살이라고 할 수가 있어요. 참된 삶을 맛본다고 할 수 있는 겁니다. 아무 일이 없다는 것은 부정적인 뜻이 아닙니다.

그냥 이것뿐이에요. 깨달음에도 해탈에도 열반에도, 그 무엇에도 걸릴 일이 없고 얽매이지 않고 가로막히지 않습니다.

다만 어떤 모습도 취(取)하지 않으면 될 뿐, 달리 할 말은 없다. 그러므로 경(經)에서 말하기를 "모든 모습들은 전부 허망하다"고 하였으니 정해진 실체는 전혀 없는 것이다.

무릇 모습 있는 것은 전부 허망하다는 말은 《금강경》에 나오죠. "범소유상(凡所有相) 개시허망(皆是虛妄)." 우리가 모습으로 분별하고 이해하고 알고 하는 것들은 지나가는 것들이죠. 허망하다는 것은 곧 무상하게 지나가는 거예요. 경계라고 이름을 붙이는 것인데, 경계란 보이는 것, 들리는 것, 느낌, 생각, 감정, 기분, 모두가 경계라고 불리는 분별인 겁니다. 어떤 색깔이나 모습이나 소리, 무슨 말, 어떤 생각, 어떤 기분, 어떤 감정, 모두가 분별입니다. 그런 분별을 경계라고 이름 붙이는데, 그런 것들은 모두 지나가는 것들이죠. 고정된 실체가 없어요. 지나가지 않고 변함이 없는 것은 오직 이것 하나밖에 없어요. 그러나 이것은 어떤 모습을 가지고 있지 않아요. 지나가지 않고 변함이 없는 것은 이 일 하나이고, 이것은 아무 모습이 없죠. 반드시 이것에 확실하게 통하고 들어맞아서 이것만이 진실해져야 해요. 이것이 통하면 저절로 그렇게 됩니다. 그냥 이것뿐이에요. 자기 입에서 저절로 그런 말이 나오게 되죠. 여타 일들은 왔다 갔다 하는 것이기 때문에 그런 일들은 아무 상관이 없고 사로잡힐 게 없습니다.

이 법은 의심이 생길 수 없이 분명한 겁니다. 의심이 생길 수 없이 분명하다고 하는 것은, 예컨대 목욕탕에서 갑자기 뜨거운 물에 들어가 몸에 열기를 느낄 때, '이것이 진짜 뜨거운 게 맞나?' 하는 의심이 생기질 않잖아요? 뜨거워 견디기 어려운데 그런 의심이 어떻게 생기겠어요? 그런 것처럼 이것이 이렇게 명백하니, 의심이 생길 수가 없어요. 이것이 분명해지면 저절로 '진실한 것은 이것밖에 없구나. 나머지는 다 지나가는 일이구나' 하고 알게 됩니다.

그렇지만 경계가 없다는 것은 아닙니다. 우리의 육식(六識)·칠식(七識)·팔식(八識)이 항상 활동하고 있기 때문에 온갖 경계가 나타납니다. 보이는 것도 온갖 게 보이고, 느낌, 생각, 감정, 기분, 온갖 일이 일어나죠. 일어나지만 그것은 그냥 허망하게 지나가 버리기 때문에 거기에 매이지 않아요. 일어나는 듯하다가 사라져 버려요. 진실로 변함없는 것은 (손가락을 들며) 이것뿐이에요. (법상을 두드리며) 이것이 분명해야 일이 없는 겁니다. 세간(世間) 속에 살면서도 출세간(出世間) 속의 삶을 살 수가 있습니다. 이것이 분명해야 세간 속에 살면서도 세간에서 벗어난 삶을 살 수가 있다고요. 삶과 죽음 속에서도 삶과 죽음을 벗어나 있다고 할 수가 있는 거예요. (손을 흔들며) 이 하나예요!

이렇게 가리켜 드리고 공유하는 겁니다. 왜냐? 모든 사람에게 다 똑같이 이것 하나뿐이거든요. 사람마다 색깔이 다르고 크기가 다르고 모양이 다르면 그것은 제각각의 경계죠. 이 마음을 허공이라고 표현하는 이유가, 허공은 어디를 가든지 똑같기 때문입니다. 어떤 무엇이 있다면 제각각 다르겠지만, 아무것도 없는데 다를 게 뭐가 있겠습니까? 어떤 물건이 있으면 제각각 다르겠지만, 한 물건도 없는데 뭐가 다르겠습니까? 그러므로 이것이 진실로 통하면, 서로 말을 해 보면 공감대가 형성이 돼요. 공감이 되죠. 공유가 되니까요. 그냥 이것뿐인 겁니다. 다른 게 없어요.

그러므로 경(經)에서 말하기를 "모든 모습들은 전부 허망하다"고 하였으니 정해진 실체는 전혀 없는 것이다.

모든 경계는 지나가는 물거품 같고 이슬 같고 번개 같다고 하잖아요? 또 뭐라 합니까? "만법(萬法)에는 자성(自性)이 없다"고 하죠. 자성이란 그것만의 고유한 실체라는 뜻이거든요. "만법의 자성을 깨달으면 그 자성은 이 하나의 진실이다"라고 하기도 합니다. 자성은 법성(法性)이라는 말과 같은 뜻으로 쓰입니다. 법성이란 이 하나의 진실을 가리키는 말입니다. "법성은 곧 불이법(不二法)이다"라고 말하죠? 모두 방편으로 하는 말들이니까 굳이 말을 알 필요는 없지만, 그래도 말을 듣고 '이런 말인가? 저런 말인가?' 하고 헷갈리기보다는 제대로 알면 좋지 않습니까? 사실 방편의 말에 통달하는 것도 쉬운 일이 아니에요. 방편의 말을 많이 보고 안목을 갖춰야 하죠. 법을 가리키는 말은 전부 방편의 말입니다. 그런 면에서 세속의 말과는 다릅니다. 언어학 하는 사람들은 방편의 언어를 잘 모를 거예요. 보통 언어란 기호잖아요? 뭔가를 지시하는 기호죠. 방편의 말은 뭔가를 가리키는 기호가 아닙니다. 그것이 방편의 말이에요.

"도(道)가 뭐냐?" "뜰 앞의 잣나무!" 뜰 앞의 잣나무가 도를 가리키는 기호가 아닙니다. "뜰 앞의 잣나무"라는 말을 듣고 문득 분별을 벗어나는 체험을 하면 그만입니다. 도라는 말 자체가 가짜 이름이에요. 도라는 이름이 가리키는 그런 대상은 없어요. 따로 없다고요. "뜰 앞의 잣나무!"라는 것은 우리를 일깨우는, 마치 자고 있는 아이에게 "일어나!"라고 하는 것과 똑같은 겁니다. "일어나!"라고 해도 되고, "뜰 앞의 잣나무!"라고 해도 일어나거든요. "뜰 앞의 잣나무!"라고 해도 일어날 것 아닙니까? 시끄러우니까요. 방편의 말이란 그런 겁니다. 잠을 깨우는 말이지, 뭘 가리키는 기호도 아니고 무슨 의미가 있는 말도 아닙니다.

사실 세속적인 언어에는 방편의 언어란 없다고 봐야죠. 방편의 말이란 오직 이 공부 속에서 할 수 있는 말이죠. 자고 있는 아이에게 귀에다 대고 "뜰 앞의 잣나무!"라고 해 보세요. 틀림없이 일어날 거예요. 물론 마음의 눈을 떠야 하는데, 그것은 자기가 마음의 눈을 뜨고자 하는 발심을 해야 가능합니다. 육체가 잠자고 있는 것은 어떻게 해서라도 쉽게 깨울 수 있지만, 마음의 눈은 자기가 정말 마음의 눈을 뜨고자 발심하지 않으면 아무리 시끄럽게 말을 해도 깨지가 않아요. 그것이 다르죠. 그래서 발심한 사람에게만 방편의 말은 효과가 있어요. 아무 관심도 없는 사람에게 방편을 쓰면 오해를 합니다. 자기와 아무 관계 없는 엉뚱한 말처럼 들릴 테니까요.

그러므로 경(經)에서 말하기를 "모든 모습들은 전부 허망하다"고 하였으니 정해진 실체는 전혀 없는 것이다······ "이겁니다!" 할 때 스스로 확인이 되면 이것은 이렇게 분명하지만, 어떤 것도 정해진 것은 없습니다. 그렇기 때문에 이것은 항상 새롭습니다. 항상 새로우면서도 또한 항상 똑같아요. 세속에는 그런 물건이 없습니다. 늘 똑같은 것은 똑같고, 새로운 것은 새롭고, 둘 중의 하나지, 새로우면서도 똑같다는 것은 없어요, 세속에는. 그러나 이것은 늘 새로워요. 고정되어 있는 것은 없으니까요. 늘 새로우면서도 또한 항상 똑같아요. 늘 이것이죠. 다른 게 없습니다. 이 도(道)라는 것은 세속적으로 분별되는 그런 게 아니고, 이것은 한번 직접 체험해 봐야 하는 겁니다.

환상에는 정해진 모습이 없으니 이것이 곧 무상한 법(法)이다.

매 순간 눈에 보이는 것도 바뀌고 귀에 들리는 것도 바뀌고, 계속 변화를 하죠. 생각도 변화하고, 기분, 느낌도 순간순간 변화하니까 정해진 것은 없습니다. 그런데 사실 이런 말을 굳이 할 필요는 없어요. 정해진 모습이 있든 없든 그런 게 뭐 중요합니까? 무상하다고 말하지만, 무상하다고 말할 수 없는 이것을 한번 확인해 봤을 때에 비로소 세속일이 다 무상함을 알지, 그전에는 알 수가 없어요.

불법에 삼법인(三法印)이라고 있죠. 제행무상(諸行無常), 제법무아(諸法無我), 일체개고(一切皆苦)라 하죠. 고(苦)도 아니고 무상(無常)하지 않은 이것을 확인해 봐야 '세속의 일이란 다 허망하고 힘들고 좋지 못한 것이구나'라고 알죠. 이것을 확인하기 전에는 세속에도 좋은 것이 많고 영원한 것도 있어요. 다들 그렇게 생각을 하죠. 이것을 확인해 봐야 비로소 '세속엔 좋은 게 없고 영원한 것도 없구나' 하고 알게 되죠. 이처럼 이 공부에 대한 말들은 이것을 직접 확인해 봤을 때 알 수 있고 이해될 수 있습니다. 불교를 처음 공부할 때 제행무

상, 제법무아, 일체개고라고 머리로 외우기는 해도, 실감이 안 되죠. 부처님 말씀이라고 하니까 믿기는 하는데 정말로 그런지는 모른다고요. 그런 말들이 얼마나 진실한지 알고 싶으면 자기 살림살이를 확인해 보면 돼요. 부처님과 같은 깨달음을 얻어 보면 된다니까요.

 이 자리에 들어와서 자기 살림살이를 확인하고 이 입장에서 보면, 지금까지의 삶이란 완전히 허깨비의 삶이고 아무 의미가 없고 힘든 삶이고, 늘 밖에서 엉뚱한 곳을 헤매 다녔던 그런 삶을 살았던 것을 알죠. 이것이 본래 나의 삶인데, 그래서 어떤 경우에는 아주 어렸을 때 이런 삶을 살았던 것 같은 느낌이 들기도 하죠. 아주 어려서 이 세상을 몰랐을 때는 이 속의 삶을 살지 않았을까 하는 느낌이 들기도 해요. 물론 느낌이 그렇다는 것이고, 실제 어린아이를 만나 보면 서너 살 먹은 아이도 벌써 망상을 부리죠. 그런 게 보여요. 어리다고 해서 이 속의 삶을 사는 것은 아닙니다. 어쨌든 자기가 이것을 확인해 봐야 합니다. 그렇게 되면 저절로 부처님의 말씀이 헛된 말씀이 아니구나 하고 납득이 되죠.

환상에는 정해진 모습이 없으니 이것이 곧 무상한 법(法)이다. 단지 모습을 취(取)하지 않기만 하면 저 성인의 뜻과 합(合)할 것이다.

 분별에 사로잡히거나 머물지 않으면 성인, 즉 부처가 된다는 말이죠. 모습을 취하지 않으면…… 말로는 이렇게 하지만, 실제로 모습을 취하지 않는다고 하는 것을 헤아려서 알 수는 없습니다. 그냥 여기에만 통하면 모습을 헤아려도 모습을 헤아리는 것이 아닙니다. 모습을 취하는 게 아니에요. 하늘을 보고 하늘이라 하고, 땅을 보고 땅이라 하고, 시계를 보고 시계라 하고, 사람을 보고 사람이라 한다고 해서 거기에 사로잡히지도 않고 그것을 취하는 것도 아니고 그냥 아무 일이 없어요. 모습을 취하지 않는다고 하는 것은 산을 보고 산이라 하지 않고, 강을 보고 강이라 하지 않는다는 게 아닙니다. 산을 보고 산이라 하고 강을 보고 강이라 해도 모습이 있는 것이 아니고 그냥 (손가락을 흔들며) 이것뿐이에요! 산의 모습이 진실하고 강의 모습이 진실한 게 아니고, 이 하나가 진실할 뿐인 겁니다.

그렇지만 산을 보고 산이라 하고 강을 보고 강이라 해야지, 강을 보고 산이라 하고 산을 보고 강이라 할 겁니까? 그렇게 되면 약속을 어기게 되잖아요? 하늘을 보고 하늘이라 해도, 하늘이 진실한 것이 아니고 그냥 이 일이죠. 여기서 하늘이라고 하는 것이고 여기서 하늘을 보는 것이죠. 하여튼 다 이 일입니다. 강을 보고 강이라 하는 것도 이 일이에요.

그래서 이런 말도 하는 겁니다. "지인(도인)은 물속에 들어가도 물에 빠지지 않고, 흙 속에 들어가도 흙에 파묻히지 않고, 불 속에 들어가도 불에 타지 않는다." 몸이 그렇다는 것이 아니고, 흙이나 물이나 불이라는 경계에 사로잡히지 않는다는 말입니다. 거기에 끄달리지 않는 마음을 말하는 겁니다.

법이란 항상 마음을 말하는 것이고, 몸을 말하는 것이 아닙니다.

533

몸을 말하는 걸로 착각하면 부처님 말씀은 전부 거짓말이 되어 버려요. 불생불멸(不生不滅)이라 했는데, 어떻게 몸이 불생불멸 합니까? 법은 마음을 말하는 것이에요. 몸을 얘기하는 걸로 오해하면, 전부 거짓말이 돼요. 석가모니 부처님도 여든에 설사병에 걸려서 죽었잖아요? 상한 음식을 먹고 설사병에 걸렸죠. 요즘 같으면 식중독이죠. 그렇듯 몸은 죽는 거예요. 그러나 부처님이 깨달은 법은 애초에 생겨난 적도 없고 사라지지도 않고 항상 지금 이것이죠. 그래서 부처님의 영취산 설법이 영원하다, 끝나지 않는다, 항상 설법은 진행되고 있다고 하는 겁니다. 하여튼 (손을 흔들며) 이것입니다! 어떤 모습이 있거나 다른 일이 있는 것이 아니고, 단지 이 하나의 일입니다.

단지 모습을 취(取)하지 않기만 하면 저 성인의 뜻과 합(合)할 것이다.

모습을 취하지 않는 게 아니라, 이 일이 분명하기만 하면 저 성인의 뜻과 합할 것이다. 그러면 왜 "모습을 취하지 않기만 하면……"이라는 말을 하는가 하면 방편의 말이기 때문에 그렇습니다. 방편이란 병에 응해서 쓰는 약입니다. 보통 범부(凡夫)들은 모습을 분별하여 취하고 헤아리고 하니까 그런 것에서 벗어나야 한다는 겁니다. 그렇게 하려면 이 일이 한번 명백하고 분명해져야 하는 거예요. 이것이 분명해져야 하는 겁니다. 이것이 이렇게 분명하고 명백해지면, 취하고 버리고 해도 취하고 버리는 것이 없죠. (펜을 들었다가 내려놓으며) 가질 수도 있고 내려놓을 수도 있는 것은 전부가 경계입니다. 가지든지 내려놓든지 이것은 아무 상관이 없어요. 이것은 항상 똑같거든요. 아무 상관이 없어요.

이것은 가져도 가지는 게 아니라 이 일이고, 내려놓아도 내려놓는 게 아니라 이 일이죠. 이것은 달라질 수가 없는 거죠. 이것은 항상 똑같거든요. 그래서 이것만 분명하면, "저 성인의 뜻과 합(合)할 것이다." 다만 우리가 모습을 따라다니니까 그 병에 대한 약으로서 "모습을 취하지 않기만 하면……"이라는 말을 하는 겁니다. 그러나 이런 방편의 말을 조심해야 될 것은, 그 말만 보고서 아무 분별도 하지 말고 아무 모습도 취하지 말자고 그렇게 이해할 수가 있습니다. 눈을 감고 아무 생각도 안 하는 겁니다. 눈을 감고 귀도 막는다고 오해를 합니다. 옛날에 요가를 좀 해 보기도 했는데, 육체를 벗어나는 정신 요가에 제감(制感)이라는 게 있어요. 감각을 통제하고 막아서 아무것도 보지 않고 아무것도 듣지 않고 아무것도 느끼지도 않고 아무 생각도 안 하고서, 삼매에 든다고 하거든요. 그런 걸로 오해를 할 수 있습니다. 여기는 절대 그런 말이 아닙니다. 그렇게 되면 그것은 외도(外道)입니다. 왜냐? 그야말로 아무 생각도, 느낌도, 감각도 없는 그런 깜깜한 어둠 속에 떨어져 있는 것이거든요. 그것은 경계입니다.

불법(佛法)은 불이법(不二法)입니다. 왜 불이법이라고 하는가 하면 어떤 경계에도 떨어지길 않기 때문입니다. 열반(涅槃)은 적멸(寂滅)

인데, 고요할 적(寂)에 사라질 멸(滅)이죠. 고요히 사라졌다 할 때는 그런 모든 감각과 생각과 느낌과 이런 모든 의식이 정지한 상태를 뜻한다는 것은 외도(外道)가 하는 말이고, 불법(佛法)에서는 육식(六識), 칠식(七識), 팔식(八識)이 그대로 활동을 하고 있어요. 볼 것 다 보고, 들을 것 다 듣고, 느낄 것 다 느낍니다. 그런데 적멸이에요. 고요하고 다 사라져서 아무 일이 없어요. 이것이 불법이란 말입니다. 그래서 불이법이라고 하는 겁니다. 그러니까 색(色)이 곧 공(空)이고, 공(空)이 곧 색(色)인 거예요. 색이 사라진 뒤에 공이 있는 것이 아니고, 색이 곧 공이라는 말예요. 이것이 불법인 겁니다.

　말의 뜻만 따라가서 모든 것이 다 사라지고 고요해서 아무것도 없다고 이해한다면 그것을 외도라고 하는 거예요. 단상이변(斷常二邊)에 떨어진 외도라고 하죠. 있음과 없음의 분별에 떨어졌다는 말입니다. 불법은 있음과 없음의 분별에 떨어지는 것이 아니고, 있음이 곧 없음이고 없음이 곧 있음이라고 하여 둘이 아닙니다. 그래서 열반적멸(涅槃寂滅)이라고 하는 것은 그런 고요하고 캄캄한 삼매 속에 들어 있는 것이 아니고, 지금 이렇게 (손을 흔들며) 모든 것이 활동을 하고 있는 겁니다. 모든 것이 활동하고 있는데, 아무 일이 없고 한 물건도 없어요. 고요하기 짝이 없단 말예요. 이것이 열반적멸인 겁니다. 이것을 불이법이라 하죠. 이 불이법을 《유마경》에서 다양한 사례를 들어서 말하고 있지만, 자기가 직접 확인을 해 봐야 알 수가 있습니다. 고요한 삼매에 빠져서 그냥 돌부처처럼 앉아 있는 것을 열반적멸이라고 한다면 그것은 외도예요. 왜냐? 그것은 경계에 떨어진 것이기 때문이에요. 있음과 없음의 양쪽에 떨어져 있는 겁니다. 그러면 어떻게 열반적멸을 얻을 수 있느냐?

(법상을 두드리며) "도가 뭡니까?"

"이겁니다!"

이럴 때 한마디 말끝에 문득 들어맞게 되면 저절로 불이법이 성취됩니다. 이렇게 저절로 불이법이 이루어집니다. 그래서 한마디 말끝에 몰록 깨쳐서 곧장 벗어나 여래의 지위에 바로 들어간다고 하는 겁니다. 단계를 거치지도 않고 머무는 자리도 없습니다. 삼매 속에 머무는 것이 아닙니다. 육조 스님은 "일행삼매(一行三昧)" "일상삼매(一相三昧)"라고 하였는데, 일행삼매란 "상행일직심(常行一直心)" 즉 "늘 이 하나의 마음을 행할 뿐이다"는 말인데, 어떤 삼매 속에 들어 있는 게 아닙니다. 항상 이 일 하나뿐이라는 말입니다. "늘 이 하나의 마음을 행할 뿐이다"는 것은 늘 이것 하나밖에 없다는 말입니다. 다른 게 없고 이 하나의 진실뿐이라는 겁니다.

이것이 와닿아야 해요. 반드시 이것이 한번 체험되어야 저절로 알 수 있습니다. 저절로 사람이 변하고 바뀌죠. 옛날 그 사람이 아닙니다. 물론 하루아침에 확 바뀌는 것은 아니고 점차점차 바뀌는데, 처음 순간에는 확 바뀌는 것 같지만 지내 보면 그렇지는 않습니다. 습관적인 일이기 때문에 습관이란 하루아침에 바뀌지는 않습니다. 시간이 지나면서 더욱더 이 진실이 확실해지고, 옛날에 끄달리며 따라다니던 일들이 점차 줄어들고 그렇게 변화가 일어나는 거죠.

이것이 더욱더 확실해지고 더욱더 충실해져서 온 우주를 다 지배하면, 이것 하나만 오직 진실할 뿐이고 나머지는 모두 허망한 일이 되죠. 그렇게 되면 청정법신불(淸淨法身佛)·청정법계(淸淨法界)라고 할 수가 있는 겁니다. 이것을 왜 청정이라고 하느냐 하면, 이것이라고 하지만 여기는 아무것도 없고 아무 일이 없기 때문이에요. 무엇이라고 말할 수 있는 것이 아무것도 없습니다. 굳이 말하자면 이렇게 명백하고 밝고 분명할 뿐이지요. 밝다는 것은 이 일이 분명해서 이것이 온 천지를 뒤덮을 만큼 확실하다는 말이죠. 이것 하나뿐입니다.

그러므로 경(經)에서 말하기를 모든 모습을 떠나면 모든 부처라고 일컫는다고 하는 것이다.

이런 구절은 여러 경전에 등장합니다. "모든 모습을 떠나면 모든 부처다." 기본적으로 《금강경》이 이런 취지를 가지고 있고, 반야 계통의 경전에서 많이 말하고 있죠. 팔만대장경에는 많은 경전이 있는데 특징적인 계통들이 있어요. 소승경전인 《아함경》 계통이 있고, 《화엄경》 계통 등 여러 계통이 있어요. 《반야경》 계통은 상(相)을 부수는 말을 많이 합니다. 화엄 계통은 상(相)을 부수거나 취하지도 않고 온갖 모습 위에서 이 하나의 일을 드러내는 쪽으로 얘기를 많이 하죠. 거기에 비하면 반야 계통의 경전은 우리의 분별망상을 부수는 데 치중을 하고 있습니다. 방편도 쓰는 방향이 조금씩 다르니까요.

"모습을 떠나면 부처다."《반야경》 방식의 표현인데, 조금 다르게 말하면 "모습을 취하지도 않고 버리지도 않으면, 부처라고 할 것도 없고 중생이라고 할 것도 없다"라고 할 수 있어요. 부처와 중생도 방편의 말입니다. 부처가 어디 있고 중생이 어디 있어요? 부처라 할 때도 이 일이고, 중생이라 할 때도 이 일입니다. 부처다 중생이다 하는 것은 방편으로 만들어 놓은 말이죠. 어떠한 말에도 진실이 없습니다. 진여자성(眞如自性)이라고 하지만 말일 뿐이고 이름일 뿐이에요. 진여자성(眞如自性)이라는 것이 어딘가에 있어서 내가 얻거나 깨닫는다 하면 역시 말을 따라서 이해를 한 것이니 망상입니다. 진여자성이라고 하든 똥막대기라고 하든 아무 말 하지 않고 가만히 있든 여기에 뭐가 다른 게 있습니까? 그냥 이 일이잖아요? 이것이 말을 할 수도 있고 안 할 수도 있고, 이렇게 말할 수도 있고 저렇게 말할 수도 있지만, 달라지는 건 아무것도 없어요. 이것이 불교를 말할 수도 있고, 세속을 말할 수도 있고, 깨달음을 말할 수도 있고, 미혹함을 말할 수도 있는 것이죠. 말을 하든지 하지 않든지, 이런 말을 하든지 저런 말을 하든지, 진실은 이것 하나뿐이죠. 이런저런 여러 가지가 있는 게 아닙니다. (법상을 두드리며) 이것 하나만 분명하면 됩니다. 이것뿐이에요!

부처라는 생각을 한다면 아직 부처가 아닌 겁니다. 부처라는 생각도 없고 불법이라는 생각도 없고, 그야말로 어떤 일이 일어나든지 그런 일이 있는 것이 아닙니다. 하나하나 위에서 진실은 이것 하나뿐이어서, 아무 일이 없는 겁니다. 그야말로 이 우주는 법성(法性)

의 바다로서 어디에 가든지 이 일이 아닌 게 없다 이겁니다. (손가락을 들며) 이것만 분명하면 되는 거예요. 옛날 백장 스님이 법상에 앉았다가 갑자기 침을 뱉었어요. 앞에 있던 스님이 "스님, 왜 갑자기 법당에 침을 뱉습니까?" 하고 물으니까 "내가 지금 갑자기 더러운 생각이 일어나서 그랬다"라고 했어요. 다시 그 스님이 "무슨 생각이 일어났습니까?" 하고 물었어요. 백장 스님이 답하기를, "부처라는 생각이 갑자기 일어나서 그랬다"라고 했어요. 부처는 망상입니다. 부처가 있는 게 아니고, 중생이 있는 게 아니고, 단지 (손을 흔들며) 이것뿐입니다! 다만 (법상을 두드리며) 이 일 하나입니다! 이것만 분명하면 되는 겁니다. 아무 다른 법이 없습니다. 이렇게 분명하고 명백한 것이 자기 살림살이예요. 자기가 항상 하는 일이에요. 무엇을 하든지 늘 이 자리입니다. 다른 자리가 없습니다.

어딜 가든지 항상 이 자리고 이 일이죠. 이것을 확인하고 나서 여행을 다녀 보세요. 어디를 가든지 집 안에 있는 것과 다를 게 없어요. 어디를 가든지 실제 확인되는 것은 이것 하나뿐이에요. 눈으로는 산이 멋지고 폭포가 아름답게 보이지만, 실제로 확인되는 진실은 이것밖에 없어요. 어디를 가든지 자기 집이죠. 그래서 수처작주(隨處作主) 입처개진(立處皆眞)이라고 하는 겁니다. 어디를 가든지 이 자리밖에 없는 겁니다. 자기의 본래자리죠. 뭘 하든지 항상 이 진실 하나뿐이죠. 어디에도 얽매이지 않으니까 주인공이라고 하는 것이고, 어디를 가든지 다를 바가 없고 늘 이 일 하나뿐이기 때문에 입처개진, 즉 서 있는 곳이 모두 진실하다고 하는 겁니다. 발길 닿는 곳마다 진실 아님이 없다는 말이죠.

(손을 흔들며) 이 일 하나뿐입니다! 이것을 확인한 후에는 안목이 깊어지고 넓어지고 더 힘을 얻게 되는 그런 시간들이 필요하지만, 어쨌든 이 공부는 이것을 한번 확인해야 합니다. 여기서부터 공부가 시작되니까요. (법상을 두드리며) 이것뿐입니다!

딱! 딱! 딱! (죽비 소리)

선으로 읽는 달마

초판 1쇄 발행 2018년 12월 14일

지은이 김태완
펴낸이 김윤
펴낸곳 침묵의 향기
출판등록 2000년 8월 30일, 제1-2836호
주소 10380 경기도 고양시 일산서구 중앙로 1542,
    635호(대화동, 신동아노블타워)
전화 031) 905-9425
팩스 031) 629-5429
전자우편 chimmukbooks@naver.com
블로그 http://blog.naver.com/chimmukbooks

ISBN 978-89-89590-73-6 03220

*책값은 뒤표지에 있습니다.